最新テーマ別

実践 労働法実務

残業代
の法律実務

弁護士 **渡辺輝人** 著

城塚健之・佐々木 亮・塩見卓也・嶋﨑 量 編

5

旬報社

シリーズの刊行にあたって

　このたび、旬報社から『最新テーマ別［実践］労働法実務』（全13巻）が刊行されることとなった。旬報社の古賀一志さんを中心に、佐々木亮（東京・旬報法律事務所）、嶋﨑量（神奈川・神奈川総合法律事務所）、塩見卓也（京都・市民共同法律事務所）及び城塚健之（大阪・大阪法律事務所）の、いずれも日本労働弁護団に所属する4人の弁護士により編集委員会を構成し、全国各地で活躍中の日本労働弁護団所属の中堅・若手弁護士にも執筆協力を呼びかけて、順次刊行されることになっている。

　縁あって、その1冊目を担当させていただいた機会に、このシリーズの意義について、考えていることを申し上げておきたい。

　本シリーズは、いわゆる実務書であり、労働者から相談を受けた弁護士・司法書士などの実務家の手引きとなることを想定している。

　したがって、本シリーズでは、基本的には、現在の裁判所の考え方をベースに、法解釈を論じることになる。

　しかし、私たちは、裁判所の解釈がすべて正しいとは考えていない。

　消費者事件などとも共通するが、労働事件においては、使用者が圧倒的に強い立場にある。就業規則による労働条件設定を見れば明らかなように、職場のルールは使用者が一方的に、かつ、使用者に有利に決めていることが多い。

　また、使用者はあらゆる情報を集約しているのに対し、労働者には断片的な情報しか与えられていないことも多い。

　しかも、労働者と使用者は、お互いの立場が入れ替わることは、通常ない。これはお互いに立場を交換しうる（たとえば、交通事故においては、誰もが加害者にも被害者にもなりうる）市民法の規律する分野とは、決定的に異なるものである。

　ところが、しばしば、労働事件を通常の民事事件と同じにとらえ、

3

労働者が合意したのなら仕方ないではないかとか、使用者が一方的に定めたものを、所与のもの、合理的なもの、したがって正しいものとして考える裁判官や弁護士などがいて、私たちは困惑させられることがある。

また、労働契約か請負契約かなどの契約形式については、まさに使用者が一方的に決めているのに、これも労働者が合意したではないかとして、そうした形式に引きずられた解釈や主張をされることも多い。形式に拘泥することなく、実質を見て判断すべきというのは労働法解釈の大原則である。しかし、これは、ことのほか難しい。

もとより、形式的解釈が予測可能性を高め、法的安定性に資する面があることは確かである。また、裁判所（司法）というものは、すでにこの世に存在する法をどう解釈するかという、いわば受け身の存在であり、本来的に保守的なところであるから、社会秩序維持を基本的任務と心得るは、ある意味、自然の成り行きである。その結果、とりわけ刑事司法の分野で顕著であるが、いわゆる治安維持に最大限の価値を置いた判断をしがちである。労働の場面でも、限界なき経済成長を第一義と考え、そのためには企業（使用者）の定立したルールや判断は最大限尊重されるべきであり、労働者はこれに従属して当然（いやなら辞めればよい）と考える傾向は、今でも根強く残っている。しかし、それが労働者の尊厳を後回しにする傾向を助長してきたことは否定できない。実際、労働事件における労働者側の勝訴率は一般の民事事件の原告勝訴率と比べても低い。

とりわけ昭和の時代に作られた判例法理の中には、戦後の経済成長を支えた、いわゆる「企業社会」を維持することが前提となっているものが多い。ここでの「企業社会」とは、終身雇用、年功賃金、企業内労働組合（三種の神器）として語られる空間である。そして、それを支えるものとして、家父長的価値観や、性別役割分担論などがある。それが、使用者の一方的決定を広く認める就業規則不利益変更法理や、配転や懲戒処分などにおける企業の広い裁量の容認といった判決群を生み出してきた（これを分析したものとして、西谷

敏「最高裁労働判例の理念的基礎」法律時報73巻9号4頁（2001年）がある）。この「企業社会」は、1980年代後半ころから、新自由主義的考え方に適合しないとして破壊の対象とされてはきたが、今なお、広く残っている。こうした「企業社会」を前提とする過去の裁判所の法解釈は改められなければならない。

　他方で、新自由主義は労働法規制を嫌うことから、法解釈の領域でも労働者保護のための規制を緩和しようとする見解が広がりをみせ、併せて、労働時間規制の緩和や労働者派遣の拡大などの法改正が次々と行われてきたのは周知のとおりである。

　こうして、私たちは、労働者の尊厳と人間らしい生活を守るためには、新旧いずれの立場とも対峙せざるをえなくなる。

　しかし、振り返ってみれば、過去の労働裁判例は、企業の作り上げた一方的なルールに異議申立をした、あまたの先人たちが果敢にたたかい切り拓いてきた成果であった。そうした先人たちの訴えに、同じく社会の一員である裁判官が共感する部分を見いだしたとき、新たな地平が切り開かれてきたのである。

　そうであれば、これから労働裁判を担う者としても、現在の裁判所の判断をふまえながらも、「人間の尊厳」のためにあるべき法解釈はどのようなものであるかを考え、おかしいものはおかしいと主張し、変えていく努力をすべきである。本シリーズの各執筆者は、そうした思いで、数々の労働裁判に取り組んできた者ばかりである。そうした「労働弁護士魂」を読者が感じとっていただければ、望外の幸せである。

　なお、本書でふれられなかった裁判例や見解もたくさんあるが、これについては、日本労働弁護団編著『新労働相談実践マニュアル』（2021年）（数年ごとに改定を予定）で多くの裁判例を取り上げており、また、本書とは別の観点からのコメントもあり、目を開かされることも多いので、併せて参照されたい。

さらに、本シリーズでは、巻末に、参考判例と書式（代理人弁護士の申入書、訴状等）を、資料として収録することになった。もとより、これも一部にすぎない。これ以外の事案の書式をご覧になりたい方は、たとえば、大阪弁護士会所属の労使の弁護士が協力して執筆した、労働紛争実務研究会編（編集代表　豊川義明）『書式　労働事件の実務－本案訴訟・仮処分・労働審判・あっせん手続まで（第2版）』（民事法研究会、2023年）をご参照いただければ幸いである。

　最後に、本書を含むシリーズ全般の刊行は、長年『労旬』の編集長の重責を担っておられる古賀一志さんに全面的にお世話になっている。シリーズ刊行がこれからという現時点では、少々気が早いが、労働者の権利擁護とその伸張に並々ならぬ熱意を持っておられる彼に、いわば同志として感謝の言葉を述べておきたい。
　本シリーズが、変化の激しいこの時代において、労働者の権利擁護とその伸張に寄与することがあれば幸いである。

　2024年5月

編者を代表して　弁護士　城塚健之

目次
シリーズの刊行にあたって　3

用語法・言葉の定義　　　　　　　　　　　　　　　　34
本書の使用法　　　　　　　　　　　　　　　　　　　38

第1章　残業代請求の制度概略

1──割増賃金の制度趣旨　41

1-1　割増賃金は労働時間規制の一部　41

1-2　判例による割増賃金の「2つの趣旨」　43

2──割増賃金の法定の計算方法　45

2-1　主要事実の「労働時間」と計算結果の「労働時間数」　45

2-2　割増賃金額＝
　　　時間外労働等の時間数×賃金単価×割増率　45

3──「賃金単価」の計算方法（詳細は第3章4参照）　46

3-1　原則型　46

3-2　出来高払制その他の請負制　47

3-3　各賃金形態の賃金単価の加算　47

4──時間外労働等の時間数の計算方法　48

4-1　法定時間外労働の時間数
　　　（具体的計算は第3章6参照）　48

　　[1]　1日8時間超の時間数　48

[2]	週 40 時間超の時間数	48
[3]	重複計算しないこと	49
[4]	月 60 時間超の時間数	50

4-2　法定休日労働の時間数　　50

[1]	定義	50
[2]	法定休日の前日の労働が 24 時を超える場合	51
[3]	法定休日の労働が 24 時を超える場合	51
[4]	所定休日労働が 24 時を超えた場合の扱い	51

4-3　深夜早朝労働の時間数　　52

4-4　「法内残業」の時間数と「法内残業代」　　52

4-5　まとめ　　54

5──固定残業代など法定外の支払方法の許容と規律　　55

5-1　「残業代」「固定残業代」とは　　55

5-2　労基法 37 条と同法の「強行的・直律的効力」　　56

[1]	労基法の「強行的・直律的効力」	56
[2]	「通常の労働時間の賃金」に関する「客観説」「契約説」	56

5-3　法定外の支払方法の許容と固定残業代の氾濫　　57

[1]	割増賃金の法定外の支払方法の許容性	57
[2]	明確区分性説を援用した固定残業代の氾濫	58

5-4　判例による労基法 37 条の強行的・直律的効力の範囲の再構築　　60

[1]	論点の再構築と判例による労基法 37 条の強行的・直律的効力の範囲の再構築	60
[2]	有力学説の位置付け	61

5-5　「通常の労働時間の賃金」（法 37 条 1 項）と「割増賃金の基礎となる賃金」（法 37 条 5 項）の二重のスクリーニン

グによる算定基礎賃金の範囲特定　62

[1]　「通常の労働時間の賃金」と「割増賃金の基礎となる賃金」の範囲
の異同　62

[2]　異同は立法時の方針変更に由来すること　63

[3]　二重のスクリーニングによる算定基礎賃金の範囲の特定　64

第2章　主要事実としての労働時間

1──「労働時間」の意義　66

1-1　労基法の「労働時間」（指揮命令下説）　66

1-2　学説による「指揮命令下説」の補充　68

1-3　「労働時間」該当性における「使用者の関与」の展開　68

[1]　黙示の指示でもよい　68

[2]　残業禁止命令　69

[3]　残業の事前申請制　70

2──労働時間の行為別類型　70

2-1　はじめに　70

2-2　不活動時間（仮眠時間、滞留時間、手待時間）　71

[1]　仮眠時間　71

[2]　滞留時間　71

[3]　手待時間　72

2-3　準備時間、朝礼（体操）、後片付け、終礼等　73

2-4　本務外の活動（研修、QC サークル活動等の小集団活動）　74

2-5　接待が労働時間になる場合もあり得る　75

2-6　移動時間　75

3── 労働時間の時間帯別類型　76

3-1　視点となる労働時間帯の類型　76

3-2　早出残業　77

3-3　休憩時間　78

[1]　休憩付与義務　78

[2]　非労働時間たる休憩の判断要素　78

[3]　実務上の議論　79

[4]　裁判例　81

3-4　不活動時間　82

3-5　居残り残業　82

[1]　「勝手に残業していた」との主張　82

[2]　「ダラダラ残業」「遊んでいた」「喫煙」などの主張　82

[3]　「残業を命じていない」「承認制だった」との主張　83

[4]　「残業してもやることがなかった」との主張　84

3-6　持ち帰り残業・在宅勤務の労働時間性　84

3-7　オンコール待機の労働時間性　85

4── 労働時間の立証責任と転換　86

4-1　主張・立証責任は原則労働者にある　86

4-2　使用者の労働時間適正把握義務　86

[1]　労働時間適正把握義務の根拠と実務上の展開　86

[2]　使用者の労働時間適正把握義務違反の効果　87

4-3　労働時間の推計　88

[1]　労働時間の推計自体は最高裁判所が認めている　88

[2]　労働時間の推計、概括的認定、割合的認定　89

5 —— 労働時間の証拠 91

5-1 「これじゃなきゃだめ」という決まりはない 91

5-2 タイムカード 91

5-3 コンピューター上の出退勤管理システム 92

5-4 業務上使用する業務日報等 92

5-5 事業所の警備記録または 警備システムの作動・解除の記録 93

5-6 コンピューター上の様々な時刻の記録 94

5-7 タコグラフ 95

5-8 労働者が作成したメモ類 96

5-9 勤務形態そのものからの労働時間認定 96

5-10 公共交通機関の利用記録 97

[1] IC 乗車券の記録 97

[2] 契約駐車場の利用履歴 98

[3] ETC の利用履歴 98

[4] 駅の駐輪場の入庫時刻の記録 98

5-11 証拠が揃わなくても諦めない 98

6 —— 証拠開示の請求 99

6-1 タイムカード（労働時間把握資料）開示義務 99

6-2 証拠保全の必要性の有無 99

7 —— 証拠の信用性の評価 100

7-1 類型的な証拠価値の分析 100

7-2 様々な事情による修正 102

第**3**章　残業代の計算

1 ── 残業代計算ソフト使用上の留意点　　105

1-1　各計算ソフトの特徴　　105

[1]　計算ソフトの開発経緯　　105

[2]　「給与第一」の特徴　　106

[3]　「きょうとソフト」の特徴　　107

1-2　前提となる法的知識を身につけること　　109

1-3　ソフト上の始業時刻、終業時刻、休憩時間の概念　　109

1-4　各週について労働日、（法定）休日の日の検討を行うべきこと　　110

1-5　Microsoft Excel を使用すること　　110

1-6　ソフトの保護を解除しようと思わないこと（ソフトを改変したいと思わないこと）　　111

1-7　一事例一ファイルの原則（ファイルの使い回し禁止）　　111

1-8　時刻データとして認識させること　　112

1-9　計算に関する共通した特徴、制約　　112

[1]　計算上の四捨五入　　112

[2]　変形労働時間制には対応しないこと　　112

[3]　賃金締切期間は月のもののみであること　　113

2 ── 計算の諸条件の設定　　113

2-1　「給与第一」の計算諸条件設定（「計算規則」シート）　　113

[1]　計算の始期、締め日・支払日　　113

[2]　月の表示の調整　　114

[3]　１週間の起点となる日　　115

[4]	月 60 時間超の 150％の割増賃金の適用の有無	115
[5]	契約上の 1 日所定労働時間数	116
[6]	「詳細計算」の設定（「給与第一」固有機能）	116
[7]	44 時間制の特例の設定	117

2-2　「きょうとソフト」の計算諸条件設定（「要素」シート）　119

[1]	表を作成する期間	119
[2]	法定休日（原則）	119
[3]	週労働時間の制限時間数	119
[4]	週労働時間制限の起算曜日	119
[5]	1 日の所定労働時間（原則）	119
[6]	賃金の支払方法	120
[7]	賃金月度の表示形式	120
[8]	月 60 時間規制の適用	121

3 ── 賃金一覧表の作成　121

3-1　基本的な作成方法　121

3-2　賃金額が不利益変更された場合の記入方法　122

3-3　固定残業代への「置き換え」による算定基礎賃金減額　123

4 ── 賃金単価の計算　125

4-1　算定基礎賃金の範囲確定　125

[1]	除外賃金の除外	125
[2]	法内残業代の除外	126
[3]	適法な固定残業代などの除外	126
[4]	賃金単価が最低賃金額を下回る場合	126
[5]	算定基礎賃金の分割算定の可否	128

4-2　平均所定労働時間数の計算　131

[1]	基本的な計算方法（計算ソフトに依拠できないこと）	131
[2]	月平均所定労働時間数の相場	132

[3]	実態の値より過小な値が定められている場合	133
[4]	実態の値が契約上の値を下回る場合	134
[5]	平均所定労働時間数の不特定や上限値超過	134
[6]	月平均所定労働時間数が上限値を上回る場合	135
[7]	変形労働時間制が無効になった場合	136
[8]	労働時間の継続と終了	137
[9]	「1年」の期間と賃金算定期間のずれ	139

4-3　計算ソフトでの賃金単価の計算　140

[1]　月給制の賃金単価の算出　140
　　ア　「給与第一」の場合　140
　　イ　「きょうとソフト」の場合　141
[2]　日給制、時給制の場合の賃金単価計算（「給与第一」のみ）　142
　　ア　日給制　142
　　イ　時給制　143
　　ウ　手当がある場合　143
　　エ　合計額の算出　143
[3]　出来高払制その他の請負制（歩合給）の賃金単価の計算　144
　　ア　「給与第一」の場合　144
　　イ　「きょうとソフト」の場合　145

5 ── 既払金の計上　145

5-1　「給与第一」の場合　145

5-2　「きょうとソフト」の場合　147

6 ── 時間外労働等の計算　147

6-1　「給与第一」の場合　147

[1]　「時間計算書」シートの記入のルール　147
[2]　始業時刻、終業時刻、休憩時間の記入　148
[3]　「始業時刻前日」の列　149
[4]　日属性の特定（所定、法定休日の特定）　149

ア	「時間計算書」シートの記入方法	149
イ	法定休日の特定方法についての考察	150
ウ	休日の振替	152

[5] 休憩時間の記入　152
[6] 事業所所定労働時間数の修正・月末日の修正　153
[7] 週40時間制の下での週6日労働の事案への対応　153

6-2　「きょうとソフト」の場合（「時間」シート：労使別）　154

[1] 時間と時刻の記入のルール　154
[2] 始業時刻・終業時刻、休憩時間の入力　154
[3] 始業時刻の前日指定　155
[4] 法定休日の個別指定、所定休日の指定、
　　所定労働時間の例外形の記入　155
[5] 週6日労働の事案への対応　156

7 ──割増率の例外処理　156

7-1　月60時間超の法定時間外労働の150%割増　156

7-2　法内残業の割増率が100%ではない場合の処理　156

[1] 「給与第一」の場合　156
[2] 「きょうとソフト」の場合　157

8 ──既払金控除、遅延損害金、付加金、計算の完成　157

8-1　「給与第一」の場合　157

[1] 既払金の控除　157
[2] 遅延損害金に関係する記入　158

ア	毎月賃金支払日の修正	158
イ	在職中の遅延損害金の計算末日	159
ウ	法定利率の設定	159
エ	「賃確法6条年14.6%↓計算末日★」の記入	160

[3] 付加金の計算　160

[4] 完成　161

8-2 「きょうとソフト」の場合　161

[1] 既払金の控除　161

[2] 遅延損害金に関係する記入　161

ア　毎月賃金支払日の修正　161

イ　在職中の遅延損害金の計算末日　161

ウ　法定利率遅延損害金の利率設定　162

エ　賃確法6条年利14.6%の遅延損害金の計算　162

[3] 付加金の計算　162

[4] 完成　163

9 ── 「詳細計算書」による詳細な計算（「給与第一」固有の機能）　163

9-1 「詳細計算書」でできること　163

9-2 記入方法　164

9-3 各ケースへの対応方法　165

[1] ①の場合（各日の賃金単価の変更）　165

[2] ②の場合（法内残業の割増率の変更）　165

[3] ③の場合（法定の割増率より高い割増率が設定されている場合）　165

[4] ④の場合（法定時間外労働等に対して日給制の手当が支払われている場合）　166

10 ── 当事者の主張の対照　166

10-1 給与第一の場合（労働時間認否・認定書シート）　166

10-2 「きょうとソフト」の場合（当事者の主張の対照（対照シート））　167

11 ── 「『きょうとソフト』へ出力」シート（「給与第一」固有の機能）　168

11-1 労働時間 168

11-2 賃金単価、請負制賃金総額、既払金 168

12 ── 「給与第一」「きょうとソフト」を 訴訟で用いる方法 168

第4章 法律相談から法的手段まで

1 ── まずは時効を止める（時効の完成猶予） 170

1-1 残業代請求における「消滅時効は3年」の意味 170

1-2 締め日と支払日 171

1-3 催告のために債権額の特定は必須ではない 171

1-4 当初の計算額が結果として過少でも問題はない 172

1-5 交渉過程と時効の関係 173

1-6 実際の催告のやり方 173

1-7 付加金と時効の関係 174

2 ── 証拠の類型、使用方法、入手方法 175

2-1 証拠収集の経路 175

2-2 労働時間に関するもの 175

[1] タイムカードなど労働時間証明の資料 175

[2] 三六協定書 175

[3] 変形労働時間制に関する資料 176

ア 変形労働時間制の労使協定書 176

イ 業務シフト表、業務カレンダー 176

[4] 専門業務型裁量労働制に関する資料 177

2-3 他の労働の実態に関するもの … 177
[1] 給与明細書 … 177
[2] 賃金台帳 … 178

2-4 労働契約に関するもの … 179
[1] ハローワーク求人票、労働者募集広告 … 179
[2] 労働条件通知書、労働契約書 … 181
[3] 就業規則、賃金規定、労働協約書 … 182

2-5 「周知されていないこと」に関する証拠 … 183

3 ── 打ち合わせで順次確認すべき事項 … 184

3-1 全体を通じて … 184

3-2 労働時間、職務について … 184
[1] 職務内容（管理監督者に該当する可能性の有無） … 184
[2] 労働契約上の始業・終業時刻、休憩時間、
所定労働時間数（休日数） … 184
[3] 大ざっぱな残業時間と理由 … 185
[4] 労働時間の証拠の有無、入手の可否、証明力の検討 … 185
[5] 就労場所、就労パターンの変遷 … 186

3-3 賃金について … 186
[1] 賃金形態、賃金支払実態 … 186
[2] 締め日、支払日 … 187
[3] 給与明細書上の賃金と契約上の賃金の対応関係の有無 … 187
[4] 賃金減額や天引きの理由 … 188

3-4 その他のことについて … 188
[1] 労働時間以外の証拠の収集方法の検討 … 188
[2] 代表者の氏名、会社の FAX 番号 … 188
[3] 事業所の存続可能性 … 188
[4] 付加金について期待を持たせる発言をすべきではないこと … 189

3-5 打合せ段階での見込みの提示 … 189

4──請求 190

4-1 示談交渉 190

4-2 法的手続きの選択 190

[1] 労働審判 190

[2] 訴訟 191

第5章 「割増賃金の基礎となる賃金」と除外賃金

1──「割増賃金の基礎となる賃金」と除外賃金制度（法37条5項） 193

1-1 「割増賃金の基礎となる賃金」の範囲特定は「控除法」によること 193

1-2 除外賃金の意義と定義 193

2──除外賃金の具体的な除外要件 198

2-1 除外の趣旨に合致し、かつ、定義に合致する必要性 198

2-2 除外賃金制度を潜脱する例 200

[1] 家族手当に基礎になる賃金を紛れ込ませる事例 200

[2] 年俸制の賞与部分に基礎になる賃金を紛れ込ませる事例 201

[3] 「通常の労働時間の賃金」から通勤手当への「置き換え」の事例 201

[4] 請負制の賃金と除外賃金の関係 203

2-3 除外賃金該当性が不明の場合の対応 204

第6章 「通常の労働時間の賃金」と判別要件

1 ── 「通常の労働時間の賃金」（法37条1項）と隣接概念の意義 207

1-1 「通常の労働時間の賃金」の定義 207

1-2 「賃金単価」「通常の労働時間の賃金の計算額」などの周辺概念 209

1-3 「通常の労働時間の賃金」と「賃金単価」の関係性 209

1-4 「通常の労働日の賃金」には特段の意義がないこと 211

2 ── 法内残業代などの不算入、除外 212

2-1 法内残業代の不算入 212

2-2 「通常の労働時間の賃金」ではない除外賃金の除外 213

3 ── 「通常の労働時間の賃金」に当たる賃金と「割増賃金」に当たる賃金の判別（判別要件の射程の拡大と意義） 214

3-1 高知県観光事件最判で「判別」が初出 214

[1] 事案 214

[2] 判示内容 214

[3] 評価 215

3-2 テックジャパン事件最判で月給制へ射程拡大 215

[1] 事案 215

[2] 判示内容 215

[3] 評価　216

3-3　国際自動車（第一次）事件最判は公序による規律を否定し、改めて「判別」の射程を歩合給やその計算過程へ拡大し、さらに対価性要件の必要性を提起したこと　217

[1] 事案　217

[2] 「通常の労働時間の賃金」の「不定形性の指摘」の意義　218

[3] 判示内容──判別対象を「契約の定め」とし公序で割増賃金を規律することを否定　219

[4] 過渡期の判例であること　219

3-4　康心会事件最判で労基法の強行的・直律的効力の範囲としての2つの趣旨による判別を確立　220

[1] 事案　220

[2] 割増賃金の全ての法定外の支払方法を判別要件の射程にし、趣旨による判別を確立したこと　221

[3] 深夜早朝割増賃金を判別要件の射程に収めたこと　221

[4] 当てはめ部分の内容　222

3-5　国際自動車（第二次）事件最判で判別要件の下位規範として対価性要件を位置づけ、「置き換え」理論を採用　222

[1] 差戻控訴審判決の"反乱"　222

[2] 第二次最判による明確区分性説の全面否定　223

[3] 対価性要件を判別要件の下に位置づけたこと　223

[4] 「通常の労働時間の賃金」についての客観説に立ち「置き換え」を理論化　223

[5] 国際自動車（第二次）事件最判の射程を絞ろうとする見解　224

3-6　熊本総合運輸事件最判での「置き換え」理論の確認・拡大　225

[1] 事案　225

[2] 判示内容　227

[3] 不利益変更法理ではなく判別要件をまず適用したこと　228

[4] 手当の引当時間と時間外労働等の実態の「変動」「かい離」が判別不能になることを再論　228

[5] 「置き換え」の適用範囲を拡大 230

3-7 結論——判別要件の内容 231

[1] 強行的・直律的効力のある法 37 条の趣旨による判別 231

[2] 割増賃金の全ての法定外の支払方法が判別要件の射程に
なったこと 232

[3] 判別要件は契約の定めに対して適用すること 235

[4] 趣旨による「判別要件」の具体的な内容と定義 236

[5] 誰にとっての判別可能性か 237

[6] 判別可能性の立証責任 238

4 ──判別要件の一部としての対価性要件 238

4-1 日本ケミカル事件最判の事案 238

[1] 入職 2 か月前の雇用契約書で合意された週の各曜日の
所定労働時間等 239

　ア　週所定労働時間 239

　イ　休日 239

　ウ　月平均所定労働時間数 239

[2] 賃金に関する契約書面の記載内容 239

　ア　入職 2 か月前の雇用契約書 239

　イ　本件雇用契約に係る採用条件確認書 239

　ウ　賃金規定 240

[3] 業務手当について、会社と他の労働者の間で作成された
確認書の記載 240

[4] 労働実態 240

　ア　時間外労働時間 240

　イ　残業代に関する給与明細書の記載 241

4-2 対価性要件の規範と当てはめの内容 241

4-3 事案への当てはめの特徴 242

[1] 労働契約上の所定労働時間の範囲と対価性の関係 242

[2] 実際の残業時間と対価性の関係 243

4-4 対価性要件が判別要件の下位規範に 位置づけられた経緯 243

[1] 対価性要件と判別要件の関係 243

[2] 日本ケミカル事件最判の調査官論文の誤り 244

[3] 国際自動車（第二次）事件最判において軌道修正され 判別要件の下に位置づけられたこと 245

4-5 判別要件の下に位置づけられた対価性要件の 具体的な内容 246

[1] 判別要件の意義から導かれる「対価性要件」の定義 246

[2] 具体的な考慮要素 247

[3] 実際の残業時間と対価性の関係（時間外労働等の実態との 「変動」「かい離」） 248

[4] 複数の異種の割増賃金を同時に支払おうとする固定残業代の 対価性 249

[5] 対価性の時的範囲 250

5 ── 出来高払制その他の請負制（労基則 19 条 1 項 6 号）における「通常の労働時間の賃金」 の意義 253

5-1 請負制の意義と外延 253

[1] 請負制の意義 253

[2] 請負制の外延 254

5-2 請負制賃金の該当性が問題になった事例 255

肯定例

①朝日急配事件・名古屋地判昭 58.3.25 労判 411 号 76 頁 255

②タマ・ミルキーウェイ事件・東京高判平 20.3.27 労判 974 号 90 頁 255

③ヤマト運輸（業務インセンティブ・控除措置）事件・ 大津地判平 23.1.27 労判 1035 号 150 頁 255

否定例

④ブラザー陸運事件・名古屋地判平 3.3.29 労判 588 号 30 頁 256

⑤名鉄運輸事件・名古屋地判平 3.9.6 労判 610 号 79 頁 256

⑥丸一運輸（割増賃金）事件・東京地判平 18.1.27 労判 914 号 49 頁　256
⑦大阪エムケイ事件・大阪地判平 21.9.24 労判 994 号 20 頁　257
⑧東名運輸事件・東京地判平 25.10.1 労判 1087 号 56 頁　257
⑨川崎陸送事件・東京高判平 29.11.16D1-Law.com 判例体系（28254740）　257
⑩サカイ引越センター事件・東京高判令 6.5.15 判例集未登載
（同事件・東京地立川支判令 5.8.9 労判 1305 号 5 頁）　258

請負制賃金を導入することの不利益変更性

⑪コーダ・ジャパン事件・東京高判平 31.3.14 労判 1218 号 49 頁　259
⑫大島産業ほか（第 2）事件・福岡高判令元 .6.27 労判 1212 号 5 頁
（同事件・福岡地判平 30.11.16 労判同号 12 頁）　260

5-3　請負制の「通常の労働時間の賃金」（時給制に「換算」すること）　260

[1]　立法当時の説明　260

[2]　規則制定期における考え方の変遷　262

[3]　検討　263

　ア　所定労働時間の対価を算出する方法としなかった理由　263

　イ　請負制の通常の労働時間の賃金——時給制に換算　264

　ウ　請負制の割増賃金計算方法は労基法の「基準」であること　265

5-4　請負制の割増賃金（付加金対象額）の範囲　265

6 ── 超長時間労働の対価となる固定残業代と労基法 36 条 6 項、公序良俗（民法 90 条）の関係　266

6-1　時間外労働等に罰則付きの上限値の導入　266

6-2　上限を超える固定残業代の契約は強行法規に抵触し無効　267

6-3　無効になる範囲　267

6-4　無効の場合の具体的な計算方法　268

6-5　制限値をどう考えるか　269

6-6　三六協定未締結の場合　269

| 6-7 公序良俗違反による無効 | 270 |

[1] 裁判例での公序良俗違反説の展開 　270

[2] 2018年の労基法改正以降の考え方 　270

第7章　固定残業代などへの対応

1── 最高裁判例を踏まえた固定残業代などの判断基準の論証例 　272

2── 賃金形態ごとの賃金算定期間と賃金締切期間 　276

2-1 「賃金算定期間」と「賃金締切期間」 　276

2-2 請負制賃金の場合の「賃金締切期間」の扱いの特例 　277

3── 時給制の判別要件 　278

3-1 時給制の賃金と通常の労働時間の賃金 　278

3-2 時給制の賃金による割増賃金支払い 　278

4── 日給制の判別要件 　279

4-1 日給制の性質と「通常の労働時間の賃金」 　279

4-2 対価性のない日給制の典型としての「休日手当」 　280

4-3 裁判例 　281

4-4 先行研究に現れた対価性の限界事例 　282

5── 月給制（狭義の固定残業代）の判別要件 　285

5-1 「通常の月給制」の原則 　285

5-2 給与明細書による「明確区分」 287

5-3 就業規則で「基準外賃金」とされていること 287

5-4 賃金の性質が問題になる場面ごとの展開 288

[1] 入職時 288

[2] 賃金改定時 290

[3] 昇給・昇格時 291

5-5 労働契約書（就業規則）に「残業代として支払う」と明記してある 293

[1] 募集広告、求人票の記載やそれとの矛盾の追及 293

[2] 労働契約に関する文書での記載の不備や文書同士の齟齬の追及 294

[3] 労働契約における固定残業代の位置付けの不合理性 295

[4] 実際の労働時間と固定残業代の関係 296

[5] 賃金増額を伴う場合 296

[6] 「通常の労働時間の賃金」の減額を伴う場合 297

5-6 固定残業代を認めた裁判例の評価 298

①関西ソニー販売事件・大阪高判平元 .9.29 労旬 824 号 56 頁
（同事件・大阪地判昭 63.10.26 労判 530 号 40 頁） 298

②ユニ・フレックス事件・東京地判平 10.6.5 労判 748 号 117 頁 300

③東和システム事件・東京高判平 21.12.25 労判 998 号 5 頁
（同事件・東京地判平 21.3.9 労判 981 号 21 頁） 300

④ワークフロンティア事件・東京地判平 24.9.4 労判 1063 号 65 頁 302

⑤泉レストラン事件・東京地判平 29.9.26 労経速 2333 号 23 頁 302

⑥コロワイド MD（旧コロワイド東日本）事件・
東京高判平 28.1.27 労判 1171 号 76 頁 303

⑦結婚式場運営会社A事件・東京高判平 31.3.28 労判 1204 号 31 頁 304

⑧KAZ 事件・大阪地判令 2.11.27 労判 1248 号 76 頁 305

⑨株式会社浜田事件・大阪地堺支判令 3.12.27 労判 1267 号 60 頁 307

6 ── 出来高払制その他の請負制の判別要件 308

6-1 月決めの請負制賃金すべてを割増賃金とする場合 308

割増賃金該当性が認められなかったもの

①シンワ運輸東京事件・東京地判平 28.2.19 労判 1136 号 58 頁 308

割増賃金該当性が認められたもの

②シンワ運輸東京事件・東京高判平 30.5.9 労経速 2350 号 30 頁
（同事件・東京地判平 29.11.29 労経速 2339 号 11 頁）　　　　　309

出来高払制による割増賃金支払を判別不能としたもの

③洛陽交運事件・大阪高判平 31.4.11 労判 1212 号 24 頁　　　　　310

6-2　月決めの請負制賃金の中に割合による割増賃金を設定する例（仕切説）　311

6-3　出来高払制賃金からの割増賃金相当額を控除する事例　313

[1]　トールエクスプレスジャパン事件の裁判例は先例を誤読・改ざんしており、さらにその判断はその後の最高裁判例で否定されている明確区分性説に立っていること、その後に解明された出来高払制の通常の労働時間の賃金の意義を踏まえていないこと　313

[2]　トールエクスプレスジャパン事件の事案　314

[3]　判別不能であること　316

6-4　過去の平均割増賃金額の控除　317

6-5　定額の時間額の控除　317

6-6　適法となる余地のある方法の検討　318

[1]　その他の請負制は割増賃金の支払が可能　318

[2]　設例と検討　319

[3]　出来高の控除は違法　320

7 ── 使用者側の法的主張への対処　320

7-1　明確区分性説は最高裁判例で明示的に否定されていること　320

[1]　裁判例で「明確に区分」が登場　320

[2]　学説による明確区分性説の定式化　321

[3]　明確区分性説の流布と裁判例化　322

[4]　最高裁判例による明確区分性説の克服と否定　323

7-2　「通常の労働時間の賃金」に定義と規範性を付与しない見解に対する批判　324

7-3 「不定形性の指摘」を歪めた誤読を厳しく批判すべきこと 326

7-4 テックジャパン事件最判の櫻井補足意見は
過渡期のものであり援用すべきではないこと 328

第8章 頻出論点への対応

1 ── 労基法の強行的・直律的効力を
踏まえるべきこと 330

2 ── 労働者性 331

3 ── 変形労働時間制 335

3-1 対応検討の要点 335

[1] 制度のイメージ 335

[2] 制度の種類 335

[3] 対応の要点（抗弁事由であること） 336

3-2 変形制の有効要件 337

[1] 1か月以内単位 337

[2] 1年以内単位 337

3-3 労働契約書に記載がない 339

3-4 制度に具体性がない 340

3-5 起算日の不特定 340

3-6 労働日、各労働日の労働時間、始業時刻・終業時刻の
不特定 341

[1] 1か月以下単位の場合 341

[2] 1年以下単位の場合 343

3-7 労働時間制限違反 344

[1] 1か月以下単位の場合	344
[2] 1年以下単位の場合	345

3-8 対象期間に入ってからの労働日の変更 345

[1] 1か月以下単位の場合	345
[2] 1年以下単位の場合	346

3-9 労使協定の締結手続きの瑕疵 347

[1] 労働者代表の選出手続きの瑕疵	347
[2] 締結時期の瑕疵	348

3-10 制度を周知していない 348

3-11 労基署への届出がない 348

4 —— 事業場外みなし労働時間制 349

4-1 判断基準 349

4-2 阪急トラベルサポート（第2）事件最判の判旨 350

4-3 協同組合グローブ事件最判の要旨と評価 351

[1] 事案と判旨	351
[2] 検討	352

4-4 実務対応 354

5 —— 裁量労働制 355

5-1 制度概要 355

5-2 専門業務型の要件 356

[1] 労働契約の内容とすること	356
[2] 労働者本人の同意	356
[3] 手続要件	357
ア　労使協定	357
イ　実施の要件	359
[4] 実体要件	360

29

ア　対象業務外の業務を恒常的に行わせた場合　361

　　イ　就労実態に裁量性が認められない場合　362

5-3　裁量労働制の割増賃金の割増率　363

5-4　企画業務型の要件　364

6 ── 管理監督者制　365

6-1　制度概要　365

6-2　「実態に基づく判断」の要素　366

6-3　裁判例とその概観　369

7 ── 他の適用除外　372

7-1　農業・畜産・水産業　372

7-2　監視又は断続的労働　373

[1]　要件　373

[2]　監視に従事する者　373

[3]　断続的労働に従事する者　373

[4]　断続的労働としての宿日直労働　374

8 ── 週 44 時間制の特例　375

8-1　要件　375

8-2　事業所性の判断基準　376

9 ── 付加金　378

9-1　制度概要　378

9-2　制度趣旨　379

9-3　付加金の対象範囲　380

9-4　口頭弁論終結前の弁済　381

[1] 付加金発生時に関する最高裁の見解　381

[2] 最高裁の判決時説に対する度重なる批判　383

[3] いつの「未払額」なのか　383

9-5　判決確定前の弁済　384

9-6　付加金の認定割合　384

9-7　一部弁済の場合の充当関係　384

10 ──割増賃金不払いの不法行為性　385

資料

請求書　388

請求の趣旨　389

重要判例

高知県観光事件・
最二小判平 6.6.13 集民 172 号 673 頁（労判 653 号 12 頁）　395

三菱重工長崎造船所（会社上告）事件・
最一小判平 12.3.9 民集 54 巻 3 号 801 頁（労判 778 号 11 頁）　396

大星ビル管理事件・
最一小判平 14.2.28 民集 56 巻 2 号 361 頁（労判 822 号 5 頁）　396

テックジャパン事件・
最一小判平 24.3.8 集民 240 号 121 頁（労判 1060 号 5 頁）　399

国際自動車（第一次）事件・
最三小判平 29.2.28 集民 255 号 1 頁　401

康心会事件・
最二小判平 29.7.7 集民 256 号 31 頁（労判 1168 号 49 頁）　403

日本ケミカル事件・
最一小判平 30.7.19 集民 259 号 77 頁　　　　　404

国際自動車（第二次）事件・
最一小判令 2.3.30 民集 74 巻 3 号 549 頁　　　　406

熊本総合運輸事件・
最二小判令 5.3.10 集民 270 号 77 頁（労判 1284 号 5 頁）　　409

判例等索引　　　　412

関連条文

労働基準法　　　　421

労働基準法第 37 条第 1 項の時間外及び休日の割増賃金に
係る率の最低限度を定める政令　　　　425

労働基準法施行規制　　　　425

専門業務型裁量労働制の対象業務と具体的定義　　427

略語一覧

法令・通達

個別労働紛争解決法	個別労働関係紛争の解決の促進に関する法律
最賃法	最低賃金法
職安法	職業安定法
パート有期法	短時間労働者及び有期雇用労働者の雇用管理の改善等に関する法律
賃確法	賃金の支払の確保等に関する法律
労安衛法	労働安全衛生法
労基法	労働基準法
労契法	労働契約法
労災保険法	労働者災害補償保険法
労組法	労働組合法
労働者派遣法	労働者派遣事業の適正な運営の確保及び派遣労働者の保護等に関する法律
基発	労働基準局長通達
発基	（厚生）労働事務次官通達
基収	労働基準局長が疑義に応えて発する通達

書籍

類型別（Ⅰ）・（Ⅱ）	佐々木宗啓ほか『類型別　労働関係訴訟の実務〔改訂版〕Ⅰ・Ⅱ』（青林書院、2021 年）
裁判実務	白石哲『裁判実務シリーズ1　労働関係訴訟の実務〔第 2 版〕』（商事法務、2018 年）
労働事件 50 選	須藤典明・清水響『労働事件事実認定重要判決 50 選』（立花書房、2017 年）
労弁マニュアル	日本労働弁護団編『新・労働相談実践マニュアル』（2021 年）
(旧)実務解説 (1)～(12)	『労働法実務解説 1 ～ 12』（旬報社、2016 年）
菅野＝山川	菅野和夫・山川隆一『労働法（第 13 版）』（弘文堂、2024 年）
菅野	菅野和夫『労働法（初版～第 12 版）』（弘文堂、1985 ～ 2020 年）
西谷	西谷敏『労働法（第 3 版）』（日本評論社、2020 年）
荒木	荒木尚志『労働法（第 5 版）』（有斐閣、2022 年）
水町	水町勇一郎『詳解労働法（第 3 版）』（東京大学出版会、2023 年）
土田	土田道夫『労働契約法（第 2 版）』（有斐閣、2016 年）
川口	川口美貴『労働法（第 8 版）』（信山社、2024 年）
労働基準局（上）	厚生労働省労働基準局編『令和 3 年版　労働基準法　上』（労務行政、2022 年）
労働基準局（下）	厚生労働省労働基準局編『令和 3 年版　労働基準法　下』（労務行政、2022 年）
解釈総覧	厚生労働省労働基準局編『労働基準法解釈総覧（改訂 16 版）』（労働調査会、2021 年）
東大注釈	東京大学労働法研究会『注釈労働時間法』（有斐閣、1990 年）
立法資料 (1)	渡辺章編集代表『日本立法資料全集 51 労働基準法〔昭和 22 年〕(1)』（信山社、1996 年）
立法資料 (2)	渡辺章編集代表『日本立法資料全集 52 労働基準法〔昭和 22 年〕(2)』（信山社、1998 年）
立法資料 (3) 上	渡辺章編集代表『日本立法資料全集 53 労働基準法〔昭和 22 年〕(3) 上』（信山社、1997 年）
立法資料 (4) 上	渡辺章・野田進編集代表『日本立法資料全集 51 労働基準法〔昭和 22 年〕(4) 上』（信山社、2011 年）
渡辺・新版	渡辺輝人『【新版】残業代請求の理論と実務』（旬報社、2021 年）

判例集・雑誌等

刑集	最高裁判所刑事判例集	**民集**	最高裁判所民事判例集
判時	判例時報	**判タ**	判例タイムズ
労経速	労働経済判例速報	**労判**	労働判例
労民集	労働関係民事裁判例集	**季労**	季刊労働法
ジュリ	ジュリスト	**労旬**	労働法律旬報
法時	法律時報	**法曹**	法曹時報
日労研	日本労働研究雑誌		

用語法・言葉の定義

　時刻の表記は、1日の単位では24進法を採った。また1日の労働が24時を超えて延長される場合は、24時に2日目の時刻を足す形で表記した。

用語定義

時刻	時刻時間の流れの上で特定の点
始業時刻	就業規則等の労働契約で定まる業務開始時刻ではなく、早出残業を含め、客観的に労働が開始された時刻として使用している。
終業時刻	始業時刻と同様、居残り残業を含め、客観的に労働が終了した時刻。
時間	時刻と時刻に挟まれ、時間の流れの中で長さのある線。
労働時間	主に主要事実としての労働時間の意味で使用している。ただ労基法32条の書き振りからしても事実としての労働時間と数値としての労働時間の書き分けには必ずしも成功していない。
(労働)時間数	事実としての時間を数値で表したもの。
(法定)時間外労働	単に時間外労働とすることもある。法32条等で定められた法定労働時間制を超える労働。
法定休日(労働)	労基法35条の休日。また、その法定休日の労働。
深夜早朝(労働)	法37条の見出しでは22時から5時の間を単に「深夜」としているが、概念的には早朝を含んでいると思われるので、「深夜早朝」とした。また、その時間の労働。
時間外労働等	法定時間外労働、法定休日労働、深夜早朝労働の総称(康心会事件・最二小判平29.7.7参照)。
法内残業	労働契約上の所定労働時間を超え、法定労働時間に達しない時間帯における労働。

1日	原則として0時から24時までの暦日をいう。ただし、ある日の労働が24時を過ぎても継続するときは、一連の労働が終了するまでを始業時刻が属する日の労働として扱う（昭63.1.1基発1号）。
1週	就業規則等で決まりがない限り日曜日を起点とし土曜日を終点とする暦週をいう（上記基発）。
休暇・休業	休日は労働者がそもそも労働義務を負わない日であるのに対して、休暇・休業は、労働義務があるところその義務が免除される日である。例えば有給休暇、忌引き休暇、育児休業等を取得したとしてもその日が事業所の所定労働日から除かれることはない。事業所が休暇扱いしていても開業せずに全員が休んでいる場合などは、休日と扱われる。
法定休日	労基法35条に基づく週1回の休日。
所定休日	法定休日ではない労働契約上の休日。所定休日の労働時間は、それが法定時間外労働に該当しなければ、法内残業となる。
1月（1か月）	ひとつき。暦月をいう。月60時間超の割増賃金との関係で、就業規則で「1箇月」の起点を決めなければならない（平21.5.29基発0529001号）。明確な定めがない場合、賃金算定期間が月単位であれば、それによる。
1年	暦年をいう。起点について解釈例規で定めがない。
通常の労働時間の賃金	「割増賃金を支払うべき労働（時間外、休日又は深夜の労働）が深夜ではない所定労働時間中に行われた場合に支払われる賃金」。労基法37条1項、労基則19条1項の「通常の労働時間又は労働日の賃金」と同義。この定義により賃金単価算出のための算定基礎賃金の範囲を画する規範性を有する。本書ではこの意味でのみ使用し、賃金単価の意味では使用しない。

割増賃金	法定時間外労働、法定休日労働、深夜早朝労働に対して法37条で支払を義務づけられる割増賃金。
残業代	割増賃金に、法内残業に対する賃金まで含めた所定時間外労働の対価。
割増賃金の基礎となる賃金（基礎となる賃金）	法37条5項の「割増賃金の基礎となる賃金」のこと。それ自体に定義はなく法定の除外賃金を除いた残りの賃金である。
除外賃金	除外賃金法37条5項、労基則21条により、割増賃金の基礎となる賃金から除外する賃金。
算定基礎賃金	「通常の労働時間の賃金」と「割増賃金の基礎となる賃金」によって画される賃金単価算出のための算定基礎賃金。
労働基準法37条等	労基法37条（32条、35条）、同法附則138条、労基則19条、21条、法37条1項の時間外及び休日の割増賃金に係る率の最低限度を定める政令。
賃金単価	労基則19条1項各号により算出される割増賃金の1時間あたりの100%額。「通常の労働時間の賃金」との関係では対応する平均所定労働時間数で除した1時間あたりの平均的な金額。割増賃金の時間賃金率。
法定の計算方法	労働基準法37条等に基づく、労基法所定の割増賃金の計算方法。この計算方法による場合、典型的には、独立した費目の残業手当による支払方法となり、賃金単価に適用される割増率をかけた額に対する厳密な時間比例性（労働時間と賃金の牽連関係）を有する。
法定外の支払方法	(1) 法37条等の計算方法によらない支払方法、(2) 実測された時間外労働等の時間にもとづかずあらかじめ基本給や諸手当に含める支払方法など、法定の計算方法以外の割増賃金の支払方法全般。

賃金形態	本書では、時給制、日給制、月給制、請負制など労基則19条1項各号の賃金算定方法の総称として、限定的な概念として使用している。
賃金算定期間	労働契約により特定される賃金額を算定するための労働の期間。賃金算定期間が「月決め」（1月）の賃金の典型が月給制賃金である。賃金算定期間が週の場合は「週決め」、日の場合は「日決め」でありその典型が日給制賃金である。
賃金締切期間	労働契約により特定される1本の賃金債権の金額を算定するための期間。月給制の場合、賃金算定期間と賃金締切期間が同一に帰するが、日給制の場合、賃金算定期間を日としながら、賃金締切期間を月とする場合もある（日給月給制）。時給制の場合も同様である。
出来高払制その他の請負制	労基法27条、労基則19条1項6号の「出来高払制その他の請負制」のこと。労働行政は「出来高払とは請負制の一種」とし、「請負制とは、一定の労働給付の結果又は一定の出来高に対して賃率が決められるものである。」と定義する。裁判例ですら「出来高払制」をマジックワード化させて気ままに使う例があるが、定義された文言であり、本書では他の意味合いでは使用しない。出来高払制その他の請負制の賃金の場合も日給制などと同様の問題が生じ、最賃則2条1項にあるように賃金算定期間は月決め、週決め、日決めなどがあり得るが、いずれの賃金算定期間であっても、賃金締切日がある場合は、賃金締切期間の賃金総額を合算して算定基礎賃金とする（労基則19条1項6号）。
賃金締切日（締め日）	労働契約により特定される賃金締切期間の末日。
支払日	労働契約により特定される実際に賃金が支給される日。労基法24条により最低毎月1回払いの原則、定期払いの原則が適用される。

本書の使用法

　本書は、残業代請求を担当したことがない弁護士が目次を見ながら事件の進行状況に応じて随時使用できることをコンセプトとして執筆したものである。しかし、訴訟が典型であるが、請求した以上は勝たなければならない。単に結論だけ並べたマニュアル本に堕すると底が浅いものになり、肝心なところで担当した事案に対応できないことにもなる。そこで、この一冊を読み込めば、残業代請求に必要な法律知識はほとんど身につき、残業代請求という狭い分野に限れば、先端のレベルに達することができるところまで書き込んだつもりである。

　初学者は、第1章（残業代請求の制度概略。5－1以下は必須ではない）、第2章（主要事実としての労働時間）、第3章（残業代の計算）、第4章（法律相談から法的手続まで）をお読みいただければ、基本的な残業代請求の実務はできるだろう。特に第3章は残業代の計算を行う上で判断すべき法律上の論点を解説しながら「給与第一」「きょうとソフト」の使用方法について述べたものであり、他の文献にないものであると思われる。第3章を読んで計算ソフトを用いれば、多くの事案の請求実務はできてしまう。会社側の言い分に対応するには、適宜、第8章（頻出論点への対応）をはじめ対応する箇所を参照していただきたい。

　一方、割増賃金制度の成り立ちを深く知りたい場合、または、固定残業代や歩合給による残業代の支払いなど、現在、最高裁判所で大きな論点になっている分野に取り組もうとする場合、第1章の5（固定残業代など法定外の支払方法の許容と規律）、第5章（「割増賃金の基礎となる賃金」と除外賃金）、第6章（「通常の労働時間の賃金」と判別要件）、第7章（固定残業代などへの対応）をお読みいただきたい。労基法37条の分野は直近10年ほどで最高裁判決が次々と出され、動きが大きい分野であるが、第6章は「通常の労働時間の賃金」の意義について立法者意思まで遡った分析から始まって2023年の熊本総合運輸事件最高裁判決まで分析して、判別要件、対価性要件の内容を解説し、第7章ではそれに基づく実務対応を述べているが、そのような意味で、他に類例のない文献であると自負している。

38

1

残業代請求の
制度概略

POINT

▶ 残業代（割増賃金制度）は週40時間・1日8時間の法定労働時間制、週休制を使用者に守らせるための制度の一つである。

▶ 割増賃金制度の趣旨は、法定時間外労働、法定休日労働、深夜早朝労働（「時間外労働等」）に対して、①使用者に時間外労働等を抑制させ労基法の労働時間規制を遵守させること、②労働者への補償を行おうとすることである（「2つの趣旨」）。

▶ 時間外労働等の時間数の計算方法の概略は本章に記す。計算ソフト（第3章参照）を使用する場合、日常的に使用する場面は少ないが、基本事項なので踏まえておく必要がある。

▶ 残業代請求では固定残業代の可否（割増賃金該当性）が大きな論点となるが、この論点を理解するためには労基法の「強行的・直律的効力」と労基法37条の関係性を把握する必要がある。直近10年で判例法理が大きく動いている分野であり、固定残業代のことで本書を手に取った場合、第6章、第7章と並んで本章第5を参照されたい。

▶ 労基法37条には所定労働時間全体の対価の1時間

あたりの100%の額である「賃金単価」を算出する
ための算定基礎賃金を画する概念として「通常の労
働時間の賃金」「割増賃金の基礎となる賃金」の2
つがあり、同条は賃金単価算出のための算定基礎賃
金の範囲の特定にこの2つを用いた「二重のスク
リーニング」の手法を用いている。これが同条の強
行的・直律的効力の枠組みでもある。

1——割増賃金の制度趣旨

1-1　割増賃金は労働時間規制の一部

　労基法の割増賃金制度は、同法32条の原則週40時間、1日8
時間の法定労働時間制を使用者に守らせるための制度のひとつ
である。ここでいう「労働時間」とは、労働者が使用者の指揮
命令下にある時間とされる（第2章1参照）。訴訟上は主張立証
責任の分配対象となる主要事実である。刑罰法規としての労働
基準法においては「労働させる」という使用者の行為でもある。

　資本主義社会が始まると、労使間の交渉力の格差から、有名
なイギリスの女性炭鉱労働者の絵や、わが国の『女工哀史』に
象徴される劣悪な環境での長時間・低賃金の労働が蔓延し、多
くの労働者が健康を害し、死に至った。

　初期の労働者保護法は、労働力の再生産すらも妨げる劣悪な
状況が資本主義の発達すら妨げることから、これを改善し、そ
のような状況に対する社会的な反発を抑えるために制定された。
わが国でも、戦前の工場法で一定の労働者保護が図られた。

　敗戦後の1947年に立法された労基法は、法定労働時間制、休
憩時間規制、週休制の原則、有給休暇制度など多数の労働者保
護規定を導入した。労働時間については、使用者は、1日8時間、
週48時間を超えて労働者に労働させることが原則として禁止
され、休日に労働させることも原則禁止とされた。違反行為は、

労働基準監督官による行政指導や、刑事罰の対象となった。

　1日8時間労働制は、19世紀のイギリスで提唱されたのが最初とされ、1日24時間を三分し、8時間は働き、8時間は休息し、残りの8時間は余暇の時間として過ごす、という三分説の考え方によっている。

　戦後の日本における週の労働時間規制は、上記のように週48時間制から出発したが、労働組合からの要求に加え、ILOや、他の先進資本主義国からの圧力が強まったこともあり、1987年に労基法が改正された。これにより、1988年（猶予事業は91年）に46時間、1991年（同94年）に44時間と減少していき、現在の週40時間制が施行されたのは1994年（同97年）のことであった。現在でも、一部の小規模特例事業には週44時間制が適用される。

　一方、週休制の原則（1週間に1度必ず休日が必要という原則）は、キリスト教圏の安息日の習慣に由来しているとされ、法定労働時間制とは由来が異なる。

　法定労働時間制・週休制による労働時間規制は絶対的なものではなく、災害等臨時の必要がある場合（法33条）、労使による時間外労働に関する協定締結時（法36条）という除外事由がある場合、法定労働時間を超えて、または、法定休日に労働させることができる。この協定を締結し、就業規則上も残業を命じる根拠がある場合、その内容が合理的である限り、労働契約の内容となるから、労働者は契約上の労働時間を超えて時間外労働をする義務があるとされることもある[1]。

　そして、このような法定労働時間を超える労働、法定休日の労働、深夜早朝の労働については、使用者に対して、割増賃金の支払いを強制している（法37条）。本書で主に取り扱うのはこの割増賃金制度である。

---

[1]　日立製作所武蔵工場事件・最一小判平3.11.28民集45巻8号1270頁。ただし判旨に対する批判は強い。

割増賃金の未払いに対しては、さらに刑事罰（法119条1号）があり、また、最高で未払額と同額の付加金（法115条）による民事的な制裁が科される。

　労使関係では労基法36条に基づく協定自体が長時間労働の歯止めとなるが、現状では、十分に機能していない。

　労働者の退職後は年利14.6％の高率の遅延損害金の支払いを求められる（賃確法6条）。

　2020年の労基法改正（令和2年法律第13号）で、同年4月1日以降に支払期日が到来する賃金債権について消滅時効が5年に延長された。ただし附則143条で「当分の間」3年とされた。これも時間外労働の抑制につながる。

1-2　判例による割増賃金の「2つの趣旨」

　労基法の解釈は、同法を行政取締法規、刑罰法規として運用する労働行政の見解が重視されるが、割増賃金制度の制度趣旨についての労働行政の見解は以下の通りである[2]。

> 本条は、第32条から第32条の5まで若しくは第40条の労働時間を超える時間の労働、第35条の休日における労働又は深夜の労働に対して、割増賃金を支払うべきことを使用者に義務づけることによって、本法が規定する法定労働時間制及び週休制の原則の維持を図るとともに、過重な労働に対する労働者への補償を行おうとするものである。すなわち、いわゆる時間外労働と休日労働に対する割増賃金は、法定労働時間制又は週休制の原則を確保するための一つの支柱であり、また長時間の労働に対する労働者への補償でもあるが、深夜の割増賃金は、労働時間の位置が深夜という時刻にあることに基づき、その労働の強度等に対する労働者への補償として、その支払が要求されているのである。

＊2　労働基準局（上）536頁。

第1章 ◉ 残業代請求の制度概略　43

労働行政は、深夜早朝の割増賃金の趣旨ついては労働者への補償のみを述べるのが特徴である。

　一方、近時の最高裁判例は、割増賃金の制度趣旨について、康心会事件最高裁判決[*3]で示された以下のものが参照される。

> 労働基準法37条が時間外労働等について割増賃金を支払うべきことを使用者に義務付けているのは、使用者に割増賃金を支払わせることによって、時間外労働等を抑制し、もって労働時間に関する同法の規定を遵守させるとともに、労働者への補償を行おうとする趣旨によるものであると解される

　すなわち最高裁判例は法定時間外、法定休日、深夜早朝の労働（「時間外労働等」）に対するそれぞれの割増賃金に共通して、

① 　使用者に割増賃金を支払わせることによって時間外労働等を抑制し、もって労基法の労働時間規制を遵守させること（第1の趣旨）

② 　それとともに労働者への補償を行おうとすること（第2の趣旨）

を割増賃金制度の制度趣旨としている。本書では、この①②の各趣旨について、順に「第1の趣旨」「第2の趣旨」、あわせて「2つの趣旨」などと書く場合がある。判例は、行政解釈から一歩踏み込み、深夜早朝割増賃金についても第1の趣旨の適用対象としたことが分かる。

　同判決ではこの2つの「趣旨によれば」、後述の判別要件が必要としており、2つの趣旨は、割増賃金制度の根本的な解釈指針となる。

　割増賃金制度の2つの趣旨は、労基法37条の強行的・直律的

---

*3　最二小判平29.7.7集民256号31頁（労判1168号49頁）（差戻控訴審判決：東京高判平30.2.22労判1181号11頁）。

効力の範囲の捉え方にも大きく関わるので、労働者側の弁護士はこの2つの趣旨を掴んで離さず、何度でも立ち返るべきである。

　また、本書では「時間外労働等」を上記の意味で使用しており、具体的には、法定時間外労働、法定休日労働及び深夜早朝労働のことを指す。

2───割増賃金の法定の計算方法

2-1 主要事実の「労働時間」と計算結果の「労働時間数」

　時間外労働等の時間数の計算は、民事訴訟法上の主要事実としての「労働時間」（労基法32条にいう「労働時間」）の存在が前提になっている。この主要事実としての「労働時間」については第2章1を参照されたい。

　以下で概略を述べる「労働時間数」とは、このような事実としての労働時間の存在を前提にして、「労働基準法37条等」を解釈適用して、時間外労働等の時間数を計算したものである。

2-2 割増賃金額＝時間外労働等の時間数×賃金単価×割増率

　割増賃金の計算方法は、労基法37条（32条、35条）、附則138条、労基則19条、21条、「労働基準法37条1項の時間外及び休日の割増賃金に係る率の最低限度を定める政令」の「労働基準法37条等」で定められている（本書ではこれを「法定の計算方法」と定義する）。

　法定の計算方法の概要は以下のとおりである。

> 割増賃金額＝通常の労働時間又は通常の労働日の賃金の計算額×適用割増率

　そして、労基則19条1項各号で賃金形態ごとに計算する割増賃金の100％部分の1時間当たりの額を「賃金単価」と定義する

と、同項にあるとおり、

> 通常の労働時間又は通常の労働日の賃金の計算額
> ＝時間外労働等の時間数×賃金単価

となる。そこで結局、

> 割増賃金額＝時間外労働等の時間数×賃金単価×割増率

となる。法定の計算方法による割増賃金は賃金単価に対する割増の時給制の賃金であり、賃金単価に対する厳密な時間比例性（労働時間と賃金の牽連関係）を有する。

上記計算式のうち「時間外労働等の時間数」、適用される「割増率」は、民事訴訟法において主張立証の対象となる「主要事実としての労働時間」の長さが定まると、確立した法37条の解釈適用によって自ずと定まるので、計算ソフトによる省力化が可能である（計算ソフトの使用方法は第3章1参照）。

3──「賃金単価」の計算方法（詳細は第3章4参照）

3-1 原則型

割増賃金の100%部分の1時間あたりの額である「賃金単価」の算出方法は、労基則19条1項で賃金形態別に定められている。月、日、時間などの賃金算定期間に支払われる「通常の労働時間の賃金」を、それに対応する労働契約上の平均所定労働時間数で除して算出する。平均的な1時間あたりの単価を算出するのである。月給制、日給制、出来高払制など、賃金形態別の具体的な賃金単価の算出は第3章4－3を参照されたい。

> 賃金単価＝算定基礎賃金÷（平均）所定労働時間数

月給制を例にとると、月平均所定労働時間数は、以下の計算式で計算する。計算方法を見れば分かるように、算定基礎賃金

の多寡により賃金単価の額が上下する。

> 月平均所定労働時間数
> ＝年間の所定労働日数×１日の所定労働時間数÷12（か月）

　使用者はいかにして賃金単価を切り下げるかに腐心しており、算定基礎賃金である「割増賃金の基礎となる賃金」に対する「除外賃金」（第５章参照）、同じく算定基礎賃金である「通常の労働時間の賃金」に対する「固定残業代」などの割増賃金の法定外の支払方法（第６章、第７章参照）という、賃金単価算出のための算定基礎賃金の特定が割増賃金制度における中心的な争点となる。

3-2　出来高払制その他の請負制

　また、出来高払制その他の請負制（歩合給）の賃金のみ計算式が異なり、労基則19条１項６号で賃金算定期間（例えば歩合給の計算期間自体が月単位の場合）または賃金締切期間（例えば日ごとに計算する歩合給をひと月ごとにまとめて支払う場合）に共通して以下の計算をする。

> 賃金単価＝請負制によって計算された賃金の総額÷総働時間数

　労基則19条１項６号は請負制における賃金単価を算出するのみならず、本来的に総労働時間の不可分の対価（判別不能な賃金）である出来高払制賃金を、労基法37条の強行的・直律的効力により時給制賃金に「換算」するものである（第６章５−３[3]イ参照）。これは出来高払制賃金による割増賃金の支払の可否を検討する際に重要な点である。

3-3　各賃金形態の賃金単価の加算

　また、実務で重要なのは、賃金形態別の賃金単価を加算すること（労基則19条１項７号）である。例えば、時給2000円が基

本の労働者について、月給制で皆勤手当1万5000円が支払われており、月の平均所定労働時間数が150時間の場合、100円（＝1万5000円÷150時間）を加算した2100円が賃金単価となる。使用者側の計算では、この加算がされていない場合が極めて多いので注意を要する。

4──時間外労働等の時間数の計算方法

4-1　法定時間外労働の時間数（具体的計算は第3章6参照）

［1］1日8時間超の時間数

　1日8時間超の時間外労働の時間数の計算は簡明である。法定休日労働の時間以外で、下記の計算をする。

> 1日8時間超の時間外労働の時間数＝日労働時間数－8時間

　ここで「1日」とは、午前0時から午後12時までの暦日をいうものであり、継続勤務が2暦日にわたる場合には、たとえ暦日を異にする場合でも1勤務として取り扱い、当該勤務は始業時刻の属する日の労働として、当該日の「1日」の労働とされる[4]。使用者が本来連続する1日の労働を分断して別の日の労働としたりする場合があるので注意が必要である（第3章4－2［8］参照）。

［2］週40時間超の時間数

　週40時間超の時間外労働の時間数の計算は比較的複雑であり、実務でも計算をしていない事例をしばしば見かける。請求時に、計算漏れがないようにすることが重要である。
　週40時間超の労働時間の特定方法を言葉で表せば、1週間の

---

[4]　昭63.1.1基発1号、解釈総覧279頁。

労働時間のうちで法定休日労働の時間ではなく、かつ1日8時間超の労働時間でもない労働時間が40時間を超えるものである。週の起算点は事業所で特に定めがない場合は解釈例規に基づき日曜日とする。

具体的には、各日について、下記の計算式が正の値になったときには、その分だけ、その日に週40時間超の時間外労働があったことになる。

当日の週40時間超の時間外労働の時間数
＝法定休日労働を除く当日までの当該週の総労働時間数
－当該週の計算当日までの
8時間超の時間外労働の時間数－40時間
－前日までの週40時間超の時間外労働時間数

週40時間超の時間外労働の時間が発生しうるのは、週の第1曜日が法定休日の場合は週の第7曜日のみであり、週の第7曜日が法定休日の場合は、週の第6曜日のみである。1週間で週6日以上働いている場合は週40時間超の割増賃金が発生する可能性が高いということなので、注意すべき点になる。

週40時間超の時間外労働の時間数は、各日ごとに計算するものであり、週末にまとめて計算すればよいわけではない。時間外労働は日ごとに発生するものであり、実際に週40時間超の時間外労働が発生した日やその前日が賃金の締め日になり、計算結果に影響を及ぼすこともしばしばある。

[3] 重複計算しないこと

労働行政の見解では、1日8時間規制をタテの規制、週40時間規制をヨコの規制と考え、そのタテとヨコの枠からはみ出す労働時間が規制の対象になる。両者が重複して適用されたり、割増率が加算されることはない。

第1章 ● 残業代請求の制度概略　49

[4] 月60時間超の時間数

　このような1日8時間、週40時間を越えた労働時間が月60時間を超えた場合には、その60時間超の時間外労働に対しては150％の割増率が適用される。計算式は以下のとおりである。月60時間超の時間数も、日ごとに計算すべきものであり、月末でまとめて計算すれば良いわけではない。

当日の月60時間超の時間数
＝当日までの当該月の総時間外労働時間数－60時間
－前日までの月60時間超の時間外労働の時間数

　行政解釈では、月60時間超の時間数の計算に、法定休日労働の時間数は含めない[*5]。

4-2　法定休日労働の時間数

[1] 定義

　法定休日とは、それと特定された日の0時から24時のことをいう。この法定休日労働の時間は時間外労働の時間とは通算しないし、法定休日労働が1日8時間超になっても割増率が加算されることもないのが労働行政の見解である。

　週休2日制の下での法定休日の特定については第3章6－1[4]イを参照されたい。

＊5　【法定休日における割増賃金の考え方について】（平6.5.31基発331号）の1②は「休日労働と判断された時間を除いて、それ以外の時間について法定労働時間を超える部分が時間外労働となる。」とする（解釈総覧423頁）。【法定割増賃金率の引き上げ】（平21.5.29基発0529001号）の（3）は、月60時間超の割増賃金計算との関係でも「法第35条に規定する週1回又は4週4日の休日（以下「法定休日」という。）以外の休日（以下「所定休日」という。）における労働は、それが法第32条から第32条の5まで又は第40条の労働時間を超えるものである場合には、時間外労働に該当するため、第37条第1項ただし書の『1箇月について60時間』の算定の対象に含めなければならない。」とする（解釈総覧417頁）。

［2］法定休日の前日の労働が24時を超える場合

　法定休日の定義が上記であるので、法定休日の前日の労働が24時を超えると法定休日割増が適用される。飲食業や運送業など、深夜の勤務が頻繁に行われる業種では、これに当てはまるものがしばしばある。

［3］法定休日の労働が24時を超える場合

　法定休日が終了した24時以降の労働は、法定休日労働ではない。そこで法定休日の24時以降の労働時間をどう扱うかが問題になる。

　行政解釈では、この労働が（翌日の）労働日の所定労働時間またはその変更したものであるならば、法定休日割増賃金も、時間外労働割増賃金も支払う必要はない。労働契約上の「通常の労働時間の賃金」の対価性の範囲となる。月給制なら所定月給の対象となり、時給制なら時給額を支払うことになる[6]。

　これに対して、この時間帯の労働が所定労働時間そのものまたはその変更といえない場合（これが普通であろう）は、原則としては法内残業となり、24時以降の労働が8時間を超えた時点から、法定時間外労働となる。もちろん、24時以降が週40時間の規制にかかる場合に時間外労働となる。

［4］所定休日労働が24時を超えた場合の扱い

　法定休日は24時で終了する概念であるが、所定休日の概念は24時で終了するのか、それとも、労働日に関する1日の概念が延長することとの対比で、一連の労働が終了するまでが所定休

＊6　【休日を含む二暦日にまたがる労働の割増賃金】（平6.3.31基発181号）の（3）は、法定休日の午後10時から翌日の午後9時まで労働（休憩は午前2時から1時間）した事例について「午前0時より午前9時までが労働日の所定労働時間又はその変更したものであるならば午前0時より午前5時までは2割5分の割増賃金の支給を要し、以後は、通常の賃金を支払えば足りる。」とし、午後10時から12時の法定休日労働時間を1日8時間を超過する労働の計算に含めない（解釈総覧425頁）。

第1章 ● 残業代請求の制度概略　51

日労働となるのか。

　労基法の規制するところではなく、労働契約の内容の判断となるが、原則として所定休日労働が延長されると考えるのが自然である。この考え方を前提にすると、法定休日労働が24時を超えて法内残業となると、その性質は（法内残業である）所定休日労働と考えることになり、労働契約上の所定休日労働の割増率が適用されることになる。もっとも計算ソフトの法内残業の割増率の設定（第3章7－2参照）はそのような計算に当然に対応している訳ではないので、必要に応じて、別途計算する必要がある。

4-3　深夜早朝労働の時間数

　割増賃金の支払い対象となる深夜早朝は22時から5時（29時）までの7時間である[7]。従って、1日の労働における深夜早朝労働時間数の上限は、相当変則的な事例にならない限り7時間となる。日ごとの深夜早朝労働の時間数がこれを超えるようなら、計算結果に疑問を持つ必要がある。

　残業代の計算ソフトでは、休憩時間の時間数の入力を時間帯ごとに細かく分けて行うが、これは、休憩を取得した時間帯の違いが、深夜早朝や法定休日の割増賃金の計算に影響を及ぼすためである。

4-4　「法内残業」の時間数と「法内残業代」

　「法内残業」とは、週40時間以内、1日8時間以内の法定労働時間の枠内にあるが、労働契約上の所定労働時間との関係では時間外労働となる残業のことである。

　週40時間、1日8時間の法定労働時間制のもとで、法内残業が生じ得るのは以下の3つの場合である。

---

[7]　法37条4項の深夜早朝時間帯の変更規定はGHQ占領期にあった夏時刻法に基づくサマータイム制度を想定したものとも考えられるが、今まで定められた例はない。

① 1日の所定労働時間数が8時間未満のときで所定労働時間終了後8時間に達するまでの労働時間。例えば1日の所定労働時間7時間45分を超えて1日8時間の法定労働時間制以内の労働時間

② 法定休日ではない所定休日の労働が週40時間に達しない場合

③ 法定休日労働が24時を超えた時間帯で、それが所定労働時間やその変更でもなく、週40時間超等の法定時間外労働でもない場合

　このうち②の計算は、所定休日の労働時間が8時間に達しない部分について、週40時間超の時間外労働とならないかを確認することになる。週40時間超の時間外労働となる部分がある場合には、所定休日の労働のうち8時間未満の部分から時間外労働となる時間を控除することになる。③の計算は、法定休日の労働が24時を超え、その分の労働時間が8時間に達しない部分について、週40時間超の時間外労働とならないかをチェックすることになる。もっとも、これらの計算は後述の計算ソフト（第3章参照）が自動的に行う。

　このような「法内残業」に対する対価を「法内残業代」という。労基法37条の強行的・直律的効力（本章5－2［1］参照）の範囲外にある法内残業代についても労働契約で割増率が125％とされることも多い。また、法内残業代のうち、少なくとも賃金単価の額（100％額）が法内残業の時間に比例して支払われるのが通常であり（「労働時間と賃金の牽連関係」）、それが当事者の合理的意思解釈とされる[8]。一方、法定の計算方法に

＊8　大星ビル管理事件・最一小判平14.2.28民集56巻2号361頁（労判822号5頁）は「労働契約は労働者の労務提供と使用者の賃金支払に基礎を置く有償双務契約であり、労働と賃金の対価関係は労働契約の本質的部分を構成しているというべきであるから、労働契約の合理的解釈としては、労基法上の労働時間に該当すれば、通常は労働契約上の賃金支払の対象となる時間としているものと解するのが相当である。」とし、「労働時間と賃金の牽連関係」（荒木尚志『労働時間の法的構造』（有斐閣、1991年）306頁）を述べている。

よる割増賃金は合意で排除できない厳密な「労働時間と賃金の牽連関係」を有する。

4-5 まとめ

これらを前提に、例えば労働日が月〜金曜日、法定休日が日曜日、日所定労働時間数7時間30分、週所定労働時間数37時間30分の事業所で、日曜日から土曜日まで連日労働した場合を想定したときの各種労働の時間数を表すと下記図になる。

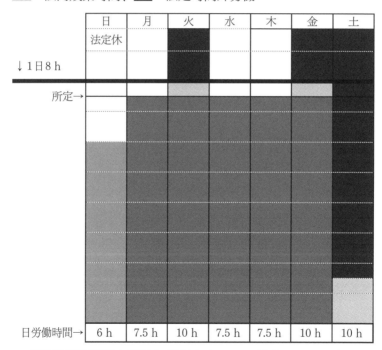

変形労働時間制が適法に施行されている場合には、これとは異なる計算方法を取ることになるが、それに基づく計算は使用者側が全面的に責任を負うので、労働者側は使用者側の主張を待ち構えれば良い。

5──固定残業代など法定外の支払方法の許容と規律

5-1 「残業代」「固定残業代」とは

　労基法37条に基づく割増賃金に加えて、少なくない事業所では「法内残業」の対価である「法内残業代」（本章4-4参照）が支払われている。その場合、両者は労基法32条の法定労働時間の「内」か「外」かではなく、労働契約上の所定労働時間数（例えば1日7時間45分）を基準にして、所定時間「外」の労働に対する対価一般を「残業手当」などとすることが多い。

　本書で述べる「残業代」とは、「時間外労働等」（本章1-3参照）の対価である割増賃金に加えて、このような法内残業の対価である法内残業代を含めた労働契約上の所定時間の外側の労働の対価を指す。

　次に「固定残業代」について、厚生労働省は、労働者募集時の労働条件の明示にかかわる指針（第4章2-4参照）で、「名称のいかんにかかわらず、一定時間分の時間外労働、休日労働及び深夜労働に対して定額で支払われる割増賃金」と定義している。

　筆者は「固定残業代」について、狭義には、月給制の手当または賃金の部分によって労基法37条の割増賃金を支払おうとする方法と定義している。さらに、基本給に含める方法を組込型、諸手当に含める方法を手当型と分類しているが、両者の違いは相対的なものである。また、固定残業代には、広義には日給制の賃金で割増賃金を支払おうとする方法を含むものである。

5-2 労基法37条と同法の「強行的・直律的効力」

[1] 労基法の「強行的・直律的効力」

　固定残業代などの割増賃金の法定外の支払方法の是非を検討するためには、まず、労基法の法的な性格を定めた同法13条を確認する必要がある。

　労基法13条は「この法律で定める基準に達しない労働条件を定める労働契約は、その部分については無効とする。この場合において、無効となつた部分は、この法律で定める基準による。」と定める。この労働契約が①労基法の「基準」に達しない法違反部分を無効とすることを「強行的効力」といい、②さらに無効となった部分を、労基法が定める「基準」によって補ってしまうことを「直律的効力」という。①②を併せて労働基準法の「強行的・直律的効力」という。勤労権を定めた日本国憲法27条の直接の授権による法律ならではの強い効力である。

[2]「通常の労働時間の賃金」に関する「客観説」「契約説」

　労基法の「基準」に達しているか否かは、一般的に、使用者側の形式的な説明や契約上の形式的な取り決めにとらわれず、実態によって判断する。

　労基法37条1項の文言であり、狭義の固定残業代の是非という中心論点でも登場する「通常の労働時間の賃金」「割増賃金」の文言も労基法の強行的・直律的効力との関係が問題になる。そして、「通常の労働時間の賃金」「割増賃金」を「基準」が適用される労基法11条の「賃金」として扱い、それぞれの定義・趣旨に基づいて客観的にその範囲を特定するのが「通常の労働時間の賃金」に関する「客観説」である。

　そこで客観説に立つ場合、使用者側がある名目の賃金を残業代だ、と言い張り、契約書にその旨の記載があっても、その名

目の賃金が実態として「通常の労働時間の賃金」の性質を一部でも持っていれば「通常の労働時間の賃金」（賃金単価算出のための算定基礎賃金）として扱われるし、同様に、残業代だ、とされた名目の賃金が「割増賃金」としての性質を持っていると言えなければ、残業代を払ったとことにはならないのである。

一方、「通常の労働時間の賃金」「割増賃金」を「賃金」の計算過程と捉えて「基準」ではないとし、その範囲の特定には契約自由の原則が適用され労使自治に委ねられた事項だと考えるのが「契約説」である。

これを要件事実論の観点で述べると、客観説に立つ場合、ある名目の賃金が「通常の労働時間の賃金」「割増賃金」という法律文言の該当するかについて、評価根拠事実と評価障害事実の主張立証の応酬が起きることになる。

一方、契約説では、労働契約である名目の賃金を「残業代とする」と書いてあること自体が「割増賃金」該当性の主要な根拠となり得る。

契約説は客観説に比べると大幅に使用者に有利な考え方であり、客観説は契約説に比べると労働者保護に厚い考え方である。その価値観の違いが両説の立脚点となる。

5-3 法定外の支払方法の許容と固定残業代の氾濫

[1] 割増賃金の法定外の支払方法の許容性

労基法37条と労基法の「基準」の関係性については、労基法13条による強行的・直律的効力がある「基準」は、法定の計算方法を含むのか、単に法定の計算方法以上の金額の支払いを意味するのか、という形で論点設定がされてきた。

学説では80年代後半以降、菅野和夫ないし東京大学労働法研

第1章 ● 残業代請求の制度概略　57

究会の研究成果[*9]を中心として後者の考え方が展開されて通説化[*10]した。割増賃金の法定の計算方法（過程）を労働基準法の強行的・直律的効力の範囲に含めないということは、割増賃金が決まった計算方法によって支払われるとは限らず、固定残業代など多様な形の割増賃金があり得るということである。

そして、国際自動車（第一次）事件最高裁判決（最三小判平29.2.28集民255号1頁）は以下のように述べ、法定の計算方法（計算過程）は労基法の強行的・直律的効力のある「基準」ではないとする学説を正面から承認した。

> もっとも、同条は、労働基準法37条等に定められた方法により算定された額を下回らない額の割増賃金を支払うことを義務付けるにとどまり、使用者に対し、労働契約における割増賃金の定めを労働基準法37条等に定められた算定方法と同一のものとし、これに基づいて割増賃金を支払うことを義務付けるものとは解されない。

これにより最高裁判例上も固定残業代など労基法37条等所定の計算方法以外の方法（「法定外の支払方法」）による割増賃金の支払が許容される余地が生まれた。

[2] 明確区分性説を援用した固定残業代の氾濫

上記の80年代以降の学説では割増賃金の計算方法が「基準」ではないことを根拠にしてそこから直接的に狭義の固定残業代を原則として適法とするものが有力であった（東大注釈513頁）。これは強行的・直律的効力のある労基法37条の規制の範

[*9] 研究成果は東大注釈にまとめられている。その時点での最高の理論水準の文献であったが、一方で、労基法37条に関する記述には本章5－3で述べる論理の飛躍が見られる。しかし、著者陣の執筆担当部分を明らかにしないという同書の特異性に起因して、同書で展開された「25%説」や固定残業代を無原則に許容しうる論理的欠陥に対する批判を受け止める名宛人になる個人がおらず、著者陣が批判に対して反論もできず、発展性のないものになっている。これらの学説に対する詳細な批判は渡辺（新版）15頁を参照されたい。

[*10] 菅野（初版）220頁とそこで引用された荒木尚志の文献が初出と考えられる。

囲を最小化する考え方だと言えるだろう。しかし、この見解は一方では日給制の固定残業代については対価性（割増賃金該当性）の検討を実態的にしているのに、もう一方では月給制の狭義の固定残業代は法定の計算額と比較しての差額清算の問題とした（渡辺（新版）15頁以下参照）。狭義の固定残業代を無原則に許容しうる点に論理の飛躍があった。

労基法37条と労基法の「基準」の関係性は、現実の労働問題では、使用者が契約上の算定基礎賃金を最低賃金水準に切り下げ、固定残業代を無限定に増大させる形で現れる。実際、経営法曹の中には基本給を最低賃金の水準で設定して賃金単価を切り下げ、一方で基本給の額を上回る固定残業代を支払う方法で、全体として相当額の賃金を支払い、日本版ホワイトカラーエグゼンプションを実現することを肯定する意見もある[*11]。一部の使用者側は、労働者に時間外労働を恒常的にさせるために、賃金単価を切り下げ、一方で名目だけの残業代を増やし、労基法37条を機能不全に追い込むことに腐心しているのである。

そのような使用者側が法的根拠として援用するのが上記学説に基礎を置くいわゆる「明確区分性説」（第7章7－1参照）である。明確区分性説は算定基礎賃金と割増賃金の区別を労基法の「基準」の問題としてではなく、契約上の賃金の区分の問題と考え、明確に区分されていれば良いと考えた。区分可とするための具体的な要件を定立しなかったので、前述のように賃金総額としては相当額を支払いながら、形式的な賃金の名目により算定基礎賃金の範囲を最小化して割増賃金制度を機能不全に追い込む考え方に対して有効ではなかった。明確区分性説は、2000年代以降に実務で「固定残業代」が濫用的に運用される原因の一つとなったと考えられる[*12]。

---

*11　岩出誠「みなし割増賃金をめぐる判例法理の動向とその課題」菅野和夫先生古希記念論集『労働法学の展望』（有斐閣、2013年）337頁。
*12　菅野（3版）の記述を学術的な起点とし、それを参照したと考えられる大内伸哉『就業規則からみた労働法』（日本法令、2004年）が、就業規則に固定残業代の定めを記載をする実

5-4 判例による労基法37条の強行的・直律的効力の範囲の再構築

[1] 論点の再構築と判例による労基法37条の強行的・直律的効力の範囲の再構築

　実務における固定残業代の氾濫を前に、労基法37条と労基法の「基準」の関係性の論点は、割増賃金の計算過程を労基法の「基準」に含めない考え方を前提にして、本章5−1で述べたように「通常の労働時間の賃金」と「割増賃金」を「基準」が適用される労働基準法11条の「賃金」として扱い、「通常の労働時間の賃金」「割増賃金」の定義・趣旨に基づいて客観的にそれぞれの範囲（1時間あたりの単価算出のための算定基礎賃金の範囲）を定めるのか（客観説）、「通常の労働時間の賃金」の範囲の特定も割増賃金の計算過程と捉えて「基準」ではないとし、契約自由の原則が適用され労使自治に委ねられた範囲だと考えるか（契約説）、という形で捉え直された。

　最高裁判所は、2012年以降の累次の判決により、労基法37条1項の「通常の労働時間の賃金」の性質を客観的に捉え、それに基づく「判別要件」の射程を拡大して算定基礎賃金の範囲のスクリーニングを強化する方向性を採用した（判別要件の拡大の過程は第6章3、固定残業代などへの具体的対応については第7章参照）。「通常の労働時間の賃金」を労基法37条の強行的・直律的効力が適用される労基法11条の「賃金」と考え、「通常の労働時間の賃金」の定義によって算定基礎賃金の範囲を特定することで、労基法37条の強行的・直律的効力の範囲を再構築したのである。その過程で、2020年の国際自動車（第二次）事

務本の嚆矢となり、その後多数の就業規則実務本が固定残業代の導入を勧めることになったことについて渡辺輝人「固定残業代が広く実務に普及した経緯の研究−就業規則実務本の分析から」労旬2001号（2022年）35頁。

件最高裁判決（最一小判令2.3.30民集74巻3号549頁）は明確区分性説（第7章7－1参照）を明示的に否定した。

それに先立ち、前掲・国際自動車事件第一次最高裁判決と同じ年に出された康心会事件最高裁判決（最二小判平29.7.7集民256号31頁（労判1168号49頁）、同事件・差戻控訴審判決：東京高判平30.2.22労判1181号11頁）が、一方で割増賃金の法定外の支払方法をただちに違法ではない旨を述べながら、もう一方で割増賃金の制度趣旨に深く言及した。これもこのような労基法37条の強行的・直律的効力の範囲の再構築の観点からのものであり、割増賃金について法定外の支払方法を許容する以上、判別の対象となる「割増賃金」とは何なのか、その趣旨を改めて明確にする必要があったのである。

［2］有力学説の位置付け

他の労働事件分野では重要な文献として援用することも多い菅野和夫『労働法』[13]であるが、残業代請求の実務についていうと、「通常の労働時間の賃金」を賃金単価の意味で用い、前述のように最高裁判例で明示的に否定された「明確区分性説」（第7章7－1参照）を唱えていた。しかし、近年の改版では、判例の発展に伴い、自説における「通常の労働時間の賃金」の定義や明確区分性説自体を含め、記述の重要部分の削除、書き換え、書き換え部分の削除を繰り返しており、実務をリードするものにはなっていない。労働者側の弁護士は残業代請求で主張書面を書く際に同書を援用すべきではない。

しかし、同書やそれより前の時期の文献の記述の曖昧さ、学説自体の曖昧さや、さらに元をたどれば法37条の立法時にすでにあった「労働者保護」と「出来るだけ経済復興を阻害しないようにする方法」の考え方の対立を背景にした立法作業担当者

＊13　最新版は菅野和夫＝山川隆一『労働法（第13版）』（弘文堂、2024年）。

同士のせめぎ合いに起因し立法時から「通常の労働時間の賃金」をめぐる法解釈の曖昧さ（第6章1−1参照）[14]があったことで、一連の最高裁判決が出されたのちの現在でも、裁判官ですら同書が少数説のものと知らないことも多く、日々の実務で無批判に参照されがちである。

　そこで、労働者側の弁護士はむしろ同書を批判的に検討し、主張書面ではことあるごとに同書が労基法37条については最高判例で否定された少数説に立っていることを指摘する必要がある。

5-5 「通常の労働時間の賃金」（法37条1項）と「割増賃金の基礎となる賃金」（法37条5項）の二重のスクリーニングによる算定基礎賃金の範囲特定

[1] 「通常の労働時間の賃金」と「割増賃金の基礎となる賃金」の範囲の異同

　労基法37条は賃金単価を算出するための算定基礎賃金の範囲の特定について「通常の労働時間の賃金」（法37条1項）と「割増賃金の基礎となる賃金」（法37条5項）の2つの概念を用いている。従前、両者の関係は「原則として」同じものとされてきたが[15]、実際には、例えば除外賃金（本書第5−1参照）のうち一部の除外賃金（①家族手当、②通勤手当、③別居手当、④子女教育手当、⑤住宅手当）は「通常の労働時間の賃金」の性質を持つとされるので、これらの除外賃金が支給されている場合には下記の関係になり、必ずしも両者の範囲は同一ではない。

「割増賃金の基礎となる賃金」＜「通常の労働時間の賃金」

　逆に名目上は割増賃金とされる賃金が、その一部に割増賃金

＊14　この点を含め本書に記述した労基法立法時や立法後10年ほどの初期の解釈論については労働法律旬報に掲載予定の渡辺輝人「労働基準法37条の通常の労働時間の賃金と隣接概念、賃金単価（時間賃金率）の関係—立法資料の分析から—」（仮題）を参照されたい。

＊15　労働基準局（上）543頁。

に当たる部分を含むとしても判別不能とされる場合、その賃金も算定基礎金になるので、まずは下記の通りになると考えられる。やはり、両者の範囲は同一ではない。

「通常の労働時間の賃金」＜「割増賃金の基礎となる賃金」

[2] 異同は立法時の方針変更に由来すること

　労基法の立法作業担当者は、同法案の立法期の第七次案（立法資料（1）330頁）までは現在の判別要件に連なる考え方、すなわち「通常の労働時間の賃金」の定義によって除外賃金全般を除外しようと考えていたが[16]、「当然労働価値賃金として支払ふべきものが他の名目の生活賃金となつてゐる場合あり」（立法資料（4）上564頁。金子美雄の発言）、必ずしも成功しなかった。そして、ＧＨＱ側の立法者業担当者が米国ニューヨーク州の労働基準監督官出身のゴルダ・スタンダーに交代したあとの第八次案（立法資料（1）375頁）で、米国の公正労働基準法の除外賃金制度と類似する「控除法」を重ねて導入した。控除法は「割増賃金の基礎となる賃金」（法37条5項）から除外される除外賃金を定義とともに限定列挙して特定し、法定の除外賃金以外の全ての賃金を算定基礎賃金とする考え方である（第5章1参照）。

　一方で法37条1項の「通常の労働時間の賃金」の文言もそのまま残り、1947年3月に労基法が成立した。その後、朝鮮戦争特需による長時間労働を背景に実務で固定残業代が出現した[17]が、労働行政は控除法によりこれを違法とするのではなく、労基法

＊16　1947年7月26日の労務法制審議委員会第一回会合では、足立正（王子製紙社長）と担当課の間で「足立　計算率の賃金は基本給か（課長　賃金の定義の問題としたい）」（立法資料（2）491頁）との問答がなされている。

＊17　労働省労働基準局『昭和二十六年労働基準監督年報（第四回）』（1953年、安信舎印刷）107頁以下は、朝鮮戦争特需で労働者の時間外労働、割増賃金の比率が増える中で「時間外労働一回につき時間数の長短を問わず一定額の割増賃金を定め」る方法を含む法定外の支払方法により「通常の所定労働時間の賃金の範囲並びに計算方法が不明確乃至は複雑になって来たこと等に起因して」「違反の内容も次第に複雑なものが多くなって来た。」旨指摘している。

37条の下に位置づける方針を採り、1958年に労働省が「通常の労働時間の賃金」に算定基礎賃金の範囲を画する文言としての現在の定義を与え、現在の判別要件につながる考え方を確立した[18]。

[3] 二重のスクリーニングによる算定基礎賃金の範囲の特定

このような経緯で、法37条は「通常の労働時間の賃金」と「割増賃金の基礎となる賃金」による二重のスクリーニングによって賃金単価算出のための算定基礎賃金を特定することになった。

そして、労基法では、限定列挙の除外賃金でもなく、適法な割増賃金の法定外の支払方法（固定残業代など）でもない判別不能な賃金は、通常の月給制賃金とみなされる（労基則19条2項）。すなわち「通常の労働時間の賃金」とみなされるのである。このような賃金の典型例として労基則19条2項に例示されているのが「休日労働について支払われる割増賃金ではなく、所定休日に労働すると否とにかかわらずその日について支払われる賃金」である「休日手当」（第7章4 - 2参照）である。

このような二重のスクリーニングにより、賃金単価のための算定基礎賃金の範囲を特定する過程を図示すると以下のようになる。この図は算定基礎賃金の範囲の適正性を維持する労基法37条の直律的・強行的効力の枠組みを示すものでもある。

本書では、第5章で法37条5項の「割増賃金の基礎となる賃金」からの「除外賃金」の除外について、第6章では法37条1項の「通常の労働時間の賃金」と「割増賃金」との判別について述べる。そして第7章で固定残業代など割増賃金の法定外の支払方法への具体的対処方法を述べる。

＊18　宮島久義『労働基準法上の賃金』（1954年、労働法令協会）457頁が「通常の労働時間の賃金」の定義の初出と考えられ、労働省労働基準局編『労働基準法　上』（研文社、1958年）353頁が行政解釈として初めて定義を述べた。

ただし、固定残業代などについての判別要件（第6章3－7参照）、対価性要件（第6章4－5参照）と、除外賃金のうち⑥臨時に支払われた賃金、⑦一箇月を超える期間ごとに支払われる賃金の「除外」の区別は同じ思考をしており（第5章2－1参照）、余り変わりのないものである。

　また、出来高払制その他の請負制（労基則19条1項6号）については、不可分の総労働時間の対価であり判別不能な賃金である出来高払制にも割増賃金を支払うため、出来高払制をもともと時給制賃金である請負制の一種と位置付けて時間制賃金（その中でも時給制）に「換算」し、時給制とみなすこととしたものである（第6章5－3［3］イ参照）。出来高払制の「通常の労働時間の賃金」（基礎となる賃金）はこの「換算」後の時給制賃金であり、総労働時間の対価が「通常の労働時間の賃金」なのではない。

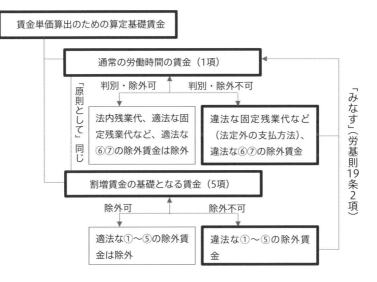

2 主要事実としての労働時間

POINT

▶ 「労働時間」とは「労働者が使用者の指揮命令下に置かれている時間」であり、労働時間に該当するかは、労働契約等の定めのいかんにかかわらず、客観的に決まる。黙示の指示でも業務の必要があれば労働時間（残業時間）になる。

▶ 労働時間該当性は、何をやっていたかの行為の別、早出か居残りかなどどの時間帯の行為かの別により、主張立証が必要な度合いが異なるので、行為の別や時間帯の別を意識した対応が必要である。

▶ 労働時間は主要事実であり、その存在を主張する労働者側に主張立証責任がある。一方、使用者にも労働時間適性把握義務があり、最高裁判所は労働時間の推計も正面から認めている。本章で述べるような様々な証拠に依拠しながら、諦めずに労働時間の主張立証に努めることが重要である。

1——「労働時間」の意義

1-1 労基法の「労働時間」（指揮命令下説）

最高裁判所が三菱重工長崎造船所（会社上告）事件（最一小

判平12.3.9民集54巻3号801頁（労判778号11頁））の最高裁判決で「労働時間」の意義を述べたのは意外に新しく2000年のことである。この判決の2週間後には過労自死の電通事件の最高裁判決（最二小判平12.3.24民集54巻3号1155頁（労判779号13頁））も出ており、労働時間法制の大きな画期となった年と言えるだろう。

　三菱重工長崎造船所（会社上告）事件最高裁判決は、従前の学説を踏まえ、「労働時間」とは「労働者が使用者の指揮命令下に置かれている時間をいい、右の労働時間に該当するか否かは、労働者の行為が使用者の指揮命令下に置かれたものと評価できるか否かにより客観的に定まるものであって、労働契約、就業規則、労働協約等の定めのいかんにより決定されるべきものではない」として、労働時間の意義について客観説、指揮命令下説に立つことを表明した上、「労働者が、就業を命じられた業務の準備行為等を事業所内で行うことを使用者から義務づけられ、又はこれを余儀なくされたときは、当該行為を所定労働時間外において行うものとされている場合であっても、当該行為は、特段の事情のない限り、使用者の指揮命令下に置かれたものと評価することができ、当該行為に要した時間は、それが社会通念上必要と認められるものである限り、労働基準法上の労働時間に該当する」とした。

　また、これより先に、高知県観光事件最高裁判決（最二小判平6.6.13集民172号673頁（労判653号12頁））は「労働時間」に弁論主義を適用し、訴訟上の主要事実として扱うことを明らかにし、同時に、労働時間の推計（主要事実の推認）をして、労働時間の推計の許容性を正面から認めた（本章4－3参照）。

　一方、刑罰法規、行政取締法規としての労基法32条の「労働時間」は、使用者が労働者に労働「させる」という刑法上の成要件該当行為でもある。

1-2 学説による「指揮命令下説」の補充

　ただ、上記三菱重工長崎造船所（会社上告）事件で最高裁が提示した定義（「指揮命令下説」という）だけで、実態としてすべての行為について労働時間か否かを一刀両断で決められるわけではない。

　そこで、最高裁が採用した指揮命令下説を補い、労働時間について「使用者の作業上の指揮監督下にある時間または使用者の明示または黙示の指示によりその業務に従事する時間」と定義する学説が提唱された[1]。部分的二要件説と言われる。その後の下級審の裁判例でも、この定義を採用しているものもある。

　そこからさらに進んで、労働時間について「使用者の関与のもとで、労働者が職務を遂行している時間」と定義したうえ、「使用者の関与性」と「職務性」の二要件のそれぞれの強弱で労働時間該当性を決する学説が登場した[2]。相補的二要件説と言われる。この学説では、二要件のそれぞれについて、根拠となる事実を0～100の範囲で数値化したうえ、労働時間性が問題となる各場面で足し算して、一定の数値（例えば合計100）に達する場合には労働時間となる、という考え方をする。職務性が強い行為であれば使用者の関与の度合いが少ない黙示の指示でも労働時間と認め、職務性の弱い行為については使用者のより強い関与があれば労働時間と認めることになる。要素の根拠となる事実の点数の相場（格付け）をどう形成するのかという課題はあるにせよ、観念的には理解しやすい。

1-3 「労働時間」該当性における「使用者の関与」の展開

［1］黙示の指示でもよい

　上記学説、また、後述の大林ファシリティーズ事件最高裁判

＊1　菅野（12 版）496 頁。

＊2　荒木尚志『労働時間の法的構造』（有斐閣、1991 年）258 頁以下。

決にもあるように、残業が使用者の指揮命令下にあるといえる
ためには、明示の残業命令がある必要はなく、黙示の業務指示
があればよい。

　下級審裁判例でも①時間外労働の必要性、②業務状況につい
ての抽象的認識、③明示的な業務禁止はなかった、という事実
関係から黙示の指示を認めた例（デンタルリサーチ社事件・東
京地判平22.9.7労判1020号66頁）、②時間外勤務の認識、③時
間外勤務を知りながらこれを止めない、という事実関係から黙
示の残業命令を認めた例（ピーエムコンサルタント（契約社員
年俸制）事件・大阪地判平17.10.6労判907号5頁）があり、下
級審は全体としてこの2ないし3の要素により労働時間性を認
定している[3]。

［2］残業禁止命令

　使用者が「繰り返し三六協定が締結されるまで残業を禁止す
る旨の業務命令を発し、残務がある場合には役職者に引き継ぐ
ことを命じ、この命令を徹底していた」場合に「原告らが時間
外又は深夜にわたり業務を行ったとしても、その時間外又は深
夜にわたる残業時間を使用者の指揮命令下にある労働時間と評
価することはできない。」とした事例（神代学園ミューズ音楽院
事件・東京高判平17.3.30労判905号72頁）がある。

　使用者が口で残業をしないように言っていたり、残業が事前
承認制になっている場合でも、口だけだったり、実際は手続を
履践せずに残業を指示することも多いと思われる。上記裁判例
も上記判示に加え「三六協定が未締結である以上、労働者に時
間外労働をさせないことは使用者の法的義務であり、その義務
を履行する業務命令」であった点が重要であり、一般性を持つ
事例ではない。

---

[3]　石橋洋『判例の中の労働時間法　実務家のための判例入門』（旬報社、2013年）39
頁以下。

[3] 残業の事前申請制

　実務では、労働者が残業する際に事前に申請を求める事例が散見されるが、残業をする客観的な必要性を立証すれば、申請がなくても労働時間性が認められる。裁判例では「被告が原告に対して所定労働時間内にその業務を終了させることが困難な業務量の業務を行わせ、原告の時間外労働が常態化していたことからすると、本件係争時間のうち原告が被告の業務を行っていたと認められる時間については、残業承認制度に従い、原告が事前に残業を申請し、被告代表者がこれを承認したか否かにかかわらず、少なくとも被告の黙示の指示に基づき就業し、その指揮命令下に置かれていたと認めるのが相当であり、割増賃金支払の対象となる労働時間に当たるというべき」として労働時間性を認めた事例（クロスインデックス事件・東京高判平30.8.23判例集未登載、東京地判平30.3.28労経速2357号14頁）がある。この事件の高裁判決では、使用者が事前申請のない残業を認めないメールを繰り返し出していても「しかしながら、その内容は、申請のない残業を禁止する旨の一方的な通告をしたものが多く、翌日回しにしてもよい業務について明確な基準を示したりしたものはなく、また、一審原告に対して業務の切り分け等の指示を行ったものはあるが、業務の切り分けを行うことが必ずしも一審原告の業務の軽減措置とならない」とした。

2──労働時間の行為別類型

2-1 はじめに

　使用者との間で、ある行為を行っていた時間の労働時間性が問題になる事案では、労働者側は、上述の要件や、後述の様々な裁判例に依拠しながら、当該行為が、黙示の指示を含む使用者の関与のある行為であること、業務性のある行為であること

を主張立証していくことになる。

　以下の各事例も、事例ごとに客観的に労働時間だとされているのであり、同種の事案でも労働時間性が否定された例もあるので注意が必要である。

2-2　不活動時間（仮眠時間、滞留時間、手待時間）

[1]　仮眠時間

　労働者が泊まり込みでビル設備の管理業務を行い仮眠室で仮眠はできるものの突発の事態には対応しなければならなかった事例で、最高裁判決は「不活動仮眠時間において、労働者が実作業に従事していないというだけでは、使用者の指揮命令下から離脱しているということはできず、当該時間に労働者が労働から離れることを保障されていて初めて、労働者が使用者の指揮命令下に置かれていないものと評価することができる。したがって、不活動仮眠時間であっても労働からの解放が保障されていない場合には労基法上の労働時間に当たるというべきである。」などとし、仮眠時間全体を労働時間と認めた（大星ビル管理事件最高裁判決[4]）。

　しかし、この最高裁判決ののちも不活動時間の労働時間性が認められなかった事案もある（ビル代行事件・東京高判平17.7.20判タ1206号207頁、新日本管財事件・東京地判平18.2.3判時1926号141頁）。

[2]　滞留時間

　マンション管理人の居室滞留時間に関する残業代請求の大林ファシリティーズ（オークビルサービス）事件最高裁判決（最二小判平19.10.19民集61巻7号2555頁（労判946号31頁））は、

---

[4]　最一小判平14.2.28民集56巻2号361頁（労判822号5頁）、同・東京高判平8.12.5労判706号26頁、同・東京地判平5.6.17労判629号10頁。

第2章 ● 主要事実としての労働時間　71

指揮命令下説を述べたうえで「本件会社は、被上告人らに対し、所定労働時間外においても、管理員室の照明の点消灯、ごみ置場の扉の開閉、テナント部分の冷暖房装置の運転の開始及び停止等の断続的な業務に従事すべき旨を指示し、被上告人らは、上記指示に従い、各指示業務に従事していたというのである。また、本件会社は、被上告人らに対し、午前7時から午後10時まで管理員室の照明を点灯しておくよう指示していたところ、本件マニュアルには、被上告人らは、所定労働時間外においても、住民や外来者から宅配物の受渡し等の要望が出される都度、これに随時対応すべき旨が記載されていたというのであるから、午前7時から午後10時までの時間は、住民等が管理員による対応を期待し、被上告人らとしても、住民等からの要望に随時対応できるようにするため、事実上待機せざるを得ない状態に置かれていたものというべきである。さらに、本件会社は、被上告人らから管理日報等の提出を受けるなどして定期的に業務の報告を受け、適宜業務についての指示をしていたというのであるから、被上告人らが所定労働時間外においても住民等からの要望に対応していた事実を認識していたものといわざるを得ず、このことをも併せ考慮すると、住民等からの要望への対応について本件会社による黙示の指示があったものというべきである。」として、午前7時から午後10時まですべての時間について使用者の黙示の指示があったとして労働時間と認めた（判決では平日に続いて土曜日（肯定）、日曜日（否定）についても判断している）。

［3］手待時間

　手待時間とは作業と作業の間の待機時間である。手待時間は、使用者の指示があればただちに作業に従事しなければならない時間であり、使用者の指揮命令下にあるから、労働時間である。仮眠時間、滞留時間も手待時間の一種である。

すし屋で板前見習、裏方として勤務していた労働者について、「客が途切れた時などに適宜休憩してもよい」とする約定だった事例について「現に客が来店した際には即時その業務に従事しなければならなかったことからすると、完全に労働から離れることを保障する旨の休憩時間について約定したものということができ」ない、として労働時間とした事例（すし処「杉」事件・大阪地判昭56.3.24労経速1091号3頁）がある。手待時間に関する判決はその後も多数でている[5]。

2-3 準備時間、朝礼（体操）、後片付け、終礼等

最高裁は前掲・三菱重工長崎造船所（会社上告）事件判決本文において、実作業に当たり作業服のほか所定の保護具、工具等の装着を義務付けられており、これを怠ると、就業規則に定められた懲戒処分を受けたり就業を拒否されたり、成績考課に反映されて賃金の減収にもつながる場合もあり、一方、材料庫等からの副資材や消耗品等の受出しを午前ないし午後の始業時刻前に行うことを義務付けられており、また、一部の作業に従事していた者は、粉じんが立つのを防止するため、上長の指示により、午前の始業時刻前に月数回散水をすることを義務付けられていた場合に、

① 午前の始業時刻前に更衣所等において作業服及び保護具等を装着して準備体操場まで移動し
② 午前ないし午後の始業時刻前に副資材や消耗品等の受出しをし、また、午前の始業時刻前に散水を行い
③ 午後の終業時刻後に作業場又は実施基準線（上告人が屋

---

[5] 肯定例として、中央タクシー（未払賃金）事件・大分地判平23.11.30労判1043号54頁、金本運送（割増賃金）事件・大阪地判平25.10.17労判1088号79頁、田口運送事件・横浜地相模原支判平26.4.24判時2233号141頁、北九州市・交通局（市営バス運転手）事件・福岡地判平27.5.20労判1124号23頁。否定例として同じ北九州市・交通局（市営バス運転手）事件・福岡高判令2.9.17労経速2435号3頁。同事件は第一審と控訴審で判断が逆転しており、労働時間性認定の難しさが現れている。

外造船現場作業者に対し他の作業者との均衡を図るべく
終業時刻にその線を通過することを認めていた線）から更
衣所等まで移動して作業服及び保護具等の脱離等を行っ
た

事例で、上記①〜③のいずれも労働時間と認めた。

銀行員が始業時刻前に金庫からのキャビネット搬出や外勤の
準備、男子社員が全員参加する「融得会議」に参加していたと
ころ、これらが始業時刻前に行われたときは時間外勤務に当た
るとされた事例（京都銀行事件・大阪高判平13.6.28労判811号
5頁）や、制服着用のための時間が労働時間とされた事例（アー
トコーポレーションほか事件・横浜地判令2.6.25労判1230号
36頁）*6もある。

朝礼、体操、終礼も出席が義務付けられたり、明示、黙示の
業務上の指示によるものであれば同様であろう。アクティリン
ク事件（東京地判平24.8.28労判1058号5頁）も終礼までを業
務時間としている。

2-4 本務外の活動（研修、QCサークル活動等の小集団活動）

研修も、自由参加ではなく強制的に行われれば労働時間とな
る。自動車教習所の教習用語統一のための研修会について労働
時間性が認められた事例（八尾自動車興産事件・大阪地判昭
58.2.14労判405号64頁）がある。

このことは企業で行われる小集団活動についても言える。労
災認定を求める行政事件ではあるが、使用者の事業に直接役立
ち、使用者の支援の下に行われる創意工夫等の改善提案・QC
サークル・小集団での活動について、人事考課でも考慮されて
いた事例で、「労災認定の業務起因性を判断する際には、使用者

＊6　同事件は始業時刻前の制服着用について労働時間性を認める一方、引き続くラジオ体操
の事件は労働時間性を否定している。

の支配下における業務であると判断するのが相当」とされた事例（国・豊田労基署長（トヨタ自動車）事件・名古屋地判平19.11.30労判951号11頁）がある。同判決では、全社的な規模で組織され、会員相互の親睦のほか知識と技術の向上を図り、社運の興隆に寄与することなども目的とする「EX会」の役員の業務についても、「事業活動に資する面があり、役員の紹介などといった一定の限度でその活動を支援していること、その組織が会社組織と複合する関係にあることなどを考慮」して、同様に使用者の支配下にある業務と認められた。これらの活動は時間外労働との関係でも労働時間であるとされる可能性が高いだろう。

2-5 接待が労働時間になる場合もあり得る

　取引先等の接待が業務時間外に行われるときは、通常は労働時間とは認められないようである。しかし、労災認定を求める行政訴訟において、一定の厳格な要件の下ではあるが、接待の労働時間性を認めたと思われる例（国・大阪中央労基署長（ノキア・ジャパン）事件・大阪地判平23.10.26労判1043号67頁）がある。

2-6 移動時間

　就労場所への出勤のための時間は労働時間ではない。出張のための休日中の移動時間についても労働時間であることを否定するのが解釈例規[*7]である。「出張の際の往復に要する時間は、労働者が日常出勤に費やす時間と同一性質であると考えられるから、右所要時間は労働時間に算入されず、したがってまた時間外労働の問題は起り得ないと解するのが相当である」とする事例（日本工業検査事件・横浜地川崎支決昭49.1.26労判194号

[*7]　昭23.3.17基発461号、昭33.2.13基発90号。

37頁）もある。同じ事を平日に一度事業所へ出勤して上司の指示を受けて行えば業務になると思われ、結果の不相当性から言っても、一律に労働時間性を否定するものであれば疑問を感じる。ただ、この決定のように考えるとしても「出張中の休日はその日に旅行する等の場合であつても、旅行中における物品の監視等別段の指示がある場合」は労働時間となる[8]。

　一方、出勤後の業務上の移動時間は労働時間となる傾向が強い。所定労働時間が8時から17時とされている請負工事に従事する会社の労働者について、駐車場兼資材置き場で資材を積み込んでから朝6時50分までに事務所に出勤し、打ち合わせをした後に自動車で（使用者の主張によると1時間から1時間半かけて）作業現場に移動していた事案で、移動時間が労働時間と認められた（総設事件・東京地判平20.2.22労判966号51頁）。

　この点、訪問介護労働者について、厚生労働省が、移動時間を労働時間として適正に把握するよう通達を出している[9]。「具体的には、使用者の指揮監督の実態により判断するものであり、例えば、訪問介護の業務に従事するため、事業場から利用者宅への移動に要した時間や一の利用者宅から次の利用者宅への移動時間であって、その時間が通常の移動に要する時間程度である場合には労働時間に該当するものと考えられること。」とする。この理は訪問介護に限らない。

3──労働時間の時間帯別類型

3-1　視点となる労働時間帯の類型

　実務では、ある行為が労働時間になるかという問題もさることながら、労働者が行っていた行為は一応職務性があること、あるいはそれに付随する何らかの行為を行なっていたことを前提

---

*8　解釈例規・前掲注*7。

*9　「訪問介護労働者の法定労働条件の確保について」（平16.8.27基発0827001号）。

に、残業とされる行為が属する時間帯の位置ごとに労働時間該当性の争い方が異なる傾向が強く、始業時刻と終業時刻によって特定されるその間の「拘束時間」との関係で以下のような類型ごとに必要な主張立証の度合いが異なる。

① 始業時刻前の「早出残業」
② 拘束時間中の休憩時間の不取得
③ 拘束時間中の休憩時間ではないが業務の密度が高くない「不活動時間」
④ 終業時刻後の「居残り残業」
⑤ 終業時刻後の「持ち帰り残業」あるいは「自宅勤務」
⑥ 終業時刻後の「オンコール待機」

以下は、このような時間帯の観点から立証の問題を述べる。

3-2 早出残業

　典型例としては、午前9時が労働契約上の始業時刻であるところ、定型的に8時45分前後に出勤している場合などがある。
　単に遅刻しないために早めに出勤してタイムカードを打刻していただけの場合、早出残業とは認められない。また、そのような時間帯に多少の準備行為を行っていた場合でも、始業時刻前に行う必要のない作業である場合、早出残業とは認めない事例がある（福星堂事件・神戸地姫路支判平28.9.29労経速2303号3頁）。この裁判例は「使用者が明示的には労務の提供を義務付けていない始業時刻前の時間が、使用者から義務付けられまたはこれに余儀なくされ、使用者の指揮命令下にある労働時間に該当することについての具体的な主張立証が必要」とした。
　早出残業を労働時間と主張する場合、業務を行なった事実のみならず、出勤時刻前に業務を行う必要性を主張立証する必要がある。典型は、例えば店舗業務の労働者について9時営業開

第2章 ● 主要事実としての労働時間　77

始で9時が始業時刻とされている場合に、始業時刻前に開店準備をしなければならない場合である。前掲・三菱重工長崎造船所（会社上告）事件本文は早出残業を認めた典型事例でもある。

3-3 休憩時間

[1] 休憩付与義務

使用者は労働時間が6時間を超えるときは少なくとも45分、8時間を超えるときは少なくとも1時間の休憩を与えなければならない（労基法34条1項）。この休憩時間について、使用者は労働者の自由に利用させなければならない（同条3項）。つまり、電話が来ても、来客があっても、相手にしなくて良いのが休憩時間である。休憩時間（時刻ではない）は就業規則の必要的記載事項である（労基法89条1号）。休憩時間の扱いは使用者が「与えなければならい」という本条があるので他の時間帯と異なる。

この点、休憩時間の主張は抗弁なのか、請求原因の積極否認なのかという問題がある。経営法曹の中には拘束時間中（始業時刻と終業時刻に挟まれた時間帯）の休憩時間について、使用者側の抗弁事由とするものがあり[10]、使用者の休憩時間付与義務との関係で、参考になる。上記のように労基法34条1項が「与えなければならない」としていることからも、使用者に立証責任があると解するべきだろう。

[2] 非労働時間たる休憩の判断要素

労働である手待と休憩の区別の基準となる要素として

① 狭義の労働（実作業）からの解放

---

[10] 東京地裁と東京三会の座談会である「割増賃金事件の審理に関する弁護士会と裁判所との協議会」判タ1367号（2012年）46頁（安西愈弁護士の発言）。

② 労働解放の保障

③ 滞在場所の自由（場所的解放）

④ 労働解放時間の長さ

があるとされる。そして、これらは自由利用、労働解放、拘束の程度をはかるための重要なファクターであるとし、さらに自由利用、労働解放は、不活動時間が非労働時間となるかという観点からのアプローチであり、拘束の程度は、労働時間となるかという観点からのアプローチであり、労働時間の定義（本章1－1の相補的二要件説参照）との関係で、不活動時間の労働時間性を基礎付ける活動内容要因は、その時間の「職務上の拘束」の程度である、とする説がある[11]。

この説では、どこにいてもよいと言われながらいつ実作業の開始を命じられるかわからず事実上その場に拘束される場合、相当時間の労働解放の保障はあるが小さな部屋から出てはならない場合、労働解放の保障や場所的解放があってもわずか数分の場合には、職務上の拘束性が相当程度に達していると解され、労働時間性が肯定される。

この説では、一方で、医師のオンコール、トラック運転手のフェリー乗船中の時間、出張の際の列車乗車時間等については、労働解放の保障があり、長さが十分で、場所的拘束も著しくはないので、労働時間とはならない、とする。

訴訟実務における休憩時間の労働時間該当性も、このような観点を取り入れ、事案ごとに分析的に判断していく必要があると思われる。

[3] 実務上の議論

しかし、実務では、休憩時間の不取得についての労働者側の

---

*11　荒木・前掲注*2・281頁以下。

主張が十分に認容されていない印象を持つ。休憩中に業務をしなければならない実態があっても、裁判所で認めさせるためには、業務内容や休憩時間中に行う必要性について念入りな立証が必要だと思っていたほうがよいだろう。

　この点、近年、現役の裁判官から「ガソリンスタンドにおいて三交替制で稼働していた従業員について、1人で勤務している時間帯は、消防法上の規制から、営業時間中は常時監視員である従業員が監督に当たる必要があるとともに、顧客対応においても、食事をしていても顧客が来れば途中で止めざるを得ず、トイレに行くこともままならないこともあり、給油所の敷地から出ることもできなかったし、交替時に1時間ずつの重なりが生じる時間帯も、従業員はそれぞれ異なる業務を分担していたため休憩ができなかったことから、休憩時間の自由利用が阻害されたとして、手待時間であるとされた事例がある。この裁判に関連して、1人勤務の店舗従業員は、顧客対応の関係において、一時的休店の措置などにより休憩時間の自由利用が保障されていると認めるべき特段の事情がない限り、同様の結論になるといえよう。」[12]という指摘があり、休憩時間とされる時間の労働時間該当性を検討するうえで重要である。

　休憩取得について一斉休業や輪番制などの措置が取られていない場合、労働契約において休憩時間帯が定まっておらず随時取得となっているのに、業務の停止のための措置が何ら取られない事例が散見される。使用者に休憩の付与義務がある以上、このように労働からの解放が保障されていない事案では、労働からの解放を保障するための措置が取られていないことを裏付ける事実を主張すべきだろう。

　裁判所も、このような時間を積極的に労働時間と認定すべきであり、以前に比べると、休憩時間の不取得について裁判所が

＊12　類型別（Ⅰ）152頁。引用された事例はクアトロ（ガソリンスタンド）事件・東京地判平17.11.11労判908号37頁。

踏み込んで認定する（例えば1時間の休憩時間中20分程度は業務を強いられていた、など割合的に労働時間を認定する）例も増えつつあるように思われる。

[4] 裁判例

　班体制で作業を行うアルミニウム電解炉の作業員について、交替で昼食をとる時間（30分）、昼休み（1時間）についても、事前告知のない「タッピング作業」（電解したアルミニウムのとり出し作業）をしなければならず、偶発的な「フンケン作業」（炉への原料挿入、エア入れ、電圧調整、カーボンとり及び炉の点検）に対応するために、交替で食事に行くとき以外は現場を離れることが出来ず、フンケンを覚知しうる待機所や炉に近い通路に留まっていなければならなかった（その範囲では雑談、雑誌閲覧、禁煙、囲碁、バドミントンをするなどしていた）事案の住友化学工業事件の名古屋高裁判決は、当該時間を手待時間と認定し、休憩を与えなかった使用者に慰謝料の支払いを命じ、最高裁も単純棄却でこれを支持した（住友化学工業事件・最三小判昭54.11.13判タ402号64頁、名古屋高判昭53.3.30労判299号17頁、名古屋地判昭50.12.5労判242号25頁）。また、休憩時間とされた時間を労働時間と判断した事例（イオンディライトセキュリティ事件・千葉地判平29.5.17労判1161号5頁）がある。

　一方、深夜夜行バスの交代運転手が運転席後ろのリクライニングシートで仮眠していた事案で労働時間性を否定したカミコウバス事件・東京高判平30.8.29労判1213号60頁があるが、仮眠場所と労務提供場所である運転席の近接性、乗客との近接性、場所的拘束性からして労務提供をせざるを得ない可能性があることは容易に想定でき、事実認定上も乗客から話しかけられる事態が想定されていたのだから、労働からの解放が保障されているとは到底言えない。また、労働時間性を否定する根拠に「自

第2章 ● 主要事実としての労働時間　81

動車運転者の労働時間等の改善のための基準」（改善基準告示）に基づく小冊子を用いているが、これは労働時間性認定の根拠になるものではなく、前掲・三菱重工長崎造船所事件最高裁判決本文）に反する。

3-4 不活動時間

　不活動時間は労働していない、労働を命じていない、という類の使用者側の主張に対する労働時間性立証には前掲・大林ファシリティーズ（オークビルサービス）事件最高裁判決が参考になる。具体的には、労働密度が薄くてもその時間帯にやるべきこと、やらざるを得なかったことを、業務マニュアル、報告書、作成する帳簿や伝票、使用者が利用者向けに作成・表示したサービス提供時間の資料、あれこれの資料を提出しながら立証していくことになる。

　前掲・大星ビル管理事件の高裁判決、地裁判決の事実認定を見ても、具体的な事実を立証できれば、実際の出動頻度はかなり低くても労働開放が保障されていないとされ、労働時間と認定されるので、諦めずに立証をするべきである。

3-5 居残り残業

[1]「勝手に残業していた」との主張

　居残り残業については、使用者の業務指示は黙示のもので構わないし、比較的緩い要件で認められる。業務量が多いため、所定労働時間に引き続いて残業していたなど必要性がある場合には、残業と認められる可能性が高い。

[2]「ダラダラ残業」「遊んでいた」「喫煙」などの主張

　残業代請求について作業効率は問題とはならない。そもそも、1日8時間を超えて労働させている時点で作業効率は確実に落

ちている。

　また、トイレに行くなど、生理現象のための離席を労働時間から控除した裁判例はないと思われる。

　次に、業務時間中の喫煙については、喫煙目的の短時間の離席を黙認している事業所では、休憩とは扱わない場合が多いと思われる。使用者側が喫煙による離席を主張してきた場合は、常識的な事例である限り、まずは、具体的な指示があればただちに業務復帰するのだから手待ち時間と異ならない、と主張し、第2段階として、労働時間から控除するほどの定型的に算定可能な時間は存在しないと主張することになるだろう。第3段階として、仮にそのように定型的に控除できる時間があったとしても、極小の時間にすぎないことを主張することになろう。

　これに関連して、労働時間中にパソコンでインターネット閲覧や、ゲームなどをやっていた、と主張してくる事例もあるようだが、労働時間中に業務外の「チャット」（社内のコンピューターネットワークの回線を利用したリアルタイムのメッセージのやり取り）をしていたことを認定しながら、労働時間の控除を認めなかった事例（リームエクスチェンジ事件・東京地判平28.12.28労判1161号66頁）がある。

[3]「残業を命じていない」「承認制だった」との主張

　残業について承認制をとり、実際には届出をさせない（あるいは恒常的に残業が発生するので届出する暇がない）事業所の例はしばしば見かける。しかし、労働時間該当性は客観的に定まるものであり、届出がないことは残業の存在を否定することに必ずしもならない。裁判例でも、承認のない残業を労働時間と認めた事例がある（昭和観光事件・大阪地判平18.10.6労判930号43頁、ナカヤマ事件・福井地判平28.1.15判時2306号127頁、前掲・クロスインデックス事件・東京高判本文）。対策としては、時間外労働が必要だった理由を述べ、あわせて、届出を

しなかった理由をやや詳し目に述べることになる。

[4]「残業してもやることがなかった」との主張

業務上の必要性は、残業が労働時間と認められるための重要なポイントであり、なぜ残業が必要だったのか、何をしていたのかについては、丁寧に主張する必要がある。

3-6 持ち帰り残業・在宅勤務の労働時間性

事業所での労働時間中に担当業務が終わらず、例えば家事、育児、食事等のために中断して帰宅せざるを得ず、これらが一段落した後に自宅で残業することは広く見られる現象である。このような持ち帰り残業について、裁判所は冷淡であり、時間外労働等が問題になる事例でも、過労死の労災事件などでも労働時間性は基本的に認められない（医療法人社団明芳会（R病院）事件・東京地判平26.3.26労判1095号5頁）のが通例であった。経営法曹の中には持ち帰り残業には絶対的に労働時間性が認められないとするものがある[13]。

しかし、現に業務そのものを行っていることについて使用者による明示、黙示の指示が認められるか否かと、その際に自宅にいるかどうかは、必ずしも理論的に連動したものではない。今日、LINEなどで逐一指示を受けながら自宅等から業務を行うことは日常的に見られる現象である。通信技術の発達により、自宅を含む事業所外での労働はますます増えるであろうから、業務を行う場所が自宅であることの一事をもって労働時間性を否定するのはもはや現実に合致しなくなっている。

現役の裁判官も「使用者から業務の遂行を指示されてこれを承諾し、私生活上の行為と峻別して労務を提供して当該業務を処理したような」というような大きな限定を付しつつ、持ち帰

---

[13]　安西愈『労働時間・休日・休暇の法律実務（全訂7版）』（中央経済社、2010年）80頁以下。

り残業の労働時間性を認めはじめた[14]。

政府が策定したガイドラインでは、在宅業務についても、事業所における労働と変わらない労働管理を求めている[15]。

労働者側は、持ち帰り残業の労働時間性について司法が厳しいことを念頭に、持ち帰り残業をやむを得ずする場合は、上司に理由を説明して事前に承認を求めたり、自宅での勤務について始業時刻、終業時刻、労働時間と業務内容を記した日報を作成して上司にメールで報告するなど、労働時間と認められやすいようにする自衛策が必要である[16]。

3-7 オンコール待機の労働時間性

前述3−3[2]のように、学説上、オンコール待機を労働時間と認めない傾向が強く、ドグマ化している感がある。

医師のオンコールについて労働時間性を否定した事例（奈良県（医師時間外手当）事件・大阪高判平22.11.16労判1026号144頁）があるが、残業について明示の超勤命令の有無が重視される公務員なのに「宅直」が制度外の医師らの自主的な措置だった事例であり、また、判決文で労働時間性を否定する根拠も精神論に終始しており先例性はない。しかし、その後もオンコール待機の労働時間性を否定する事例（システムメンテナンス事件・札幌高判令4.2.25労判1267号36頁）が出されている。

---

*14　東京弁護士会弁護士研修センター運営委員会編『割増賃金請求訴訟の知識と実務』（ぎょうせい、2012年）195頁（藤井聖悟）、類型別（I）159頁。

*15　厚生労働省「テレワークの適切な導入及び実施の推進のためのガイドライン」（2021年3月）。

*16　裁判官が持ち帰り残業について言及（非常に限定的な要件のもと容認）したとして東京弁護士会弁護士研修センター運営委員会編・前掲注*14・195頁（藤井）。

4──労働時間の立証責任と転換

4-1 主張・立証責任は原則労働者にある

すでに述べたように「労働時間」は民事訴訟法の主要事実であり、労働契約上の本務をはじめ、ある行為をする時間が性質上労働時間だとしても、その労働時間（残業時間）が何時から始まり何時に終わったのかという主要事実としての労働時間の主張立証が問題になる。

残業代請求において、労働時間（残業時間）の主張・立証責任は原則として労働者側にある。

4-2 使用者の労働時間適正把握義務

[1] 労働時間適正把握義務の根拠と実務上の展開

前述の立証責任の原則を貫くと、労働時間把握をしない使用者ほど訴訟で得をする矛盾が生じる。また、労働時間中に職務に専念する義務がある労働者の側が労働時間を記録することを類型的に期待することはできない。

この点、労基法が賃金全額支払の原則（労基法24条）をとり、しかも時間外労働や休日労働について刑罰を含む厳格な規制を行い、また、使用者みずからが労働時間の把握をすべきものとしている（労基法108条、労基則54条1項参照）ことからすれば、使用者に、労働者の労働時間を適正に把握する義務を課しているのであり[17] [18]、多くの裁判例もこの義務を認める。

＊17　労働事件を多く処理する現役の裁判官が労働時間適正把握義務に言及したものとして、渡辺弘『リーガルプログレッシブシリーズ9　労働関係訴訟』（青林書院、2010年）176頁、山口幸雄・三代川三千代・難波孝一『労働事件審理ノート（第3版）』（判例タイムズ社、2016年）131頁、東京弁護士会弁護士研修センター運営委員会編・前掲注＊14・187-189頁の藤井聖悟裁判官の講演録、藤井聖悟「残業代請求事件の実務（上）」判タ1365号（2012年）11頁参照。

＊18　研究者が労働時間適正把握義務を正面から論じたものとして渡辺章『労働法講義（上）』（信山社、2009年）399頁以下、石橋・前掲注＊3・48頁。

この点については、厚生労働省も「労働時間の適正な把握の
ために使用者が講ずるべき措置に関するガイドラインについ
て」[19]を策定している。

　裁判所が使用者の労働時間適正把握義務（労働時間把握義務、
労働時間管理義務などと言われることもある）を正面から論じ
るようになったのは、厚生労働省の当初の通達（通称「ヨンロ
ク通達」と言われる）が出た2001年以後のことであり、義務違
反の効果についても、裁判例によって様々であり、現在も発展
中の論点である。

　労働者側で立証の手を尽くしたうえで、使用者側の労働時間
適正把握義務違反のせいで労働時間立証ができないと考えられ
る事例では、労働者側で積極的に義務違反を主張すべきだろう。
一方、労働時間立証を尽くさず、安易にこの議論を援用しても、
裁判所は見向きもしないであろう。

[2] 使用者の労働時間適正把握義務違反の効果

　効果として最も典型的なのは、タイムカード等使用者側の時
間把握手段によって把握した時間で労働時間を事実上推定する
ことである。従前から、タイムカードによって労働時間を事実
上推定する裁判例はあったが、労働時間適正把握義務が論じら
れるようになって以降は、それを根拠にして、使用者側が管理
している資料について、労働時間を事実上推定する力を与えて
いる例が増えている[20]。

　一方で、残業時間を労働者の自己申告制にしている事業所で
は、使用者が労働時間を管理する資料において、労働者に残業
時間を過少申告させる例もある。そのような事例において、使

---

[19]　平 29.1.20 基発 0120 第 3 号。当初の「ヨンロク通達」は平 13.4.6 基発 339 号。

[20]　プロッズ事件・東京地判平 24.12.27 労判 1069 号 21 頁、京電工事件・仙台地判平 21.4.23 労判 988 号 53 頁、タイムカードの手書き部分について、山本デザイン事務所事件・東京地判平 19.6.15 労判 944 号 42 頁、労働者に労働時間を記入させ使用者で管理する「活動記録」について、類設計室事件・大阪地判平 22.10.29 労判 1021 号 21 頁、スロー・ライフ事件・金沢地判平 26.9.30 労判 1107 号 79 頁。

用者が厚労省通達及び労働時間管理義務に違反したことを根拠に、その資料の信用性を否定し、他の資料によって残業時間を認定する事例（技研製作所ほか1社事件・東京地判平15.5.19労判852号86頁）[21]がある。

また、使用者の労働時間把握義務違反（タイムカード不提出）が労働者作成資料による労働時間認定の根拠とされる例もある（東京地判平17.4.11判例秘書、ウエストロージャパン掲載）。

さらに、使用者の労働時間把握義務違反（タイムカード不提出）が労働時間の推計の正当化根拠となる例もある。

例えば、スタジオツインク事件東京地裁判決（東京地判平23.10.25労判1041号62頁）では、使用者の労働時間管理義務を認定した後、「時間外手当等請求訴訟においては、本来、労働時間を管理すべき使用者側が適切に積極否認ないし間接反証を行うことが期待されているという側面もあるのであって、合理的な理由がないにもかかわらず、使用者が、本来、容易に提出できるはずの労働時間管理に関する資料を提出しない場合には、公平の観点に照らし、合理的な推計方法により労働時間を算定することが許される場合もあると解される。」として、「労働実態からして控え目な推計計算の方法」により計算を行った。このような場合に「控え目」である根拠はなく、積極的認定をすべきである。

4-3 労働時間の推計

[1] 労働時間の推計自体は最高裁判所が認めている

高知県観光事件最高裁判決（最二小判平6.6.13集民172号673頁（労判653号12頁））は、昭和60年6月1日から昭和62年2月28日までの期間（「本件請求期間」）について「昭和61年

---

[21] 自己申告制で記録された残業時間を否定しコスト管理用に作成された「集計表」に基づいて労働時間を認定した。

12月から昭和62年2月までの間の原告らの月間水揚高、総労働時間、所定内深夜労働時間、所定外労働時間及び所定外深夜労働時間が別紙1ないし5記載のとおりであることは、当事者間に争いがない。そして、弁論の全趣旨によれば、原告らの本件請求期間における勤務実績、すなわち、月間水揚高、総労働時間、所定内深夜労働時間、所定外労働時間及び所定外深夜労働時間の金額及び各時間数は、右争いのない勤務実績を下回ることはないと認められ、この認定を左右するに足りる証拠はない。」とした同事件地裁判決（高知地判平元.8.10労判564号90頁）を是認したものである。

　すなわち、各日の労働時間を主要事実として扱い、自白の対象とするとともに、昭和61年12月〜昭和62年2月28日までの労働時間によって、昭和60年6月1日〜昭和61年11月までの約1年6か月の労働時間を推計した事案だったのである。労働時間が主要事実である以上、直接の裏付けとなる証拠がなくても、他の事情や間接証拠からの推認（推計）が可能だということになるのである。

［2］労働時間の推計、概括的認定、割合的認定

　労働者側が立証を尽くした結果、始業、終業の時刻を認定できない場合でも、様々な事情から労働時間を推計したり、概括的認定をしたり、労働者の主張に基づく割合的認定をする場合がある推計の根拠として使用者の労働時間適正把握義務違反を挙げるものもある。最大限の努力をしても立証が足りないと感じられる場合、特に使用者側が時間把握をしていない、タイムカードを隠滅した、残業が自主申告制で資料が実態を反映していない、など労働時間適正把握義務違反に起因している場合は、労働者側は最後の手段としてこのような主張をすべきである。裁判事例として以下のようなものがある。

① 職場の同僚16人による残業代請求の事例で、タイムカードのない名ばかり管理職6人の労働時間の認定について、メモ、法廷供述、報告書の記載等を時間認定の証明がなされたものとは扱えないとしつつ、事業所において残業が常態化していたことを捉え、原告らの労働実態からしてそれぞれの主張の2分の1の残業をしたことを認定した事例（日本コンベンションサービス事件・大阪高判平12.6.30労判792号103頁）

② タイムカード等による出退勤管理をしていなかったのは会社の責任であり労働者の不利益に扱うべきでないことなどから、全証拠から総合判断して概括的に時間外労働時間を算定した事例（ゴムノナイキ事件・大阪高判平17.12.1労判933号69頁）

③ ワーキングフォームへの記載について、一定期間をまとめて記載し、他の証拠と齟齬があるが、全体として業務実態を記憶し、これに基づき再現しようとしたものと認め、他の証拠と総合考慮し、ワーキングフォームの記載の約3分の2程度の時間外労働を認めるのが相当とした例（オフィステン事件・大阪地判平19.11.29労判956号16頁）

④ A期間はタイムカードによる時間管理がなされていたのに、引き続くB期間についてはコンピューター入力システムにより出社時刻だけが記録され、退勤時刻が管理されていなかった事例で、「何ら客観的な証拠が残されていないという事実をもって、時間外労働の立証が全くされていないものとして取り扱うのは相当ではなく、本件に顕れた全証拠から総合判断して、ある程度概括的に、本件請求期間Bの時間外労働時間数を推認することも、それが控え目に行われる限り許容されるものというべきである」として労働時間を概括的に認定した例（イーライフ事件・東京地判平25.2.28労判1074号47頁）

5──労働時間の証拠

5-1 「これじゃなきゃだめ」という決まりはない

　裁判例に現れている労働時間の立証の方法は実に多様であり、一定の様式がある訳ではない。今後、社会がますます情報化していくなかで、新たな立証方法も次々と生まれてくると思われる。不当にしてタイムカード等がない事業所でも、「何が使えるだろうか」という観点で証拠を探すことが重要である。

5-2 タイムカード

　タイムカードが最も典型的な証拠であることは間違いない。ただ、タイムカードについても無条件に信用性が肯定されるわけではなく、例えば単に勤怠管理のためだけに打刻している場合など、労働実態と合致していない場合にはよい意味でも悪い意味でも信用性が否定される場合もある[22]。また、労働者にタイムカードの打刻をさせておきながら、使用者側が「タイムカードは実態に合致していない」という主張をする場合は多い。タイムカードの記載と労働実態の異同はあらかじめ労働者本人に確認しておくべきである。

　しかし、タイムカードには特段の事情がない限り労働時間を事実上推定する力があるとする裁判例は多数あり（例えばボス事件・東京地判平21.10.21労判1000号65頁、前掲・プロッズ事件・東京地判）、使用者の労働時間適正把握義務（本章4－2参照）を根拠にしてタイムカードに事実上の推定力を与えている場合もあり、総じて信用性は高い[23]。

　当事者である労働者のタイムカードは、使用者が提出しない

---

[22]　否定例として、ヒロセ電機（残業代等請求）事件・東京地判平25.5.22労判1095号63頁、オリエンタルモーター（割増賃金）事件・東京高判平25.11.21労判1086号52頁。打刻と実態とのずれを指摘した事例として、Ｏ社事件・神戸地判平25.3.13労判1076号72頁。
[23]　藤井聖悟「残業代請求事件の実務（中）」判タ1366号（2012年）31頁。

第2章 ● 主要事実としての労働時間 | 91

場合に裁判所が慰謝料支払を命じる理由となり、文書提出命令の対象ともなる（本章6－1参照）。

5-3 コンピューター上の出退勤管理システム

　一方、サービス業で多数の店舗を運営する企業などで、労働者の出退勤管理をコンピューター上で行っている場合も多い。カラオケ店の店長についてPOSシステムに入力された出退勤時刻により認定した事例（シン・コーポレーション事件・大阪地判平21.6.12労判988号28頁）がある。オンライン上の出退勤管理システムの打刻時間により労働時間を認定した事例もある（ディバイスリレーションズ事件・京都地判平21.9.17労判994号89頁）。多店舗を展開するサービス業ではオンライン上で多くの店舗の従業員の労働時間を一括して管理している例が比較的多いようである。

　コンピューター上（オンラインネットワーク上にあるものもある）の労働時間のデータは実体のあるタイムカードより改ざんしやすいという問題がある。筆者が担当した上記事例では、労働時間そのものの改ざんに加え、プログラム上で最初から休憩時間の切り上げ、労働時間の切り下げを行っていた。

5-4 業務上使用する業務日報等

　業務日報の有無、位置付けは事業所によってまちまちであるが、労働者が時間まで記載して報告している例も多くある。業務日報は単に時間が記してあるだけでなく、業務内容が記載されている場合もあるから、労働時間の立証のための重要な証拠になり得る。例えば、旅行添乗員の業務状況を記した添乗日報等で労働時間を認定したものがある（阪急トラベルサポート（第2）事件・最二小判平26.1.24労判1088号5頁、阪急ラベルサポート（第1）事件・東京高判平23.9.14労判1036号14頁）。

　また、労働者が自ら作成していたシフト表により労働時間を

認定した事例（セントラル・パーク事件・岡山地判平19.3.27労判941号23頁）、労働者が出退勤時刻を記載したワーキングフォーム（出退勤表）により労働時間を認定した事例（前掲・オフィステン事件・大阪地判本文））、労働者が派遣先の河川事務所での労働時間を記録して河川事務所に提出していた「整理簿」により労働時間を認定した事例（前掲・ピーエムコンサルタント（契約社員年俸制）事件・大阪地判本文））、始業時刻は始業時刻リスト、終業時刻は営業日報の最終時刻によった事例（トップ（カレーハウスココ壱番屋店長）事件・大阪地判平19.10.25労判953号27頁）がある。

5-5 事業所の警備記録または警備システムの作動・解除の記録

　労働者の出退勤の時刻が職場の入居しているビルの警備記録に記載されている場合がある。有名な過労自死事件で、深夜の退勤者が記載する深夜退館記録簿、監理員巡察実施報告書をもとに労働時間を立証した事例（電通事件・東京地判平8.3.28労判692号13頁）がある。

　警備システムの解除、作動の時刻で労働時間を認定した例としては、労災絡みの事件で、原告が警備システムを解除、セットした時刻から労働時間を認定したものがある（康正産業事件・鹿児島地判平22.2.16労判1004号77頁）。

　労働者自身が警備システムの解除・作動を行っていて始業時刻・終業時刻と警備システムの解除・作動の時刻がほぼ同様であったり、館内見回りとシステム作動を他の者に依頼して警備システム作動のおよそX分前に帰宅するのが常であった等、作動の時刻と労働時間に一定の関係がある場合には有力な証拠となる。複数の人間が警備システムの作動・解除を行っている場合でも、個人ごとにキーが渡されている場合は、どのキーで動作が行われているかもわかる。

　警備記録の情報開示は、警備システムの契約者である使用者

第2章 ◉ 主要事実としての労働時間　93

側に求めることになる。すぐに消える情報ではないが、警備会社が倒産することもあり得るし、使用者がなんだかんだと理由をつけて労働者個人に対しては開示しない場合もあろう。そのような場合は弁護士を通じて早期に開示するように請求すべきである。提訴後に、文書送付嘱託の手続により取得することもある。

5-6 コンピューター上の様々な時刻の記録

　業務にパソコンを使用している場合は、パソコンの中にログイン、ログオフの時間が記録されている。過労死事件では労働時間の分析のためにしばしば使用する。残業代の事件でもログイン、ログオフの記録により労働時間を認定した事例（PE&HR事件・東京地判平18.11.10労判931号65頁）がある。WindowsでもMacOSでも恐らく他のOSでも、パソコン自体に記録される仕組みになっている。最近のWindowsは、ログの取得のための操作も簡易であり、インターネットで取得方法を調べれば弁護士でも十分に行える水準である。

　また、業務時間中のメールの送信記録から労働時間を認定した事例（ゲートウェイ21事件・東京地判平20.9.30労判977号74頁）、パソコン上のデータ保存記録（タイムスタンプ）やメールの送信記録によって労働時間を認定した事例（前掲・プロッズ事件・東京地判）、閉店業務後に営業報告書を電子メールで送信していた事例で、電子メールの送信時刻から定型的に閉店作業に必要な時間を算出して労働時間を認定した事例（ココロプロジェクト事件・東京地判平23.3.23労判1029号18頁）がある。

　出退勤時にパソコンのワープロソフトを起動させてファイルを作成・保存したところ、ファイルの保存時刻を出退勤時刻として認定した事例（十象舎事件・東京地判平23.9.9労判1038号53頁）がある。

　さらに、テレフォンアポイントメントのシステムである「テ

レオールワン」に残ったログイン、ログオフ、架電時間、架電回数、通話回数などの記録、使用者への報告のために、顧客との面談の日時、場所、内容、所要時間等を記載していた業務用に使用していたGoogleカレンダーの記載から労働時間を認定した事例（アクティリンク事件・東京地判平24.8.28労判1058号5頁）もある。

安全配慮義務違反に関する損害賠償請求の事件であるが、会社から支給されたGPS機能付き携帯電話機によって労働時間管理されていた事例で、他の状況と照合したうえ、その信用性を認めた事例（竹屋ほか事件・津地判平29.1.30労判1160号72頁）がある。

5-7 タコグラフ

タコグラフ（運行記録計）とは、自動車のタコメーター（回転速度計）の状況を時系列的に記録する装置であり、アナログのものに加えて、最近はデジタル化したものもある。バスと一定の地域のタクシー（旅客自動車運送事業運輸規則26条）、一定の重量以上のトラック（貨物自動車運送事業輸送安全規則9条）にはタコグラフの設置が義務づけられており、1年間の保管義務がある。実際はそれより長期にわたって保管されている例も多いようである。

トラック、バス、タクシーなどの運転手については、タコグラフを使用して労働時間を立証する事例（大虎運輸事件・大阪地判平18.6.15労判924号72頁）がある。近年はデジタルタコグラフが普及しており、それで労働時間認定を行う場合が大半になっている。デジタルタコグラフでは、休憩と待機を区別せずにひとつのボタンで記録するものが多く、逆に、荷下ろしの順番待ちの際に低速度で前進すると機器の検出限界に達せずにエンジンの回転が記録されず、記録上の待機状態が解除されないこともあるので、注意を要する。

第2章 ● 主要事実としての労働時間 | 95

5-8　労働者が作成したメモ類

　労働者が作るメモには、公式の日報等を作るためのメモ、タイムカードの記載時刻を転記したもの、業務スケジュールをスケジュール帳に詳細に記載していった結果労働時間の立証に資するもの、労働時間の記録のために随時または事後的に記載したものなどがある。残業代を請求したくて弁護士に相談にくるような労働者はこのような記録をこまめに作成していることがしばしばある。

　このような手帳の記載についても、労働実態と齟齬がなければ信用性が認められる。裁判例でも、手書きノートの記載から時間外勤務時間を認定した事例（NTT西日本ほか（全社員販売等）事件・大阪地判平22.4.23労判1009号31頁）、作業日報を作成するために労働者が出勤時間、作業内容及び就業時間を記録していたダイアリーから認定した事例（かんでんエンジニアリング事件・大阪地判平16.10.22労経速1896号3頁）、原告作成の手帳から部分的に休日出勤の労働時間を認定した事例（ジャパンネットワークサービス事件・東京地判平14.11.11労判843号27頁）、労働者が作成した日記の記載から労働時間を認定した事例（三英冷熱工業事件・東京地判平19.8.24労判944号87頁）などがある。

　タイムカード等使用者側の労働時間把握が不完全だったり無かったりする場合は、労働者が自らの始業時刻・終業時刻を記録することが重要である。

　そして、労働者が作成したメモを証拠として提出する際は、記載された時刻や時間の趣旨、作成経緯などを準備書面や陳述書で説明したほうがよいであろう。

5-9　勤務形態そのものからの労働時間認定

　定型的な勤務形態そのものから労働時間を認定する例がある。

例えば、過労死した研修医の平日勤務、休日勤務、副直勤務について それぞれの勤務内容から類型的に労働時間を認定した事例（関西医科大学研修医（未払賃金）事件・大阪高判平14.5.9労判831号28頁）、美容院の開店時刻を始業時刻とし、終業時刻はレジ締め時刻に15分を足した時刻とした事例（トムの庭事件・東京地判平21.4.16労判985号42頁）、開店時刻・閉店時刻を基準に、開店準備や閉店後の後片付けに必要な時間を類型的に認定して労働時間を認定した事例（前掲・ココロプロジェクト事件・東京地判本文）、タイムカードのない事業所で労働者が定時的に行われる終礼に参加していた場合に定型的な終礼の終了時刻を終業時刻とした事例（前掲・アクティリンク事件・東京地判本文）などである。

5-10 公共交通機関の利用記録

[1] IC乗車券の記録

公共交通機関の乗車券がIC化され、乗降時刻、乗降車駅等の情報が蓄積される仕組みになっている。IC乗車券の利用履歴にあった職場最寄り駅への入場時刻を使用して労働時間を立証した事例（HSBCサービシーズ・ジャパン・リミテッド（賃金等請求）事件・東京地判平23.12.27労判1044号5頁）がある。また、プリペイド式の乗車券も広く普及しており、自動改札通過時に裏面に時刻と駅名が記載されるため、保管している場合には同様に立証手段となり得る。

この点、JR東日本では券売機で限られた一定期間分の乗降履歴を印字できるが、範囲が極めて限定的であるうえに、1度印字すると2度目はできない。一方、代理人弁護士から弁護士法に基づく照会をすると照会時から過去1年分のデータは開示するようである。ただ、「ビッグデータ」の利用に絡んで、JR東日本がIC乗車券ごとにID番号を割り振り、そのID番号に関連

づけて乗降情報をかなり長期にわたり保存していることが知られている。必要な事案では、代理人弁護士から果敢に開示請求をしてみる価値があると思われる。

[2] 契約駐車場の利用履歴

過労死の労災事案であるが、自動車で出勤して職場近くの公共駐車場に駐車していた事例で、入出庫の記録を情報公開請求で取得し、それも使用して労働時間を認定した事例[24]がある。

[3] ETCの利用履歴

有料道路を使って通勤している場合には、ETCの通行記録を使用できる。筆者が担当したある過労死事件では、毎日、高速道路を使用して通勤していたが、データを管理している西日本高速道路株式会社からETCの通行記録を取り寄せ、ETCのゲートから職場までの移動に必要な時間を控除した時刻を出退勤の時刻としたところ、その情報も用いて労働時間が認定され、労災認定された。

[4] 駅の駐輪場の入庫時刻の記録

過労死の損害賠償請求事件であるが、被災者の自宅最寄りの駅での駐輪場の入庫時刻とその後の事業所最寄り駅までの乗車時間等を考慮し、朝9時までに出勤していたと認定したうえ、9時15分には業務を開始していた旨認定した事例（大庄ほか事件・京都地判平22.5.25労判1011号35頁）がある。

5-11 証拠が揃わなくても諦めない

以上のように、労働時間を立証する証拠集めについて述べたが、残業代請求の訴訟では、提訴の時点では必ずしも完全な証

＊24 【過労死の国・日本－労組の存在意義】（2）店長過労死、作り笑いの店員……「こんな悲劇繰り返せば　マックはハッピーセットなど売れない」」2013年7月25日産経新聞ウェブ版。

拠が揃っているとは限らない。筆者が担当した事件でも証拠ゼ
ロの状態で訴訟に踏み切り、使用者に次々に証拠開示させる中
で立証に成功した事案もある。

　最初の時点で手元に証拠がないからといって簡単に諦めない
ことも重要であり、使用者側や警備会社、公共交通機関等の第
三者の手にどんな資料が残っている可能性があるのかを検討す
べきなのである。

6──証拠開示の請求

6-1 タイムカード（労働時間把握資料）開示義務

　裁判例は「使用者は、労基法の規制を受ける労働契約の付随
義務として、信義則上、労働者にタイムカード等の打刻を適正
に行わせる義務を負っているだけでなく、労働者からタイム
カード等の開示を求められた場合には、その開示要求が濫用に
わたると認められるなど特段の事情のないかぎり、保存してい
るタイムカード等を開示すべき義務を負う」としており、使用
者側のタイムカード等の開示義務を認めている（医療法人大生
会事件・大阪地判平22.7.15労判1014号35頁）。

　この理はタイムカードのみならず、事案ごとに使用者が労働
時間把握に用いている資料全般に及ぶと考えて良いだろう。

6-2 証拠保全の必要性の有無

　事前にタイムカードを確保できなかった場合に裁判所の証拠
保全手続を使用するか否かは悩みどころである。しかし、使用
者には3年間の保存義務があり（労基法109条）、記録方法も印
字による原始的なもので改ざんが案外難しい。前項で述べたよ
うに開示義務もあることから、筆者は原則として使用者ないし
その代理人弁護士に正面から開示請求している。

　一方、労働者が退職した場合、その労働者が業務に使用して

第2章 ● 主要事実としての労働時間 99

いたパソコン上の記録は抹消される可能性があるので場合によっては早期に確保する必要がある。

7──証拠の信用性の評価

7-1 類型的な証拠価値の分析

労働時間の立証に用いる証拠は多種多様であるが、それぞれの証拠の信用性はまちまちであり、また、新たに証拠になりそうなものを発見したときに、信用性をどう評価してよいのかの基準もない。このような証拠の信用性について、①記録の対象となる時刻・時間の労働時間近接性、②記録の正確性という2つの要件で分析することができる。

前者①記録の対象となる時刻・時間の労働時間近接性については、例えば

a　労働時間そのものを記録したもの（例えば労働時間を記録した動画、テレフォンアポイントメント作業の履歴、作業中のパソコンのログなど）
b　始業時刻、終業時刻やそれに近接する時刻を記録したもの（例えばタイムカード、始業・終業時刻を記した日報、警備記録など）
c　職場を離れ帰宅の過程のある時点を記録したもの（公営駐車場の入出庫記録、IC乗車券の利用記録、ETCの利用記録など）
d　労働者の帰宅時刻を記録したもの

のように分類され、aのほうに近づくほど信用性が高くなる。cやdについては、始業・終業時刻との関係で一連性（寄り道の要素が少ない）・定型性（退勤後、時刻が記録されるまでの行動が定型的である）が高いほど、信用性は高くなると考えられる。

②の記録方法の正確性については、例えばある時間、時刻を記録するについて

a　機械的かつ自動的な記録方法（業務上使うコンピューターの操作ログ、電通の出退館の記録システムなど）
b　機械的に記録するが記録するために人による操作が必要な方法（タイムカードの打刻、メールの送信時刻等）
c　労働時間をそれと近接した時点で人の手で記載した方法（終業前に作成する作業日報、業務日誌、事前に作成した業務予定表等）
d　事後的に記憶に基づいて作成する方法

のように分類され、aのほうに近づくほど信用性が高くなる。cの方法も、様々な事業所で一般的に行われているから、信用性は決して低くない。さらに、労働者の手書きのメモも、bの時刻を機械的に転記したものであることが確かな場合は、bに準じたものとして扱うべきだろう。これをあくまで模式図的に図示すると次の図のようになる。

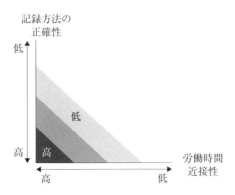

7-2 様々な事情による修正

　証拠の信用性は、（労働事件に限らないが）使用者側（相手側）の応訴態度との関係で相対的に決まる側面があり、使用者側が積極的な反論・反証を行わない場合は証拠として信用されやすくなる。これは実務本で裁判官が繰り返し言及しているところである[25]。

　また、タイムカードや業務日報のように、使用者が労働時間や業務内容把握のために労働者に作成させて使用者側で管理していたものは信用性が高くなる場合も多い[26]。

　そして、類型的に信用性が高くない証拠でも、独立して作成された複数の証拠を照らし合わせた結果が符合すれば、信用性は高まる。一方、類型的に信用性が高い証拠でも、他と矛盾が生じれば信用性が減退することは言うまでもない。

---

[25]　山口・三代川・難波・前掲注[17]・131頁、東京弁護士会弁護士研修センター運営委員会編・前掲注[14]・187-189頁の藤井聖悟裁判官の講演録。

[26]　「割増賃金事件の審理に関する弁護士会と裁判所との協議会」判タ1365号（2012年）38頁（渡辺裁判官の発言）参照。

3

残業代の計算

POINT

▶ 残業代の計算はカーナビゲーションシステムに依拠しながら自動車を運転するのに似ており、法律知識を踏まえながら計算ソフトを操作する必要がある。この章は一方で、入力時に問題となる法律上の論点を挙げるようにしつつ、もう一方で、計算ソフトの取扱説明書のように参照しながら使用することを想定している。

▶ 特に、賃金単価の計算、平均所定労働時間数の計算は、法律論点が多いので、計算ソフトへの記入に誤りがないか、法的な観点からの確認が重要になる。

▶ 「給与第一」は諸条件の設定を十全にしないと過小計算、「きょうとソフト」は逆に過大計算になる傾向がある。それぞれのソフトの特性を理解しながら使用されたい。また「賃金一覧表」「単価・既払金計算書」や労働時間の記入結果など「給与第一」から「きょうとソフト」にデータの移行ができるものもあるので適宜活用されたい。

1──残業代計算ソフト使用上の留意点

1-1　各計算ソフトの特徴

[1] 計算ソフトの開発経緯

　筆者が開発した残業代計算用のエクセルのファイルである「給与第一」は、2010年2月に公表して以降、改良を重ね、現在の最新版は「バージョン0.65」である。同ソフトは、使用マニュアルとともに、京都第一法律事務所のホームページ（残業代請求ページ）でダウンロード可能である。

　また、縁あって、筆者自身も「給与第一」の開発で培った知見を提供し、京都弁護士会と京都地方裁判所裁判官有志の勉強会で検討を重ね、当時、京都地方裁判所第6民事部（労働事件集中部）の判事補であった渡邊毅裕裁判官が著作者となって2016年に開発したのが「きょうとソフト」である。同ソフトも改良が加えられ、現在、バージョン4.0が公表されている。弁護士であれば、日弁連のホームページの会員専用ページの「民事・家事」のページでダウンロードできる。同ソフトの使用方法については、「きょうとソフト」検討制作メンバー執筆の「割増賃金計算ソフト「きょうとソフト」を活用した事件処理の提唱について」[1]が基本的な事項を述べている。

　「給与第一」と「きょうとソフト」は、ともに、時間外労働等の計算、法定の割増賃金の計算などを行うものであり、与える諸条件が同じであれば、ほぼ同じ計算結果を得られる。特に労働時間計算自体は同じ結果が得られる（法律に基づいて計算をするので当たり前であるが）。

　訴訟当事者と裁判所が技術的な計算から開放されることで、

---

*1　判タ1436号（2017年）17頁以下。

労基法37条の領域は、はじめて、理論が深化していく基盤ができたといえる。

　以下では「きょうとソフト」による割増賃金の計算についても説明することになる。しかし「きょうとソフト」の公式の使用方法は前掲「割増賃金計算ソフト「きょうとソフト」を活用した事件処理の提唱について」でまとめられており、以下は筆者が使用したうえでの個人的な評論に過ぎないことは断っておく。

[2]「給与第一」の特徴

　「給与第一」は、初期設定値に労基法の最低限の数値が入力されている、法内残業代については請求するつもりで記入しないと計算しない、法定休日割増賃金も法定休日を個別に指定しないと請求できないなど、初期設定値が労働者側に不利な形で設計されている。これには理由があり、示談段階や訴訟の早い段階など、請求のための諸条件を十全に特定しなくても、賃金額と労働時間さえ入力すれば、時間外や深夜早朝の時間数と法定の割増賃金の額をとりあえずは計算でき、請求できることを重視したものである。従って、特に、法内残業代（所定休日労働の法内残業代を含む）や法定休日の割増賃金を請求しようとするときは、意識して入力する必要がある。

　「給与第一」では、編集可能な欄には「★」マークが入っている。

　「給与第一」の「きょうとソフトへ出力」シートから「きょうとソフト」へは賃金単価や労働時間のデータの出力を容易にできるので、速度重視の示談交渉の段階で「給与第一」を使用して、訴訟に移行時や移行後に使用者側が共通ソフトの使用に同意した時点で「きょうとソフト」へ変えることも可能である。

　また、例外的な事例に対応できる幅は、給与第一の方がやや広い。「きょうとソフト」では対応できないが「給与第一」であ

れば対応できる事案は、本章9の詳細計算書を使う事案、すなわち、①日給制などで業務の内容によって日々の「通常の労働時間の賃金」が異なる場合、②「通常の労働時間の賃金」と割増賃金の締め日が異なり、かつ、期間の途中で昇給・減給や年の変わり目など賃金単価の計算の切れ目がある場合、③既払金の一部が日給制の固定残業代であり手当額が当該労働日の法定計算額より過大な日がある場合（弁済の効果が他の日に及ばないようにする必要がある）、④法内残業について場面により割増率が異なる場合、である。これに加えて、⑤2月の始期を1月31日、締め日を3月1日にするなど1か月の日数を均している場合、⑥時間外、深夜、法定休日、法内残業のそれぞれについて別の費目の賃金が設定されており相互に充当しない場合等である。

[3]「きょうとソフト」の特徴

「きょうとソフト」は、原告、被告、裁判所の三者が共通してひとつのエクセルファイルを使用でき、争点整理にまで繋げることを重視しており、この点がソフト制作上の大きな特徴となっている。そのため、同種の計算シートがX、Y、Jの三枚あり、それぞれの立場で記入したのちに比較できるようになっている。裁判官が作成したもので、使用者側が使用に抵抗を示さないことも「きょうとソフト」の大きな利点となる。使用については以下のようなイメージが示されている。

訴訟における「きょうとソフト」の利用イメージ

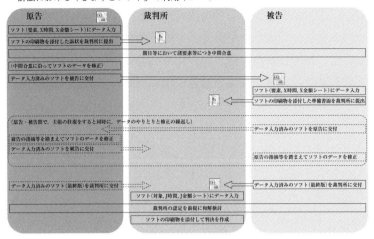

　「きょうとソフト」は、過小でもとりあえずの請求をすることよりも、法的な正確性に重きをおいている。そのため、計算のための諸条件、値をしっかりと入力することで、力を発揮するようになっている。特に後述の「要素」シート、「時間」シートについては、求められる形で必要な情報を適切に入力することが重要である。

　また、法定休日の原則型を「要素」シートで事前に指定する形を取るので、「時間」シートの具体的な暦週内で休日が変更になった場合、各論的に、もともと休日であった日の所定労働時間を入力し、新たに休日となった日について休日の指定をして所定労働時間を削除する操作を行わないと、法内残業代を過剰請求することになってしまう（なお、休日の振替が適法に行われてない場合はこの限りではない）。そこで、正しい動作のために、休日指定、所定労働時間の指定を、請求期間の各日ごとにチェックすることが一層重要になる。また「きょうとソフト」は、始業時刻の前日指定をした場合で前日の22時より前に休憩を取る事例への対応が可能である。

　「きょうとソフト」では、「金額」シート中、法内残業代の金

額について「−」などの不正な表示がされることがしばしばあるが、多くの場合、「時間」シートでの所定休日や所定労働時間の指定の方法に問題がある。また、「金額」シートで時間集計欄が「−」と表示されることもあるが、休憩時間の記入が間違っているなど、何らかの不正記入が考えられる。金額シートでエラーが出た場合は、当該月の該当箇所（法内残業代なら所定労働時間、休日割増や深夜早朝割増なら休憩時間など）で誤記入がないか調査することが肝要である。

「きょうとソフト」では、入力可能な箇所には最初から色がつく（Xは赤、Yは青、Jは緑）。

使用者側弁護士も関与して裁判官が作成したソフトは、計算結果に対する信頼感が強い、という厳然たる事実がある。この種のソフトは、使用者側も含めた訴訟両当事者が共通で使うことで初めて十全に効果を発揮するから、「きょうとソフト」で対応できる事案で、特に裁判所の手続を使用する場合には「きょうとソフト」の使用が推奨される。

1-2　前提となる法的知識を身につけること

両ソフトも含まれる残業代の計算ソフトはあらゆる例外事例に対応するものではなく、開発者がソフトに対応できない例外的な事案を知るたびに、検討し、対応させるか否かを決めているのが現状である。従って、計算結果は絶対のものではないから、計算結果が正しいものなのかを検証するためには、時間外労働等の計算方法を、概念として身につけておくことが極めて重要である。

1-3　ソフト上の始業時刻、終業時刻、休憩時間の概念

両ソフトでは、始業時刻とは現実に労働を始めた時刻のことをいい、終業時刻とは現実に労働を終了した時刻のことをいう。就業規則上の所定労働時間の開始時刻、終了時刻ではないので

第3章 ● 残業代の計算　109

注意が必要である。

　同様に、両ソフトにおいて、休憩時間とは、上記の意味での終業時刻、就業時刻の間にある時間中の労働時間ではない時間のことをいう。概念としては、必ずしも、労基法34条にいう使用者が与えるべき休憩の時間には限定されないので、この点も注意が必要である。

1-4　各週について労働日、（法定）休日の日の検討を行うべきこと

　両ソフトとも、各週、各日の具体的な検討をする前に、総論的に日の所定労働時間の設定を行う。きょうとソフトでは、休日の設定も総論的に行う。

　これらの機能は大変便利であるが、一方で、各週、各日で例外的な形が生じた場合（例えば、同一週内で休日の振替が行われたような場合）に適切な操作を行わないと、計算結果が間違ったものになる。

　このような間違った計算がされた場合、ソフトの初期設定の特性上、「給与第一」では法定休日労働時間、法内残業時間の過小計算になる可能性があり、「きょうとソフト」では、逆に過大計算になる可能性がある。

　いずれにせよ、総論的な所定労働時間、法定休日の設定に甘んじることなく、必ず、各週、各日の所定労働時間、休日か否かの別を吟味しなければならない。

1-5　Microsoft Excelを使用すること

　両ソフトはともに、EXCEL 2007（Microsoft Excel for Windows。以下「エクセル」）以降のバージョンでのみ使用することができ、Mac版のエクセルや互換ソフトでの動作は保証していない。

　なお、エクセルではファイルのことをブックという。ブックは複数のエクセルシートで構成されている。

1-6 ソフトの保護を解除しようと思わないこと（ソフトを改変したいと思わないこと）

　時間外労働等の計算や法定の割増賃金の計算の過程は、法律によって計算方法が決められた、いわば"閉じた"過程である。労働契約の内容でこの過程が左右されることはない。また、操作中のミス等により計算結果に影響を及ぼす改変が起こらないようにする必要がある。そこで、両ソフトともに計算式の部分は保護がかかり、閲覧できないようになっている。

　筆者は「給与第一」のパスワードの開示を要請されることもしばしばある。しかし、事情を尋ねると、利用者の理解が及んでいない場合がほとんどである。使用中に計算式が間違っていると感じるときは、まずは、第1章4の時間外労働等の計算式をよくご覧頂きたい。なお、少なくとも「給与第一」については、裁判所、労働行政、研究者等が調査や研究目的で、個別の要請に基づき計算式を検討することを否定するものではない。

　また、記入した値の一斉置換のために、パスワードの解除を要請されることもある。やや迂遠であるものの、入力した値を一度他のエクセルシートにコピー＆ペーストしたうえで一斉置換をして元の部分に再度ペーストすれば可能であるので、そのように対処されたい。

1-7 一事例一ファイルの原則（ファイルの使い回し禁止）

　両ソフトとも、エクセルファイルは1回限りの使用を前提に作られており、1度使用したファイルを他の事例へ使い回すことを想定していない。使い回しをすると、前の事例の計算の一部が次の事例に反映してしまう可能性があり、正確な計算結果を得られない。そこで、一事例ごとに、新しいソフトを使用しなければならない。

1-8 時刻データとして認識させること

　エクセルが入力された時刻を数値のデータとして認識している場合、例えば入力した時刻は「9:00」でも、セルをクリックして数式バーを確認すると「9:00:00」などと秒単位の記述になっていたり、24時以降の場合は例えば24時の場合は「1900/1/1 0:00:00」となる。これはエクセルが24時＝1900年1月1日0:00を数字の1で認識するからである。

　しかし、OCRを使って時刻データを読み込んだ場合などで、数式バーを確認しても「9:00」としか記述されていない場合がある。このような場合、エクセルが「9:00」を数値ではなく文字列として認識している。これが原因で計算が正常にされないことがある。

　対処方法としては、そのような記述が現れる範囲について、一斉置換の機能を使い、全角数字の1〜9を半角数字の1~9に順次置き換えると解消するようである。

1-9 計算に関する共通した特徴、制約

[1] 計算上の四捨五入

　両ソフトとも、賃金単価が算出された段階で小数点第1位で四捨五入して1円単位の金額を算出することを想定している。また、このような賃金単価に割増率、時間外労働等の時間を乗じ、割増賃金額を算出した段階で、もう1度四捨五入して1円単位の金額となる。これに対して計算された遅延損害金も四捨五入される。

[2] 変形労働時間制には対応しないこと

　両ソフトとも、変形労働時間制には対応していない。最大の理由は、事例により制度の多様性が大き過ぎ、汎用ソフトの作

成が難しいからである。また、変形労働時間制の主張は、使用者側の抗弁として現れるのが通例であるところ、同制度を適切に運用している事業所では、使用者側自らが当該事業所の制度に基づき時間外労働等の計算結果を主張として提出できるはずだと考えられるからである。

[3] 賃金締切期間は月のもののみであること

今日、賃金形態が何であれ、賃金額を集計する「賃金締切期間」（第7章2－1参照）が月単位である事業所が多い。両ソフトとも、このような賃金締切期間が月単位のものを念頭に開発されており、賃金締切期間がより短いものについては対応していない。

両ソフトとも、そのような事案でも労働時間数の計算はできる。しかし「きょうとソフト」では賃金単価を月単位でしか設定できないため例えば週単位で賃金単価が変わる事例では割増賃金の計算ができない。給与第一では後述の「詳細計算書」を使用すればその計算は可能である。また、両ソフトとも遅延損害金等の起算日を月単位よりも細かく設定できない。

2──計算の諸条件の設定

2-1 「給与第一」の計算諸条件設定（「計算規則」シート）

[1] 計算の始期、締め日・支払日

「給与第一」では、計算の前提となる諸条件の設定は「計算規則」のシートで行う（118頁の図参照）。

「計算規則」シート第1では、計算期間の設定をする。ここでは、ソフトで表示（計算）する期間の最初の年・月を記入する（初期で入力済みの記載例に従い必ず西暦、半角で記入する）。これを記入すると、後述の「時間計算書」でその月から39か月間

の表示をし、計算対象期間とする。この39か月という期間に理論的な意味はなく、消滅時効の関係で3年＋αの期間を請求することもあり得ると考えたものである。

同シート第2では、毎月の賃金支払の締め日（＝毎月の賃金締切期間の末日。第7章2－1参照）を設定する。例えば「毎月25日締めで月末払い」などという場合の毎月25日のことであり、支払日ではない。

賃金締め日については毎月1〜27日、及び末日締めに対応している。末日締めの場合は「31」と記入する。28日締め、29日締め、30日締めは通常あり得ないので対応していない。

同シート第3では、各月の賃金支払日（第7章2－1参照）の原則を指定する。1〜31の数字を半角で記入する。「31」と記入すると毎月末日払いとなる。

さらに、後述［2］の「月の表示」との関係で、支払日が翌月になる場合は「翌月」のチェックボックスに「1」と記入する。

以上の操作をすると、後述本章8－1［2］の「割増賃金計算書」シートの「遅延損害金起算日〈賃金支払年月日〉」の列の各欄に賃金支払日が自動的に入力される。休日の関係で支払日が異なる場合などは「遅延損害金起算日〈賃金支払年月日〉」の列の各欄の値を直接書き換えることが可能である。

［2］月の表示の調整

「計算規則」シートの第4では、「月の表示」を調整する。「給与第一」の初期状態では、ある月の月末を含む賃金締切期間のひと月をその「ある月」分と表示している。例えば、賃金締め日が毎月25日の場合の2025年1月を考えると、賃金計算上の次のひと月は1月26日から始まるが、給与第一ではこの2025年1月26日から2月25日までの賃金計算上のひと月を1月分と表示する。

ただ、このような場合に1月26日から始まる賃金計算上のひ

と月を1月分ではなく2月分と表示する事業所も多い。そのような場合は「1」を記入すると、月の表示が1つずつ後ろにずれ、1月26日から始まる賃金計算上のひと月が「2月」と表示される。なお、この欄に「2」と記入すると表示が狂うのでしてはならない。

[3] 1週間の起点となる日

「計算規則」シート第5では、1週間の起点となる曜日の設定を行う。事業所で特別な決まりがない場合(ほとんどの場合、特別な決まりはない)は解釈例規に基づき日曜日を選択することになる。初期設定も日曜日である。

[4] 月60時間超の150%の割増賃金の適用の有無

「計算規則」シート第6では、月60時間超残業代の計算の適用の有無について設定する。適用する場合は「1」、適用しない場合は「0」を記入する。初期状態では適用しない状態になっている。適用のある事業所は2023年3月31日までの間、事業主が以下のいずれにも該当しない場合のみである(法附則138条)。労働者の数は事業所ごとではなく企業全体で見る。

① 資本金の額又は出資の総額が3億円(小売業又はサービス業を主たる事業とする事業主については5千万円、卸売業を主たる事業とする事業主については1億円)以下の事業主

② 常時使用する労働者の数が300人(小売業を主たる事業とする事業主については50人、卸売業又はサービス業を主たる事業とする事業主については100人)以下である事業主

2018年の労基法改正(平30法律第71号の附則1条3号)に

より、2023年4月以降、法附則138条が削除されることとなった。そのため、それ以降は、事業規模に関係なく、150％の割増が適用される。「給与第一」は2023年4月1日以降は自動的に150％割増の計算を行う。

[5] 契約上の1日所定労働時間数

「計算規則」シート第7では、事業所の1日の所定労働時間数の設定をする。まず「基本」の右の欄に、事業所の所定労働時間を記入する。例えば、事業所の1日の所定労働時間数が7時間45分の場合には「7:45」と記入する。初期設定は法定の「8:00」である。また、例えば、平日の労働に加えて、土曜日に半日出勤がある場合には、「1」の右の欄に「4:00」などと入力する。土曜出勤がある日については、後述の「時間計算書」シートの「日属性」の欄に半角で「1」と入力すると、上記の「4:00」がその日の所定労働時間として反映される。「2」以下の欄でも同様の操作ができ、所定労働時間数の種類が3つ以上ある場合にも対応する。

[6] 「詳細計算」の設定（「給与第一」固有機能）

まず、詳細計算を行わない場合でも、一律であれば法内残業の割増率の変更は可能である。その変更は「割増賃金計算書」シートで行う（本章7－2参照）。

「計算規則」シート第8では、「詳細計算」の方法による残業代の計算方法を設定する。月ごとに一括して計算する場合には「0」、日ごとに詳細な計算を行う場合は「1」を入力する。初期設定では「0」である。

詳細計算が必要な場合は、例えば以下のような場合である。

① 日給制などで業務の内容によって日々の「通常の労働時間の賃金」が異なり、日によって賃金単価が異なる場合

② 「通常の労働時間の賃金」と割増賃金の締め日が異なり（例えば基本給は末日締め、残業代は15日締めなど）、かつ、期間の途中で昇給・減給や賃金単価の算定基礎が変更される年の変わり目がある場合

③ 既払金の一部が日給制の固定残業代であり、手当額が法定計算額より過大である場合。この場合、過大額を他の日の時間外労働等の対価に充当できない

④ 法内残業の割増率が125％であり、所定休日の割増率が135％であるなど法内残業の種類により割増率が異なる場合。また、法定休日が24時を超えたときは所定休日と同様に135％である場合など。

　詳細計算を行いたい場合は、別途、後述の本章9を参照されたい。

　「計算規則」シート第9では、「詳細計算」を行う場合の、法内残業の割増率の設定をする。この割増率が適用されるのは第8で詳細計算を選択した場合のみである。初期値は法内残業が1.25（125％）、所定休日（法定外休日）が1.35（135％）に設定されている。詳細計算を行わない場合、初期設定では、法内残業に対しては割増率のない100％の賃金が支払われるようになっている。

［7］44時間制の特例の設定

　「計算規則」シート第10では、法定の割増賃金が適用される時間や割増率の設定をする。法定のものなので、基本的に触らない。

　週44時間制の特例が施行されている事業所については、法定週労働時間の「40：00」を「44：00」に変更する。労働者側で請求するときは週44時間制の特例が適用される確証がない限り40時間で計算するのが大原則である。この部分は事後的に変

第3章 ● 残業代の計算　117

更可能である。

計算規則

第1 期間設定
　ソフトで表示(計算)する期間(3年間)の最初の年月日を設定します。「年」の欄には半角で西暦を、「月」の欄は半角数字で計算を始める月を記入して下さい。

| 2023 | 年 | 4 | 月 |

第2 賃金締め日の設定
　毎月の賃金計算の締め日を記入して下さい。締め日とは賃金計算上の月末となる日です。締め日と支払日(給料日)は異なります。このソフトは1〜27の各日と末日締めに対応しています。末日締めのときは「31」と記入してください。

給与締め日は毎月 | 31 | 日

第3 賃金支払日の設定
　各月の賃金支払日を入力して下さい。1〜28日と末日払に対応しています。末日払いの場合は「31」と記入して下さい。また、当月払いの場合は「翌月払い」の欄に「0」、翌月払いの場合は翌月払いの欄に「1」を入力して下さい。

賃金支払日は毎月 | 21 | 日　翌月払い | 1

第4 月の表示の調整
　「時間計算書」等で1月31日を含む賃金計算上のひと月を「1月」分と表示する場合は0、「2月」分と表示する場合は1を入力してください。

記入→ | 0

第5 一週間の起点となる日の設定
　週法定労働時間算定の起算点となる曜日(特別な決まりがなければ日曜日)を決めてください。

◉	◯	◯	◯	◯	◯	◯	
日	月	火	水	木	金	土	

第6 月60時間超の150%の割増賃金の適用の有無
　適用するときは「1」、適用しないときは「0」を記入。

　月60時間超の割増残業代については労基法附則138条で適用要件が限られており、使用者(事業主)が下記①か②のどちらかに該当する場合は適用されません。この場合、労働者の数については事業所ごとではなく企業全体で数えることになっています。また、**2018年の労基法改正により、2023年4月1日以降は「1」の記入の有無にかかわらず適用されます。**
① 中小事業主(その資本金の額又は出資の総額が三億円(小売業又はサービス業を主たる事業とする事業主については五千万円、卸売業を主たる事業とする事業主については一億円)以下である事業主
② 常時使用する労働者の数が三百人(小売業を主たる事業とする事業主については五十人、卸売業又はサービス業を主たる事業とする事業主については百人)以下の事業の事業主

記入→ | 0

第7 事業所所定労働時間

	所定労働時間
基本	8:00
1	
2	
3	
4	
5	
6	

第8 残業代の計算方法
　一月毎の一括計算は「0」一日毎の詳細計算は「1」

記入→ | 0

第9 法内残業の割増率(詳細計算のみ変更)

種類	割増率
所定労働時間超	1.25
所定(法定外)休日	1.35
法定休日24時超	1.35

第10 時間、割増率に関する設定(基本的に動かさない)

法定時間外労働について			法定休日	深夜早朝労働について		
法定日労働時間	法定週労働時間	法定月60時間超時間外労働時間(差)		深夜労働になる時刻	前日から続く深夜・早朝労働が終了する時刻	前日から続かない深夜・早朝労働が終了する時刻
8:00	40:00	60:00		22:00	29:00	5:00
1.25	0.25	1.35		0.25		←割増率

118

2-2 「きょうとソフト」の計算諸条件設定（「要素」シート）

[1] 表を作成する期間

必ず記入しなければならない。半角で記入する。例えば2024年4月1日は「2024/4/1」とする。入力後は常に和暦で表示される。計算可能な期間は最大2100日である（121頁の図参照）。

[2] 法定休日（原則）

設定しなくても使用は可能であるが、その場合、「時間」シートで各週ごとに法定休日の特定をしていくことになる。この設定をすることで、「時間」シートに原則形の法定休日が一斉に反映される。「時間」シートで各週について個別に変更することは可能である。

[3] 週労働時間の制限時間数

必ず指定しなければならない。原則どおりの週40時間制か、特例の44時間制かの選択をする。労働者側で請求をするときは、44時間制が適用される確証がない限り、40時間制で計算するのが大原則である。この部分は事後的に設定を変えることも可能である。

[4] 週労働時間制限の起算曜日

必ず指定しなければならない。就業規則等で特別な決まりがなければ、日曜日となるのが大原則なので、ほとんどの事例では日曜日と指定することになる。

[5] 1日の所定労働時間（原則）

各曜日ごとに所定労働時間数を記入する。労働契約で各曜日の所定労働時間数を特定できない場合は「8：00」を記入する。

第3章 ● 残業代の計算　119

事業所の週所定労働時間数が、[3] で定めた制限時間を超過する場合（実態として、週6日労働、1日8時間労働の場合）には、週の最終の労働日の所定労働時間を「0：00」にする方法などが考えられる。なお、すべての日の所定労働時間を「8:00」と記入しても、法定の割増賃金の計算は正確に行われる。

[6] 賃金の支払方法

　まず、締め日、賃金の支払日の設定をする。締め日とは、毎月の賃金支払の締め日（＝毎月の賃金締切期間の末日。第7章2－1参照）である。例えば「毎月25日締めで月末払い」などという場合の毎月25日のことであり、支払日ではない。きょうとソフトは、各月の1〜28日締めと末日締めに対応しており、29日締め、30日締めには対応していない。末日締めの場合は「末」を設定する。

　次に、支払日（第7章2－1参照）を設定する。支払日は「当月 or 翌月 or 翌々月」の「X日」という形で設定する。中小企業では、賃金計算事務の関係で、割増賃金の支払いが固定給よりも1か月遅れる例はしばしばあり、念のため、翌々月まで対応している。

　「きょうとソフト」では、さらに、賃金の支払期日が金融機関の前日に当たる場合に前営業日になる場合、翌営業日になる場合の指定も、ここでまとめて設定できるので便利である。

[7] 賃金月度の表示形式

　月の表示を設定する。「きょうとソフト」は、賃金算定期間のひと月および賃金支払日との関係で、「始期」の日が属する月、「締日」の日が属する月、「支払」の日が属する月の中から表示を設定できる。

[8] 月60時間規制の適用

「きょうとソフト」は、月60時間超の150％割増の割増賃金の計算に対応している。適用する場合はチェックボックスをクリックする。150％割増の適用条件は2−1［3］を参照されたい。

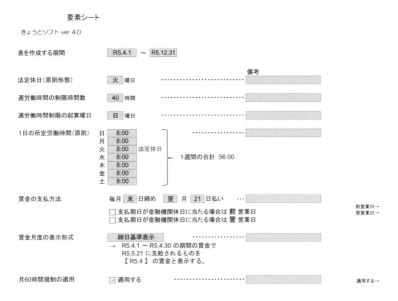

3──賃金一覧表の作成

3-1 基本的な作成方法

「給与第一」の「賃金一覧表・単価計算書・既払金計算書」シートは、全体として、作成した賃金一覧表を元に、算定基礎賃金、除外賃金、法定の計算方法による残業代や固定残業代などの残業代の既払金の振り分けを行うものである。「給与第一」に固有機能ではあるが、計算結果はそのまま「きょうとソフト」でも使用できるので、適宜使用されたい。

「賃金一覧表・単価計算書・既払金計算書」シートの1枚目

「賃金一覧表」では、労働者に支払われた月給制と月決めの出来高払制の全ての名目の賃金を計算ソフトの上に計上する。この表にある名目の賃金に計上すること自体では計算結果に影響を及ぼさない。しかし、ある名目の賃金が算定基礎賃金になるか、除外賃金になるか、残業代の既払金になるかは、法的評価の結果論であることもしばしばあるので、結局、事件処理の初期に全ての名目の賃金を計上しておき、法的評価の結果に従って適宜振り分けをできるようにした方が事件処理の効率が高くなるのである。

　具体的には、賃金一覧表の太枠内「1」以下の番号の下に賃金の名目（たとえば「基本給」）を書き込み、その賃金名目の下に各月の金額を記入する。賃金の振り分けはこの番号（以下「振分番号」）によって行う。設例だとその事案の「基本給」＝「1」といういわば背番号が与えられたような意味合いになる。

　賃金名目は対応する振分番号が「20」までなので、もし足りない場合は、法的に争いのなさそうな賃金は名目を「基本給＋皆勤手当」のようにして、各月の金額も合算したものを記入して対応する。

　「賃金一覧表」には、日給制の賃金や時給制賃金の日給額や時給額、または総労働時間の支給総額を記入することはない。日給制、時給制の賃金については、後述の単価計算書で扱う。

証拠★	支給対象月	賃金一覧表														合計
		1 基本給	2 調整手当	3 家族手当	4 住宅手当	5 通勤手当	6 資格手当	7 携帯電話補助費	8 その他手当	9	10	11		19	20	
	2023年4月	220,000	32,000	16,000	15,000	9,660	5,000	1,000	0							298,660
	2023年5月	220,000	32,000	16,000	15,000	9,660	5,000	1,000	0							298,660
	2023年6月	220,000	32,000	16,000	15,000	9,660	5,000	1,000	0							298,660
	2023年7月	220,000	32,000	16,000	15,000	9,660	5,000	1,000	32,000							330,660
	2023年8月	220,000	32,000	16,000	15,000	9,660	5,000	1,000	13,500							312,160
	2023年9月	220,000	32,000	16,000	15,000	9,660	5,000	1,000	2,000							314,660
	2023年10月															
	2023年11月															
	2023年12月															
	合計	1,320,000	192,000	110,000	90,000	57,800	30,000	6,000	475,000	0	0	0		0	0	OK

3-2　賃金額が不利益変更された場合の記入方法

　労基法24条は賃金全額払いの原則を定めているところ、賃金減額に関する労働者の同意の有無については「当該変更を受け

入れる旨の労働者の行為の有無だけでなく、当該変更により労働者にもたらされる不利益の内容及び程度、労働者により当該行為がされるに至った不利益の内容及び程度、労働者により当該行為がされるに至った経緯及びその態様、当該行為に先立つ労働者への情報提供又は説明の内容等に照らして、当該行為が労働者の自由な意思に基づいてされたものと認めるに足りる合理的理由が客観的に存在するか否かという観点からも、判断されるべき」とされる（山梨県民信用組合事件・最二小判平28.2.19労判1136号6頁）。

　労働者の自由な意思に基づくことが明確でない賃金減額は違法・無効で、賃金の一部未払いとなる。労働者は減額前の金額による賃金請求権を失わない。このような場合、賃金単価算出のための算定基礎賃金は減額前の賃金となり、また、減額分は、未支給の賃金として別途請求すべきこととなる。

　裁判例では、月30万円以上の大幅な減額であり減額の合理性もないところ1年以上明確に異議申立がなくても同意なしとされた例（コアズ事件・東京地判平24.7.17労判1057号38頁）、一方的賃下げから3年後でも賃下げが無効となった例（NEXX事件・東京地判平24.2.27労判1048号72頁）、使用者が管理職従業員の賃金を20%減額することを通知し労働者に黙示の承諾ありとされたが自由な意思に基づくものではないとされ無効となった例（更生会社三井埠頭事件・東京高判平12.12.27労判809号82頁）などがある。

　これらの違法な賃金減額の場合、「賃金一覧表」には減額前の金額を記入する。「給与第一」には、未払いとなる差額分を計算する機能はないので、これについては別途計算して請求する。

3-3 固定残業代への「置き換え」による算定基礎賃金減額

　固定残業代の導入に伴い、例えば基本給30万円のみだったところ、基本給25万円、固定残業代5万円とされた「置き換え」

により算定基礎賃金が減額されたような場合、熊本総合運輸事件最高裁判決（最二小判令5.4.10集民270号77頁（労判1284号5頁））より前は不利益変更法理の適用の問題とされる傾向が強かった。

　同判決より前の固定残業代の導入を伴う賃金減額の事例では、固定残業代の導入に伴う不利益変更を有効とした例（ワークフロンティア事件・東京地判平24.9.4労判1063号65頁）、賃金減額の1年後に労働者が「労働条件確認書」に署名押印したところ署名押印の時点で賃金減額に同意があるとされた例（ザ・ウィンザー・ホテルズインターナショナル事件・札幌高判平24.10.19労判1064号37頁）、従前の賃金額の一部を固定残業代とする旨の給与明細書の記載があるところ同意のない賃金減額として無効とした例（山本デザイン事務所事件・東京地判平19.6.15労判944号42頁）、就業規則の不利益変更が無効とされた例（サンフリード事件・長崎地判平29.9.14労判1173号51頁）、就業規則の不利益変更に加えて個別同意書に署名押印があっても無効とされた例（ビーダッシュ事件・東京地判平30.5.30労経速2360号21頁）がある。

　日給制の事例では1万2000円の日給に固定残業代を含めることにした不利益変更について「上記変更は、基本給を減じ、その減額分を労働基準法及び同法施行規則の除外賃金とし、又は割増賃金とすることによって、残業代計算の基礎となる賃金の額を減ずることに主たる目的があったものと認めるのが相当であるところ、前記……のとおり、控訴人がアルバイト従業員に対しそのような目的自体の合理性や必要性について詳細な説明をしていないことからすると、形式的に被控訴人が同意した旨の雇用契約書が作成されているとしても、その同意が被控訴人の自由な意思に基づくものであると認めることはできない。」として契約書に署名押印があっても無効とした例（ジャパンレンタカー事件・名古屋高判平29.5.18労判1160号5頁）がある。

熊本総合運輸事件最高裁判決以後は、不利益変更法理の観点が判別要件に取り込まれ（第6章3－6［3］参照）、基本給を固定残業代に「置き換え」するような事例には労基法37条1項の直律的・強行的効力が適用されることになった。より強力な規制になったので、前掲・ワークフロンティア事件本文や前掲・ザ・ウィンザー・ホテルズインターナショナル事件本文のような事例も、判別不能とされ、固定残業代とされた賃金が算定基礎賃金とされる傾向が強まるだろう。なお、判別可能な場合は、理論上は別途、不利益変更法理が適用される。

　このような「置き換え」が見られる事例の場合、「賃金一覧表」には「置き換え」元の賃金名目の額と「置き換え」先の賃金名目の額を記入し、後述の「単価計算書」で両方とも算定基礎賃金に算入する操作を行う。「置き換え」に賃金総額の増額が伴っている場合も全体として同様の操作で良いと考えられる。

4——賃金単価の計算

4-1 算定基礎賃金の範囲確定

［1］除外賃金の除外

　割増賃金の算定基礎賃金からは、労基法37条5項、労基則21条で定められた法定の除外賃金（第5章1－2参照）を除外する。除外賃金は①家族手当、②通勤手当、③別居手当、④子女教育手当、⑤住宅手当、⑥臨時に支払われた賃金、⑦1か月を超える期間ごとに支払われる賃金の7種である。除外の趣旨は①～⑤の賃金は、労働とは関係のない労働者の個人的な事情に基づいて支給されるため、であり、⑥⑦の賃金は、「通常の労働時間の賃金」ではないから、である。

　除外できるのは、その賃金が（1）除外の制度趣旨に合致し、（2）除外賃金の定義に合致する場合だけであるから、家族手当、

住宅手当などと言いながら労働者個人の事情にかかわらず一律額が支給されている場合、通勤費が実態と関係なく定額で払われている場合などは除外してはならない（第5章2－2参照）。

［2］法内残業代の除外

例えば1日の所定労働時間が7時間45分の場合にこれを超えて1日8時間までの15分の労働時間の対価である法内残業代（第1章4－4参照）が、法定時間外労働の割増賃金と区別されて支給される場合がありえる。この場合、法内残業代は算定基礎賃金に算入しない。

法内残業代の該当性が論点になることは少ないと思われるが、濫用事例だと考えられる場合は判別要件の適用を主張すべきである（第6章2－2を参照）。

［3］適法な固定残業代などの除外

固定残業代など割増賃金の法定外の支払方法のうち判別可能で適法なものは、当然ながら、それ自体が労基法37条の割増賃金なので、割増賃金の計算のための算定基礎賃金には算入しない。

しかし、労働者側代理人の立場で、当初から争う余地のない固定残業代の範囲は相当限定的であり、判別要件の適用（第7章5参照）は厳格にすべきである。固定残業代が適法となる最低水準は日本ケミカル事件最高裁判決（第6章4－1参照）であり、この事例よりも劣る部分がある事例は適法性を争うことになる。

［4］賃金単価が最低賃金額を下回る場合

労働契約上の賃金の時間割額が最低賃金法で定める最低賃金額を下まわるときは、最低賃金額に是正される。その場合、割増賃金の賃金単価も是正され得る。

最賃法違反の有無の計算は、割増賃金の賃金単価と同じよう

に、賃金額をそれに対応する労働契約上の（平均）所定労働時間数で除して1時間あたりの単価を算出して行う（最賃則2条1項）。

　この点、割増賃金の賃金単価算出のための算定基礎賃金からは、除外賃金である①家族手当、②通勤手当、③別居手当、④子女教育手当、⑤住宅手当、⑥臨時に支払われた賃金、⑦1か月を超える期間ごとに支払われる賃金が除かれる（第5章1－2参照）。

　一方、これに対応する形で提示すると、最賃法違反の有無の計算からは、①②⑥⑦が除かれ、さらに、精皆勤手当（所定労働日について皆勤した場合に支払われる手当）も除かれる（最賃法4条3項、最賃則1条1項）[*2]。実務で支給例の多い賃金だと、住宅手当は最低賃金法違反の有無の計算からは除かれない一方、精皆勤手当は除かれることとなる。

　そうすると、例えば、地域別の最低賃金額が1時間あたり2000円だとして、これに対して、賃金が時給1960円、賃貸住宅の場合に住宅手当8000円、月平均所定労働時間数160時間、という労働条件の事業所に、賃貸住宅住まいの労働者が勤務している場合を考えると、1960円＋50円（8000円÷160時間）＝2010円＞2000円となり、最賃法違反はない。この場合、割増賃金の賃金単価は1960円ということになり最低賃金額を下まわることになるが違法ではない。一方、この事業所で、親元で生活しており住宅支出のない労働者が勤務している場合、賃金の時間額は1960円＜2000円となり、最賃法違反があり、割増賃金の賃金単価も2000円（最賃法4条2項）となる。この右往な場合、計算ソフトでも最低賃金額を賃金単価として用いることになる。

＊2　最賃法4条3項3号の「当該最低賃金において算入しないことを定める賃金」については、精皆勤手当、通勤手当、家族手当とされる。この点について厚生労働省ホームページ「最低賃金制度の概要」（https://www.mhlw.go.jp/shingi/2004/09/s0921-8e.html）。

結局、最低賃金制度は時間外割増賃金額が最低賃金額の
125％以上であるか否かについては直接的には関知しておらず
（最賃法4条3項2号、最賃則1条2項）、両者は完全には牽連し
ない場合もあるので、注意が必要である。もっとも、このよう
な法制度で良いのかは別の問題であろう*3。

［5］算定基礎賃金の分割算定の可否

　労働行政は労基法施行直後から、「所定労働時間中に甲作業に
従事し、時間外に乙作業に従事したような場合には、その時間
外労働についての『通常の労働時間又は労働日の賃金』とは、乙
作業について定められた賃金である」*4 としたうえ、通常従事
している職務を離れ、特殊作業や危険作業に従事する場合に支
給される日給制の特殊作業手当や危険作業手当は算定基礎賃金
に含まれるとしてきた*5。業務内容が全く異なる場合には「通常
の労働時間の賃金」の分割算定を認める立場だったといえるが、
問題は、日本の多くの事業所でそうであるように、労働者の職
務範囲が明確ではない場合や、労働密度が疎になる場合に「通
常の労働時間の賃金」の分割算定を認めて良いのかということ
であろう。

　大星ビル管理事件最高裁判決（最一小判平14.2.28民集56巻
2号361頁（労判822号5頁））の事案は、月給制の賃金を得て
いたビル管理会社従業員が24時間連続勤務である「泊り勤務」
をする際の夜間連続7時間ないし9時間の仮眠時間が、労働契
約上は労働時間とされておらず、1回2300円の泊り勤務手当が

＊3　神吉知郁子『最低賃金と最低生活保障の法規制』（信山社、2011年）64頁は、最低
賃金規制に時間外労働や休日労働に対する割増賃金を含めてしまうと、これらを増加させるおそ
れや、労働時間の長短によって労働者間の不公平を生ずるおそれがあるので、これを回避する趣
旨も含まれている、とする。そのうえで「事実上、最低賃金額に法定割増率を乗じた額より下回る
ことは許されないという意味で、時間外労働についても間接的に下支えがあるといえる」とする。割
増賃金を最低賃金規制の対象としなくても、賃金単価の最低額を最低賃金額にする定めを置くな
どすれば、本文のような不合理を解消することはできる。

＊4　労働基準局（上）542頁。

＊5　【特殊作業手当】【危険作業手当】昭23.12.22基発1681号。

支給されるだけだったものである。同判決は、仮眠時間も使用者の指揮命令下に置かれている時間であるとして、労基法32条の労働時間に該当するとした。

　同判決は一方で、仮眠時間について「実作業がない限りは、基準外賃金としては泊り勤務手当を支給するのみで、本件仮眠時間のうちの実作業に就いた時間以外の仮眠時間については、時間外勤務手当も深夜就業手当も支給しないということが労働契約の内容になっていたというべきであるから、上告人らは本件仮眠時間につき、労働契約のみに基づいて時間外勤務手当，深夜就業手当を請求することはできない。」という原審判決の判断を是認した。

　そこで、「労基法上の労働時間であるからといって、当然に労働契約所定の賃金請求権が発生するものではなく、当該労働契約において仮眠時間に対していかなる賃金を支払うものと合意されているか」が論点となる。これを割増賃金の観点から言い換えると、このように労働契約上の不活動時間が事後的に労基法上の労働時間（同時に時間外労働、深夜早朝労働でもある）に該当するとされた場合、この時間外労働等の「通常の労働時間の賃金」（算定基礎賃金）をどのように解すべきか、ということになる。

　考え得る賃金単価は、a）月給制の所定賃金を算定基礎賃金とし計算する、b）労使で別途合意した金額を賃金単価とする（その最低額としての最低賃金額）、c）最低賃金額を下回る日給制の泊り勤務手当（労働契約上は労働時間とされていない時間に対する日給制の賃金）を算定基礎賃金とする、d）当然には賃金が発生しないである[6]。

　同判決は「労働契約は労働者の労務提供と使用者の賃金支払

---

[6]　所定の月給制を算定基礎賃金とすべきとの考え方のほかに、「当然に最低賃金額の請求権が発生するわけではなく」とする見解（荒木 180 頁）、最低賃金との関係で論じる見解（菅野（12版）464 頁、神吉知郁子「最低賃金と労働時間」菅野和夫先生古稀記念論集『労働法学の展望』（有斐閣、2013 年）285 頁）がある。

に基礎を置く有償双務契約であり、労働と賃金の対価関係は労働契約の本質的部分を構成している」という「労働時間と賃金の牽連関係」（第1章4－4参照）を述べたうえ、それ以上特段の論述をすることなく、a）の考え方を採用して、月給制の基本給等を算定基礎賃金とした。最高裁は、「通常の労働時間の賃金」の分割算定を認めなかったのである。

その後の裁判例ではc）の説をとった一審判決を否定し、b）について「労働契約において、夜勤時間帯について日中の勤務時間帯とは異なる時間給の定めを置くことは、一般的に許されないものではないが、そのような合意は趣旨及び内容が明確となる形でされるべき」として、合意がないことからa）の方法によった事例（社会福祉法人さざんか会事件・東京高判令6.7.6判例集未登載、同事件・千葉地判令5.6.9労判1299号29頁）がある。月給制でもa）の方法によらない余地を残しており、今後、算定基礎賃金の分割算定の可否をめぐる論点が顕在化すると予想される。

この点については「通常の賃金を算定する上では、同一の使用者の下での労働に関しては、原則としてその所定内労働に対する賃金を全て通算した上でこれを基礎とし通常の賃金を算定すべきである。通常賃金の分割算定を容易に許すことは、結果的に時間外労働の方が時間内労働よりも低廉となることを許すこととなり法の趣旨から見て好ましくない。どの部分の労働にどれだけの賃金を支払うかといった賃金制度設計は最低賃金法に反しない限り労使自治の範囲内であるが、労働基準法37条の規定する時間外、深夜労働等に関する部分については、こうした賃金の割り当てに関する労使自治による自由は排除され制限されるとみるべきだろう」との指摘が当てはまる[7]。同一の使用者の場合、職務内容が明らかに性格を異にして賃金の計算方法

＊7　木南直之「事後的に認定された労働基準法上の労働時間について支払うべき金銭の計算方法」季労214号（2006年）82頁以下。

も完全に独立している場合に限り「通常の労働時間の賃金」の分割算定を許容しえるのであり、「職種限定のない通常の労働の場合には、あるいは一つの職種職務の作業の一環として労働が質的に異なっているに過ぎない場合には、通常賃金の分割算定を許すべきではない」といえる。

4-2 平均所定労働時間数の計算

[1] 基本的な計算方法（計算ソフトに依拠できないこと）

日給制、月給制の場合、平均所定労働時間数の計算が必要になる。

日給制（労基則19条1項2号）の場合の日平均所定労働時間数は、1週間の各日の労働時間数の平均の値を算出する。ただし、日給制で、賃金額が定額なのに日によって所定労働時間数が違う事例は見かけない。

月給制（労基則19条1項4号）の場合の月平均所定労働時間数の算出は頻繁に行う。計算方法は以下の通りである。つまり月平均所定労働時間数の算出には、当該事業所の年間所定労働日の数をカレンダーで数え上げる必要がある。

月平均所定労働時間数＝日所定労働時間数×年間所定労働日数÷12（か月）

また、例えば週6日勤務で、月〜金は所定労働時間数は7時間、土曜日だけ5時間というような場合は、その年のカレンダーで、7時間の所定労働日数、5時間の所定労働日数を数え上げてそれぞれ上記の計算を行い、合算することになる。事業所によっては「年」の起算日が1月1日とも限らず、案外面倒である。

そして、所定労働日、各日の労働時間数の定め方は事業所によってあまりに区々であるため、月平均所定労働時間数の計算を計算ソフトに頼ることはできない。請求時に実際に数え上げ

第3章 ◉ 残業代の計算　131

て計算する必要がある。

　これについては、相手方となる企業がインターネット上の求人広告で所定労働日数や年間の所定休日数を明らかにしていることはあるので、それを参照する手がある。また、それができない場合でも、月平均所定労働時間数は、使用者側は当然把握しているはずであるから［2］の経験則を使用しながら概算して請求したのち、使用者側に正確な値を確認すると回答してくるのが通例であり、使用者側が回答した値について下記の各点に従って問題ないと確認できたのちに援用すれば争点の絞り込みにもなるので、合理的である。

［2］月平均所定労働時間数の相場

　実務では公務員型の労働条件となっている事例は多い。そのような年間の休日数に法則性がある事例における、1年の事業所の所定労働日数については、計算式はカシオの「生活や実務に役立つ計算サイト」[*8]の「こよみの計算」にある「営業日数計算」を利用するのが便利である。

　同サイトを利用して、毎年1月1日を起算日として、2021年から10年間分の行政機関の休日数（休日は土日祝日＋年末年始12月29日〜1月3日）、所定労働日数、月平均所定労働時間数を計算すると以下の通りになる。

	休日数	労働日数	年所定労働時間数（8h/d）	月平均所定労働時間数（8h/d）	月平均所定労働時間数（7.75h/d）
2021年	122	243	1944	162	156.94
2022年	123	242	1936	161.33	156.29
2023年	120	245	1960	163.33	158.23
2024年（閏年）	122	244	1952	162.67	157.58

＊8　https://keisan.casio.jp/

2025年	124	241	1928	160.67	155.65
2026年	125	240	1920	160	155
2027年	123	242	1936	161.33	156.29
2028年 (閏年)	122	244	1952	162.67	157.58
2029年	120	245	1960	163.33	158.23
2030年	121	244	1952	162.66	157.58

　実務処理の上で重要なのは、休日数が公務員並みに週末祝日年末年始で、1日8時間労働だと、年間の所定労働日数は概ね240〜245日（休日数は120〜125日）程度となり、月平均所定労働時間数は160〜164時間程度となる、という相場である。

　そして、労働基準法の上限値になると、[5]で述べるように年間所定休日数が104日、月平均所定労働時間数が173.80時間（うるう年174.28時間）とか174時間（174.66時間）という数値が現れる。

[3] 実態の値より過小な値が定められている場合

　割増賃金計算に本来の月平均所定労働時間数を用いず、計算の簡略化のために、これよりもやや小さい整った値を月所定労働時間数として用いる事業所がある。このような場合、この割増賃金計算のための月所定労働時間数と、本来の月平均所定労働時間数の差の分の賃金は、労働契約において法定を上回る割増率が設定された場合と同様、法定の割増賃金ではなく、付加金の対象にもならないはずである。

　しかし実務では、このような値を弁論主義で争いのないものにしたうえ、計算した賃金全体を法定の割増賃金として扱っている場合が多いと思われる。

　法定の計算方法でも、所定労働時間数は契約により定まるものであり、また、全体からみれば少額のものを法定の割増賃金と法定外の賃金に区分するのも煩雑である。このような値が本

第3章 ● 残業代の計算　133

来の計算方法により算出される月平均所定労働時間数より小さい値である場合（すなわち労働者に有利な値である場合）に限り、全体を法定の割増賃金とする運用を認めて差し支えないのではないだろうか。

[4] 実態の値が契約上の値を下回る場合

かつての法定労働時間制の短縮に伴い、完全週休2日制が導入された事業所で、週の第7曜日（土曜日）について、従前どおり所定労働日としたままで「勤務を要しない」などとしている場合、第7曜日は実質的には休日なので、所定労働日数に入れない、とされた。今日、実務的に見かける類似の事例は、事業所を閉鎖して全体が休みになる年末年始や盆休みを労働者の有給休暇で処理する事例である。この場合も、事業所を閉鎖している期間は休暇ではなく所定休日として扱う。もちろん、有給休暇を取得したことにはならない。

[5] 平均所定労働時間数の不特定や上限値超過

実務では、労働契約書や労働条件通知書もなく、かつ、就業規則が不存在、様々な事情により証拠として提出されない、労働実態が就業規則とまったく合致しないなどの理由で、労働契約上の所定労働日数を特定できず、平均所定労働時間数を容易に特定できない事例が散見される。このような事例では、大概、月間の休日（事実として労働していない日）が数日しかなく、慢性的な長時間労働をさせている。

このような（平均）所定労働時間数が不特定で、休日が過小、慢性的な長時間労働をさせている事例では、賃金単価算出のための労働時間数をなにがしかの方法で観念せざるを得なくなり、その際に用いるのが173.8時間という値である。根拠は以下の計算式である。労基法で許容される上限値の計算なので分単位の切り上げが発生しないように計算結果を小数点第3位で切り

捨てする必要がある。この173.8という数値は最低賃金額の算定の際にも使われるようである。

173.8＝週40時間÷7日（1週間）×365日÷12（か月）

同様の計算により、うるう年の場合、週44時間制の特例の場合（第8章8参照）も考慮すると以下の各数値を得られる。

週40時間制	平年	173.80
週40時間制	うるう年	174.28
週44時間制	平年	191.19
週44時間制	うるう年	191.71

裁判例でも、このような場合に173.81時間（四捨五入による切り上げと思われるが上限値なので切り捨てるべきである）を月平均所定労働時間数として援用した例（エスエイロジテム（時間外割増賃金）事件・東京地判平12.11.24労判802号45頁）があり、判例検索システムで「173.8」と検索するとその後の裁判例が多数出てくる。

ところで、この173.8という数値は、労働契約上、労働日や労働時間の定めを特定できない場合に、労働者側がやむなく用いるものであり、使用者側が最初からこの数値を使用するのは、使用者の遵法意識の欠如や労働時間管理の杜撰さの証左とならざるを得ない。また、契約上の所定労働時間数を特定できないのだから、契約上の固定残業代の対価性の範囲を特定できないことにも影響する事情である。使用者側がこの値を援用しきたときは、労働者側は、使用者が労働時間管理の基礎となる適法な所定労働時間の設定を行なっていないことを書面で指摘すべきである。

[6] 月平均所定労働時間数が上限値を上回る場合

[5]は、労働契約上の所定労働日数を特定することができない場合の処理である。一方、週40時間、1日8時間労働制（完

全週休2日制）を機械的に貫いた場合、次の数値を得られる。

平年	年の最終日が労働日	年休日数104日	174
平年	年の最終日が休日	105日	173.33
うるう年	年の最終日が労働日	104日	174.66
うるう年	年の最終日が休日	105日	174

　これより高い数値は、相当特殊な制度を導入していない限り、原則としてあり得ないことになる。週44時間制の特例の場合、週の休日数が一定しないため考えうるパターンが複雑になり、このように上限値を示すことが困難であるが、おおよそ、[5]で示した値が上限となることに変わりはない。

　労働契約上の月平均所定労働時間数が上限値を超える場合、結局、年間の所定労働日数を特定できないものとして、[5] の計算方法を取らざるを得ないと思われる。

[7] 変形労働時間制が無効になった場合

　変形労働時間制が無効になることは、実務ではしばしばある。むしろ、違法性を検討できない変形労働時間制をみることのほうが極めて稀である。このような場合に月平均所定労働時間数をどのように算定すべきかが問題になる。

　これについては「法定労働時間を超える所定労働時間は、直律効により法定労働時間に縮減されるが、その場合縮減されるのは労働時間（労働義務の範囲）だけで、もとの労働に対して支払われていた賃金には（時間給であることが明白である場合を除き）「影響しない」ことが、裁判例・学説においても確立している。「直律効は、労基法に定める基準に達しない部分のみを無効にするものだからである」[9]。

　この記述は、直接的には、1日8時間を超える所定労働時間が設定された場合についての記述であるが、その理は、変形労働

---

[9]　荒木向志『労働時間の法的構造』（有斐閣、2001年）310頁。東京労働法研究会編『注釈労働基準法（下巻）』（有斐閣、2003年）640頁（橋本陽子）も同旨。

時間制が無効になった場合などにも妥当する。裁判例は、日の労働時間が8時間より長く契約されていた例で、月給制賃金の額は変わらず、それに対する所定労働時間だけ無効とされ、法定の範囲に是正されることになる結論を採っている（橘屋割増賃金請求事件・大阪地判昭40.5.22労民集16巻3号371頁、牡丹湯事件・神戸地姫路支判昭45.1.29労民集21巻1号93頁）。また、法定の週40時間制の下で週48時間（1日8時間×週6日）の所定労働時間が契約されていた例で、月給制賃金の額は変わらず、週40時間（1日8時間×週5日）に修正される、とした事例がある（しんわコンビ事件・横浜地判令元.6.27労判1216号38頁）。

また、隔日24時間勤務の変形労働時間制（労基法施行時の法32条2項に基づく変形労働時間制）が無効とされた裁判例では、深夜勤務明けの非番日について休日と認定したうえ、月所定労働日数を15日と認定し、15×8時間＝120時間を月の所定労働時間数としている（合同タクシー事件・福岡地小倉支判昭42.3.24労民集18巻2号210頁）[10]。

一方、このような場合に、変形労働時間制を前提とした契約上の所定労働時間数により賃金単価を算出すべきという考え方もあり得る。しかし、労基法の強行的・直律的効力（第1章5－2［1］参照）により無効になった労働契約の部分を前提に使用者の意思で契約内容を補充することは労基則19条にも反し、原則として許されることではないだろう。

［8］労働時間の継続と終了

法32条との関係の1日は原則として0時から24時までの暦日をいう。ただし、ある日の労働が24時を過ぎても継続するとき

---

[10] 解釈例規は1年単位の変形制に関する法32条の4第2項の労働者代表の同意が得られなかった場合、「区分された期間労働日数及び総労働時間しか決定されておらず、労働日及び各労働日の労働時間が特定しないことから、当該区分についてあらかじめ労使協定において定めた労働日数及び総労働時間の範囲内で、原則的な労働時間を定めた労働基準法32条の規定により労働させることとなる。」とする。【労働基準法第三十二条の四第二項の「同意」の効力】平6.5.31基発330号、解釈総覧351頁。

は、一連の労働が終了するまでを始業時刻が属する日の労働として扱う[11]。そこで、労働契約上、1日目のシフトが深夜に終了し、2日目のシフトが数時間後に開始する場合に、どのような事情があれば、労働時間が終了し、翌日の労働となるのかが問題となる。

　無洲事件（東京地判平28.5.30労判1149号72頁）は、食堂の委託業務等を行う会社である被告の調理師が、労働契約上月22日勤務とされているところ、実際には時期により、前期のBシフト（10時〜24時）とAシフト（4時〜16時）を連続して勤務し、または後期のAシフト（12時〜24時）とBシフト（4時〜16時）を連続して勤務し、AシフトとBシフトの間で労働時間が終了したものとして扱い、それぞれ別の労働日としていた事案である。判決は「当該4時間について、被告が原告に対し、施設内にとどまり、待機するよう指示していたことを認めるに足りる証拠はなく、原告においても、シフトとシフトの間の時間は1勤務の中の休憩時間であると主張しているのであるから、シフトとシフトとの間の時間が、労働から解放された時間であったこと自体については争いがない。仮眠設備があったとしても、原告において、当該仮眠設備を利用して宿泊しなければならない義務があったわけではなく、当該時間が深夜の時間帯であり、事実上、自宅への公共交通機関がないというだけでは、被告の拘束ののもとにある時間（拘束時間）であったと認めることはできない。」などとして、労働時間の終了を認めた。

　このような裁判所の認定は、あまりに実態を無視したものであり、このようなシフトを設定するのが使用者だという点でも労基法32条違反と考える。利益衡量の観点から見ると、時間外労働の時間の計算もさることながら、労働時間の継続を認めた場合、月間の所定労働時間数が月88時間（11日×8時間）程度となり、賃金単価が高額になることを懸念したとも考えられる

＊11　昭63.1.1基発1号、解釈総覧279頁。

が、割増賃金が高額になることを懸念して労働時間の規制を緩和するのは間違いである。また、この事例の場合、変形労働時間制が無効となる場合と異なり、所定労働時間の定めが無効となるわけでは必ずしもない。所定労働時間との対応関係が薄い月給制賃金の事案であったことも併せれば、所定労働時間数については裁判所認定どおりとし、労基法32条との関係では、BシフトとAシフトが連続した場合に1日の労働と考える余地はあったと考えられる。

[9]「1年」の期間と賃金算定期間のずれ

月給制の月平均所定労働時間数を算出するためには、前提として、「1年間」の所定労働日数を特定する必要があり（労基則19条1項4号）、その1年の起算日をどう考えるかが問題になるが、労基法や労基則、解釈例規は、この点について考え方を示していない。

裁判実務を担う裁判官からは、就業規則に「会計年度」「年度」などの定めがあったり、年度ごとに定期昇給があるときはそれにより、そうでない場合は原則暦年とする旨の提案がある[12]。

例えば、土日の完全週休2日制に加え年末年始・国民の祝日を所定休日とする労働契約の場合、年間の所定労働日数は、祝日と土曜日の重複の現れ方や、平年・うるう年の違いなどにより、毎年、数日単位で変化する。これに伴い、定期昇給がない場合でも、年によって月平均所定労働時間数が異なり、従って賃金単価も異なる。

このような典型的な労働契約において、「1年間」を1月1日を起点とする暦年と捉えた場合、賃金算定期間の締め日が毎月15日締めなど暦月の途中にあると、割増賃金計算との関係では、毎年1月15日を締め日とする賃金は、賃金算定期間上のひ

＊12　東京弁護士会弁護士研修センター運営委員会編『割増賃金請求訴訟の知識と実務』（ぎょうせい、2012年）221頁（藤井聖悟）。

と月の途中である12月31日を境に賃金単価が変化してしまうことになる。このような計算を裁判実務で行うのは不可能ではないが、煩雑であり、実益もない。裁判官が書いた文献には、特に断りなく、1年間の起算点と、ある月の賃金算定期間の初日を一致させて計算する例もあり[13]、それが裁判官の素朴な実感ではないだろうか。

そこで、「1年間」の起算日は、特段の不合理が生じない限り、年末や年度末の月、定期昇給の月など、当該事業所の労務管理の区切りとなる月の賃金締切期間の末日（賃金計算の締め日）の翌日と考えるのを、当事者の合理的意思解釈と考えるのが妥当である。

さらに、実務では、昇給のある月額賃金の賃金算定期間と、労働時間計算ないし割増賃金算定の期間が契約上も半月ずれているような事例がある。このような事業所の事情によりあえて割増賃金の算定期間にズレが生じている場合は、それによらざるを得ないように思われる。ただし、このような事業所では1か月の途中で賃金単価が変わるので、残業代の計算が適正に行われているか疑わしい場合が多い。

4-3 計算ソフトでの賃金単価の計算

[1] 月給制の賃金単価の算出

ア 「給与第一」の場合

「給与第一」の「賃金一覧表・単価計算書・既払金計算書」シートの2枚目「単価計算書」では、月給制、日給制、時給制、請負制という賃金形態ごとに賃金単価を算出する。

月給制の場合、「月平均所定労働時間数」の列に計算した各月の月平均所定労働時間数（本章4－2参照）を記入する。初期

---

*13　渡辺弘『リーガルプログレッシブシリーズ9　労働関係訴訟』（青林書院、2010年）172頁以下。

140

設定では173.80（174.28）の値が記入されている（本章4－2
［5］参照）。この点、月平均所定労働時間数は年単位で同じ値が
記入されるはずである。また、給与計算の慣習に基づき、この
部分だけ、1時間未満の分単位の値を60進法ではなく10進法で
計算する必要がある。

　次に「月給制★（月によって定められた賃金）」の欄の太枠内
（エクセルの4行目）に「賃金一覧表」の太枠内に書かされてい
る振分番号（本章3参照）を入力すると、その番号に対応する
名目の賃金が自動的に記入される。すなわちその名目の賃金が
賃金単価算出のための算定基礎賃金（第1章5－4参照）と扱わ
れる。この操作により除外賃金の「除外」や固定残業代の「判
別」などの算定基礎賃金の範囲の確定（本章第4－1）をしてい
ることになるので、各賃金の名目について、その性質を十分に
評価した上で入力をする必要がある。

　以上の入力をすると、各月の賃金単価の計算も自動的に計算
され、「月給制賃金単価」欄に反映する。

算書計価単給の月制

記入する

証拠★	支給対象月	月給制★（月によって定められた賃金）								合計	月給制賃金単価
		月平均所定労働時間数	1 基本給	6 資格手当	7 携帯電話補助費	8 その他手当	0 －	0 －	0 －		
	2023年4月	160.00	220,000	5,000	1,000	0	－	－	－	226,000	1,413
	2023年5月	160.00	220,000	5,000	1,000	0	－	－	－	226,000	1,413
	2023年6月	160.00	220,000	5,000	1,000	0	－	－	－	226,000	1,413
	2023年7月	160.00	220,000	5,000	1,000	32,000	－	－	－	258,000	1,613
	2023年8月	160.00	220,000	5,000	1,000	13,500	－	－	－	239,000	1,497
	2023年9月	160.00	220,000	5,000	1,000	2,000	－	－	－	228,000	1,425
	2023年10月	160.00	0	0	0	0	－	－	－	0	0
	2023年11月	160.00	0	0	0	0	－	－	－	0	0
	2023年12月	160.00	0	0	0	0	－	－	－	0	0
	合計		132,000	30,000	6,000	47,500	0	0	0	0	OK ←合計検算

記入する

イ　「きょうとソフト」の場合

　賃金単価の計算は単価シートで行う。「きょうとソフト」では、
「単価」シートによる賃金単価の計算結果は当然には結果に反映
せず、コピーアンドペーストで「金額」シートの「賃金単価」
の列に貼り付ける必要がある。逆にいえば、「単価」シートの使

用は必須ではない。「きょうとソフト」で「単価」シートの長所が現れるのは、賃金の名目や金額自体に争いがあり、「X」と「Y」で見比べる必要がある場合であろう。

　「単価」シートで計算ができるのは、月給制のみであり、月給制の場合の使用方法は、自動振り分けの機能がなく手入力である他は「給与第一」とほぼ一緒なので、前述アを参照されたい。「単価」シートで計算した結果をコピーアンドペーストで「金額」シートに貼り付ける際は、エクセルの機能で「値の形式での貼り付け」を選択する必要がある。

　また「給与第一」による賃金単価の計算結果を「きょうとソフトへ出力」シートを用いて移行することもできるので、その方法によることも考えられる。

原告　単価シート

きょうとソフト ver 4.0

記入する

（小数点以下四捨五入）

賃金月度 （支払期日）	備考	月所定 労働時間 （時間）	割増賃金の基礎となる賃金						賃金単価
			基本給	資格手当	携帯電話 補助費	其の他手当			
R5.4 (R5.5.21)		160.00	¥220,000	¥5,000	¥1,000	¥0			¥1,413
R5.5 (R5.6.21)		160.00	¥220,000	¥5,000	¥1,000	¥0			¥1,413
R5.6 (R5.7.21)		160.00	¥220,000	¥5,000	¥1,000	¥0			¥1,413
R5.7 (R5.8.21)		160.00	¥220,000	¥5,000	¥1,000	¥32,000			¥1,613
R5.8 (R5.9.21)		160.00	¥220,000	¥5,000	¥1,000	¥13,500			¥1,497
R5.9 (R5.10.21)		160.00	¥220,000	¥5,000	¥1,000	¥2,000			¥1,425

記入する

［2］日給制、時給制の場合の賃金単価計算（「給与第一」のみ）

ア　日給制

　日給制の場合、賃金一覧表・単価計算書・既払金計算書」シートの2枚目「単価計算書」の「日平均所定労働時間数」の列に計算した各週の日平均所定労働時間数（本章4−2［1］参照）を記入する。初期設定では1日の所定労働時間数が8時間に

なっている。

次に「日給制★（日によって定められた賃金）」の欄に賃金名目と各月の日給額を入力する。すなわちその名目の賃金が賃金単価算出のための算定基礎賃金（第1章5－4参照）と扱われる。

イ　時給制

時給制の場合、賃金一覧表・単価計算書・既払金計算書」シートの2枚目「単価計算書」の「時給制★（時間によって定められた賃金）」の欄に月々の時給額を記入する。

時給額が日によって変わる場合は後述の「詳細計算書」で計算することになる。

ウ　手当がある場合

見落としがちな点として、賃金の基本は日給制や時給制だが、例えば「精勤手当」などの名目で一部に月給制賃金があるときは、その部分の賃金は月給制賃金の賃金単価計算が必要である。日給制や時給制の場合、このような手当を算定基礎賃金に入れることで賃金単価が大きく上昇するので、必ず算出する必要がある。

エ　合計額の算出

上記各作業をすると、各月の賃金単価が算出され、「賃金単価」の列の各欄に反映される。使うことはあまりないと思われるが、念のため、「調整欄★」の列を作っており、この欄で加算、減算が可能である。

第 3 章 ● 残業代の計算　143

時給制・日給制の単価計算書

支給対象月	日給制★ （日によって定められた賃金）			時給制★ （時間によって定められた賃金）	調整欄★	日給制 時給制 賃金単価	月給制 日給制 時給制 賃金単価 合計
	日平均所定 労働時間数	－	－				
2023年4月	8	-	-			0	1,413
2023年5月	8	-	-			0	1,413
2023年6月	8	-	-			0	1,413
2023年7月	8	-	-			0	1,613
2023年8月	8	-	-			0	1,497
2023年9月	8	-	-			0	1,425
2023年10月	8	-	-			0	0
2023年11月	8	-	-			0	0
2023年12月	8	-	-			0	0
合計		0		0	0	0 合計検算→	OK

記入する

［3］出来高払制その他の請負制（歩合給）の賃金単価の計算

ア 「給与第一」の場合

　出来高払制その他の請負制（労基則19条1項6号。以下「請負制」とする）については、不可分の総労働時間の対価であり判別不能な賃金である出来高払制にも割増賃金を支払うため、出来高払制をもともと時給制賃金である請負制の一種と位置付けて時間制賃金（その中でも時給制）に「換算」し、時給制とみなすこととしたものである（第6章5-3［3］イ参照）。

　請負制の場合、「賃金一覧表・単価計算書・既払金計算書」シートの2枚目「単価計算書」の「月決めの請負制★（出来高払制その他の請負制によつて定められた賃金）」の欄の太枠内（エクセルの4行目）に「賃金一覧表」の太枠内に書かれている振分番号（本章3参照）を入力すると、その番号に対応する名目の賃金が自動的に記入される。

　請負制の賃金単価算出のためには、その請負制の賃金の対になる賃金算定期間の総労働時間数を計算する必要がある。これについては「時間計算書」シートに労働時間を記入することで自動的に計算される。給与計算の慣習に基づき、この部分だけ、1時間未満の分単位の値が60進法ではなく10進法で計算される。

144

賃金単価の算出についてこのような特性があるため「給与第一」が対応しているのは月決め（賃金算定期間が月単位）または賃金締切期間が月単位の請負制賃金の賃金単価計算のみである（請負制の「賃金算定期間」、「賃金締切期間」について第7章2－2参照）。もし他の形態の請負制賃金があった場合は、時給制賃金に換算したのち、当該請負制賃金の換算後の法定時間外労働、法定休日労働の対価分を既払金に計上することになる。

記入する

請負制の単価計算書

支給対象月	証拠★	月間総労働時間数	月決めの請負制★ （出来高払制その他の請負制によつて定められた賃金）								合計	請負制賃金単価
			-	-	-	-	-	-	-	-		
2023年4月		247.58	-	-	-	-	-	-	-	-	0	0
2023年5月		186.15	-	-	-	-	-	-	-	-	0	0
2023年6月		216.25	-	-	-	-	-	-	-	-	0	0
2023年7月		185.77	-	-	-	-	-	-	-	-	0	0
2023年8月		66.17	-	-	-	-	-	-	-	-	0	0
2023年9月		163.03	-	-	-	-	-	-	-	-	0	0
2023年10月		0.00	-	-	-	-	-	-	-	-	0	0
2023年11月		0.00	-	-	-	-	-	-	-	-	0	0
2023年12月		0.00	-	-	-	-	-	-	-	-	0	0
	合計		0	0	0	0	0	0	0	0	OK	←合計検算

イ 「きょうとソフト」の場合

「きょうとソフト」の場合、請負制の賃金単価算出について独自のシートは存在しない。各月の月決め（賃金算定期間が月単位）または賃金締切期間が月単位の請負制賃金の総額を「金額」シートの「歩合給額」の欄に記入すると、請負制の賃金単価が計算される（請負制の「賃金算定期間」、「賃金締切期間」について第7章2－2参照）。

5──既払金の計上

5-1 「給与第一」の場合

残業代の既払金となる賃金名目の計上は、「賃金一覧表・単価計算書・既払金計算書」シートの3枚目「既払金計算書」で行う。ここでいう「既払金」とは、本来の賃金支払日に支払われた法内残業、時間外労働等の対価であり、請求後に一括して一

第3章 ● 残業代の計算　145

定額が支払われた場合は、その日までの遅延損害金を算出した
うえで、ソフト利用者において、法定の充当方法に従い、手計
算で充当計算を行うことになる。

　まず「既払金★」の欄の太枠内（エクセルの4行目）に「賃
金一覧表」の太枠内に書かされている振分番号（本章3参照）を
入力すると、その番号に対応する名目の賃金が自動的に記入さ
れる。すなわちその名目の賃金が残業代の既払金として扱われ
る。

　次に、対価性の範囲（第6章4－2［4］参照）を指定する。具
体的には上記欄の太枠内（エクセルの3行目）に、残業代全体
の対価である場合は「0」、法内残業のみの対価である場合は
「1」、法内残業及び法定時間外労働のみの対価であるは「2」、深
夜早朝労働のみの対価である場合は3、法定休日のみの対価で
ある場合は「4」を記入する。初期設定では「0」になっている。
この欄を入力しておくと「割増賃金計算書」シートで既払金を
個別に入力する必要がなくなる。

　なお、「時間計算書」シートと比べて、「既払金計算書」にお
いて、法定休日労働の対価と、深夜早朝労働の対価の並び順番
を変えてあるのは、（法内を含む）時間外労働と深夜早朝の対価
をひとつの手当で支払う例があり得ると考えたからである。こ
のような賃金が法定休日労働の対価として充当されないように
するには、「0」を記入したうえ、「割増賃金計算書」シートで法
定休日労働の「加算・控除★」の欄の計算式をデリート（削除）
する。その上で、法定休日労働の対価は別に各月ごとに記入す
ることになる。

　「既払金計算書」シートで行うのは既払金の範囲の指定（計
上）までであり、発生した残業代との具体的な充当計算は「割
増賃金計算書」シートで行う。

既払金計算書

従拠★	支給対象月	既払金★（残業代全体の対価は0、法内のみは1、法内及び時間外のみは2、深夜早朝のみは3、休日のみは4）					振分額					既払金合計
		2	0	0	0	0	残業代全体の対価	法内のみの対価	法内及び時間外のみの対価	深夜早朝のみの対価	法定休日のみの対価	
		調整手当	-	-	-	-						
	2023年4月	32,000	-	-	-	-	32,000	0	0	0	0	32,000
	2023年5月	32,000	-	-	-	-	32,000	0	0	0	0	32,000
	2023年6月	32,000	-	-	-	-	32,000	0	0	0	0	32,000
	2023年7月	32,000	-	-	-	-	32,000	0	0	0	0	32,000
	2023年8月	32,000	-	-	-	-	32,000	0	0	0	0	32,000
	2023年9月	32,000	-	-	-	-	32,000	0	0	0	0	32,000
	合計	192,000	0	0	0	0	192,000	0	0	0	0	OK

5-2 「きょうとソフト」の場合

「きょうとソフト」の場合、既払金の計算について独自のシートは存在しない。各月の既払金の総額を「金額」シートの「既払金」の欄に記入すると、発生した残業代との具体的な充当計算が行われる。

既払金額の行に各月の既払金額を記入する。「きょうとソフト」で控除できる既払金は、賃金支払日に支払われたもののみであり、請求後に一括して一定額が支払われた場合は、その日までの遅延損害金を算出したうえで、ソフト利用者において、法定の充当方法に従い、手計算で充当計算を行うことになる。

また「給与第一」による既払金の計算結果を「きょうとソフトへ出力」シートを用いて移行することもできるので、その方法によることも考えられる。

6──時間外労働等の計算

6-1 「給与第一」の場合

[1]「時間計算書」シートの記入のルール

「給与第一」では、時間外労働等の計算は「時間計算書」シートで行う。

時間、時刻については原則として24時間法を採りつつ、1日

の労働が継続して終業時刻が24時を超えるときは25時、26時とそのまま積算していく。時間、時刻は「5:25」、「24:37」、「29:46」等と半角で記入する。分については1分単位で計算する。ショートカットの記入法として、「0.5」と記入すると「12:00」、「1」と記入すると「24:00」など、時刻に対応する10進法の値を記入する方法がある。

労働時間は始業する時刻が属する暦日の労働時間とされる。例えば、4月1日の「23:30」から4月2日の「29:00（5:00）」まで働いた場合はすべてが4月1日の労働時間として認識される。

[2] 始業時刻、終業時刻、休憩時間の記入

まず、各日の「始業時刻」の列に現実に労働を開始した時刻を記入する。次に「終業時刻」の列に現実に労働を終了した時刻を記入する。

さらに「休憩時間」に実際に取った休憩時間（「時刻」ではなく幅を持った「時間」）を記入する。休憩時間は「通常5〜22h」、

記入する

「通常29h以降」、「深夜早朝前22〜5h、22〜24h」、「深夜早朝24〜29h」に分けて入力する。このように時間帯を分けてあるのは深夜早朝割増賃金、法定休日割増賃金の適用の有無を区別するためである。

[3]「始業時刻前日」の列

この欄は通常は使用しない。使用の必要があるのは、例えば、4月1日に0：00から12：00まで労働し、帰宅した後、4月2日の労働を早出残業のために4月1日の23：50からする場合のように、同一の暦日に、社会通念上は異なる日の始業時刻がある場合（すなわち同一の暦日に2度始業時刻がある場合）である。

このような場合、4月1日について普通に始業時刻「0：00」、終業時刻「12：00」を記入して、4月2日の「始業時刻前日」に「前」と記入した上で、始業時刻を「23：50」とすると、4月2日の始業時刻23：50は前日（4月1日）の23：50として計算される。

ソフトの設計上、始業時刻が前日である場合に、前日の22時より前に休憩時間を取得することは想定されていない。

[4] 日属性の特定（所定、法定休日の特定）

ア 「時間計算書」シートの記入方法

「日属性」の列に「法」を入力するとその日の24時までとその前日の24時以降について法定休日労働時間の計算を行う。「給与第一」では、「計算規則」シートで、法定休日の原則形の指定をしない。そのため、法定休日労働があったのかについては、各週ごとに個別に検討することが必須である。法定休日の指定をしなくても時間外労働、深夜早朝労働の計算を行うことは可能であるが、法定休日労働がないことが前提になるから、場合により過少請求になるので注意が必要である。

「日属性」の列に「所」を入力すると、その日の所定労働時間

第3章 ● 残業代の計算　149

が0になり、その日の労働時間が法内残業時間として計算される。

　また、事業所所定の各日の労働時間数の基本値の指定は「計算規則」シート第6で「基本」の所定労働時間数を入力することで行うが、日によって基本形とは異なる所定労働時間数の日がある場合には、「計算規則」シート第6に記載した基本とは異なる1〜6までの各番号の各所定労働時間数について、その1〜6までの番号を「日属性」の欄に入力することで設定できる。例えば、「計算規則」シート第6の1の右の欄に「6：45」という数値を記入した後、「時間計算書」シートの任意の日の「日属性」の欄に「1」を入力すると、その日の所定労働時間数が6：45となる。本ソフトは変形労働時間制には対応していないので、日の所定労働時間数が8：00を超えることはない。

イ　法定休日の特定方法についての考察

　労働契約上、休日となる曜日は特定されなければならないが、週休2日制の下で、週2日の休日の中での1日の法定休日の特定は求められていない。実際の事案では、労働契約で法定休日の特定がされていないことがほとんどである。

　この点、労働行政は週の最後の休日を法定休日としているが、この見解は、週休2日制を念頭に、休日となる曜日が労働契約上特定されることを暗黙の前提にしていると思われ、休日となる曜日が特定されないことすら珍しくない実務には合致しない部分も生じる。

　一応の特定がある場合でも、労働契約上休日となる曜日とは異なる曜日に休む実態がある場合、口頭合意により途中で休日の曜日の変更があった可能性がある場合、同一週内での休日の振替がたびたび行われている可能性がある場合など、複雑に絡み合う。

　また、事後的に割増賃金の請求をする際に、曜日で法定休日を特定することが必ずしも優先順位の高い課題であるわけでも

ない。なぜなら、例えば、週6日にわたり各日に10時間労働する例を考えると、そのうちの1日が法定休日労働であるか、所定休日労働であるかは、全体として10時間の労働時間について割増率で10%〜35%の違いをもたらすが、長期間にわたって割増賃金の不払いがある場合、実務的には、この差よりも、その点の争点化をさけて全期間の各日の割増賃金請求を行うことのほうが優先順位が高くなることもありうる。

一方、裁判所は弁論主義により、適宜、法定休日を決定する運用しているようである。

以上を踏まえたうえ、労働者の側で、法定休日の位置の争点化を可及的に避けようとすると、次のような特定方法をすることが考えられる。

① 就労実態を見て、日曜日起算の1週間に、曜日について一応の法則性をもって1日の休みがある場合はそれを法定休日とする。
② ある週について、上記の法則性が崩れ、上記1週間のうち他の曜日が休日となる場合でも、週の労働日数が5日以内で、同一週内で振替がなされた可能性がある場合はその週についてはその日をその週の法定休日とする。
③ 一応の法則性をもって休日となる曜日が途中で明確に変わる場合、以後はその曜日を法定休日とする。
④ 休日取得について一応の法則性すら見出せない時は前後の状況から適当な曜日を法定休日とする。
⑤ 上記1週間について7日連続労働の場合は前後の週の休日取得状況から一番合理的な日を法定休日労働とする。

この方法で請求すると、週の労働日数が6日以下のときに法定休日労働が生じることは比較的少なくなるが、法律上の争点は減り、解決までの時間は幾分短縮される。

第3章 ● 残業代の計算　151

もちろん、上記の方法はあくまで弁論主義により争点を可及的に減らすための便法に過ぎないので、腰を据えて権利主張すべきと考えられる事案では、原則論にこだわり、特定の曜日を法定休日としたうえ、使用者側で適法に振替の合意がなされたことを主張立証しない限りそれによるべきである。

　また、法定休日の位置が法律上の争点となり、事実上、労働者側の負担が増える事態は異常としかいいようがなく、週40時間制に対応して、法定休日を週2日とすべきである。

ウ　休日の振替

　上記に関連するのが休日の振替である。休日の振替とは、労使の合意により、休日と定められていた日を労働日とし、そのかわりに他の労働日を休日とすることをいう。この場合、休日と定められた日が労働日となり、振り替えられた日が休日となる。合意なき振替は無効である。たまたま仕事がなかったとか、仕事はあっても天候等のため中止されたという理由で休日が振り替えられても、適法に振り替えたことにはならない（最上建設事件・東京地判平12.2.23労判784号58頁）。

　休日の振替を適法に行うには、同一週内で振り替えをする必要がある（労働契約で特に決まりが無ければ起点が日曜日となる）。週をまたいで振り替えがされた場合は違法となり、振替元の現実に労働した日は休日労働となり、振替先の休日は代休日となる。

[5]　休憩時間の記入

　休憩時間は「通常」と「深夜早朝」に分け、前者について「5時から22時」または「29時以降」、後者について「前日22時から5時及び22時から24時」または「24時から29時」と4つの類型に分け、時刻ではなく時間を記入する。

　このように休憩時間を区分する実益は、深夜労働の時間、法

定休日労働の時間を正確に計算することにある。逆に言えば、休憩を取得した時間帯を誤って記入すると、計算結果に誤りが生じたり、計算不能となってエラーの原因となる。

「給与第一」では、始業時刻が前日に指定された場合で、前日22時よりも前に休憩をとることは想定されておらず、この計算を行うと、法定休日労働の時間に誤差が生じる。

また、法定休日労働が24時を超えた場合の休憩時間は29時（2日目の5時）までに取得することを想定しており、それ以降の時間にわたる休憩を取得することは想定していない。

[6] 事業所所定労働時間数の修正・月末日の修正

「給与第一」は変形労働時間制に対応していないが、（無効な）変形労働時間制が導入されている事業所で、ひと月の日数をならすため、例えば1月を1月1日〜1月30日までの30日、2月を1月31日から3月1日までの30日（うるう年は31日）、3月を3月2日から3月31日までの30日、などとする場合がある。このよう例で変形労働時間制が無効になった場合でも、必ずしもひと月の区間設定までが無効になるわけではないと思われる。

「給与第一」では、そのような場合、例えば1月について1月31日目の月数の表示の列の欄を削除し、2月の31日目、31日目の日の日付の「月」の列の計算式を削除したうえ、1個上の日の日付＋1（計算式としては「＝Bxxx（xxxは1個上の行の番号）＋1」）を入力し、3月について31日目の「月」の列の欄を削除することで、対応することが可能である。なお、各月の「月」の列は最後の3日分の欄を削除可能（編集可能）な状態になっているが、「★」の表示がないので、注意されたい。

[7] 週40時間制の下での週6日労働の事案への対応

近時、時間外労働等の計算ソフトが普及したこともあり、これまで一部の先行的な研究を除き顧みられることがなかった法

定労働時間制と労働契約上の所定労働時間の関係にも光が当たるようになってきた。匿名の裁判官が令和2年12月「きょうとソフトを利用するに当たっての留意事項等」（日弁連の会員専用ページで取得できる）で提起した「週40時間制と週6日労働制の所定時間外労働の関係」が論点になる。

　発展的かつ複雑な問題であり、この文書で提起された所定労働時間と法定時間外労働時間が"併存"する説も労基法32条、37条の解釈を誤っており失当であるので、本書では触れない。しかし、その問題提起は、月給制賃金の下で所定労働日が週6日ある場合の割増賃金の計算方法の問題（その場合に法内残業代が過大計算となりうる問題）としては意義がある。所定労働日数が週6日の事案で恒常的に残業（法内残業、法定時間外労働）が発生している場合、法内残業代が過剰に計算されると考える余地がある。その場合には、個別の労働日について所定労働時間を8時間として、法内残業代を計算しないようにして、法内残業代の計算は別途行うことが考えられる[14]。

6-2 「きょうとソフト」の場合（「時間」シート：労使別）

[1] 時間と時刻の記入のルール

　「きょうとソフト」では、時間外労働等の計算は「時間」シートで行う。記入のルールは「給与第一」と同様であるので、本章6−1［1］を参照されたい。

[2] 始業時刻・終業時刻、休憩時間の入力

　基本的に「給与第一」と同様であるので、本章6−1［1］を参照されたい。

　ただし「きょうとソフト」は休憩時間の区分が「給与第一」

＊14　実務でこの論点が問題になった場合は渡辺（新版）197頁以下を参照されたい。

よりも細かく、前日指定の場合に休憩時間を前日の22時より前に取得した場合にも対応できるようになっている。

[3] 始業時刻の前日指定

　この欄を使用するのはかなり例外的な場合である。基本的に「給与第一」と同様であるので、本章6－1［3］を参照されたい。

[4] 法定休日の個別指定、所定休日の指定、所定労働時間の例外形の記入

　「法定休日」の列に「1」を入力すると当日の24時まで、前日の24時以降について法定休日労働時間の計算を行う。要素シートで原則形を指定した場合には、例外形の週の訂正だけを行うことになる。

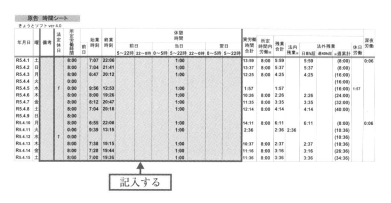

　「きょうとソフト」では、法定外休日（所定休日）の指定は、当該日の所定労働時間を「0：00」と記入することである。所定労働時間の数値を削除するだけでは計算結果がおかしくなるので注意が必要である。

　「きょうとソフト」では、同一週内で適法に休日の振替がなされた場合、もともと休日だった日について法定休日欄の「1」の削除、所定労働時間の記入、振替後の休日について法定休日欄の「1」の記入（法定休日の場合）、または所定労働時間を「0：

00」と記入する（法定外休日の場合）ことで行う。この作業を怠るともともとの休日で法内残業、変更後の休日やその前日で法定休日割増賃金を誤って計算する過剰請求になる恐れがあるので注意が必要である。

[5] 週6日労働の事案への対応

「きょうとソフト」でも本章6−1［7］で述べた所定労働日数が週6日の事案で恒常的に残業（法内残業、法定時間外労働）が発生している場合への対応は必要である。その場合には、個別の労働日について所定労働時間を8時間として、法内残業代を計算しないようにする対応が考えられる。

7──割増率の例外処理

7-1 月60時間超の法定時間外労働の150％割増

「給与第一」、「きょうとソフト」ともに、労働時間等の記入をすれば、時間外労働等の時間数は自動的に計算される。割増率もそれに対応して自動的に適用されるので、基本的には適用割増率を考える必要はない。

ただ、月60時間超の150％の割増賃金の適用の有無（本章2−1［3］参照）は「給与第一」では「計算規則」シート第6で設定する。「きょうとソフト」では「月60時間規制の適用」の欄で設定する。両ソフトとも、150％割増が全事業に適用される2023年4月以降については自動的に計算するようになっている。

7-2 法内残業の割増率が100％ではない場合の処理

[1] 「給与第一」の場合

「割増賃金計算書」シートの「法内残業代金額」欄の「月額

（率）★」の下に「1.00」と記入されているのが法内残業代の割増率である。当事者の合理的意思として100％の割増率が原則となる（第1章4－4参照）。当該事案の就業規則等で法内残業の割増率が定められている場合や、法内と法定時間外を区別せずに所定時間外労働の割増率が定められている場合はここで割増率をしてする。例えば、就業規則で1日の所定労働時間が7時間45分となっているところ、時間外労働の割増賃金を単純に125％としているような場合はこの欄に「1.25」と記入する。

より詳細に割増率を定める場合は「詳細計算書」（本章9参照）を使用する。

[2]「きょうとソフト」の場合

法内残業代については当事者の合理的意思として100％の割増率で計算される（第1章4－4参照）。割増率が異なる部分がある場合については、個別に時間を計算し、100％部分を除く割増率をかけて、賃金単価をかける計算を手計算で行う。

8──既払金控除、遅延損害金、付加金、計算の完成

8-1 「給与第一」の場合

[1] 既払金の控除

残業代の既払金がある場合は「賃金一覧表・単価計算書・既払金計算書」シートの3枚目「既払金計算書」に記入済みになっており、さらに、対価性の範囲も指定済みになっているはずである（以上の操作について本章5－1参照）。

その場合、「割増賃金計算書」シートの「法内残業代金額」、「法定時間外割増賃金額」、「深夜早朝割増金額」、「法定休日割増金額」の列の各「加算・控除★」の欄に、既払金が自動的に記入された状態になっている。この欄は、法定の割増賃金額が支

払われているか、という観点で計算がされるので、既払金額が割増賃金の法定計算額を上回る場合は、法内残業代、法定時間外労働割増賃金、深夜早朝割増賃金、法定休日割増賃金の順番で順次既払金として控除されていく。法定の計算額より既払金の額が多くても過払いが発生するわけではないので、その差額（"過払"額）は計算されない。また、上記「既払金計算書」で対価性の指定をした場合には、対価性の考え方（第6章4−2［4］参照）に基づき、充当される割増賃金の範囲が限定される。

　また「加算・控除★」の欄は編集可能であり、「既払金計算書」を全く用いずに自ら記入することも可能である。その場合、既払金額は割増賃金の種類ごとに「加算・控除★」の欄で個別に記入する。例えばある月の既払金が3万円あり、控除が必要な場合はその月に対応する欄に「−30000」を記入する。この場合も、差額（"過払"額）は他の種類の割増賃金の計算には影響を与えない。一方、何らかの理由で未払の法内残業代を加算する必要がある場合は、「加算・控除」の欄に例えば「30000」と入力すると3万円が加算される。

　ここでいう「既払金」とは、本来の賃金支払日に支払われた法内残業、時間外労働等の対価であり、請求後に一括して一定額が支払われた場合は、その日までの遅延損害金を算出したうえで、ソフト利用者において、法定の充当方法に従い、手計算で充当計算を行うことになる。

［2］遅延損害金に関係する記入

ア　毎月賃金支払日の修正

　「計算規則」シートで賃金支払日を指定した場合、「割増賃金計算書」シートの「賃金支払日★」の欄にはすでに毎月の指定された日が入力された状態になっている。しかし、賃金支払日が所定休日となる場合は賃金支払日がその前後に移動する事業所も多い。そこで、この日は個別に修正が可能である。

イ　在職中の遅延損害金の計算末日

「割増賃金計算書」シートの右上のほうに「在職中の延損害金↓計算末日★」の欄がある。この下の空欄に、すでに退職している場合には退職日を、在職している場合には、使用者に請求をする日などの適当な日を記入する。そうすると法定利率による遅延損害金がその日まで計算される。また、賃金の支払日が退職後になる場合は、その賃金支払日までの法定利率による遅延損害金が計算される。

ウ　法定利率の設定

2020年4月1日以降、法定利率が変動制となった。「法定利率遅延損害金計算末日まで」の欄に法定利率を記入することで法定利率の遅延損害金を計算できる。同日以降は利率が変動するまでの間3％を記入することになる。初期状態ですでに記入済みになっている。

遅延損害金の計算は、うるう年の計算にも対応しており、裁判所式の計算方式で計算される。

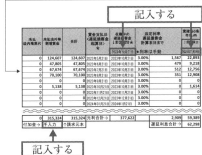

第3章 ● 残業代の計算　159

エ 「賃確法6条年14.6％↓計算末日★」の記入

　賃金の支払の確保等に関する法律6条では、労働者の離職後の未払賃金に残った未払賃金に対しては年利14.6％の遅延利息を支払うよう求めている。この遅延利息計算の末日が「計算末日★」であり、表の1番右上の空欄にその日を記入する。すでに退職している事案では、この欄に、使用者に対する請求日など適当な日を入力すると、その日までの年利14.6％の遅延利息が計算される。遅延利息の計算は、うるう年の計算にも対応しており、裁判所式の計算方式で計算される。

　在職中の場合は日付を削除するとこの遅延利息は計算されない。

［3］付加金の計算

　付加金（詳細は第8章9参照）は、消滅時効がなく、3年間の除斥期間がある。請求できる範囲は提訴日からこの範囲に支払日がある未払いの法定の割増賃金のみである。提訴した時期により対象となる範囲が異なるため自動計算が不可能なので、「未払法外等割増賃金」の列の各欄のうち、提訴から3年以内に支払日があるものを自分で足し算して付加金欄に手計算で記入することになる。

　実務的には下記の計算式を記入すると良い。ここでRは「割増賃金計算書」シートのR行の意味であり、ｘａは未払割増賃金のうち付加金の支払対象となる最初の月の列番号である。ｘｂは付加金の支払対象となる最後の月の列番号である。

$$= SUM（Rｘａ：Rｘｂ）$$

　例えば計算期間が2025年1月から10月であるところ、付加金請求期間は同年3月から10月である場合以下のように記入することになる。要はエクセルのSUM関数である。

$$= \text{SUM}（\text{R}6：\text{R}13）$$

[4] 完成

以上の作業をすると未払残業代の計算が完成する。

8-2 「きょうとソフト」の場合

[1] 既払金の控除

残業代の既払金がある場合は「金額」シートの「既払額」の列に各月の既払金額を記入する。ここでいう「既払金」とは、本来の賃金支払日に支払われた法内残業、時間外労働等の対価であり、請求後に一括して一定額が支払われた場合は、その日までの遅延損害金を算出したうえで、ソフト利用者において、法定の充当方法に従い、手計算で充当計算を行うことになる。

[2] 遅延損害金に関係する記入

ア　毎月賃金支払日の修正

賃金支払日が所定休日となる場合は賃金支払日がその前後に移動する事業所も多い。「きょうとソフト」の場合、「要素」シートでまとめて指定することで自動的に対応する（本章2－2［6］参照）。

イ　在職中の遅延損害金の計算末日

「金額」シートの「確定遅延損害金」の項目のS5のセルに、すでに退職している場合には退職日を、在職している場合には、使用者に請求をする日などの適当な日を記入する。そうすると法定利率による遅延損害金がその日まで計算される。また、賃金の支払日が退職後になる場合は、その賃金支払日までの法定利率の遅延損害金が計算される。

第3章 ● 残業代の計算　161

ウ　法定利率遅延損害金の利率設定

　2020年4月1日以降、法定利率が変動制となった。「きょうとソフト」では、S7セルにその利率を記入することで法定利率の遅延損害金を計算できる。2020年4月1日以降は利率が変動するまでの間3%を記入することになる。初期状態では利率の記入がないので、記入する必要があるが、S7セルに記入すれば、その後の月は全てそれが参照される。

　遅延損害金の計算は、うるう年の計算にも対応しており、裁判所式の計算方式で計算される。

エ　賃確法6条年利14.6%の遅延損害金の計算

　賃金の支払の確保等に関する法律第6条では、労働者の離職後の未払賃金に残った未払賃金に対しては年利14.6%の遅延利息を支払うよう求めている。「きょうとソフト」では、T4セルに計算の始期（退職日の翌日）、T5セルに計算の終期（請求時）を記入することでこの遅延利息の計算を行う。

[3] 付加金の計算

　民事制裁金である付加金（詳細は第8章9参照）は、消滅時効がなく、3年間の除斥期間がある。請求できる範囲は提訴日からこの範囲に支払日がある未払いの法定の割増賃金のみである。提訴した時期により対象となる範囲が異なるため自動計算が不可能なので、提訴から3年以内に支払日があるものを自分

で判断する必要がある。

「きょうとソフト」では「既払額」の欄の各月の行の2段目に「除斥」を記入すると、付加金の計算から除外されるようになっている。

[4] 完成

以上の作業をすると未払残業代の計算が完成する。

9──「詳細計算書」による詳細な計算（「給与第一」固有の機能）

9-1 「詳細計算書」でできること

「給与第一」では「詳細計算書」シートを使用することで、細やかな計算を行い、より、例外的な事例に対応できるようになっている。具体的には、以下のような事例に対応できる。しかし詳細計算書が必要な事例は実際は多くないと思われる。「詳細計算書」シートを使用するためには、「計算規則」シートの第7で「1」を記入する。

①　時給制や日給制で業務により賃金額が異なる場合や、月給制で算定基礎賃金と割増賃金の締め日が異なる場合など、賃金単価が賃金算定期間の1か月の間の各日によって異なる場合に各日ごとに賃金単価を設定できる。

②　法内残業について、居残り残業の場合、所定休日労働の場合、法定休日労働が24時を超えた場合で、割増率が異なる場合に割増率を分けて計算することができる。

③　法定時間外労働や深夜早朝労働について法定の割増率を上まわる割増率を設定している場合にその金額の算出（これは性質上、法定の範囲を上回る契約上の賃金となり、付加金の対象とならない）ができる。

④　法定時間外労働、法定休日労働、深夜早朝労働、法内残

第3章 ◉ 残業代の計算　163

業のそれぞれに対する対価として、日給制の固定残業代が支払われることがある。このような手当は、その日の労働との関係では、実際の労働時間との関係で割増率が法定より過大である場合でも、他の日の労働の対価にはならない（第6章4-2［5］参照）。従って、このような場合、手当が過大の場合は、使用者は、その労働日の法定計算額の範囲で債務を免れ、労働時間が長かったなどの事情で手当が過小であった場合は、使用者は、法定計算額と手当額の差額の支払義務を負う。このような日給制の割増賃金の未払額への充当を正確に行うことができる。

9-2 記入方法

「請負制金額★」欄の下にその月の請負制賃金（歩合給）の総額を記入する。これにより、時間計算書が記入済みであれば、請負制の賃金（歩合給）の賃金単価が計算され、「賃金単価請負制」の列に自動的に入力される。請負制の賃金単価は、各日ごとに編集することを想定していない。

「賃金単価★」の列は、請負制賃金以外の賃金の賃金単価の欄であり、初期値では、単価計算書の計算結果が入力済みになっているが、各日ごとに変更可能である。

「各日加算・控除額★」の列は、例えばある日の賃金額に3000円を加算したい場合には「3000」、逆に既払金等を3000円を控除したい場合には「－3000」と入力する。

詳細計算書

月	日	曜日	日給性	賃金単価★	賃金単価請負制	割増率	時間 法内残業	時間 法外1.25 0.25	金額	60割 0.25 0.25	時間 法定休1.35 0.35	時間 深夜0.25 0.25	法外残業 法外割増	各日加算・控除額★ 法定休日	深夜早朝	(参考)月可能差引額
2016年 1月	1	1	金		1,664	4,213	1.25									6,267
	1	2	土	所法	1,664	4,213	1.25	2:00	6,267							6,267
	1	3	日	法	1,664	4,213				8:00	29,768					29,768
総労働時間	1	4	月 火		1,664	4,213	1.25	7:00	21,933			3:00	4,403			26,341
284:50	1	5	火		1,664	4,213	1.25	6:00	18,800			2:00	2,939			21,739
	1	6	水		1,664	4,213	1.25	2:00	6,267							6,267
請負制金額 ★	1	7	木		1,664	4,213	1.25	2:45	8,616							8,616
	1	8	金		1,664	4,213	1.25	2:00	8,355							8,355
	1	9	土	所法	1,664	4,213	1.25	7:00	21,933							21,933
50,000	1	10	日	法	1,664	4,213										
	1	11	月		1,664	4,213	1.25	2:30	7,833							7,833
	1	12	火		1,664	4,213	1.25									
	1	13	水		1,664	4,213	1.25	4:30	14,100							14,100
	1	14	木		1,664	4,213	1.25	2:00	6,266							6,266

自動で反映されるが、手入力で変更可

必要に応じて記入

9-3　各ケースへの対応方法

[1] ①の場合（各日の賃金単価の変更）

　各日ごとに賃金単価を変更できるので難しくない。

[2] ②の場合（法内残業の割増率の変更）

　「計算規則」の第9で、法内残業と所定（法定外）休日の割増率を設定する。

　すると、「詳細計算書」の「法内割増率」が「計算規則」第7で設定した法内残業の割増率となる。さらに、「時間計算書」で所定休日労働をした日の「日属性」の欄に「所」を入力すると、その日について「詳細計算書」の「法内割増率」が「計算規則」第9で設定した所定（法定外）休日の割増率となる。

[3] ③の場合（法定の割増率より高い割増率が設定されている場合）

　法定より上乗せされた割増率は、性質上、法定外の賃金となり、付加金の対象とならない。

　例えば、2020年1月1日（エクセルの5行目と仮定）の深夜労働について法定の割増率0.25を上回る0.3の割増率が設定されている場合、「各日加算・控除額★」のうち「法内残業」の欄（U5のセル）に以下の計算式を入力する。

$$= （H5 + I5） \times S5 \times 24 \times 0.05$$

　上記計算式のうち、（H5 + I5）は賃金単価の合計、S5 × 24は、エクセル上で24進法表記の時間数を10進法に換算する計算、0.05は、法定の0.25と契約上の0.3の差の割増率である。

　この計算式を入力したU5のセルをコピーして他の日のセルに貼り付けすると、他の日についても自動的に計算される。

第3章 ● 残業代の計算　165

[4] ④の場合（法定時間外労働等に対して日給制の手当が支払われている場合）

　例えば、賃金単価を1000円とし、しばしば発生する機械トラブルを解決するために8時間の所定労働時間後に残業する場合に、「トラブル対処手当」が日額で3000円支払われることになっている事例を考える。

　この事例で、対処が2時間（法定の計算方法による時間外割増賃金額は2500円）で終了したとしても、3000円から2500円を控除した500円が、他の日の労働に対する対価になる訳ではない。この場合、トラブル対処をした日の「各日加算・控除額★」のうち「法定時間外」の欄に「2500」を入力することになる。

　一方で、同様の事例で対処に4時間（法定の計算方法による時間外割増賃金額は5000円）かかった場合、3000円から5000円を控除した2000円が未払金額となる。この場合、「各日加算・控除額★」のうち「法定時間外」の欄に「3000」を入力する。この場合、「日毎差引額」が「2000」となる。

10──当事者の主張の対照

10-1 給与第一の場合（労働時間認否・認定書シート）

　「給与第一」は、当事者で労働時間の主張が異なる場合に、労使の労働時間主張の違いを明確化し、裁判所等の労働時間の認定を容易にするため、「労働時間認否・認定書」シートを用意している。

　本章6の記入が終了した段階で、「労働時間認否・認定書」シートの「労働者側主張」の欄はすべて時刻、時間が記入されている。これは「時間計算書」シートの値をそのまま反映したものであり、労働者側の労働時間主張を編集することはできない。

「労働時間認否・認定書」シートを使用する場合は、「使用者側主張」欄に、使用者側の主張を記入する（この欄に記入した使用者側の労働時間主張は新しい別の給与第一のファイルの時間計算書シートにそのままコピー＆ペーストできるようになっている）。そうすると、各欄に使用者側の主張が労働者の主張との関係で労働時間が縮小するときは赤色が、労働者の主張より労働時間が拡大するときは青色がつく。労働者の主張とイコールとなる場合は色はつかない。使用者の日属性、前日指定について主張が労働者と異なる場合は、当該欄に黄色がつく。

　裁判所等の労働時間の認定者が「選択欄」に１を記入すると「認定」欄に労働者側主張が、「選択欄」に２を記入すると「認定」欄に使用者側主張が記入される。０を記入すると、認定欄は空欄となり、いずれにせよ、認定欄は事後的に編集が可能である。

　「認定」欄に記入された労働時間は、そのままでは計算に反映されない。判決文で使用する場合には、新しい給与第一で同じ条件を計算規則シートに入力したうえ、「認定」欄の値を新しいソフトの時間計算書シートにそのまま貼り付けして、最終的な計算結果を得ることになる。新しいソフトを用意せずに元のソフトの「時間計算書」に貼り付けをすると、それが元のソフトの「労働時間認否・認定書」の労働者側主張欄に反映されてしまう。

10-2 「きょうとソフト」の場合（当事者の主張の対照（対照シート））

　「きょうとソフト」では、当事者の主張の対照と事実認定については「対照」シートで細やかな配慮がなされている。

　「きょうとソフト」では、労働者側、使用者側のそれぞれがXとYの時間シートを記入することになっている。それぞれが記入すると「対照」シートに反映するようになっている。対照シートでは、争いのある事項は緑色になり、争いのない事項は無色

第３章 ● 残業代の計算　167

になり、そのまま「J時間」シートに転記される。裁判所は、争いのある事項のみ認定した値（事実）を記入すれば、裁判所認定の「時間」シートが完成する。

11——「『きょうとソフト』へ出力」シート（「給与第一」固有の機能）

11-1 労働時間

　「給与第一」の「時間計算書」シートに記入した値は「『きょうとソフト』へ出力」シートを通じて「きょうとソフト」の「時間」のシートに出力することができる。

　具体的には、まず、「『きょうとソフト』へ出力」シートの二重線枠で囲まれたデータ部分をすべてコピーする。それを「きょうとソフト」の「X時間」または「Y時間」のシートに入力するだけである。その際必ず「形式を選択して貼り付け」→「値」をチェックして貼り付ける必要がある。

　「給与第一」と「きょうとソフト」では、休憩時間の区分がやや異なるので、必要に応じて、データ移行後に調整されたい。

11-2 賃金単価、請負制賃金総額、既払金

　同様に、「給与第一」の「単価計算書」における賃金単価の計算結果の値と請負制賃金の総額は「『きょうとソフト』へ出力」シートを通じて「きょうとソフト」の「金額」のシートにコピーアンドペーストで出力することができる。同様に「既払金計算書」の既払金の総額もコピーアンドペーストで出力できる。その際必ず「形式を選択して貼り付け」→「値」をチェックして貼り付ける必要がある。

12——「給与第一」「きょうとソフト」を訴訟で用いる方法

　「給与第一」「きょうとソフト」は、そのまま裁判用の書面と

して使用できるようになっている。具体的な使用方法は第4章
4 - 2 ［2］を参照されたい。

4 法律相談から法的手段まで

POINT

▶ 残業代請求は提訴前の交渉段階は、賃金債権の消滅時効、付加金の除斥期間との戦いになる。時効管理に十分気を遣う必要がある。しかし、催告（時効の完成猶予）のために残業代の金額を特定する必要まではないので、焦らずに事に当たっていただきたい。

▶ 打合せでは、相談者・依頼者の証拠の収集状況を確認しながら、請求額の見込みを示していくことになる。少なめの概算でも早期に見込みを示すことは重要である。

1──まずは時効を止める（時効の完成猶予）

1-1 残業代請求における「消滅時効は3年」の意味

2020年4月1日以降に発生した賃金債権は、発生してから3年で消滅時効にかかる（労基法115条、附則143条3項）*1。多

---

*1 民法改正議論のなかで、時効制度の一本化・商事時効の廃止はひとつの大きなトピックであった。この点、明治時代にできた民法では賃金債権の短期消滅時効を1年としていた。1947年にできた労基法では、これを2年に延長した。もっと長くしなかったことについては、労働者の保護と使用者の取引の安全のバランスを図ってきた、と説明されている。しかし、債権法改正がなされ短期消滅時効制度自体が廃止され、賃金債権以外の大方の債権は一律「最低5年」の消滅時効となった。短期消滅時効制度自体がなくなったので、労基法の「当分の間」の3年の時

くの事業所では、時給制や日給制であっても、賃金締切期間を1か月とする月払いとしており、この場合、賃金請求権はひと月ごとに1本ずつ発生する。従って過去3年分をまとめて請求すると「労働契約に基づく賃金請求権36本」があることになる。賃金が時給制や日給制で、日払いの場合は労働日ごとに1本の賃金債権が発生していることになる。

1-2 締め日と支払日

賃金請求権の時効を考えるうえで重要なのが賃金締切期間の末日である「締め日」（締切日）と賃金の「支払日」の関係である（第7章2-1参照）。例えば「20日締め月末払い」でいう毎月20日が賃金計算上の「締め日」である。その事業所では、毎月21日から翌月20日までに労働した分の残業代を含む賃金について、月末に1本の賃金請求権が発生することになる。中小企業だと、賃金計算の手間を分散するために、残業代等の変動給は月給等の固定給よりも支払日が1か月後ろにずれることもしばしばあるので注意を要する。そして、3年の消滅時効の起算点となるのが賃金の「支払日」である。

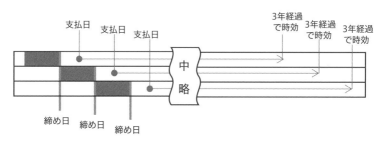

1-3 催告のために債権額の特定は必須ではない

このような典型事例では、残業代は一般的に1か月ごとに

効の立法根拠も最初からない。賃金債権の短期消滅時効のみ、こともあろうか憲法27条の授権に基づいて労働者を保護するための労基法で短期消滅時効を定めるのは矛盾であり、端的に法の下の平等に反する。

次々に時効にかかるから、残業代を請求する方針が決まったら、使用者に対してただちに「催告」（民法150条）をして時効の進行を止めなければならない。

　催告に際して、残業代の金額を厳密に計算する必要はない。「催告」とは「債務者に対して履行を請求する債権者の意思の通知」[*2]であり、定義上、債権の特定は必要でも、債権額の特定は必須ではない。裁判例でも「時間手当及び深夜手当は、賃金台帳、タイムカード、現実の勤務を記載した警備勤務表に基づいて、就業規則に基づく賃金規定に定められた複雑な計算方法により算定すべきものであるところ、これらの書類は被告において所持し、原告らは被告から交付された各月の給料明細書を所持しているに過ぎない（〈証拠・人証略〉）から、原告らにおいて容易に算定することができないことは明らかであるから、このような場合、消滅時効中断の催告としては、具体的な金額及びその内訳について明示することまで要求するのは酷に過ぎ、請求者を明示し、債権の種類と支払期を特定して請求すれば、時効中断のための催告としては十分であると解される」とされる（日本セキュリティシステム事件・長野地佐久支判平11.7.14労判770号98頁）。また、労働組合の副委員長が各組合員の金額を示さずに、使用者に対して過去の未払残業代の支払いを要求したことをもって、請求者全員との関係で民法150条所定の催告の要件を満たす、とした事例があり、使用者側は債権の時効消滅を上告理由としたが、最高裁でも原審判断が是認された[*3]。

1-4　当初の計算額が結果として過少でも問題はない

　また、債権の一部の催告は通常は全部についての請求の意思があるものとみて、債権全部の時効完成猶予が認められる[*4]。

＊2　我妻栄『新訂民法総則（民法講義Ⅰ）』（岩波書店、1965年）462頁。

＊3　小里機材事件・最一小判昭63.7.14労判523号6頁以下、同事件・東京高判昭62.11.30同号14頁、同事件・東京地判昭62.1.30同号10頁。

＊4　川島武宜編『注釈民法（5）総則（5）』（有斐閣、1967年）105頁。

従って、催告時の各月の残業代の計算が過少であったことが後で判明した場合に、判明した事情に基づいて請求の拡張をしても、拡張部分が時効にかかるわけではない。

1-5 交渉過程と時効の関係

また、タイムカード等の資料の開示請求に始まり、実際に債権額が特定されるまでに、使用者側（代理人）と何度も往来があるのが残業代請求事件の特徴である。そのような場合に、どこから時効が進行するのかは大きな関心事である。

この点、残業代に関する裁判例では、最高裁の判決を引用して「債務者が債権者の請求に対し、検討のための時間的猶予を求め、債権者がこれに応じてその回答を待つことが権利行使の懈怠とは評価できないような場合においては、債権者の催告の効力はこれにつき債務者より何らかの回答があるまで存続する、すなわち、民法150条所定の6か月の期間は、債務者から何らかの回答があるまで進行しないと解すべきである（最判昭和43年2月9日民集22巻2号122頁）。」とする裁判例（三晃印刷事件・東京地判平9.3.13労判714号21頁。時効について判断していないが同事件の控訴審判決（東京高判平10.9.16労判749号22頁）もある）がある。

もっとも、多分の事実評価が含まれる裁判例を足がかりにして、いつまでも示談交渉を行うのは危険であり、得策でもないから、できる限り、当初の催告から6か月以内には法的手続きを取るか否かの判断をすべきである。

1-6 実際の催告のやり方

催告としての請求書には「×月から×月での分の残業代」などと書かず、「全ての未払い残業代等の未払い賃金」と記載するのもひとつの方法である。固定給と残業代等の変動給で、支払日が1か月ずれていることはよくあるし、相談過程で労働者本

第4章 ● 法律相談から法的手段まで | 173

人に催告をするように指示する場合、期間計算を間違えることもよくあるからである。時期を特定したうえで、それが本来の権利の範囲より過少な場合、催告漏れした部分に効果が及ぶかは、多分に解釈の問題になってしまい、否定されることもあるだろう。

催告としての請求書は、使用者側にFAX機が備えられている場合は、FAX送信する方法がある。内容証明郵便を送付するより早いし、受任前の段階でも、労働者本人が簡易に行える利点がある。相談を受けたときは、ただちに催告できる状況の場合は、労働者本人に、コンビニエンスストアからFAXで請求書を送信するように指示する。そのとき、必ず事前に設定して「送信レポート」を取るように指示する。これは催告書のFAXが使用者に届いたことの証明となる。送信レポートで送信を証明できるのは先頭ページだけであるため、催告書はA4一枚に納めるようにする。

1-7 付加金と時効の関係

時間外労働・深夜早朝労働・法定休日労働の割増賃金については、訴訟提起時に未払い金と同額の「付加金」（第8章9参照）を請求できる。この付加金請求権には3年間の除斥期間（時効期間ではない）があり、要するに催告しても消滅時効の進行が止まらず、実際に提訴しなければならない。これ自体は不合理な制度であり改正の必要があるが、このような現行法の下で、前述のような時効に関する例外的な知見を用いて解決の糸口がない中で交渉期間を引き延ばすことは、付加金の関係でも得策ではないことは、指摘せざるを得ない。

2──証拠の類型、使用方法、入手方法

2-1 証拠収集の経路

　残業代請求事件について、証拠の収集経路は大きく言えば、
（1）当事者となる労働者本人、（2）使用者またはその代理人弁
護士、（3）労働者から依頼を受けた弁護士の調査や証拠保全等、
（4）労働基準監督署に対する情報公開請求の4つである。

　特に、労働者本人が在職中から法律相談を受けている場合や、
退職後でも、社内に協力者がいる場合には、（1）が果たす役割
は大きい。よく協議をして、早期に証拠を確保することが、解
決も早める。

　この点、企業内での資料の収集については、コピー機の私的
利用について特に制限のない企業であればともかく、そうでな
い場合は、携帯電話・スマートフォンの写真撮影機能を活用す
るのが手っ取り早いので、相談者から「どうやって？」と聞か
れたら、そのように指示をする。

2-2 労働時間に関するもの

[1] タイムカードなど労働時間証明の資料

　労働者がまだ在職中などで自分で確保できる場合は依頼し、
そうでない場合は、原則として使用者に正面から開示を請求す
る。労働時間把握のための資料は開示義務（第2章6－1を参
照）があるので、多くの事例では、問題なく開示される。

[2] 三六協定書

　三六（サブロク）協定書は、労基法36条に基づく協定書で、
週40時間、1日8時間の法定労働時間制を超えて、又は、法定
休日に労働させるために、必ず労使で締結しなければならない。

三六協定書は、締結されていない場合や、協定された時間数を超える時間についての固定残業代の合意を無効にする根拠になり得る。

三六協定書の入手方法は、使用者からの取得、当該事業所を監督する労働基準監督署に対する情報公開請求である。労働者が自ら取得できることは多くはなく、弁護士が主導して収集すべき証拠である。

[3] 変形労働時間制に関する資料

ア　変形労働時間制の労使協定書

法定労働時間制の適用を除外し、変形労働時間制の導入を適法とするためには、制度を労使協定書または就業規則で定める必要があり、多くの事業所では、労使協定書を締結している。もっとも、労使協定書の締結、労基署への届出の事実は、制度の適法性を全く担保しないので、注意が必要である。

労使協定書の入手経路については三六協定書（本章2-2［2］参照）と同様である。

イ　業務シフト表、業務カレンダー

変形労働時間制を採用している外形を有する事業所では、月ごとの業務シフト表や、年単位の業務カレンダーが作成されていることが多い。実務での把握の順序は多くの場合逆であり、労働者が業務カレンダーを持っていたり、毎月、業務シフト表が作成されていると述べる場合には、（法律上は無効であっても）変形労働時間制が導入されている可能性がある。

いずれにせよ、これらの資料を入手することで、変形労働時間制が適法に運用されているか否かについて、一定の感触を得られる場合もあるので、労働者を通じて入手できる場合には行う。

[4] 専門業務型裁量労働制に関する資料

専門業務型の裁量労働制（第8章5-2参照）についても労使協定の締結が必要である。労使協定書の入手経路は三六協定書（本章2-2［2］参照）と同様である。

2-3 他の労働の実態に関するもの

[1] 給与明細書

給与明細書の交付は、労基法や労契法には規定がない。所得税法231条や労災保険、雇用保険、健康保険の保険料の徴収に関する各法令で使用者に交付が義務付けられている。

労働者に対する賃金支払い状況（賃金の減額や増額の状況、新たな費目の賃金の支払など）を裏付けたり、算定基礎賃金となる賃金の当たりをつけるために非常に重要な証拠となる。

また、固定残業代との関係では、給与明細書の書式に残業時間を記入する欄があるのに時間の記載がない場合は、使用者が残業時間を把握する意思がないことを示す証拠となる。さらに、残業時間が記載されているのに対応する残業代の支払いがない場合（特に固定残業代とされる費目の賃金を支払っている場合で引当時間を超過しているのに差額清算がない場合や引当時間に対して過少な残業時間が続く場合）には、対価性がないことを推認する根拠になるだろう。

使用者側は、給与明細書に「定額残業手当」など、それらしい費目の手当が支払われていることをもって、固定残業代の支払いが労働契約の内容になっていることを主張してくることがある。しかし、給与明細書は賃金支払い実態を証する証拠ではあっても、労働契約の内容を直接規定する文書ではない。問題となるのはその手当の実質であり、形式的な名称ではない。どんなに残業があっても、またほとんどなくても、基本給の他に

第4章 ● 法律相談から法的手段まで　177

定額の手当だけが支払われている実態があるのなら、上記のようにむしろ、残業に対する対価性がないことを推認する方向の事情となる。

[2] 賃金台帳

　賃金台帳は、法律（労基法108条、労基則54条、55条）によって、使用者が事業所単位で作成を義務付けられており、3年間の保管義務（労基法109条、同法附則143条1項）があり、罰則もあるため、ほとんどの事業所では、形だけでも作成されている。

　賃金台帳には、労働者ごとに、月ごとに作成されるのが通常であり、費目ごとの賃金額、時間外労働等の時間数を記入することになっている。また、全労働者について作成されるので、当該事業所の労働者の数を把握することができる。

　残業代請求訴訟との関係では、残業時間の把握状況（把握していないこと）の資料や、各労働者に対する固定残業代の支払い状況（各人に残業時間と関係なく支払われていることやむしろ業績や職責や年功など他の要素に従い金額が決められていることがある）を証明する証拠として利用できる。また、週44時間制の特例の適用が問題になる事例では、特例適用の要件である「常時10人未満の労働者を使用する事業」の要件の具備の有無を確認することができる。

　賃金台帳は、関連性がある場合には、他の労働者の部分も含めて文書提出命令の対象となるため、結局、使用者に対して開示請求できる（石山（賃金台帳提出命令）事件・東京高決平17.12.28労判915号107頁、藤沢薬品工業（賃金台帳等文書提出命令）事件・大阪高決平17.4.12労判894号14頁）[5]。固定残業代との関係で、使用者が労働時間把握をしていないことを証

＊5　裁判官がこの点を述べた文献として類型別（Ⅰ）175頁。

明したい場合、固定残業代といいながら労働者によって金額が
まちまちで、労働時間ではなく業績、職責、年功など他の要素
によって決まっている疑いがある場合、週44時間制の適用が問
題になる事案などでは、請求期間にかかる賃金台帳の開示を請
求することになる。

2-4 労働契約に関するもの

[1] ハローワーク求人票、労働者募集広告

　ハローワーク（公共職業安定所）の求人票並びに求人サイト
及び個別企業サイトの求人広告は、所定休日数、所定労働時間
等の労働時間に関する労働条件や、支払われている賃金の性質
（特に内部的に固定残業代と称している賃金を対外的にどう表
示しているか）を裏付けることができる重要な証拠である。

　この点、青少年の雇用の促進等に関する法律8条1項に基づ
く政府の方針・指針[6]により、事業主は、労働者募集時に、固
定残業代について以下のことを明示しなければならない。対象
は「青年」となっているが、その範囲はおおむね35歳未満まで
であり、この年齢層以上を専ら対象としたものでない限り（実
際はほとんどの求人票や求人広告が）、対象になる。

　　① 計算方法（固定残業代の算定の基礎として設定する労働
　　　 時間数（「固定残業時間」）及び金額を明らかにするものに
　　　 限る）
　　② 固定残業代を除外した基本給の額
　　③ 固定残業時間を超える時間外労働、休日労働及び深夜労

---

[6] 「青少年の雇用機会の確保及び職場への定着に関して事業主、特定地方公共団体、職業
紹介事業者等その他の関係者が適切に対処するための指針」（平成27年厚生労働省告示406
号、令和6年厚生労働省告示第25号）。この指針は青少年の雇用の促進等に関する法律8
条1項の規定に基づく「青少年雇用対策基本方針」（令和3年3月29日厚生労働省告示
114号）の「第2の2（2）②」で同方針の一部に位置付けられている。

働分についての割増賃金を追加で支払うこと等を明示することと。

（以上「指針」第2の1（1）ハ（ハ））

④　賃金等（賃金形態、基本給、定額的に支払われる手当、通勤手当、昇給、固定残業代等に関する事項）について、実際の賃金等よりも高額であるかのように表示してはならないこと。

（以上「指針」第2の1（1）レ（ハ））

そうであるにもかかわらず、例えば、求人票や求人広告で「月給25万円」などと表示しながら、その後の契約書締結段階や、入社の段階で「基本給19万0000円、固定残業手当6万0000円」などと変化させる求人詐欺型の事案がしばしばあり、このような労働者募集広告が「置き換え」による判別不能を立証する有力な証拠となる。

近年は、民間の求人広告はもとより、直近のハローワーク求人の情報は、政府のハローワークインターネットサービスのサイトや、その記載を転記した民間の就職サイトで閲覧することができ、そのまま、証拠としても使える。インターネット上の情報は刻々と変わって行くものなので、見つけた時点で、即、プリントアウトし、また、ブラウザのPDF生成機能を使って、PDFファイル化しておくべきである。特に、相談を受ける弁護士の前に、特定企業の労働者が相談に来ていること自体が、その特定企業にとっては新規の労働者募集の原因、または結果になっていることが多く、すなわち、相談から受任の過程がこの種の証拠を保全しやすい時期である。

また、ハローワークには過去の求人票も保管されており、情報公開請求による取得が可能である。民間の広告業者についても、掲載媒体と掲載時期、掲載企業名などを特定すれば、弁護士法23条の2による照会に応じるようである。現在では広告内

容が変化しており、当該労働者の入職時のものを取得する必要がある場合には、これらの手段を活用すべきである。

[2] 労働条件通知書、労働契約書

労働契約も、他の双務契約と同様、口頭の合意で成立しうる（労契法6条）。

しかし、使用者は、労働契約締結に際して、賃金や労働時間等に関する事項を労働者に明示しなければならず（労基法15条、労基則5条1項）、労基則5条1項1～4号の事項の明示方法は書面の交付とされる（労基則5条3項）。これを、労働条件通知書という。労働条件通知書は、使用者が労働者に対して一方的に交付する「差入れ文書」となるのが原則である。

労働条件通知書の交付時期は労働契約締結時であり、これは、原則として内定時である（大日本印刷事件・最二小判昭54.7.20民集33巻5号582頁（判時938号3頁））。しかし、実際には入職後に交付することも多いので、その場合、労働契約締結後の交付していることになるから、口頭で成立した労働契約の内容（求人票の内容や労働者募集広告の内容）と比べて労働条件の切り下げがある場合には、労働条件の不利益変更の問題となる。

また、労働条件通知書とは別に、労使で労働契約書を交わすことも多い。労働条件通知書に、労働者に署名押印させて、「合意文書」にすることも多い。

これらの書面は、賃金や労働時間に関する労働条件を特定するために必要であるが、労働条件通知書と労働契約書で、内容が異なり、相互に矛盾することも少なくなく、その場合はどのように読み解くべきか悩みの多い部分となる。当然ながら、労働者に最大限有利、かつ、合理的な解釈をする。

これらの文書は労働者が保管している場合も多いのでその場合は労働者に持参するように求める。労働者が保管してない場合、紛失の場合もあるが、使用者側が署名押印させた後に回収

してしまい、労働者側に交付しない事例もあるので、所持していない事情を丁寧に聞き取る。使用者側が回収している場合、固定残業代のように複雑な内容であるほど、その内容での労働契約締結の事実自体に疑義が生じることになる。また、使用者側も当然保管しているので、開示を請求することもできる。

[3] 就業規則、賃金規定、労働協約書

　就業規則は、契約法理の例外的な存在で、労働者がその内容に同意しなくても、労働者に周知され（周知性の要件）、内容が合理的であれば（合理性の要件）、労働契約の内容となる（労契法7条）。ただし、個別の労働契約書の内容が、就業規則よりも労働者にとって有利な内容である場合には、個別の労働契約書の効力が優先し（労契法7条但書）、反対に、個別の労働契約書の内容が就業規則の基準に達しない場合は無効となり、就業規則が優先する（労契法12条）。

　賃金規定は、法律上は、就業規則の一種であるが、賃金形態や計算方法、支払方法について、就業規則本体とは別に定めていることが多い。

　労働協約は、使用者と労働組合が締結するものであり、そこで定められた労働基準に反する就業規則や個別の労働契約は無効となり、その基準による（労組法16条）。これは協約を締結した労働組合の組合員に限定した効力だが、同一事業所で常時使用される同種の労働者4分の3以上が労働協約の適用を受けるようになると、他の同種の労働者にも労働協約が適用される（労組法17条）。

　労働基準法の「基準」（第1章5－2参照）との関係で、効力が優越する順序を記すと、

> 労働基準法の「基準」＞労働協約＞就業規則

となり、個別の労働契約は、場合により就業規則より優越し

たり、劣後したりすることになる。固定残業代の論点では、職場の労働組合も関与して作られた労働協約と労働基準法の関係が問題になることもあるが、判別不能ないし対価性のない賃金を残業代扱いする（またはそれゆえに割増賃金を払わないとする）協約は、裁判所において繰り返し労基法37条違反で無効とされており、労働協約であるがゆえに緩い要件で固定残業代が許容されることはあり得ない。

　結局、署名押印していなくても労働契約の内容になる場合があるのがこれらの文書であり、残業代請求事件にかかわらず、労働事件では非常に重要な証拠となる。

2-5 「周知されていないこと」に関する証拠

　残業代請求事件に限らないが、労働事件では、労働者が職場で一度も見たことのない就業規則（賃金規定を含む）が、訴訟になると証拠として提出されてくることがよくある。この手のものは、普段は、従業員の目の届かない場所に秘密に保管されているが、いざ、法的紛争になると、労働者に周知のものとして登場するのである。

　固定残業代や変形労働時間制について定めのある就業規則が当該労働者に適用されるかについては、周知性の要件（労契法7条）が極めて重要となる。

　労働事件において、使用者側が、就業規則を備え付け、労働者に周知されていたことの根拠として主張してくる場所は、労働者の休憩場所の壁や棚、タイムカードの打刻機周辺、管理職の業務机の脇やその周辺の戸棚などである。社内でイントラネットがある会社では、イントラネット上の場所を主張してくることもある。

　就業規則が見当たらない事案で、証拠収集の段階で重要なのは、これらの場所に就業規則が備え付けられていなかったことを証明する証拠の収集であり、要するに、これらの場所を隈な

第4章 ● 法律相談から法的手段まで　183

く写真や動画で撮影・録画しておくことである。労働者が在職中の事案では、実際に請求を行う前に、このような証拠保全を励行されたい。

3——打ち合わせで順次確認すべき事項

3-1 全体を通じて

　以下の事項は、初回や受任時の打ち合わせで聞き取るには量が多すぎるし、労働者が把握しているとも限らない。事件を処理しながら、順次把握していくしかない。初期の段階で最低限把握したいのは業務内容、大雑把な残業時間と理由、労働時間の証拠の有無・入手の可否・証明力の検討、賃金形態・賃金支払状況給与明細書と契約上の賃金の関係、、賃金締め日と支払日である。これらの情報がないと、請求の最低限の骨格が成り立たないからである。

3-2 労働時間、職務について

[1] 職務内容（管理監督者に該当する可能性の有無）

　労働者の職務内容は、残業発生の理由を確認するために必須である。また、企業の中での職位が高い場合、管理監督者（第8章6参照）に該当する可能性もあるので、職位や権限も聞き取る。

[2] 労働契約上の始業・終業時刻、休憩時間、所定労働時間数（休日数）

　労働契約上の労働時間に関する諸要素である。特に休憩時間（名目上の時間と実態）の聞き取りは重要である。休憩（第2章3－3参照）を取れていない場合は、その理由も聞き取る。就業規則に休憩時間帯の特定がなく「適宜1時間」などと書かれて

いる場合は休憩時間を十分にとれているか疑わしい場合が多い。

年間休日数は労働者が把握していることは稀で、当該企業の求人広告や、契約書の記載内容から、特定していくことになる。

零細事業所の場合、週44時間制の特例（第8章8参照）が適用されていないか、注意する必要がある。

[3] 大ざっぱな残業時間と理由

1日何時間くらいか、月に何回くらいか、程度に聞く。

居残り残業の場合、残業の理由は、聞くまでもない場合も多いが、法律相談にくるような労働者は、相当苦労している場合が多いので、業務実態を聞くことができ、事件活動に深みが出る。

早出残業（第2章3-2参照）がある場合には、理由を詳細に聞き取る必要がある。

[4] 労働時間の証拠の有無、入手の可否、証明力の検討

労働時間に関する証拠をどうやって入手するかは、もっとも重要な打ち合わせ事項のひとつである。

初回の法律相談のときに労働者がタイムカードのコピーを持ってくることもあるが、そのような場合でも、想定される請求期間との関係で欠落がないか、また、印字を判読できるかを確かめる必要がある。在職中で、持参した資料の判読精度が低かったり、範囲を誤っている場合には、資料の取り直しを依頼する。

使用者側から何か言われるのが怖くて打刻以外の目的でタイムカードを触れないという労働者もいる。ただ、タイムカードが存在しているのであれば、使用者には3年間の保存義務があるので、証拠隠滅されることは少ない。この場合、受任したうえ、弁護士が正面から開示請求するのが原則であろう（第2章6-1参照）。

第4章 ◉ 法律相談から法的手段まで　185

最近は、オンライン上のシステムで労働時間管理をしていることも多いので、その場合、管理結果の月報を労働者に打ち出してもらう（写真を撮ってもらう）。

タイムカードや出退勤の管理システムがない場合、労働時間に関連して、どのような資料があり、どのように入手できるのか、詳細に検討する必要がある。使用者側がまともな労働時間管理をしておらず、労働時間適性把握義務（第2章4－2参照）の違反があると思われる場合で、労働者が自主的につけた記録（例えば手帳の記載）はそれなりに証明力が評価される（第2章5－8参照）。労働者は、自分で記録しながら、実効性に自信がない場合が多いので、頑張って記録してきた労働者を褒めることが重要である。

[5] 就労場所、就労パターンの変遷

同一企業内で、勤務先の支店が変わったとか、勤務シフトが変わったとかの事情は、日々の労働時間に大きな影響を及ぼす場合がある（業務内容すら抜本的に変わる場合がある）ので、請求期間内にこのような節目がある場合には、前後での勤務状況の変化を聞き取るべきである。

3-3 賃金について

[1] 賃金形態、賃金支払実態

賃金形態（月給制か、日給制か、時給制か、歩合給か、それらの併用か）は、残業代の計算に大きな影響を与える。給与明細書を参照しながら、早期に当たりをつけることが必要である。

ときとして紛らわしいのは、日給制賃金を合算して月払いしている例と月給制の関係、請負制の賃金（歩合給）と月給制の関係である。

また、日給制や時給制を基本とする労働者に対して、月給制

の精勤手当や業務手当が支払われていることもしばしばあるので、これらを無視してはならない。賃金単価に大きな影響を及ぼす。賃金形態の実態がよく分からない時は、月給制として扱う（労基則19条2項）。

[2] 締め日、支払日

賃金締切期間の末日（締め日）と賃金の支払日（第7章2−1参照）は、賃金計算や時効との関係で非常に重要なことである。労働者も把握していることがほとんどなので、早期に確認しなければならない。

なお、割増賃金などの変動給の支払いが、基本給や手当などの固定給よりも1か月遅れることもしばしばある。しかも、労働者はそのことを把握していない場合が多い。請求期間の特定との関係では重要な要素なので、真相が不明の場合は、多めに請求をかけることになる。

[3] 給与明細書上の賃金と契約上の賃金の対応関係の有無

除外賃金の特定（第5章参照）、固定残業代の特定（第7章参照）のためには、給与明細書と労働契約書や就業規則（賃金規定）を見比べる必要がある。

契約書面に固定残業代らしき記載がある費目の賃金はもちろんであるが、就業規則には記載がないものの、当該事案の賃金単価に125％の割増率を掛けた値で割ると、45や30など、きりの良い数字になる賃金は、使用者側が固定残業代である主張してくる可能性が高い。労働者には、紛争が厄介なものになる可能性があることを伝える。

そして、使用者側の主張は一定推測しつつ、固定残業代の主張が目される賃金は原則として算定基礎賃金に算入して計算をする。除外賃金については、就業規則に記載されている支払方法が除外賃金の定義に合致しており、実際の支払いもそのとお

りにされている場合には算定基礎賃金から除外する。

[4] 賃金減額や天引きの理由

　賃金の一方的減給、合意の減給、各種天引きの状況は給与明細書に現れるのが通常であり、賃金の減額は違法なものが多い。天引きは、適法化根拠がない限り労基法24条違反であり、原則違法である（第3章3－2参照）。

　違法な減額の場合、減額前の金額で算定基礎賃金を算定したうえ、減額後との差額も、残業代とは別に請求することになる。違法に天引きされた賃金も別途請求することになる。

3-4　その他のことについて

[1] 労働時間以外の証拠の収集方法の検討

　各証拠について、入手の可否を検討する。緊急を要する場合があるのは、労働時間を証明する唯一のものがパソコン上のデータであり、かつ、労働者がすでに退職している場合である。場合によっては、証拠保全が必要になる。

[2] 代表者の氏名、会社のFAX番号

　残業代請求は、時効の問題が大きく、会社登記簿を取り寄せ、内容証明郵便を送付するのでは間に合わない場合もある。そのような場合は、弁護士が請求（催告）をする場合でも、送信レポートを残しながらFAXすることになる。

[3] 事業所の存続可能性

　事業所存続に対する労働者の観測は、概ね肯定的であり現実的でない場合も多いが、事業所の財務状況や存続可能性については、最終的な解決水準との関係でも、共通認識を持ったほうが良い。

[4] 付加金について期待を持たせる発言をすべきではないこと

最近は、インターネット上の情報へのアクセスが容易であり、労働者がかなり自習したうえで法律相談に臨むことも多い。そのような場合でも、付加金については、期待させる発言をすべきではなく、「訴訟になった上で運が良ければ貰える」くらいに伝えたほうが良い。倍額の魅力は大きいので、ここに期待を持つと、和解の水準について心づもりが根拠なく上昇してしまう。

3-5 打合せ段階での見込みの提示

法律相談や受任後の初期の打合せの段階では、給与明細書を見て、使用者側が固定残業代と主張しそうな名目の賃金を入れた場合と入れない場合で、月々の賃金単価と既払金がそれぞれどのくらいになりそうかについて見込みをつける。賃金単価については173.8時間（週44時間の特例が適用されそうな事案では191.19時間。第3章4－2［5］参照）で割って算出しておけば見込みとして間違いにはなりにくい。

労働時間については、1日の残業時間が何時間程度なのかの平均像を聞き取り、20（日）を掛けるなどしてひと月の概算の時間外労働等の時間を簡易に推計する。

これらに基づいてひと月あたりの残業代を推計し、既払金が込み込まれる場合はそれを控除して、請求期間を掛ければ、非常に大雑把な請求額の見込みが立つ。

このようなやり方は請求金額を過少に推計することになる場合が多いが、この分野については、相談者の側も、最大の額よりも、最低限見込める額を知りたがる傾向がある。

4──請求

4-1 示談交渉

　示談交渉に妙手はないと思われるが、重要なのは使用者に未払い残業代の計算をさせることである。そうしないと、労働者側が計算根拠を示しては、使用者側が根拠もなく未払い残業代の存在を否定する、を繰り返すこともある。訴訟に移行することになっても、使用者に1度は計算をさせておいた方が、解決が早いと感じる。

　「給与第一」や「きょうとソフト」は示談の段階でも有効に活用できるので、使用者が計算を約束したときには、提供するのもひとつの手ではある。

　また、労働者の意向を軽視した安易な妥協をしてはならない。労働事件の解決水準は、相場を形成し、他の事案にも影響を与える。

4-2 法的手続きの選択

[1] 労働審判

　法的手続きは、地方裁判所に提訴する通常訴訟、労働審判の他にもあるが、残業代の問題で有効に活用できるようには思えないのでどちらかを選択することが多い。簡易裁判所への提訴についても必ずしも裁判官が習熟しておらず、良い結果につながるとは限らない。

　法的手続きをとる場合に、労働審判にするか、通常訴訟にするかは常に悩ましい点であり、最終的には依頼者である労働者と相談しながら決めるしかない。

　訴訟に対する労働審判の特徴は、比較的早く"それなり"の解決を得られることだろう。労働審判に向いている事案の要素を

敢えて述べるなら以下のようなものだと思われる。

① 訴額があまり大きくなく全体的に紛争の早期解決が望まれること
② 労働時間（第2章参照）に関する証拠が揃っていて激しい争点にならないこと
③ 労働時間以外の争点が少ないこと（労働者性（第8章2参照）、固定残業代（第7章参照）、管理監督者性（第8章6参照）など、形式よりも実態が重視される争点はせいぜいひとつ）
④ 労働者本人が早期の解決を望んでいること
⑤ 会社側の資力に問題があると推測され早期に解決したほうが良いと思われること

残業代請求の労働審判で、労働者本人の陳述書を作るか否かは悩ましいところだが、労働時間該当性が問題になる事案では、労働実態を明らかにする陳述書が必要になるだろう。

　本書は、労働審判の手続きについては深く触れないので、必要がある場合は、別に情報収集されたい。

［2］訴訟

　労働審判に対する訴訟の特徴は、ゆっくり、じっくり、十全の請求をできることだろう。残業代請求訴訟は、裁判所も総じて和解に熱心なので、提訴時点で判決を覚悟する必要はない。むしろ、労働事件の判決は、第一審の裁判例でも、他の事件や労働者全体の労働条件にも大きな影響を及ぼし得ることを念頭に置くべきである。

　以下では、「給与第一」または「きょうとソフト」を用いた訴状の記載例を示す。書式は、京都第一法律事務所のホームページでも掲載するので、適宜、使用されたい。

5 「割増賃金の基礎となる賃金」と除外賃金

POINT

▶ 「割増賃金の基礎となる賃金」から除かれる除外賃金は①家族手当、②通勤手当、③別居手当、④子女教育手当、⑤住宅手当、⑥臨時に支払われた賃金、⑦1か月を超える期間ごとに支払われる賃金の7種類であり、①〜⑤は労働者の個人的事情により支払われる賃金だから、⑥⑦は「通常の労働時間の賃金」ではないから、という理由で除外される。

▶ 除外賃金は（1）上記各趣旨に合致し、（2）各除外賃金の定義に合致する賃金であり、除外賃金は限定列挙されたものであるから、これらに合致しない賃金は賃金単価算出のための算定基礎賃金から除外できない。除外賃金該当性の主張立証責任は使用者側にある。

▶ 個人的事情に基づかずに一律額を支給する家族手当、住宅手当、通勤手当などによる脱法は意外と多いので、相談者から実態を聞き取りし、実態が明らかにならないときは、とりあえずは算定基礎賃金に算入して請求する。

1——「割増賃金の基礎となる賃金」と除外賃金制度（法37条5項）

1-1 「割増賃金の基礎となる賃金」の範囲特定は「控除法」によること

　法37条5項は「第1項及び前項の割増賃金の基礎となる賃金には、家族手当、通勤手当その他厚生労働省令で定める賃金は算入しない。」とする。この「割増賃金の基礎となる賃金」（以下単に「基礎となる賃金」とする場合がある）に算入しない賃金を「除外賃金」といい、同項に例示のないものも含めて具体的には労基則21条で定められている。基礎となる賃金は重要な概念であるのにそれ自体に定義はなく、同項の文理解釈上は除外賃金を控除したあとの全ての賃金である（この考え方を筆者は「控除法」と定義している）。

　「割増賃金の基礎となる賃金」による除外賃金制度は、「通常の労働時間の賃金」による「判別」と並ぶ「二重のスクリーニング」（第1章5-5［3］参照）により、賃金単価算出のための算定基礎賃金の範囲を画するための制度である。

1-2 除外賃金の意義と定義

　この点、労基法立法当時、厚生省の給与課長だった金子美雄は、労基則制定に向けた公聴会において、除外賃金である家族手当について「割増賃金といふ以上、労働の増加を補ふものである。労働に関係のないものは割増にならないのが原則である。現状では当然労働価値賃金として支払ふべきものが他の名目の生活賃金となつてゐる場合あり、基本賃金と見られるものは、他の名目に依つても之に該当する。然し、あまりにも労働以外の

個人的相違に基づくものは除いた方がよいと思ふ。」[1]と述べている。算定基礎賃金は労働価値賃金を中心に形成し、労働に関係のない賃金は割増の対象にならないのが原則であるが、労働価値賃金として支払うべきものが家族手当のような名目の生活賃金となって混在しているというのである。

　このように、立法作業担当者たちは除外賃金との関係では基本給＝「通常の労働時間の賃金」を客観的な性質によって捉えていた。そして、実際の除外については、基礎となる賃金から除外されるべき除外賃金を明確に定義した上で、除外賃金に該当するか否かは「名称にかかわらず実質によって取り扱うこと。」[2]としたのである。このような除外賃金の種類は限定列挙されたものである[3]。除外賃金に該当しないものは「通常の労働時間の賃金」である月給制賃金とみなされる（第1章5－4参照）。各除外賃金の定義と該当性について判断した裁判例は表のとおりである。限界事例についてはさらに本章2－2で検討する。

　除外賃金として一応適法と思われる家族手当の例は有名事案だと長澤運輸事件[4]の「妻について5000円、子1人について5000円（2人まで）」（ただし家族手当なのに子の数に打ち切りがあるのは疑問である）であり、除外賃金に該当しないと考えられる住宅手当の典型例は同事件の住宅手当（正規労働者のみ一律で1万円が支払われる）である。この事案では住宅手当は最初から算定基礎賃金とされ、除外賃金と扱われていない。

---

[1]　立法資料（4）上564頁。

[2]　昭 22.9.13 基発 17 号、解釈総覧 403 頁、小里機材事件・最一小判昭 63.7.14 労判 523 号 6 頁。

[3]　小里機材事件最高裁判決・前掲注[2]以下、同事件・東京高判昭 62.11.30 同号 14 頁、同事件・東京地判昭 62.1.30 同号 10 頁。

[4]　最二小判平 30.6.1 民集 72 巻 2 号 202 頁（労判 1179 号 34 頁）、同東京高判平 28.11.2 労判 1144 号 16 頁、同東京地判平 28.5.13 労判 1135 号 11 頁

種類	定義	裁判例
①家族手当	扶養家族数またはこれを基礎とする家族手当額を基準として算出する手当。（昭22.11.5基発231号、昭22.12.26基発572号）	（否定） スタジオツインク事件・東京地判平23.10.25労判1041号62頁 デンタルリサーチ社事件・東京地判平22.9.7労判1020号66頁 ◇類設計室事件・大阪高判平28.7.2D1-LAWID：28251647 （肯定） 岡部製作所事件・東京地判平18.5.26労判918号5頁 一心屋事件・東京地判平30.7.27労判1213号72頁
②通勤手当	労働者の通勤距離または通勤に要する実際の費用に応じて支給される手当。（昭23.2.20基発297号）	（否定例） 大島産業ほか（第2）事件・福岡高判令元.6.27労判1212号5頁、同福岡地判平30.11.16労判同号12頁 サン・サービス事件・名古屋高判令2.2.27労判1224号42頁
③別居手当	単身赴任手当のこと。勤務の都合により同一世帯の扶養家族と別居を余儀なくされる者に対して、世帯が二分されることに伴う生活費の増加を補うために支給される手当。	

④子女教育手当	労働者の子女の教育費を補助するために支給される手当。	
⑤住宅手当	住宅に要する費用に応じて算定される手当。「要する費用」とは、賃貸の場合は居住に必要な住宅(これに付随する施設等を含む)の賃借のために必要な費用、持家については、居住に必要な住宅の購入、管理等のために必要な費用に応じて算出される手当をいう。「費用に応じた算定」とは、費用に定率を乗じた額とすることや、費用を段階的に区分し費用が増えるにしたがって額を多くするもの。(平11.3.31基発170号)	(否定) 前掲デンタルリサーチ社事件 前掲スタジオツインク事件 学樹社事件・横浜地判平21.7.23判時2056号156頁 アクティリンク事件・東京地判平24.8.28労判1058号5頁
⑥臨時に支払われた賃金	臨時的、突発的事由に基づいて支払われたもの、及び結婚手当等支給条件はあらかじめ確定されているが、支給事由の発生が不確実であり、かつ、非常にまれに発生するもの(私傷病手当、加療見舞金、退職金等)。(昭22.9.13基発17号、昭26.12.27基発3857号、昭27.5.10基収6054号、平	(否定) システムワークス事件・大阪地判平14.10.25労判844号79頁(年俸制の賃金で年俸額を分割しただけの賞与について否定) キュリオステーション事件・東京地判平25.7.17労判1081号5頁(「社長賞」「貢献手当」「評価給」「インターン手当」を否定) ロア・アドバタイジング事

	12.3.8基収78号)	件・東京地判平24.7.27労判1059号26頁 淀川海運事件・東京地判平21.3.16労判988号66頁 前掲サン・サービス事件（出勤日数が変動しても毎月1万円が支払われていた「食事手当」）
⑦一箇月を超える期間ごとに支払われる賃金	労基法24条2項で「毎月1回以上、一定の期日」の要件の適用がないものとして労基則8条で定める以下の賃金及び賞与(ボーナス)。 一　一箇月を超える期間の出勤成績によって支給される精勤手当 二　一箇月を超える一定期間の継続勤務に対して支給される勤続手当 三　一箇月を超える期間にわたる事由によって算定される奨励加給又は能率手当 (昭22.9.13基発17号)	（否定） ブラザー陸運事件・名古屋地判平3.3.29労判588号30頁 前掲ロア・アドバタイジング事件 日新火災海上保険事件・東京高判平12.4.19労判787号35頁 （肯定） 奈良県（医師時間外手当）事件・大阪高判平22.11.16労判1026号144頁 ◇洛陽交運事件・大阪高判平31.4.11労判1212号24頁

　なお、「子女教育手当」は、労基則施行直前の1947年8月15日に行われた大阪の公聴会で紹介された当時の鴻池組の制度（「該当すべき育児手当」を「学令〔齢〕に達していないものに渡している」としている[5]）を参考にして、同月30日に施行し

＊5　立法資料（4）上560頁。

た労基則に性急に追加したものだと考えられるが、本来、家族
手当として支給すべきものについて、重ねて定義をしたように
思われ、労基則施行以来、ほとんど支給の実例がないのではな
いかと思われる。

2——除外賃金の具体的な除外要件

2-1 除外の趣旨に合致し、かつ、定義に合致する必要性

このような①家族手当、②通勤手当、③別居手当、④子女教
育手当、⑤住宅手当、⑥臨時に支払われた賃金、⑦1か月を超
える期間ごとに支払われる賃金がなぜ算定基礎賃金から除かれ
るのかについて議論が重ねられてきた。

このうち①～⑤の賃金の除外の趣旨は「通常の労働時間の賃
金」ではあるが労働とは関係のない労働者の個人的な事情に基
づいて支給されるため算定基礎賃金とすることが適当ではない
から（例えば、扶養家族のいる労働者とそうでない労働者で割増
賃金の賃金単価が異なるのは合理的ではない）と説明される[6]。

これに対して、⑥⑦の賃金の除外の趣旨は元から「通常の労
働時間の賃金」ではないからと説明される[7]。

このような「1か月を超える期間ごとに支払われる賃金」な
どについて「通常の労働時間の賃金」ではないという理由で除
外賃金とすることに対しては「算定技術が難しいという外には
理屈がない。労働の代償という観点から言えば、時間的に遅れ
ることはよくないことであるが、遅れるから算定の基礎からは
ずすというのは、筋が通らない。」という批判がある[8]。正鵠を

---

[6]　吾妻光俊『註解労働基準法』（青林書院、1960年）413-425頁。

[7]　宮島久義『労働基準法上の賃金』（労働法令協会、1954年）468頁。同書は労基法の
立法作業担当者でもあった労働省労働基準局給与課長の著作であり「通常の労働時間の賃金」
の定義を確立した文献であるが、⑥⑦の除外賃金の除外と固定残業代の除外を並列に論じてい
る。

[8]　松岡三郎『条解労働基準法（新版）』（弘文堂、1958年）474頁。

得た批判であろう。労働行政は、元々、⑥⑦の賃金の除外理由を賃金算定期間が長いゆえの計算困難性に置いていた[*9]。しかし後述2－2［2］のように、労働行政は年俸制の賞与については「通常の労働時間の賃金」に当たると判断しており、賃金算定期間が長くても割増賃金の計算は可能であることを認めてしまったので、自己矛盾が生じている。このように、賃金算定期間の長さに着目した計算困難性は除外の根拠にはなり得ない。

　また、⑥⑦の賃金を除外賃金とすることは、労基法を制定した帝国議会向けの説明とはかなり異なり、労基則制定に向けた公聴会でも説明をしておらず、適法性に疑義があることからしても、⑥⑦の賃金は、制度趣旨から相当限定的に解釈されなければならない。

　以上からすると、除外賃金とは、(1)「労働とは関係のない労働者の個人的な事情に基づいて支給される」賃金（①〜⑤の除外賃金について）、または元から「通常の労働時間の賃金」ではない賃金（⑥⑦の除外賃金）、という除外賃金制度の制度趣旨に合致し、かつ、(2) 各除外賃金の定義に合致するものをいう。この点、住宅手当が除外賃金として明記されたのは1999年のことであり、比較的新しい。それ以前は、住宅手当の除外賃金該当性が論点となっており、(1) 制度趣旨には合致し得るが、(2) 限定列挙性から否定されていた。

　また⑥⑦の除外賃金については、(1) が判別、(2) が対価性の観点と同じであり、固定残業代などについての判別要件（第6章3－7［3］参照）、対価性要件（第6章4－2［1］参照）と同じ思考をしていることが分かる[*10]。

　除外賃金該当性の主張立証責任は使用者側にあり、除外賃金該

[*9]　労働基準局（上）544頁。また「通常の労働時間の賃金」に規範性のある「賃金」としての意義を与えない菅野和夫もこの説に立つ（菅野（12版）520頁）。

[*10]　「通常の労働時間の賃金」の定義を確立した宮島・前掲注[*7]は時間外手当と除外賃金を区別せずに論じており、松岡三郎「管理職手当と時間外賃金—問題の背景と新通達の意義・課題」労旬941号（1977年）19頁も固定残業代の有効性の検討と除外賃金の除外の関係を「ちがった取扱いをする必要はなく」としている。

第5章 ◉「割増賃金の基礎となる賃金」と除外賃金　199

当性を主張立証できなければ当該賃金は算定基礎賃金になる[11]。除外賃金の制度趣旨からして当然であろう。

2-2 除外賃金制度を潜脱する例

[1] 家族手当に基礎になる賃金を紛れ込ませる事例

　除外賃金の意義と、該当性が問題になった裁判例の状況は、前記表のとおりであるが、除外賃金該当性が問題になる典型例は家族手当であるのでさらに敷衍する。

　解釈例規には、半分以上は労働者本人の資格（6種類）に応じて定額を支給し、残りは家族数に応じて定額支給する家族手当の都会地の割増の実質を有する賃金であるところの「臨時特別手当」について、「扶養家族を基礎として算出した部分は、これを家族手当とみなし割増賃金の基礎から除くものとする」「独身者に対して支払われている部分及び扶養家族のあるものにして本人に対して支給されている部分は家族手当ではないから、かかる手当は割増賃金の基礎に算入する。」としたものがある[12]。仮にこの本人に対して支給されている部分と、扶養家族を基礎として算出している部分を分離できない場合は、固定残業代の判別不能と同様の問題が起こると考えられる。

　また、扶養義務ある家族4人以上の場合はひと月1800円、3人までの場合はひと月1500円の「家族補給手当」について、「家族手当の性格を有するものとは認め難いから全額割増賃金の基礎に含むべきである。」とした解釈例規もある[13]。この手当は扶養家族がいることを支給条件としており、除外賃金の制度趣旨には合致しているようにも見えるが、賃金の算定方法について、家族数に比例せず、家族手当額を基礎ともしていないから、家

---

*11　千里山生活協同組合事件・大阪地判平 11.5.31 労判 772 号 60 頁。類設計室事件・大阪高判平 28.7.2D1-LAWID：28251647（前掲 195 頁表）。

*12　【割増賃金の基礎となる手当】昭 22.12.26 基発 572 号、解釈総覧 431 頁。

*13　【家族補給手当】昭 26.10.19 基収 4996 号、解釈総覧 432 頁。

族手当の定義に合致せず、除外賃金とならないと考えられる。

[2] 年俸制の賞与部分に基礎になる賃金を紛れ込ませる事例

　賞与名下で支払われる賃金が、労基則21条5号の「1箇月を超える期間ごとに支払われる賃金」であるところの「賞与」に該当するかが問題となる。解釈例規では「賞与」とは、「定期又は臨時に、原則として労働者の勤務成績に応じて支給されるものであって、その支給額が予め確定されていないもの」をいい、「定期的に支給されかつその支給額が確定しているものは、名称の如何にかかわらず」賞与とはみなされない、とされる[14]。さらに年俸制の適用を受ける労働者の割増賃金について、支給額が確定している賞与は労基法にいう「賞与」とはみなされないことから、毎月払部分と賞与部分を合計して当該確定した年俸額を算定の基礎として割増賃金を支払う必要がある、とされる[15]。そのように判断した裁判例もある[16]。

[3] 「通常の労働時間の賃金」から通勤手当への「置き換え」の事例

　通勤手当は前述のとおり、賃金の性質は「通常の労働時間の賃金」であるが法37条5項により算定基礎賃金から除外される賃金である。使用者による通勤手当の支給は、民法485条の原則では労務の給付という債務の弁済にかかる費用は原則として労働者の負担となるところを、労働契約によって使用者負担とするものである。このような通勤手当の支給が労働者の保護に資することは言うまでもない。

　通勤手当が除外賃金となる趣旨は、前述のように労働者の個人的な事情に着目したものである。裏返せば、労働者の個人的

---

*14　労働基準局（上）369頁。

*15　労働基準局（上）545頁。

*16　システムワークス事件・大阪地判平14.10.25労判844号79頁（前掲196頁表）。

第5章 ●「割増賃金の基礎となる賃金」と除外賃金　201

事情に着目してこれを保護する通勤手当を割増賃金の算定基礎から除外することで、支給を促す政策的意味を見て取れる。このことは、通勤手当が非課税とされていること（所得税法9条1項5号、同法施行令20条の2）からも裏付けられる。

この点、国際自動車事件[17]は「交通機関を利用して通勤する者に対し、非課税限度額の範囲内で実費支給する。」とされていた交通費（形式上は①の除外賃金に該当する）が「通常の労働時間の賃金」から控除（判決の文言によれば「置き換え」）されていたことについて、上告審の審査の対象としなかった。

しかし、交通費が除外賃金に該当する場合、「通常の労働時間の賃金」の算定過程で交通費を控除すること（すなわち「通常の労働時間の賃金」を除外賃金に置き換えること）を是とすると、労働者は特に交通費が高額になる場合に、これを受領しないほうが割増賃金を含む賃金総額を高くすることができる、という矛盾が生じ得る。これは、交通費を限定列挙してまで除外賃金とした趣旨を没却する。

また「通常の労働時間の賃金」の一部を除外賃金に「置き換える」と、本来、交通費相当額の「通常の労働時間の賃金」を算定基礎賃金として、それに対して支払われるべき割増賃金の支払いを免れる潜脱行為となり、さらに、除外賃金と（そうではない）「通常の労働時間の賃金」の混在が生じ判別不能となる。このような除外賃金への「置き換え」による法潜脱及び判別不能は、家族手当、住宅手当等の他の除外賃金でも起こり得、金子美雄が述べた労基法立法当時以来の伝統的な潜脱行為に帰着することになる。

国際自動車事件の事例で最高裁判所がこの論点を取り上げられなかったのは、原審で交通費の除外賃金該当性の有無が判断

---

[17]　第一次最高裁判決：最三小判平29.2.28集民255号1頁（原審：東京高判平27.7.16労判1132号82頁、第一審：東京地判平27.1.28労判1114号35頁）。第二次最高裁判決：最一小判令2.3.30民集74巻3号549頁（差戻控訴審判決：東京高判平30.2.15労判1173号34頁）。

されなかったことに加えて、従前論じられてこなかった特殊な課題に対する処理量に限界があったのだと推測せざるを得ず、最高裁がこの点を是認したと考えることはできない。

[4] 請負制の賃金と除外賃金の関係

1か月以上の期間（例えば4か月）の出来高について請負制の計算方法による賃金を賞与扱いで支給し、除外賃金（労基則21条5号）として算定基礎賃金から除外する例があり、法37条5項の除外賃金該当性が争点になることもあり得る。除外賃金のうち「通常の労働時間の賃金」の性質を持たない「1箇月を超える期間ごとに支払われる賃金」として、労基則8条3号の「1箇月を超える期間にわたる事由によつて算定される奨励加給又は能率手当」が挙げられるが、上記のような1か月以上の期間の出来高による請負制の賃金がこれに該当するかが問題になるのである。

このような場合、単に期間のとりかたが1か月以内であるか、それを超えるかということだけで、生産量が所定標準量を超える場合に支給される手当が「通常の労働時間の賃金」に属するとされたり、されなかったりするのは、根拠が乏しい。したがって、就業規則で1か月を超える期間の生産量を単位として、それが所定標準量を突破した場合に奨励加給ないし能率給を支給する旨定められている場合にも、この定め方に基づいて支給されるものを直ちに算定基礎賃金から除外されるものと解すべきではなく、1か月の期間を単位としたのでは奨励加給ないし能率手当を支給するかしないかを決定することが困難または不適当な事情がある場合にのみ、除外賃金に該当すると解すべきである[18]。

---

*18　吾妻・前掲注*6・423頁。

2-3 除外賃金該当性が不明の場合の対応

　実務では、家族手当、住宅手当、通勤手当などと名前がついていても、支給根拠が不明なものが多い。そのような賃金は、名称で除外せず、算定基礎賃金に含める原則的な対応をする。

6 「通常の労働時間の賃金」と判別要件

POINT

▶ 「通常の労働時間の賃金」は所定労働時間の労働の対価であり、賃金単価算出のための算定基礎賃金となる。契約書面や支給実態により内容が定まる労働契約を基準にして客観的に「通常の労働時間の賃金」の範囲を特定する。「通常の労働時間の賃金」を賃金単価（割増賃金の100％部分の1時間あたりの額）の意味で使用すると混乱するので避けるべきである。

▶ 固定残業代などの適法性の審査基準となる、「通常の労働時間の賃金に当たる部分と割増賃金に当たる部分」の「判別」を求める判別要件、及び、「割増賃金に当たる部分」への該当性を求める対価性要件については直近10年ほどで次々に最高裁判決が出され、現在も判例による労基法37条の強行的・直律的効力の範囲の再構築の過程にあると考えられるので、これらの最高裁判例の推移をよく把握する必要がある。

▶ 出来高払制その他の請負制（労基則19条1項6号）は、不可分の総労働時間の対価であり判別不能な賃金である出来高払制にも割増賃金を支払うため、出来高払制を、もともと時給制賃金である請負制の一

種と位置付けて時間制賃金（その中でも時給制）に「換算」し、時給制とみなすこととしたものである。出来高払制の「通常の労働時間の賃金」は、「換算」後の時給制賃金であるので、留意する必要がある。

▶ 　現在の最高裁判例の判断枠組では判別要件、対価性要件は労基法37条の強行的・直律的効力そのものである一方、固定案業代などが同条の趣旨に反することを根拠に公序良俗違反（民法90条違反）とすることは原則として出来ない。しかし、2020年施行の労基法36条6項で罰則を伴う時間外労働の上限時間が設定されたので、超長時間の時間外労働等の引当となる固定残業代などは、同項やその趣旨との関係で改めて違法・無効となることを検討する必要がある。

1──「通常の労働時間の賃金」（法37条1項）と隣接概念の意義

1-1 「通常の労働時間の賃金」の定義

　労働基準法37条の文言である「通常の労働時間の賃金」は、法律上の定義と割増賃金の算定基礎賃金の範囲を画するための規範の性質を持った労基法上の「賃金」である[*1]。行政解釈による定義は「割増賃金を支払うべき労働（時間外、休日又は深夜の労働）が深夜ではない所定労働時間中に行われた場合に支払われる賃金」である[*2]。

　この「通常の労働時間の賃金」の定義と規範性によって賃金

[*1]　国際自動車（第二次）事件最高裁判決（最一小判令2.3.30民集74巻3号549頁）は通常の労働時間の賃金に当たる部分と法37条の割増賃金に当たる部分とを判別するよう求め（判別要件）、当てはめで、当該事案において出来高払制で支払うことが予定されている賃金を契約で「時間外労働等がある場合には、その一部につき名目のみを割増金に置き換えて支払うこととするもの」と述べて判別不能とし、通常の労働時間の賃金に客観的な性質と算定基礎賃金の範囲を画する規範性を観念している。

[*2]　労働基準局（上）542頁。

第6章 ◉「通常の労働時間の賃金」と判別要件　207

単価算出のための算定基礎賃金の範囲を特定する立場を「客観説」という。これは「通常の労働時間の賃金」「割増賃金」の文言に労基法11条の「賃金」の定義を適用し、労基法の強行的・直律的効力の範囲に含める見解でもある（第1章5参照）。最高裁判例、学説上の多数説である。

これに対して上記の定義を採用せず、「通常の労働時間の賃金」「割増賃金」を割増賃金の計算過程と捉えて「基準」ではないとし、「通常の労働時間の賃金」の範囲の特定について契約自由の原則が適用され、労使自治に委ねられた事項だと考えるのが「契約説」である[3]。

この点、判別要件が労働契約における賃金の定めを対象としていることは、客観説の採用を妨げるものでは全くない。もともと「通常の労働時間の賃金」からの除外賃金の除外は客観的な賃金の性質を基準にしてなされてきた（第5章2参照）が、労働契約の存在が除外賃金の除外について障害になったことはない。

また、「契約説」の立場から、労働行政の見解に対しては「出来高払制その他の請負制」（労基則19条1項6号）における「通常の労働時間の賃金」の意義が不明確である旨の批判がされ[4]、出来高払制の事案である後述の国際自動車事件第二次最高裁判決の担当調査官も同事件の解説で「通常の労働時間の賃金」の定義を述べることを留保した。しかし、その後の2024年、立法者が出来高払制その他の請負制の法的性質についてどのように考えていたのかが解明された。不可分の総労働時間の対価であり判別不能な賃金である出来高払制にも割増賃金を支払うため、出来高払制をもともと時給制賃金である請負制の一種と位置付

---

[3]　客観説と契約説の最新の学説状況について渡辺輝人「通常の労働時間の賃金の一部を名目上割増賃金に置き換えて支給することと労基法37条所定の割増賃金該当性－熊本総合運輸事件」ジュリ増刊1597号（2024年）198頁。

[4]　橋本陽子「歩合給と割増賃金の判別可能性－国際自動車事件」ジュリ1546号（2020年）4頁。

けて時間制賃金（その中でも時給制）に「換算」し、時給制とみなすこととしたものであることが判明したのである（第6章5－3［3］イ参照）。これにより出来高払制その他の請負制についても「換算」後の時給制賃金に「通常の労働時間の賃金」の定義が該当することになる。

1-2 「賃金単価」「通常の労働時間の賃金の計算額」などの周辺概念

　労基法37条1項の「通常の労働時間又は労働日の賃金の計算額」は「通常の労働時間の賃金」の平均的な1時間あたりの金額である「賃金単価」（割増賃金計算のための時間賃金率）[*5] に時間外労働等の時間数を乗じた金額であり、割増賃金の100%部分の総額を指す（労基則19条1項柱書）。労基法37条の文言ではあるが割増賃金の計算過程の金額であり、それ自体に特段の法的な意義は見出せない。このようになったのは労基法の立法過程における作業担当者の方針の変遷によるものと考えられるが、本書では触れない。

　そして、労基法37条や関連規則には、割増賃金計算のために必須の概念であるにも関わらず賃金単価を指し示す文言はなく、労基則19条1項各号において「金額」である賃金単価の計算方法を定めるのみである。

1-3 「通常の労働時間の賃金」と「賃金単価」の関係性

　少なくない文献で、賃金単価のことを「通常の労働時間の賃金」と記載したり、「通常の労働時間の賃金」に、定義と規範性を持つ算定基礎賃金の範囲を画する文言の意味と賃金単価の意

＊5　筆者は労基法37条の割増賃金を計算するための時間賃金率、すなわち労基則19条1項各号の計算で算出される時間賃金率を「賃金単価」と呼称している。これは「きょうとソフト」（判タ1436号（2017年）17頁「割増賃金計算ソフト『きょうとソフト』を活用した事件処理の提唱について」参照）を作成した渡邊毅裕裁判官が同ソフトで労基則19条1項各号の時間賃金率を呼称するために用いた文言であり、近年、裁判実務ではこの文言が使用される例が増えている。

味を併存させている*6。これは労基法の立法作業担当者のなかでこの文言の使用方法について考え方の相違があり、労基法が帝国議会で成立した時点でも「通常の労働時間の賃金」をどちらの意味で使用するのか必ずしも決まっていなかったことに由来する。そのため労基法施行後の主要な文献でも両方の意味が併存しながら使われ続けたのである。

しかし、労働行政は1958年に「通常の労働時間の賃金」を本章1－1で述べた定義と規範性を持つ算定基礎賃金の範囲を画する文言の意味で使用する解釈を確立した*7。そして2002年の大星ビル管理事件高裁判決*8は「通常の労働時間の賃金」を「当該法定時間外労働ないし深夜労働が、深夜ではない所定労働時間中に行われた場合に支払われるべき賃金」と定義し、行政解釈と軌を一にした。

一方、賃金単価は割増賃金の計算過程の概念である。割増賃金の計算過程は労働基準法の強行的・直律的効力の範囲に含まれない、という現在の通説・判例（第1章5－3［1］参照）からすると、この2つの意味を「通常の労働時間の賃金」の文言に併存させるのは矛盾となる。

判例・行政解釈の立場では、「通常の労働時間の賃金」を定義と規範性を持つ算定基礎賃金の範囲を画する文言と理解するし、判例は同時に割増賃金の計算過程は労働基準法の強行的・直律的効力の範囲に含まれないという考え方を採用しているのだから、判例の立場から「通常の労働時間の賃金」を賃金単価の意味で使用したり、賃金単価の意味を併存させることはできない。

＊6　例えば菅野（初版）は、1988年の第2版以降、2017年の第11版補正版（492頁）までは「通常の労働時間の賃金」を専ら賃金単価の意味で定義しており、2019年の第12版の該当箇所でこの定義自体が削除されたが、2024年の菅野和夫＝山川隆一『労働法（第13版）』445頁は算定基礎賃金の意味で使用しつつ賃金単価の意味でも使用することを明記した。あくまで代表的な例を掲げただけでこのような文献は多い。

＊7　労働基準局（上）353頁。

＊8　最一小判平14.2.28民集56巻2号361頁（労判822号5頁）。

210

1-4 「通常の労働日の賃金」には特段の意義がないこと

　現在「通常の労働時間の賃金」として検討されている文言は、法37条1項本文では「通常の労働時間又は労働日の賃金」である。これは「通常の労働時間の賃金」とは別に「通常の労働日の賃金」について定めたものである。

　立法者は、法定休日に使用者が労働者を少しでも労働させた場合には、ひと月などの賃金算定期間の賃金の日割額である「通常の労働日の賃金」を割増した賃金の支払を強制する強烈な制度を想定していた。労働基準法案に関する審議会であった労務法制審議会の会長であり、労働基準法の父とも称される末弘厳太郎はこの説を採る[9]。

　ところが、労働基準法成立後の労働基準法施行規則の制定期の最終段階である公聴会後修正第二次案[10]において突如としてこの方針は覆され、現在の労基法の形になった。厚生省給与課で金子美雄の下で法制定に関わり、その後に労働省労働基準局給与課長を務めた宮島久義は「法第37条第1項の『通常の労働時間又は労働日の賃金』中の『労働日』は本法（規則第19条）において何等用をなしていない文言であつて、これをないものとして考えることができる。」とまで断言している[11]。このような経過で「通常の労働日の賃金」は空文化した（本書ではその是非を取り扱わない）。

　1993年の労基法第三次改正[12]で深夜早朝の割増賃金の根拠

＊9　労務法制審議会の会長であり労働基準法の父とも称される末弘厳太郎は労基法施行後の1948年3月の「労働基準法解説（一）」（法時20巻3号20頁）の時点においても、労基則19条1項柱書ついて、「こゝに『休日の労働時間数』とは、休日一日の労働時間として予定された時間数をいゝ、例えば休日に労働させれば、実際労働せしめた時間は一時間でも一日の予定総時間数で計算する。何故なれば、休日は連続二十四時間の休息たることに意味があるのであつて、休日に一時間でも働かせれば、休日の意味はなくなるからである。」としている。これは末弘が行政解釈に対して後から特異な説を述べたというより、末弘が深く関与した立法期においてこの文言にこのような解釈が与えられていたと考えるのが妥当だろう。

＊10　立法資料（4）上354頁。

＊11　宮島久義『労働基準法上の賃金』（労働法令協会、1954年）473頁脚注（1）。

＊12　平成5年7月1日法律第79号。これは法37条1項について「時間外及び休日労働

条文が法37条1項から分けられた際、新設の条項（現在の4項）では単に「通常の労働時間の賃金」とされた。さらに2008年の第六次改正[*13]で月60時間超の時間外労働に150％割増が導入されたされた際の法37条1項但書も「通常の労働時間の賃金」とされた。この点、法37条1項本文は法定時間外労働と法定休日労働の割増賃金にかかるものであるが、第三次改正で追加された条項は専ら深夜早朝の労働についてのもの、第六次改正で追加された但書部分は専ら法定時間外労働が月60時間を超える場合についてのもの[*14]であり、いずれも法定休日労働には関わらないものであった。

　法37条のなかでの文言の違いはこのような理由によるものであり、改正の都度、担当者が立法資料を参照していたものだと考えられる。

2──法内残業代などの不算入、除外

2-1　法内残業代の不算入

　「通常の労働時間の賃金」との区別が問題になるが法37条の適用がないとされ、従って判別要件が適用されないこととなるのが「法内残業」（定例えば1日の所定労働時間が7時間45分の場合にこれを超えて1日8時間までの15分の労働時間）に対する対価である法内残業代である。

　法内残業に対しては賃金単価に時間数を掛けた金額が支払われるのが当事者の合理的意思解釈とされる（第1章4-4参照）。一方で合意により法内残業にどのような賃金を支払うかは、公序良俗違反の場合を除き、労使自治と契約自由の原則に委ねれ

に係る法定割り増し賃金率について、2割5分以上5割以下の範囲内でそれぞれ命令で定めること」としたことに伴い、深夜割増賃金を別項にしたものである。

*13　平成20年12月12日法律第89号。

*14　【法定割増賃金率の引き上げ】平21.5.29基発0529001号（解釈総覧417頁）。

ているとするのが学説であり、行政解釈も同様に解される[15]。

このような法内残業代は、所定労時間の対価である「通常の労働時間の賃金」には含まれないので、割増賃金の算定基礎賃金には算入されない。ここでいう「不算入」は、法37条5項による除外賃金の「除外」とは法的な意味が異なることになる。

そこで、労働契約において例えば定額の手当によって法内残業代の支払いの合意がされた場合にはその時間帯の賃金の支払はその契約に基づくことになり、賃金単価算出のための算定基礎賃金には算入されないことになる。

しかし、このような法内残業代の性質を悪用して最低賃金法を脱法することが可能である。所定労働時間数を少なめに設定し、それに対する「通常の労働時間の賃金」は適正額を支払い、一方、定額の手当で支払う法内残業代を最低賃金未満に切り下げる方法である。法内残業代は所定労働時間外の対価なので最低賃金の計算には影響しない（最低賃金法4条3項1号、同法施行規則1条2項1号）。

また、割増賃金制度の脱法も可能である。同様に所定労働時間数を少なめに設定し、それに対する「通常の労働時間の賃金」を最低賃金水準としたうえ、定額の手当で支払う法内残業代を多額にすることで、固定給全体では相当額を支払いつつ、割増賃金の賃金単価を切り下げることも可能である。

このように、法内残業代を法37条の強行法規性の範囲（判別要件の範囲）に含めない現在の通説には理論的な欠陥がある。独立した名目で支払われる法内残業代も判別要件の対象とすべきであり、法内残業についても時間賃金率の確保をすべきである。

2-2 「通常の労働時間の賃金」ではない除外賃金の除外

除外賃金のうち、⑥臨時に支払われた賃金、⑦1か月を超え

＊15　学説について東大注釈497頁。行政解釈について昭23.11.4基発1592号、解釈総覧420頁。

第6章 ◉「通常の労働時間の賃金」と判別要件　213

る期間ごとに支払われる賃金は「通常の労働時間の賃金」では
ない、という理由で算定基礎賃金から除外される。

　解釈例規でも、⑥⑦の除外賃金について、賞与と称していて
も、定期的に支給されかつその支給額が確定しているものは、名
称の如何にかかわらず賞与とはみなされない。

　ここで問題となる⑥⑦の賃金の「除外」の法的な枠組みは、後
述の判別要件、対価性要件による固定残業代などのスクリーニ
ングと同じ思考をしている（第5章2－1参照）。

3──「通常の労働時間の賃金」に当たる賃金と「割増賃金」に当たる賃金の判別（判別要件の射程の拡大と意義）

3-1　高知県観光事件最判で「判別」が初出

[1] 事案

　高知県観光事件最高裁判決（最二小判平6.6.13集民172号
673頁（労判653号12頁））は、労基法37条の判別要件に最初
に言及した最高裁判例である。

　この判決はタクシー運転手に対する歩合給に割増賃金が含ま
れている、という使用者側の主張が否定された事案のものであ
る。使用者側は具体的には42％の賃率による歩合給の39％が基
礎給であると推定されると主張していたが、割増賃金部分は形
式的にも区分されていなかった。

[2] 判示内容

　最高裁判所は「本件請求期間に上告人らに支給された前記の
歩合給の額が、①上告人らが時間外及び深夜の労働を行った場
合においても増額されるものではなく、②「通常の労働時間の
賃金に当たる部分と時間外及び深夜の割増賃金に当たる部分と
を判別することもできない」（丸数字は筆者挿入）と判示し、歩

合給の割増賃金該当性を否定した。

[3] 評価

　最高裁判所は「判別」について述べる際、当初から「通常の労働時間の賃金」という労基法37条の文言を用いていた。この点が、条文の文言を用いず「割増賃金部分とそれ以外の賃金部分」の区分を求めた学説上の明確区分性説（第7章7－1参照）とは異なっていた。また、ここで注意すべきなのは、明確区分性説は最高裁判例の「判別」よりも前の時期に表明された見解だということである。

　もっとも、高知県観光事件の事案では、判別要件と学説上の明確区分性説で結論が異なるところはなく、両者の違いは意識されていなかった。

3-2 テックジャパン事件最判で月給制へ射程拡大

[1] 事案

　テックジャパン事件最高裁判決（最一小判平24.3.8集民240号121頁（労判1060号5頁））は、コンピュータートラブル等の業務に従事する派遣労働者に対して月給制の基本給41万円が支払われ、月間の総労働時間が180時間を超える場合には1時間当たり2560円を基本給に加え、140時間に満たない場合には1時間当たり2920円を基本給から控除する旨の約定を締結していた事案のものである。

[2] 判示内容

　最高裁判所は、このような賃金形態についてわざわざ、特段の事情がない限り通常の月給制の賃金と解すべきことを判示した。「判別」が「通常の月給制」にも適用されたことで、高知県観光事件最高裁判決（本章3－1参照）の「判別」が単なる事

第6章 ◉「通常の労働時間の賃金」と判別要件　215

例判断ではなく、割増賃金の支払についての有効要件を定立したものであることが明らかになった。

テックジャパン事件最高裁判決は判別要件を満たさないとの判断に至る考慮要素として以下の2つをあげている。

　ア　月額41万円の全体が基本給とされており、その一部が他の部分と区別されて法37条1項の規定する時間外の割増賃金とされていたなどの事情はうかがわれないこと
　イ　（月額41万円の基本給に対して）月総労働時間が180時間以下でも時間外労働時間は「相当大きく変動しうる」こと

[3] 評価

　判決は、上記アについてどのような事情があれば判別可能な賃金となるのか述べていない。一方で、イでは、判別要件の内部で定額の賃金に対する時間外労働時間が「相当大きく変動する」ことを問題としており、判別の可否の判断のために、賃金額に対応する時間外労働の「変動」を要素として考慮している。

　「変動」を問題にする最高裁の考え方は時間外労働等の時間を含む「労働時間」の意義について客観説に立つ最高裁判所の立場とも合致するものだった。定額の月給制賃金の引き当てとなる時間外労働等の時間が時々で大きく異なると、一方で労働時間と賃金の牽連関係（第1章4－4参照）のある割増賃金の性質、もう一方でもともと賃金算定期間中の特定の労働時間帯との対応関係がない月給制の性質があるので、これらが合算された月給制賃金全体について、時間外労働等があってもなくても定額が支払われる賃金ということになり、固定残業代の中に割増賃金以外の「通常の労働時間の賃金」が入り込んでいることを推認させるのである。そして、そのような認定がされると、必然的に判別不能となると考えられる。

判別要件を単なる金額の区分と考えるのなら上記イの考慮は不要であるのにそのような実質的な考慮をしたのだから、最高裁はこの時点から、固定残業代と時間外労働等の労働実態の対応関係の有無を検討することを通じて「判別」をするものと考えていたのである。

3-3 国際自動車（第一次）事件最判は公序による規律を否定し、改めて「判別」の射程を歩合給やその計算過程へ拡大し、さらに対価性要件の必要性を提起したこと

[1] 事案

国際自動車（第一次）事件最高裁判決[16]は、大ざっぱに日給制賃金＋出来高払制という賃金体系を採っているタクシー運転手に対する賃金について、「歩合給」の計算に当たり、下記の計算式により、売上高等の一定割合に相当する金額（対象額Ａ）から、「割増金」（日給制の基本給や対象額Ａとの関係で計算した残業手当等に相当する金額）や交通費を控除する旨の賃金規則の定め（同（第二次）事件最高裁判決のいう「本件賃金規則の定める割増金の額がそのまま歩合給（1）の減額につながる仕組」（以下「本件賃金規則の定める仕組み」という）の有効性が問題になった事案のものである。

この事案では、労働基準法の請負制の賃金の定義に合致する「対象額Ａ」から割増賃金相当額を控除することで、ほとんど常に、割増賃金が「歩合給」に吸収されてしまう点に特徴があった。

> 「歩合給」＝対象額Ａ－〔割増金（深夜手当、残業手当及び公出手当の合計）＋交通費〕

---

*16 　最三小判平 29.2.28 集民 255 号 1 頁（原審：東京高判平 27.7.16 労判 1132 号 82 頁、第一審：東京地判平 27.1.28 労判 1114 号 35 頁）。

[2]「通常の労働時間の賃金」の「不定形性の指摘」の意義

　この判決は、当該事案についての結論を出さずに、下記の一般的判断枠組を述べて審理を差し戻した。そこで、判旨を理解するためには、まず、この部分の意義を分析する必要がある。

> 労働基準法37条は、労働契約における通常の労働時間の賃金をどのように定めるかについて特に規定をしていないことに鑑みると、労働契約において売上高等の一定割合に相当する金額から同条に定める割増賃金に相当する額を控除したものを通常の労働時間の賃金とする旨が定められていた場合に、当該定めに基づく割増賃金の支払が同条の定める割増賃金の支払といえるか否かは問題となり得るものの、当該定めが当然に同条の趣旨に反するものとして公序良俗に反し、無効であると解することはできないというべきである。

　この部分には、①「労働契約における通常の労働時間の賃金をどのように定めるかについて特に規定をしていないこと」(筆者は「通常の労働時間の賃金」に関する「不定形性の指摘」と定義している)を指摘した上、①から、②「労働契約において売上高等の一定割合に相当する金額から同条に定める割増賃金に相当する額を控除したものを通常の労働時間の賃金とする旨が定められていた場合に」、③当該定めに基づく割増賃金の支払が同条の定める割増賃金の支払といえるか否かは問題となり得る、としたこと、一方で、②の場合に④当該定めが労基法37条の趣旨に反するものとして公序良俗に反して無効にすることはできない、とした意義がある。

　そして②及び③の部分は、労働契約の名目上では割増賃金とされているものが労基法37条の強行的・直律的効力により「通常の労働時間の賃金」になり得ること、労基法37条の強行的・直律的効力の審査は「対象額A」という賃金計算過程の値にも及ぶことを述べたものである。そして、この判決は①の不定形

性の指摘により、特定の趣旨や形を伴わない賃金は「割増賃金」
ではなく「通常の労働時間の賃金」になる（みなされる）こと
が示唆されており、「割増賃金に当たる部分」の判断基準として
対価性要件が必要となることもすでに示唆している。

[3]　判示内容──判別対象を「契約の定め」とし公序で割増
　　　賃金を規律することを否定

　この判決は判別要件の適用対象を「労働契約における賃金の
定め」とした。

　また、原審の東京高裁判決は、この規定を労基法37条の趣旨
に反し公序良俗違反で無効としたが、最高裁判所はこの判断を
違法としたうえ、本件を法37条1項の文言である「通常の労働
時間の賃金」を用いた判別要件の対象と整理して審理を高裁に
差し戻した。テックジャパン事件最高裁判決（本章3－2参照）
以降、一部の裁判例には、学説の影響もあり、労働契約上の根
拠が疑わしかったり、超長時間の時間外労働等の引当になる固
定残業代を法37条の趣旨に反する、という理由で無効にするも
のがあったが、最高裁判所はこの流れを否定した。

　最高裁判所は「契約の定め」に対して法37条1項の強行的・
直律的効力を直接及ぼす方向性を選択したといえる。

[4]　過渡期の判例であること

　また、国際自動車事件の最高裁判決は、後述の第二次最判も
含めて「出来高払制その他の請負制」（労基則19条1項6号）と
「通常の労働時間の賃金」の関係（本章5－3参照）を立法者が
どのように理解していたかが解明される前の過渡期の事例であ
ることに留意する必要がある。

　なお、この判決で、高知県観光事件最高裁判決以来の「時間
による増額」文言が消失した。要件を「判別」に一本化するの
が直接の目的と思われるが、この事案では「割増金」自体は法

第6章 ◉「通常の労働時間の賃金」と判別要件　219

定の計算方法により計算されており、時間が増えることで増額することが要件として機能しなかったのだと考えられる。

3-4 康心会事件最判で労基法の強行的・直律的効力の範囲としての２つの趣旨による判別を確立

[1] 事案

康心会事件最高裁判決（最二小判平29.7.7集民256号31頁（労判1168号49頁）、同事件・差戻控訴審判決：東京高判平30.2.22労判1181号11頁）は、医療法人と医師との間の雇用契約において時間外労働等に対する割増賃金を年俸に含める旨の合意がされていたとしても、当該年俸の支払いにより時間外労働等に対する割増賃金が支払われたということはできないとされた事案のものである。

本件では賃金について年俸1700万円とされ、内訳として月額給与120万1000円、4月のみ支払われる初月調整8000円、夏期賞与85万円（月額給与中「基本給・1」）、冬期賞与172万円（同「基本給・2」）とされていた。また、医師時間外勤務給与規程（以下「本件時間外規程」）があり、「時間外手当の対象となる業務は、原則として、病院収入に直接貢献するか、必要不可欠な緊急業務に限る」とされ、また「通常業務の延長とみなされる時間外業務は時間外手当の対象とならない。」とされていた。

第一審及び控訴審では、月額給与につき「通常の労働時間の賃金に当たる部分と時間外割増賃金に当たる部分とを判別することができない」としつつ、月額給与ないし年俸に「本件時間外規程に基づき支払われる時間外労働賃金及び当直手当以外の通常の時間外労働賃金については、年俸に含まれる旨を合意したものであり、上記合意に係る本件雇用契約及び本件時間外規程は有効と認めるのが相当」とされた。

[2] 割増賃金の全ての法定外の支払方法を判別要件の射程に し、趣旨による判別を確立したこと

康心会事件最高裁判決が、強行的・直律的効力のある法37条の趣旨による「判別」を確立したことについて第1章1－2を参照されたい。

同判決が、割増賃金の全ての法定外の支払方法が判別要件の射程になったことについて本章3－7［2］を参照されたい。

[3] 深夜早朝割増賃金を判別要件の射程に収めたこと

深夜早朝の労働について割増した賃金を支払う雇用契約は、労基法制定以前から存在しており、労基法施行の時点で、所定労働時間の賃金と深夜早朝ゆえに割増されている部分の区別（現在の「判別」）が直ちに問題になった。労働行政は、割増賃金の2つの趣旨のうち第1の趣旨「使用者に割増賃金を支払わせることによって時間外労働等を抑制し、もって労基法の労働時間規制を遵守させること」を深夜早朝割増賃金には適用しておらず（第1章1－3参照）、深夜早朝割増賃金の金額の特定すらできないまま「通常の労働時間の賃金」に含める「丼勘定」の支払方法について必ずしも違法と断言しなかった[17]。これを反映して裁判所も比較的緩やかに認めてきた[18]。

2009年のことぶき事件最高裁判決[19]は、管理職手当に深夜割増賃金が含まれているかの論点について、「賃金の趣旨」と「深夜割増賃金の額」の特定を求めた。最高裁判所は労働行政と異なり、これらの特定が必要と考えるようになったといえるが、こ

---

[17]　【監視断続労働者の深夜割増賃金】昭23.10.14基発1506号、解釈総覧426頁。宮島431頁は同趣旨の解釈例規昭23.2.20基発297号を引用して深夜早朝割増賃金込みの月給額の「丼勘定」を好ましいものではない、としつつ違法と断言しなかった。

[18]　名鉄運輸事件・名古屋地判平3.9.6労判610号79頁、千代田ビル管財事件・東京地判平18.7.26労判923号25頁。

[19]　最二小判21.12.18集民232号825頁。

の時点では深夜早朝割増賃金と割増賃金の制度趣旨や判別要件は結びつけられていなかった。

康心会事件最高裁判決は、深夜早朝割増賃金についても割増賃金制度の第1の趣旨を及ぼした上（第1章1－2参照）、「通常の労働時間の賃金に当たる部分と割増賃金に当たる部分とを判別することができることが必要」なことから「時間外労働及び深夜労働に対する割増賃金が支払われたということはできない」とし、深夜早朝割増賃金も判別要件の対象とした。同事件の差戻控訴審判決でも、深夜早朝割増賃金の額が再計算された。一見すると地味な変化であるが、判別要件が法37条の割増賃金全般に関する要件とされた意義は大きい。

［4］当てはめ部分の内容

康心会事件最高裁判決は、1700万円の年俸について、時間外労働等に対する割増賃金として支払われた金額を確定すること「すら」できないとし、判別不能とした。判別要件において「通常の労働時間の賃金」に当たる部分と「割増賃金に当たる部分」の金額の区別は、必要条件であり、十分条件ではない（判別＝金額の区分ではない）ことを示している。

3-5 国際自動車（第二次）事件最判で判別要件の下位規範として対価性要件を位置づけ、「置き換え」理論を採用

［1］差戻控訴審判決の"反乱"

康心会事件最高裁判決（本章3－4参照）で判別要件の基本的な判断枠組が確立されたが、同判決は「判別」の具体的内容については、金額の区分だけでは「判別」可能ではないことを示しただけで、詳細な当てはめをしなかった。詳しい当てはめが展開されたのが国際自動車（第一次）事件最高裁判決（本章3－3参照）の後の差戻控訴審判決を受けた国際自動車（第二

次）事件最高裁判決である[20]。

国際自動車事件差戻審高裁判決は、第一次最高裁判決の意義をほとんど否定し、同判決の「判別」という文言の使用すら拒絶して、学説上の明確区分性説（第7章7−1参照）に基づいて前述の「本件賃金規則の定める仕組み」（本章3−3［1］参照）について明確区分性ありとした。この判決は法37条との関係での賃金の法的性質の決定を専ら契約自由の原則に委ねる「契約説」（本章1−1参照）に立つものである。

［2］第二次最判による明確区分性説の全面否定

しかし、国際自動車（第二次）事件最高裁判決はそのような差戻控訴審の判断を是とせず、同判決が明示した明確区分性説を「是認することができない」と明示的に否定し、判別要件を改めて確認した。この判決の意義の一つは、判別要件がもはや明確区分性説とは異なるものであることを、最高裁判所自身が明示したことにある。

［3］対価性要件を判別要件の下に位置づけたこと

これについては本章4−4を参照されたい。

［4］「通常の労働時間の賃金」についての客観説に立ち「置き換え」を理論化

そして、当てはめ部分では、前述の「本件賃金規則の定める仕組み」（本章3−3［1］参照）は、「その実質において、出来高払制の下で元来は歩合給（1）として支払うことが予定されている賃金を、時間外労働等がある場合には、その一部につき名目のみを割増金に置き換えて支払うこととするものというべきである」「そうすると、本件賃金規則における割増金は、その一

---

[20]　最一小判令2.3.30民集74巻3号549頁（差戻控訴審判決：東京高判平30.2.15労判1173号34頁）。

第6章 ● 「通常の労働時間の賃金」と判別要件　223

部に時間外労働等に対する対価として支払われるものが含まれているとしても、通常の労働時間の賃金である歩合給（1）として支払われるべき部分を相当程度含んでいるものと解さざるを得ない。そして、割増金として支払われる賃金のうちどの部分が時間外労働等に対する対価に当たるかは明らかでない」として、判別不能の結論に至った。

　この「置き換え」という考え方は「通常の労働時間の賃金」について契約上の名目を超えて客観的な性質を前提にしなければ観念できない。言い換えれば賃金の性質判断について、契約上の名目の如何を問わず労基法の強行的・直律的効力のある「賃金」の観点を適用したものである。このことに加えて、同判決が割増賃金の発生を契約によって実質的に排除することを割増賃金の本質からの逸脱としていること、「通常の労働時間の賃金」の範囲の特定を契約自由の原則に委ねる「契約説」と明確区分性説に立った差戻控訴審判決を明確に退けたことをもあわせて考えると、国際自動車事件第二次最高裁判決は「通常の労働時間の賃金」「割増賃金」を労働基準法の強行的・直律的効力の範囲のものと捉え、労基法11条に基づいてそれらの該当性を客観的に判断する立場（「通常の労働時間の賃金」についての客観説）に立ったものと考えざるを得ない。

　そして、上記判示により、客観的に「通常の労働時間の賃金」に当たる部分を、労働契約によって割増賃金に置き換えて支払ったり、さらにそれを「割増賃金に当たる部分」の性質を持つ賃金と混ぜて支払った場合、その過程を労働契約で明確に記述しても判別不能となることが明らかになり、判別要件の実務的な使い方が示されたことにこの判決の意義がある。

[5] 国際自動車（第二次）事件最判の射程を絞ろうとする見解

　この最高裁判決は、前述の「本件賃金規則の定める仕組み」（本章3-3［1］参照）が前述の「置き換え」になることと並列

に、この「仕組み」が、割増金の額がそのまま歩合給（1）の減額につながるという上記の仕組みは、当該揚高を得るに当たり生ずる割増賃金をその経費とみた上、その全額をタクシー乗務員に負担させているに等しいものであって、労働基準法37条の趣旨に沿うものとはいい難いこと、また、割増金の額が大きくなり歩合給（1）が0円となる場合には，出来高払制の賃金部分について、割増金のみが支払われることとなるところ、この場合における割増金を時間外労働等に対する対価とみるとすれば、出来高払制の賃金部分につき「通常の労働時間の賃金」に当たる部分はなく、全てが割増賃金であることとなるが、これは、法定の労働時間を超えた労働に対する割増分として支払われるという労働基準法37条の定める割増賃金の本質から逸脱することを述べた。

　この判決を評釈する文献の中には、この判示を根拠にこの判決の射程をそのような極端な事例に限ったものととらえるものがあるが、前述の「本件賃金規則の定める仕組み」が割増賃金制度の趣旨に沿わず本質から逸脱する旨の記述と、同「仕組み」が「通常の労働時間の賃金」の「置き換え」になるとする判断部分は、並列に記述されており、文章理解としても、前者によって後者の判断を無効化する意味は読み取れない。むしろ、この「趣旨」や「本質」についての部分が極端な事例に対するものである。判例として広い先例的意義があるのは「置き換え」の判断部分であることは、後述の熊本総合運輸事件最高裁判決で一層明らかになった。

3-6　熊本総合運輸事件最判での「置き換え」理論の確認・拡大

[1] 事案

　熊本総合運輸事件最高裁判決（最二小判令5.4.10集民270号

77頁（労判1284号5頁））は、使用者である一般貨物自動車運送業を営む会社に雇用されていた運転手の労働者が未払割増賃金の支払を求めた事案についてのものであり、以下の給与体系で賃金が支給されていた。賃金に「基本歩合給」という名目のものがあるが、出来高払制その他の請負制に基づいて計算されたものではなく、原審の段階で月給制の賃金と整理され、最高裁ではその点は争点になっていない。

① 請求の期間に含まれない平成14年就業規則の時期は、その定めにかかわらず、日々の業務（一審判決によると出発、輸送、積込、帰庫等）に応じて賃金の総額を決定した上で、その総額から定額の基本給と基本歩合給を差し引き、残額を時間外手当としていた（「旧給与体系」）。

② 労基署からの指導を受けたことを契機にした平成27年就業規則制定後の給与体系（「新給与体系」）は以下の通りである。

 a. 基本給、基本歩合給（運転手に対し1日500円で実勤務日数分支給）、勤続手当（勤務1日につき、勤続年数に応じて200～1000円支給）である。これらに加えて平成28年1月のみ「手当」1万円が割増賃金の算定基礎賃金となる。「基本給等」）。基本給等の賃金単価の計算はすべて労基則19条1項4号の月給制の方法をとる。

 b. 残業手当、深夜割増手当及び休日割増手当（「本件時間外手当」）、調整手当からなる割増賃金（「本件割増賃金」）を支給。本件時間外手当は基本給等を算定基礎賃金とした法定計算額であり、調整手当の額は、本件割増賃金の総額から本件時間外手当の額を差し引いた額である。

③ 当事者である労働者の総労働時間数や賃金総額は旧給与体系と新給与体系の時期でほとんど変わらなかったが、新給与体系では旧給与体系に比して基本給が増額された

一方で基本歩合給が大幅に減額され、新たに上記の調整手当が導入された。

[2] 判示内容

この判決は、本件割増賃金を分割することなく全体としてその性質を判断した。これ自体、判別要件の趣旨に忠実な当てはめであり、重要な判断である。

そして、

ア　旧給与体系下において基本給及び基本歩合給のみが「通常の労働時間の賃金」であったとしても、新給与体系下の基本給等及び調整手当の額に相当する額と大きく変わらない水準（1時間当たり1300～1400円程度）である一方、新給与体系下では基本給等のみが「通常の労働時間の賃金」であり、1時間当たり平均約840円となり大きく減少すること

イ　労働者の1か月当たりの時間外労働等は平均80時間弱であるところ、本件割増賃金が時間外労働等に対する対価として支払われているものと仮定すると、実際の勤務状況に照らして想定し難い程度の長時間の時間外労働等を見込んだ過大な割増賃金が支払われる賃金体系が導入されたこと（詳細について表参照）

ウ　基本歩合給の相当部分を調整手当として支給するものとされたことに伴い上記のような変化が生じることについて、事件当事者を含む労働者に十分な説明がされたともうかがわれないこと

の各点を指摘して、新給与体系は、その実質において、時間外労働等の有無やその多寡と直接関係なく決定される賃金総額を超えて労働基準法37条の割増賃金が生じないようにすべく、

第6章 ◉「通常の労働時間の賃金」と判別要件　227

旧給与体系下においては「通常の労働時間の賃金」に当たる基本歩合給として支払われていた賃金の一部につき、名目のみを本件割増賃金に置き換えて支払うことを内容とする賃金体系であるとし、本件割増賃金は、その一部に時間外労働等に対する対価として支払われているものを含むとしても「通常の労働時間の賃金」として支払われるべき部分をも相当含んでいる、として判別不能とした。

[3] 不利益変更法理ではなく判別要件をまず適用したこと

この判決は、旧給与体系から割増賃金見合いの手当の額が大幅に増えた新給与体系への変更について、労働条件の不利益変更法理（労働契約法8条以下）とよく似た考慮要素（前述［2］アイウ）を検討しながら、不利益変更法理ではなく、判別要件を適用した。これは、判別要件が法37条の強行的・直律的効力の範囲のものだからである。まず、強行法規への抵触の有無を判断し、抵触しなかった場合に契約法理である不利益変更法理が適用されるのであり、考慮要素が重複する場合は、それぞれの場面で、それぞれの観点で適用することになる。

[4] 手当の引当時間と時間外労働等の実態の「変動」「かい離」が判別不能になることを再論

本判決の事例で労働者の1か月当たりの時間外労働等は平均80時間弱であるところその引当となる本件割増賃金は想定し難い程度の長時間の時間外労働等を見込んだ過大なものであり、本判決はこの事情を対価性を否定する要素とした（平均48％）[21]。これは前掲テックジャパン事件最高裁判決における判別要件検討の際の「変動」、後述の日本ケミカル事件最高裁判決の対価性検討の際の「かい離」と同様の観点である。

＊21　各数値の詳細は渡辺輝人「判別要件の整理とさらなる拡大―熊本総合運輸事件最高裁判決」労旬 2033 号（2023 年）15 頁参照。

「本件割増賃金」に対する「本件時間外手当」の比率

算定基礎賃金

	所定労働時間数	基本給	基本歩合給	勤続手当	手当	合計額	賃金単価
2015年12月	173.33	120,000	13,000	10,400		143,400	827
2016年1月	173.33	120,000	11,500	9,200	10,000	150,700	869
2016年2月	173.33	120,000	13,500	10,800		144,300	833
2016年3月	173.33	120,000	13,500	10,800		144,300	833
2016年4月	173.33	120,000	14,000	11,200		145,200	838
2016年5月	173.33	120,000	13,000	10,400		143,400	827
2016年6月	173.33	120,000	13,500	10,800		144,300	833
2016年7月	173.33	120,000	13,000	10,400		143,400	827
2016年8月	173.33	120,000	13,000	10,400		143,400	827
2016年9月	173.33	120,000	13,000	10,400		143,400	827
2016年10月	173.33	120,000	14,000	11,200		145,200	838
2016年11月	173.33	120,000	13,500	10,800		144,300	833
2016年12月	173.33	120,000	11,500	9,200		140,700	812
2017年1月	173.33	120,000	12,000	14,400		146,400	845
2017年2月	173.33	120,000	12,000	14,400		146,400	845
2017年3月	173.33					0	0
2017年4月	173.33					0	0
2017年5月	173.33					0	0
2017年6月	173.33	66,000				66,000	381
2017年7月	173.33					0	0
2017年8月	173.33					0	0
2017年9月	173.33	120,000	11,500	13,800		145,300	838
2017年10月	173.33	120,000	13,500	16,200		149,700	864
2017年11月	173.33	120,000	13,000	15,600		148,600	857
2017年12月	173.33	120,000	11,500	13,800		145,300	838

時間外労働等の時間数　割増賃金額

時間外	休日	深夜	時間外	休日	深夜	合計	調整＋普通残業＋深夜＋休日割増	引当額に対する法定計算額の割合
78:17	0:00	69:30	80,925	0	14,369	95,294	198,000	48.13%
67:23	0:00	48:20	73,195	0	10,500	83,695	159,500	52.47%
95:19	0:00	36:35	99,248	0	7,618	106,866	193,500	55.23%
109:31	0:00	41:10	114,034	0	8,573	122,607	222,500	55.10%
72:20	8:45	53:23	75,769	9,899	11,184	96,852	227,000	42.67%
86:21	7:15	57:00	89,264	8,094	11,785	109,143	202,000	54.03%
74:18	0:00	70:55	77,365	0	14,768	92,133	223,500	41.22%
70:39	13:14	42:30	73,034	14,774	8,787	96,595	207,000	46.66%
74:28	0:00	75:20	76,980	0	15,575	92,555	207,000	44.71%
80:48	2:10	58:20	83,527	2,419	12,060	98,006	205,000	47.81%
86:36	0:00	66:10	90,714	0	13,862	104,576	238,000	43.94%
78:06	0:00	47:50	81,322	0	9,961	91,283	213,500	42.76%
83:48	0:00	31:30	85,057	0	6,395	91,452	162,500	56.28%
88:17	0:00	35:30	93,249	0	7,499	100,748	173,000	58.24%
57:59	0:00	58:15	61,245	0	12,305	73,550	172,000	42.76%
0:00	0:00	0:00	0	0	0	0		
0:00	0:00	0:00	0	0	0	0		
0:00	0:00	0:00	0	0	0	0		
11:09	0:00	16:25	5,310	0	1,564	6,874		
0:00	0:00	0:00	0	0	0	0		
0:00	0:00	0:00	0	0	0	0		
36:37	10:15	43:00	38,356	11,596	9,009	58,961	157,500	37.44%
69:28	0:00	76:45	75,024	0	16,578	91,602	210,500	43.52%
71:13	0:00	53:34	76,291	0	11,477	87,768	188,000	46.69%
70:08	0:00	65:45	73,465	0	13,775	87,240	165,500	52.71%
							平均	48.02%

第6章 ●「通常の労働時間の賃金」と判別要件

この判断に対しては契約上割増賃金に当たるとされる手当に対して時間外労働等の実態が過少だとなぜ当該手当の対価性が失われる事情になるのかという疑問が呈されている[22]。しかし、労基法立法当時、厚生省の担当課長だった金子美雄は除外賃金との関係では基本給＝通常の労働時間の賃金を客観的なものと捉えており（第5章1−2参照）、その考え方は除外賃金該当性は「名称にかかわらず実質によつて取り扱うこと。」とする解釈例規に反映している。「所定休日に労働すると否とにかかわらずその日について支払われる賃金」である「休日手当」を月給制の算定基礎賃金とみなす労基則19条2項も労基法の立法時の考え方の現れである（第7章4−2参照）。そして時間外労働等についても家族手当と違った取扱をする必要はなく、時間外労働をしてもしなくても、与えられる定額超過手当は、時間外労働手当とはいえないとの考え方も70年代からあった[23]。下級審裁判例でも従前からそのような例があった[24]。

本判決で、判別対象となる手当の引当とする時間を超過する場合や、逆に過少な場合（かい離）が常態化すると、時間外労働等をしてもしなくても支払われる賃金として通常の労働時間の賃金になる考え方が対価性の考慮要素となること自体は定着したといえ、今後はどの程度のかい離があると対価性喪失の考慮要素になるのかの議論に移行していくと思われる。

[5]「置き換え」の適用範囲を拡大

前述のように、国際自動車（第二次）事件最高裁判決は請負制の「対象額A」から契約上の時間外手当である「割増金」を

---

*22　池田悠「就業規則変更によって導入された手当の割増賃金該当性―熊本総合運輸事件（最二小判令和5・3・10）」ジュリ1588号（2023年）74頁。

*23　松岡三郎「管理職手当と時間外賃金−問題の背景と新通達の意義・課題」労旬941号（1977年）19頁。

*24　トレーダー愛事件・京都地判平24.10.16判タ1395号140頁。第一法規株式会社の判例検索システムD1-LAWには判決の添付別紙も掲載されている。

控除して算出される「歩合給 (1)」が0円になることもある「仕組み」が「置き換え」となることとは別に、その「仕組み」が法37条の趣旨に沿わず、割増賃金制度の本質から逸脱する旨も併せて判示した。そこで、契約で通常の労働時間の賃金に当たる部分から割増賃金とする額を控除して賃金の性質を置き換える賃金計算方法について「控除・減額部分が一部に限定されている場合には許容されうるのか、一部でも控除・減額がなされ両者が混在している部分があれば労基法37条違反となるのかについては、学説上理解が分かれている」とされ後者の理解が多数とされていた[25]。

熊本総合運輸事件最高裁判決は、前述の新給与体系が割増賃金制度の趣旨に沿わず、割増賃金の本質から逸脱する旨は述べずに、「通常の労働時間の賃金」から割増賃金への「置き換え」がある旨を判示したので、最高裁判所は「置き換え」を事例判断とはしておらず「一部でも控除・減額がなされ両者が混在している部分があれば労基法37条違反となる」立場を採用したものであることが明確になった。

そして、前掲・国際自動車（第二次）事件最高裁判決の「置き換え」は同じ時点での異なる名目の賃金の間での「置き換え」だったのに対して熊本総合運輸事件最高裁判決は賃金体系の変更による賃金の名目変更という時間軸上の「置き換え」を論じており「置き換え」を理論化して適用範囲を広げている。本判決が請負制の事例ではないことも理論の適用範囲を広げた。

3-7 結論——判別要件の内容

[1] 強行的・直律的効力のある法37条の趣旨による判別

もともと判別要件は、法37条1項の法律文言である「通常の

---

[25] 水町勇一郎「時間外労働手当—国際自動車事件（最判令 2.3.30 民集 74・3・549）」『労働判例百選（第 10 版）』（有斐閣、2022 年）82 頁。

労働時間の賃金」に基づくものであり、行政解釈、最高裁判所のように「通常の労働時間の賃金」の定義（本章1－1参照）を承認する立場からは、同条の強行的・直律的効力の範囲のものであると解される。

康心会事件最高裁判決（本章3－4参照）は、割増賃金の法定外の支払方法全般をただちに違法とはせず、それら全体について判別要件を法37条の趣旨による判別による適法性審査を行うものと位置づけた。これにより、判別要件は労基法37条の強行的・直律的効力によるものであることもさらに明確になった。熊本総合運輸事件最高裁判決（本章3－6参照）は、契約法理である不利益変更法理と同趣旨の検討を先に判別要件の問題として検討しており、判別要件が労基法37条の強行的・直律的効力によるものであることをさらに裏付ける。

従前の学説上の明確区分性説（第7章7－1参照）では、狭義の固定残業代の問題を割増賃金計算方法（過程）の問題として扱い、法37条の強行的・直律的効力の範囲から除いていたので「通常の労働時間の賃金」から狭義の固定残業代を「判別」（スクリーニング、ふるい分け）する発想に乏しかった。この思考過程と、その学説の上にある明確区分性説が「法定以上額が支払われているか判定するため」という狭い目的で明確区分を要求していることは整合性がある。

一方、判別要件は法定額以上の支払いを判定する「前提」として要求されるものであり、2つの趣旨による「判別」を行う以上、判別要件の存在目的は、法37条の2つの趣旨を全うし、労働契約による法37条の潜脱を防止するためのものである。

[2] 割増賃金の全ての法定外の支払方法が判別要件の射程になったこと

康心会事件最高裁判決（本章3－4参照）は法37条について以下のように述べた。

232

> 同条は、労働基準法37条等に定められた方法により算定された額を下回らない額の割増賃金を支払うことを義務付けるにとどまるものと解され、労働者に支払われる基本給や諸手当（以下「基本給等」という。）にあらかじめ含めることにより割増賃金を支払うという方法自体が直ちに同条に反するものではない。

　この判示部分は、基本給の一部を割増賃金とし、そこにあらかじめ含める方法（組込型）と、諸手当にあらかじめ含める方法（手当型が原則）の両方を射程にしている。ただし、諸手当に割増賃金を組み込むことも「含める」という言葉に含意されている。

　そのうえで、同判決は、割増賃金の支払方法について、(1) 労働基準法37条等の算定方法によらなくても法所定の計算額を下まわらなければ良いこと、(2) 実測された時間外労働等の時間に基づかず、あらかじめ基本給や諸手当に含めて支払う方法がただちに法37条に違反しないことを述べたものである。

　この点、(1) については、解釈例規[26]が、賃金単価過小、割増率過大で、結果として賃金単価は法定額以上になるところ割増賃金を時間に比例して支払っていた、という法定外の計算方法の事案で、同趣旨のことを述べて適法としたことを最高裁が是としたものであり、直前の国際自動車（第一次）事件最高裁判決の判示を踏襲したものである。そうすると請負制の賃金の計算方法による支払いも法定外の計算方法ということになろう。

　一方、(2) については、固定残業代全体について、最高裁判所が、ただちに法37条に違反するものではないことを初めて正面から述べたものである。本書では (1) と (2) を合わせて「法定外の支払方法」と定義している。

　康心会事件最高裁判決は、文言上、法定外の支払方法すべて

＊26　【寒冷地手当を割増賃金の基礎に算入しないが法所定の計算より上回る場合】昭24.1.28 基収 3947 号（解釈総覧 436 頁）。

を射程に含めており、従って、法定外の支払方法は、すべて、ただちに違法とは言えないことになる。

　他方で、同判決は下記のように述べ、これらすべてについて、法37条の趣旨による「判別」をすることを求めた。これにより、割増賃金の法定外の支払方法全般が判別要件の対象となったのである。

> 同条の上記趣旨によれば、割増賃金をあらかじめ基本給等に含める方法で支払う場合においては、上記の検討の前提として、労働契約における基本給等の定めにつき、通常の労働時間の賃金に当たる部分と割増賃金に当たる部分とを判別することができることが必要であり（参照判例略）、上記割増賃金に当たる部分の金額が労働基準法37条等に定められた方法により算定した割増賃金の額を下回るときは、使用者がその差額を労働者に支払う義務を負うというべきである。

　結局、固定残業代（定義は第1章5－1参照）は、より広く、法定外の支払方法による割増賃金の一種であり、法定外の支払方法には、固定残業代以外に、賃金単価過少・割増率過大のような計算方法、さらに請負制の計算方法により割増賃金を支払おうとする方法などがあると考えられる。これを図示すると以下のとおりである。

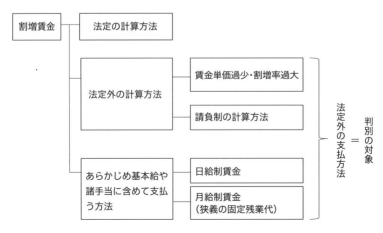

康心会事件最高裁判決は、従前の学説の論理の飛躍（第1章
5－3参照）を克服し、判別要件の射程を割増賃金の法定外の支
払方法全般へ広げた。
　また、ここでいう割増賃金には深夜早朝の割増賃金も含まれ
ており、深夜早朝割増賃金も判別要件の対象となった。

［3］判別要件は契約の定めに対して適用すること

　国際自動車（第一次）事件最高裁判決、康心会事件最高裁判
決は、「労働契約における（基本給等の）賃金の定め」について、
「通常の労働時間の賃金に当たる部分と同条の定める割増賃金
に当たる部分」との「判別」を求めた（本章3－3［2］参照）。
　これは、労働条件通知書、労働契約書、就業規則等の契約文
書における「残業代として支払う」という類の文書を鵜呑みに
するということでは全くない。労働基準法の強行的・直律的効
力の観点からは、賃金の支給実態により労働契約における賃金
の定めが特定されるのであり、契約文書の定め及び支給実態か
ら浮かび上がる労働契約の内容における賃金の客観的性質を対
象にして、判別可能であるかを検討することになる。
　判別要件が労働契約における賃金の定めにつき適用されるこ
とが明確になったことで、判別要件の射程は時間軸の上の適用
範囲が大きく拡大し、ハローワーク求人票や労働者募集広告を
はじめ労働契約が締結される内定時までの事情や、事前の説明
状況や交付した文書の内容など実際の入社時までの事情と、実
際の労働条件の齟齬を検討し、使用者が就業規則、入社後に押
印させる労働契約書、給料明細書など後出しで形を整えること
で固定残業代の合意ありとする主張について、判別不能とする
根拠となった。
　このことがさらに明確になったのが熊本総合運輸事件最高裁
判決（本章3－6［5］参照）であり、同判決は、就業規則上の
新旧の給与体系における割増賃金の定めを比較して判別不能の

結論を導いた。

[4] 趣旨による「判別要件」の具体的な内容と定義

趣旨による判別をするとしても、割増賃金に当たる部分について、割増賃金の制度趣旨をどこまで厳格に要求するのかによって結論が異なり得る。法定の計算方法は割増賃金の制度趣旨を実現するためのものである。従って、法定外の支払方法が許容されるとしても、法37条の趣旨による判別が必要である以上、法定の計算方法と同等以上に、使用者の負担による労働時間の抑制効果が認められない賃金（第1の趣旨）、労働者への補償とならない賃金（第2の趣旨）は割増賃金とは認められない。法37条が法定外の支払方法を許容しても、同条の趣旨の実現の点について規制を緩和していないのだから、このように解するのが当然であろう。

このような割増賃金制度の趣旨による判別要件の具体的な考慮要素として繰り返し挙げられるのは以下のものである。

① 賃金の形式的な区分が必要であり、かつそれだけでは判別可とならないこと（本章3－2［3］、3－4［4］）
② 実質的に「通常の労働時間の賃金」が混在する「割増賃金」の禁止（本章3－1［3］）
③ 労働契約により「通常の労働時間の賃金」を「割増賃金」に置き換えることの禁止（本章3－5［4］、本章3－6［5］）
④ 時間外労働等の実態と引き当てとなる固定残業代などの「変動」「かい離」の禁止（本章3－2［3］、本章3－6［4］）

積極的に割増賃金とは異なる性質を持つ賃金（例えば業務成果に対する成果給、出来高に対する歩合給、役職や資格に対する賃金）に割増賃金を含めようとすれば、必然的に趣旨の混在

が発生し、判別不能となる。また、客観的に法37条の趣旨に合致することが明らかにならない賃金は、時間外労働等があってもなくても支払われる賃金として、通常の労働時間の賃金にならざるを得ない。通常の労働時間の賃金の性質を持つ賃金を割増賃金に置き換えることもできない。

以上からすると、判別要件において、法定外の支払方法による割増賃金の判別が可能であることとは「契約書面及び賃金支給実態により定まる労働契約において、客観的に法37条の趣旨による割増賃金の性質を持つ賃金がそれとして特定され、通常の労働時間の賃金との混在がないこと」を意味する。

そして、「通常の労働時間の賃金」についての不定形性の指摘（本章3－3［2］）を前提にしたこのような判別要件の定義から、「割増賃金に当たる部分」を積極的に定義する必要が生じ、後述の対価性要件（本章4－5参照）が導かれる[27]。

［5］誰にとっての判別可能性か

判別要件が労働契約に関するものである以上、判別可能性は、当事者である労働者にとってのものであることは確認すべきだろう。現役の裁判官の見解でも、労働者自らが方程式を解かなければならないような場合には明確区分性の要件は具備されているとはいえない、としたものがある[28]。裁判例でも会社説明会において労働者が固定残業代についてメモを取っていないこと、入社時までに労働条件通知書や労働契約書が作成されていなかったことなどをも根拠にして就業規則上の固定残業代を否定したものがある（PMKメディカルラボ事件・東京地判平

---

[27] 財賀理行「歩合給の計算に当たり売上高等の一定割合に相当する金額から残業手当等に相当する金額を控除する旨の定めがある賃金規則に基づいてされた残業手当等の支払により労働基準法37条の定める割増賃金が支払われたとはいえないとされた事例」『最高裁判所判例解説民事篇令和二年度（上）』（法曹会、2023年）199頁は『『割増賃金に当たる部分』との文言には、「時間外労働等に対する対価として支払われるものとされている部分」であること、すなわち、対価性が含意されているということができ、対価性は、判別要件の中にもともと組み込まれているものと位置付けることが相当であるように思われる。」とする。

[28] 裁判実務134頁。

第6章 ●「通常の労働時間の賃金」と判別要件　237

30.4.18労判1190号39頁)。

[6] 判別可能性の立証責任

固定残業代などの割増賃金の法定外の支払方法は、労働契約上の合意事項として現れる。そうである以上、判別可能で対価性があることの立証責任は、労働契約上、法定の計算方法によらないある種の賃金が実質的に法37条の割増賃金に該当することを主張する側にあることになろう。従前から、固定残業代の立証責任が使用者にあることは争いがなかったと思われるが、その根拠は、その主張が支払い済みの抗弁であるという点に求められていた[29]。しかしそれだけではなく、判別可能であること、対価性があること、という法律要件該当性についての主張立証責任がある。

4──判別要件の一部としての対価性要件

4-1 日本ケミカル事件最判の事案

日本ケミカル事件最高裁判決[30]は、最高裁判所が対価性要件を定立したものであり、薬剤師に対して支払われていた月給制の手当型の固定残業代である「業務手当」について最高裁が初めて個別事案で適法としたものである。以下ではどう事件の事実関係を詳細に述べるが、それは固定残業代が有効になる最低限のラインがどのようなものかを考える上で、引き続き重要な事案だからである。事案は以下の通りである。

---

*29 東京弁護士会弁護士研修センター運営委員会編『割増賃金請求訴訟の知識と実務』(ぎょうせい、2012年) 202頁 (藤井聖悟)。

*30 最一小判平30.7.19集民259号77頁 (東京高判平29.2.1労旬1922号73頁、東京地立川支判平28.3.29同号77頁)。

[1] 入職2か月前の雇用契約書で合意された週の各曜日の所定労働時間等

ア 週所定労働時間

	始業時刻	終業時刻	休憩時間	所定労働時間
日				0：00
月	9：00	19：30	2：30	8：00
火	9：00	19：30	2：30	8：00
水	9：00	19：30	2：30	8：00
木	9：00	13：00	0：00	4：00
金	9：00	19：30	2：30	8：00
土	9：00	13：00	0：00	4：00
			合計	40：00

イ 休日

日曜日、祝祭日、夏季3日、年末年始（12月31日〜1月3日）。

ウ 月平均所定労働時間数

以上から導かれる月平均所定労働時間数（労基則19条1項4号）は157.3時間であった。

[2] 賃金に関する契約書面の記載内容

ア 入職2か月前の雇用契約書

「月額56万2500円（残業手当含む）」「給与明細書表示（基本給46万1500円、業務手当10万1000円）」との記載があった。

イ 本件雇用契約に係る採用条件確認書

「月額給与46万1500円」「業務手当10万1000円　みなし時間外手当」「時間外勤務手当の取り扱い　年収に見込み残業代を含む」「時間外手当は、みなし残業時間を超えた場合はこの限りで

第6章 ◉「通常の労働時間の賃金」と判別要件　239

はない」との記載があった。

ウ　賃金規定

「業務手当は、1賃金支払い期において時間外労働があったものとみなして、時間手当の代わりとして支給する。」との記載があった。

[3]　業務手当について、会社と他の労働者の間で作成された確認書の記載

業務手当として確定金額の記載があり、また、「業務手当は、固定時間外労働賃金（時間外労働30時間分）として毎月支給します。1賃金計算期間における時間外労働がその時間に満たない場合であっても全額支給します。」等の記載があった。

[4]　労働実態

ア　時間外労働時間

始期	終期	法内残業時間	法定時間外労働時間	合計
平成 25 年 1 月 21 日	平成 25 年 2 月 10 日	7：41	14：17	21：58
平成 25 年 2 月 11 日	平成 25 年 3 月 10 日	15：02	36：19	51：21
平成 25 年 3 月 11 日	平成 25 年 4 月 10 日	13：31	29：40	43：11
平成 25 年 4 月 11 日	平成 25 年 5 月 10 日	6：46	15：38	22：24
平成 25 年 5 月 11 日	平成 25 年 6 月 10 日	5：09	17：04	22：13
平成 25 年 6 月 11 日	平成 25 年 7 月 10 日	4：14	16：58	21：12
平成 25 年 7 月 11 日	平成 25 年 8 月 10 日	12：32	20：14	32：46
平成 25 年 8 月 11 日	平成 25 年 9 月 10 日	2：46	13：59	16：45
平成 25 年 9 月 11 日	平成 25 年 10 月 10 日	7：11	15：29	22：40
平成 25 年 10 月 11 日	平成 25 年 11 月 10 日	6：55	16：17	23：12
平成 25 年 11 月 11 日	平成 25 年 12 月 10 日	5：53	18：14	24：07
平成 25 年 12 月 11 日	平成 26 年 1 月 10 日	8：26	19：41	28：07
平成 26 年 1 月 11 日	平成 26 年 2 月 10 日	5：31	16：23	21：54
平成 26 年 2 月 11 日	平成 26 年 3 月 10 日	5：16	20：46	26：02
平成 26 年 3 月 11 日	平成 26 年 4 月 10 日	4：00	8：40	12：40

高裁判決によると所定労働時間外の労働時間は上記表のとおりであり、賃金の計算期間である1か月ごとにみると、全15回のうち30時間以上が3回、20時間未満が2回であり、その余の10回は20時間台であった。表のうち、休憩時間に食い込む時間外労働は、労働時間把握がされていなかった。なお法内残業時間の分は請求認容額に含まれていないように見える。

イ　残業代に関する給与明細書の記載

　給与明細書には、時間外労働時間や時給単価を記載する欄があったが、これらの欄はほぼすべての月において空欄であった。

4-2　対価性要件の規範と当てはめの内容

　このような事実認定を前提に、最高裁は以下のように判示した。

　（1）雇用契約において、ある手当が時間外労働等に対する対価として支払われているか否かは、①雇用契約に係る契約書等の記載のほか、具体的事案に応じ、②使用者の労働者に対する当該手当や割増賃金に関する説明の内容、③労働者の実際の労働時間等の勤務状況などの事情を考慮して判断すべきである。

　（2）対価性があると言えるために、労基法37条が、④定額残業代を上回る金額の時間外手当が法律上発生した場合にその事実を労働者が認識してただちに支払いを請求することができる仕組み（発生していない場合にはそのことを労働者が認識することができる仕組み）が備わっており、⑤これらの仕組みが雇用主により誠実に実行され、⑥基本給と定額残業代の金額のバランスが適切であり、⑦法定の時間外手当の不払いや長時間労働による健康状態の悪化など労働者の福祉を損なう出来事の温床となる要因がない場合に限られる、というような事情が認められることを必須のものとしているとは解されない。

　（3）ア　以下の（ア）（イ）から、上告人の賃金体系におい

ては、業務手当が時間外労働等に対する対価として支払われるものと位置付けられていた。

(ア) 本件雇用契約に係る契約書及び採用条件確認書並びに上告人の賃金規程において、月々支払われる所定賃金のうち業務手当が時間外労働に対する対価として支払われる旨が記載されていた。

(イ) 上告人と被上告人以外の各従業員との間で作成された確認書にも、業務手当が時間外労働に対する対価として支払われる旨が記載されていた。

イ 業務手当は、1か月当たりの平均所定労働時間（157.3時間）を基に算定すると、約28時間分の時間外労働に対する割増賃金に相当するものであり、被上告人の実際の時間外労働等の状況と大きくかい離するものではない。

ウ これらによれば、被上告人に支払われた業務手当は、本件雇用契約において、時間外労働等に対する対価として支払われるものとされていたと認められる。

4-3 事案への当てはめの特徴

[1] 労働契約上の所定労働時間の範囲と対価性の関係

本件は、労働契約上の週の所定労働時間及び年間の休日を特定できたという（本来は当たり前であるのだが）特徴がある。労働契約上および労働実態上、所定労働日、所定労働時間の範囲と所定時間外労働時間の範囲が明確に区別されているのは、対価性を認定するうえで重要な要素である。

本件では深夜早朝労働、所定休日労働もあったが、業務手当の対価性が検討されたのは専ら所定時間外労働（法内残業、法定時間外労働）である。これは労働契約上、業務手当が「時間外労働」の対価とされていたからである。

現実には、固定残業代を導入している事例では、週の所定労働時間数が契約上も特定されず、実態としても常に週6日以上、1日8時間以上労働させていて、週のうち定まった休日すら特定が困難な事例が少なくない。このような事例では、契約上の時間外労働等の位置を区別することすら困難となるから、固定残業代の支払い対象となる時間帯の特定も困難になるといわざるを得ないだろう。

[2] 実際の残業時間と対価性の関係

また本件では、所定時間外労働の時間は、賃金算定期間を単位とすると、15回中、3分の2にあたる10回は業務手当の引当時間との関係でほぼ等しいないしその約70％以上の範囲に収まっていたことになる。一方、引当時間を超過する残業代が発生したのは3回（20％）であった（超過分は一部を除き未清算）。注目すべきなのは、いわゆる超過分清算ないし差額清算合意の論点との関係でいうと、引当時間を超過した月だけを事実認定すれば足りるのに、引当時間との関係でその約70％を下まわったのが2回（約13％）であるという事実認定をあえてした点である。これは4－5［3］で述べるように対価性とは何かを検討する上で重要である。

4-4 対価性要件が判別要件の下位規範に位置づけられた経緯

[1] 対価性要件と判別要件の関係

最高裁判所は、先行する康心会事件最高裁判決（本章3－4参照）で、固定残業代を「基本給や諸手当にあらかじめ含めることにより割増賃金を支払う方法」と位置付けており、手当型の固定残業代であってもそれゆえに判別要件の射程から外れるわけではない。また、日本ケミカル事件最高裁判決の当てはめ部分は、同じ月給制のテックジャパン事件最高裁判決の判別要件

第6章 ●「通常の労働時間の賃金」と判別要件　243

の当てはめ部分の判示（本章3－2［2］参照）と同趣旨の検討を別件で行っている。すなわち、本章3－2［2］アと本章4－2（3）ア、本章3－2［2］イと本章4－2（3）イが同様の要素を検討している。

そして、この判決が定立した対価性要件も法37条の趣旨を前提にしている。

これらの点を踏まえると、判別要件と対価性要件は重畳的に補い合う関係の要件だということになる[31]。

［2］日本ケミカル事件最判の調査官論文の誤り

これに対し、日本ケミカル事件最高裁判決の担当調査官が書いた評釈論文は「本件においては基本給とは区分されて支払われる定額の業務手当全体が固定残業代に当たるか否かが争われているため、判別要件は直接的には問題とならない」「定額の手当制につき、その手当が時間外労働等に対する対価として支払われたか否かは契約内容により定まり、その他の要件を要するものではないことを明確にした」[32] として、対価性要件が、判別要件とは択一的な関係にあり、手当型の固定残業代には対価性要件のみが適用されるかのように論じた。また、「一般に、契約の内容の認定を行うにあたり、契約書等の記載内容に加え、締結時やその前後の当事者の言動等を総合的に考慮することは通常行われていると思われる。雇用契約についても基本的に異なるところはなく……」として、固定残業代の問題を契約における当事者の合理的意思解釈に解消できるかのように論じた。

しかし、この見解は、発表時点ですでに定額の手当も判別要件の対象とする康心会事件最高裁判決（本章3－7［2］参照）と矛盾していた。また、国際自動車（第一次）事件最高裁判決

---

[31]　渡辺輝人「日本ケミカル事件最高裁判決の意義」労旬1922号（2018年）10頁。

[32]　池原桃子「雇用契約において時間外労働等の対価とされていた定額の手当の支払により労働基準法37条の割増賃金が支払われたということができないとした原審の判断に違法があるとされた事例」ジュリ1532号（2019年）76頁。

244

が判別要件ないし対価性要件について民法90条等ではなく法37条そのものの射程の問題として判断するように示したのに（本章3−3［3］参照）、この見解は対価性要件を労基法37条の下にどうやって位置付けるのか何も述べておらず（そもそも論文中で法37条の文言の解釈をしていない）、大きな難があった。

［3］ 国際自動車（第二次）事件最判において軌道修正され判別要件の下に位置づけられたこと

国際自動車（第二次）事件最高裁判決（本章3−5参照）は、法37条の2つの趣旨を再確認したうえ、判別要件について康心会事件最高裁判決を引用した。また、判別をすることができるというためには、当該手当が時間外労働等に対する対価として支払われるものとされていることを要する、として日本ケミカル事件最高裁判決を参照した。判別できるためには対価性が必要（その逆ではないし、十分としているわけでもない）としており、当てはめの結論部分も「判別することはできない」から「割増賃金が支払われたということはできない」とした。

そうすると、国際自動車（第二次）事件最高裁判決は、判別要件と対価性要件の関係を、判別要件を基本とする相補的な関係のものと捉えているといえる。第二次最高裁判決が対価性要件を判別要件と相補的なものと位置付けたことで、日本ケミカル事件最高裁判決の調査官の見解から軌道修正し、対価性要件を労基法37条の文言の下に正しく位置付けたといえる。

実際、同事件の担当調査官は「『割増賃金に当たる部分』との文言には、「時間外労働等に対する対価として支払われるものとされている部分」であること、すなわち、対価性が含意されているということができ、対価性は、判別要件の中にもともと組み込まれているものと位置付けることが相当であるように思わ

れる。」と解説する[33]。

4-5 判別要件の下に位置づけられた対価性要件の具体的な内容

[1] 判別要件の意義から導かれる「対価性要件」の定義

法37条が労働契約における「通常の労働時間の賃金」の定め方について特に規定していない（「不定形性の指摘」。本章3-3［2］参照）以上、労働契約上の「通常の労働時間の賃金」はいわば"何でもあり"と考えられる。実際、契約自由の原則に対応して、労働契約上の「通常の労働時間の賃金」には多様な賃金形態、性質、支払要件、支給（計算）方法等があり得る。

「通常の労働時間の賃金」の不定形性のもとで「通常の労働時間の賃金に当たる部分」と「割増賃金に当たる部分」とを判別しようとすると、客観的に法37条の趣旨による賃金であると言えない限りは、「通常の労働時間の賃金」となることから、「割増賃金に当たる部分」を積極的に定義する必要が生じる（本章3-7［4］参照）。

このような意味での対価性とは「労働契約上の賃金体系全体における位置づけや計算過程からしても、職務、職位、業績、出来高、能率、生活保障等や労働者の個人的事情ではなく、専ら時間外労働等という特定の労働時間に対して割増賃金制度の趣旨による対価性を有すること」となる。

このような考え方自体は目新しいものではなく、除外賃金の除外（特に「通常の労働時間の賃金」ではないという理由で除外される前述⑥「臨時に支払われた賃金」、⑦「1ケ月を超える期間ごとに支払われる賃金」）は除外賃金を積極的に定義し、残りを全て「割増賃金の基礎となる賃金」とする控除法によっている（第5章2-1参照）。

---

[33]　財賀・前掲注[27]。

246

最高裁判所が対価性要件を定立し、これを判別要件の下位規範と位置づけたことの最大の意義は、このように法37条1項と5項の関係性を、判例法理によって割増賃金の法定外の支払方法全般に適用したことにある。

[2] 具体的な考慮要素

日本ケミカル事件最高裁判決は、①雇用契約に係る契約書等の記載のほか、具体的事案に応じた、②使用者による他の労働者に対する説明の内容、③労働者の実際の労働時間等の勤務状況などの状況、の3つを対価性要件の考慮要素としており、形式的には、この3つの要素が等価ということになるだろう。

このうち①は基本的に契約書面の記載の問題であるが、②は当該事例での契約内容の推認に加え、他の労働者への説明状況も考慮することで事業所における客観的な制度の運用実態を推認する事情である。そして、③は完全に客観的な事情である。

②③は、契約書面の外側の客観的事情を対価性判断の必須の考慮要素として採り入れたものであるが、判別要件の下に位置付けられた対価性要件の考え方としてはむしろ当然だろう。しかし、労働事件では、当事者の労働者以外の同僚が会社側で一斉に判をついたような内容の陳述書を提出してくる例もあり、他の労働者への説明状況の点を強調しすぎれば、賃金の客観的な性質に関する判断を誤ることになるだろう。契約書面で明示された手当であっても、異なった説明がされたり、実態が契約書面等で示された手当の趣旨と異なる場合には、対価性が否定されうるのである。

そして、日本ケミカル事件最高裁判決は上記3つの考慮要素を必須のものとしたが、他の考慮要素（本章4−2）を否定したものではない。また、熊本総合運輸事件最高裁判決は、このような限定を付さない「諸般の事情」を考慮要素としており、軌道修正している。

第 6 章 ◉「通常の労働時間の賃金」と判別要件　247

[3] 実際の残業時間と対価性の関係（時間外労働等の実態との「変動」「かい離」）

　日本ケミカル事件最高裁判決は4−3 [2] で述べたように、「かい離」の事実認定をした。

　最高裁は、要件として、固定残業代の引き当てとなる時間数の特定は求めなかったが、実態として引当時間に対して実態の値が大きく変動（かい離）すること（引当時間を超過したり、引当時間の7割に満たないような過小な労働時間であること）が常態化すると、対価性を喪失しうる、という判断をしていることになる。

　この点、固定残業代の引当時間を実態が超過した場合やそうであるのに差額清算がされない場合の扱いは、従前から議論があった。一方、固定残業代と称しながら、引当時間に対して実態が過小であることが常態化する場合に通常の労働時間の賃金が混入しているとみる考え方も従前から裁判例には現れていた[34]。このように超過したり過小であることが常態化すると、結局、その手当は、実態として時間外労働等の多寡にかかわらず定額が支払われるということになり、対価性を観念できなくなるのである。

　このような対価性の検討要素としての「変動（かい離）」の観点は、固定残業代の額と法定計算額を比べて、前者が後者を超過した場合にそのこと自体や（少なくとも）超過分清算実態がないことが割増賃金の未払いを推定し、通常の労働時間の賃金であることを推認させること、逆に、後者が過小の場合に通常の労働時間の賃金の混在が推測されること、また、共立メンテナンス事件（大阪地判平8.10.2労判706号45頁）にも現れてい

---

[34]　トレーダー愛事件・前掲注[24]。担当裁判官は同年3月に出されたテックジャパン事件最高裁判決の判別要件の当てはめ部分を詳細に分析していると推測される。一方、いわゆる櫻井補足意見を参照した形跡はなく、労働者側代理人（筆者）も櫻井補足意見に基づく主張をしていない。

るように従前から固定残業代の額が法定計算額にほぼ等しいこと自体を固定残業代の適法要素とする考え方があったところ、これらの考え方をまとめてひとつの検討要素にしたとも考えられる。

　後の熊本総合運輸事件最高裁判決は契約上割増賃金とされる賃金に対する労働実態が常に過小だったことも対価性否定の根拠の一つとされており（本章3－6［4］参照）、このことを裏付けた。

　対価性要件は、無定量な時間外労働等の対価として「充当」するような手当を許容するものではなく、使用者によって、時間外労働等が手当の引当時間の枠に収まり、手当と労働実態の対応関係がなくならないようにコントロールされることを要求するものである。

［4］　複数の異種の割増賃金を同時に支払おうとする固定残業代の対価性

　日本ケミカル事件の事案では、法内残業、法定時間外労働、深夜労働、所定休日労働などがあったが、労働契約上「業務手当」の支払対象とされたのは所定時間外労働（法内残業、法定時間外労働）のみであり、最高裁も専らそれらについて対価性を検討している。

　一方、最高裁判所の考え方を前提とすると、例えば、深夜早朝の残業、そうでない時間帯の残業、月60時間超の残業など、割増賃金の支払対象となる様々な種類の労働時間の複数を引き当てとする狭義の固定残業代もただちに違法とはならないだろう。この点、就業規則に「営業ＳＦ職・ＡＬ職の基本給及び調整給の60％或いは65％を本給とし、40％ないし35％を超過勤務・深夜勤務・休日勤務手当とする。」、労働条件通知書に「みなし労働者や年俸者の場合は金額の4割を相当分としています。」としていた事案で、「被告は、Ｂの給与の40％が85時間相

当のみなし残業代であったと主張するが、被告の主張する計算式には、休日、深夜、月60時間超の割増が考慮されていない。給与の40％に相当する時間外労働時間は、休日、深夜、月60時間超、の時間がそれぞれ何時間あったかで変動するものであって、上記（1）の規定だけからは、給与の40％に相当する時間外労働時間を確定することができない。したがって、割増賃金に当たる部分がそれ以外の賃金部分と明確に区別されているとはいえない。」とした事例がある（木下工務店事件・東京地判平25.6.26D1-LAWID:29028541）。この裁判例は、明確区分性の問題と捉えると違和感があるが、実際には契約上の対価性の範囲の不明確性に起因する労働実態との「変動」「かい離」を検討していたと考えれば、的を得たものとなろう。

その後も、トラック運転手に支払われていた「運行時間外手当」について、賃金規程上の記載から対価性の範囲を法定時間外勤務に限定した上、①基本給額が運行時間外手当の額より低く最低賃金額を割り込んでいること、②大型運転免許とフォークリフト免許という特殊な免許を持つトラック運転手である原告の時給としては明らかに低額に過ぎること、③運行時間外手当の引当となる時間外労働の時間は約131.38時間であるところ、三六協定（90時間）、過労死認定基準（月100時間）を超えること、④基本給を5900円増額時に運行時間外手当を5900円減額しており昇給のあり方として不自然であることなどから判別不能とした事案（国・所沢労働基準監督署長（埼九運輸）事件・東京地判令4.1.18判時2563号73頁）がある。

［5］対価性の時的範囲

法定外の計算方法による支払の場合、それが適法である場合でも、それにより対価性のある範囲は別途問題となる。そして、その範囲は契約内容の客観的な解釈の問題となる。

日給制の割増賃金の場合、当該労働日の法定の計算方法によ

る割増賃金の額より多くなる場合は、労働契約により、その額が支払われる。一方、過小である場合は差額清算が必要になる。

　実務では、日給制を採りながら賃金締切期間を月単位とする事業所で、日給制の割増賃金を合算したうえ、その月の時間外労働等の全体の時間に対する法定の計算方法による割増賃金との間で多寡を比べている例もあるように思われるが、対価性の範囲を超えて弁済の効力を認めるのはできないだろう。

　この点、立正運送事件（大阪地判昭58.8.30労判416号40頁）は「被告は、当時の原告らの賃金が毎月25日締切で月毎にまとめて支給されていたから、右月単位でみて、深夜時間外割増賃金の支給総額が、各日毎に労働基準法所定の計算によって算出した深夜時間外割増賃金額の合計額を、下回らない限りは、当該月の深夜時間外割増賃金の支給不足分は生じない、との旨主張するところもあるが、右のとおり、原告らの当時の賃金が日給制であった以上、たとえ、支払が月単位にまとめて為される場合であっても、計算はあくまで日単位で為すべきであり、労働基準法所定の計算額を超える深夜時間外割増賃金を支給した日についても右超過分は原告らと被告との間の雇用契約所定の支給分であって不当利得分でもないから、被告主張のように月単位でみて、支給すべき額合計を下回らないだけの合計支給額があれば足りる、とすることはできない。」とした[35]。

　裁判実務を担当する裁判官が書いた文献でも、立正運送事件の裁判例を引用したうえ、同様の結論を採ったものがあり、理由として「1日ごとに給与計算をしようとする日給制という約定の内容自体に照らし、固定残業代による割増賃金の清算を月単位で行うことは、約定内容に齟齬する取扱であるといわざるを得ない。」としている[36]。

---

[35]　東京労働法研究会編『注釈労働基準法（下巻）』（有斐閣、2003年）644頁（橋本陽子）はこれを支持する。

[36]　類型別（Ⅰ）209頁。

実務では休日出勤について日給制の休日出勤手当が支払われることがあるが、上記と同様に考えることができる。

　かつての裁判例（SFコーポレーション事件・東京地判平21.3.27労経速2042号26頁）では、就業規則に、「管理手当」を「月単位の固定的な時間外手当の内払いとして、各人ごとに決定すること」、就業規則における残業代の計算金額と管理手当の間で差額が発生した場合に「不足分についてはこれを支給し、超過分について会社はこれを次月以降に繰り越すことができるものとする」との規定がある場合に、「計算上算定される残業代と管理手当との間で差額が発生した場合には、不足分についてはこれを支給するとしつつ、超過分については被告がこれを次月以降に繰り越すことができるとしているのであり、別紙（略）『割増賃金計算表』記載のとおり、未払の時間外・深夜労働割増賃金は存しないものと認められる。」とし、固定残業代のうち当月の"過払い"金額を繰り越して、翌月以降に発生する時間外手当に充当することを是としたものがあった。しかし、終業規則上も対価性の範囲を「月単位」としている以上、このような「繰り越し」は就業規則内で矛盾を引き起こしている。また、労基法24条2項が「賃金は、毎月一回以上、一定の期日を定めて支払わなければならない」としていることからも、ひと月以上の期間の対価性は観念できないはずである。その範囲を超えて対価性の範囲を拡大するなら、あるかどうかも分からない翌月以降の時間外労働に対する対価性を無限定に観念することになるから、対価性の範囲が不明確になり、かえって、残業があってもなくても定額を支払う賃金として対価性を喪失すると考えられる。

5──出来高払制その他の請負制（労基則19条1項6号）における「通常の労働時間の賃金」の意義

5-1 請負制の意義と外延

[1] 請負制の意義

労基法では、出来高払制その他の請負制（以下「請負制」）の賃金は最低保障給の関係で27条に現れる。労働行政は「本法においては、出来高払とは請負制の一種であると解している。」とし、「請負制とは、一定の労働給付の結果又は一定の出来高に対して賃率が決められるものである。」[37]とする。

また、請負制は、労働者が使用者の指揮命令下にあって、労務を行い、賃金が時間によってではなく、仕事の量によって定められているものである。民法上の請負は、仕事の完成とそれに対する報酬を前提とするから（民法632条）ここにいう請負ではない[38]。

割増賃金の計算方法に関する労基則19条1項6号は法27条と同じ文言を使用しており別異に解すべき根拠はないから、割増賃金制度との関係での「出来高払制その他の請負制」も同様の意義だと解される（サカイ引越センター事件・東京高判令6.5.15判例集未登載、同事件・東京地立川支判令5.8.9労判1305号5頁）。同事件高裁判決が指摘するように、出来高払制というためには、賃金と出来高の「緩やかな相関関係」があるだけでは不十分である。

---

[37]　労働基準局（上）388頁。請負制の定義は「本条」のものではない。

[38]　西川達雄「2　賃金支払方法」日本労働法学会編『現代労働法講座11巻　賃金・労働時間』（総合労働研究所、1983年）39頁。

第6章 ●「通常の労働時間の賃金」と判別要件　253

［2］請負制の外延

　請負制の賃金の外延を考えるにあたっては、特に、請負制の賃金の算定過程で、様々な経費相当額を控除することについて、契約上の賃金の計算方法とみるのか、賃金からの控除の問題（労基法24条の賃金全額払い原則の問題）と捉えるのかという非常に困難な問題がある。

　この点、賃率をかける前の出来高の算定について、諸経費相当額を控除した金額を出来高とすること自体は否定されないようである。同様に、労働者が不良品を製作した場合にそれを出来高に含めないなどの措置もある。固定給を支払う代わりに出来高の算定について足切り額（例えばタクシー運転手について35万円を超える水揚げ額について賃率40％などとする場合の35万円）を設けることも一般的に許容されている。

　これに対して、出来高に対して賃率をかけ、請負制の賃金の定義を満たした後の金額から諸経費等の相当額を控除するのは、労基法24条の賃金全額払いの原則との関係が問題になる。これを単に賃金の計算過程の問題とするなら、同様の契約は月給制の賃金でも可能なはずで、例えば算定基礎額（例えば30万円）なるものを定め、そこから労働者が作成した不良品の相当額を控除した額を賃金とすることや、同様に算定基礎額から社会保険の使用者負担分を控除した額を月給とする旨の労働契約も別段の問題はないはずである。しかし、それでは「相当額」と銘打つだけで賃金全額払いの原則を回避できることになり、労働者が使用者に損害を与えた場合でも使用者から労働者に対する求償が制限されていることすら画餅に帰す。裁判実務は、請負制というだけで無原則的な控除が許容されがちであるが、経費等の控除の問題は、必ずしも請負制固有の問題ではない。

　労働行政が請負制の賃金の定義を前記のようにしている以上、定義を満たし、「賃金」となった後の額から何かの控除をするこ

とは、労基法24条1項の賃金全額払いの原則の違反になると考えるべきだろう。

5-2 請負制賃金の該当性が問題になった事例

　同一の名目の賃金についていうと、それを月給制や日給制と見る場合と、請負制と見る場合を比べると、請負制賃金と見る方が、割増賃金の法定の計算方法が労働者にとって不利なものになる。そこで、ある名目の賃金が請負制の賃金に該当するか自体が争点となった事例が多数存在する。以下の事例は職種の断りがない場合はトラック運転手の事例である。

（肯定例）
　請負制の賃金該当性が肯定された事例として例えば以下のものがある。

①朝日急配事件　名古屋地判昭58.3.25労判411号76頁

　1日の運送回数が基準回数を超えた場合超えた回数ごとに1000円～1200円が支給される市内オーバー回数手当、片道200km以上の走行について500円支給しさらに100kmを超えるごとに250円加算する長距離オーバー手当、目的地に荷物を運送した帰りに帰荷を積む場合に支給される帰荷手当の事例。

②タマ・ミルキーウェイ事件　東京高判平20.3.27労判974号90頁

　1日の運行における、荷主から収受する固定運賃（車建）と積載貨物の量から算出される変動運賃（個建）からなる運賃に、大～小の乗車する車両の種類ごとに設定された一定の数値を乗じたものを月ごとに合算して計算される変動手当の事例。

③ヤマト運輸（業務インセンティブ・控除措置）事件　大津地判
平23.1.27労判1035号150頁

第6章 ●「通常の労働時間の賃金」と判別要件　255

集荷純収入×評価率＋配達純収入〔配達個数・250円、メール便冊数・45円〕×評価率＋販売純収入×評価率−控除額（1日当たりの総労働時間×賃金単価300円）＋店所（センター）業績インセンティブ＋目標労働時間達成加算、という計算式で算出される「業務インセンティブ」について「出来高給の性質上、時間的要素を斟酌することが許されないということはできない」とされた事例。

（否定例）

一方で、請負制の賃金該当性の否定例として例えば以下のものがある。

④ブラザー陸運事件　名古屋地判平3.3.29労判588号30頁

配車指示に基づく一運行ごとに定額が支払われる運行手当、ワンマン手当、宿泊手当について日給制とされた事例

⑤名鉄運輸事件　名古屋地判平3.9.6労判610号79頁

店所ごとの取扱重量と各労働者の運行距離・荷作業重量により定まる業績指数によりSABCDの5ランクにランク付けされランクごとに定額が支給される職務給について、同一店所、同一職務、同一資格者が月24日勤務の場合には必ずDランクの金額を支給し得、出勤日数が異なる場合でも日割で支給されることからDランクの賃金について請負制の賃金該当性を否定したうえ、1ランク上がるごとに200円増額される変動部分についても、請負給とはいえないものを、それらしく見せかけるための装飾的部分であり、労基法の定める割増賃金の支払いを免れるための操作といわざるを得ない、とされた事例。

⑥丸一運輸（割増賃金）事件　東京地判平18.1.27労判914号49頁

歩合給といいながら実際は歩合保障を上回る歩合を出せない

賃金の事例。

⑦大阪エムケイ事件　大阪地判平21.9.24労判994号20頁

タクシー運転手について {月度売上－（基本給額＋固定経費＋変動経費＋通勤手当)}・0.3＝月度利益配分額とされる利益配分について「被告の賃金制度における利益配分の額は、売上額によってその額が大きく左右されるものであるといっても、売上額に比例するわけではなく、被告によって様々な控除が行われ、その結果算定されるものであり、売上が伸びたからといって当然に利益配分の額が上がる仕組みにはなっていないこと、利益配分の額がマイナスになった場合には基本給部分からの控除が行われるものとされていることからすれば、利益配分についても、実質的には基本給と一体となって「月によって定められた賃金」を構成しているというべきである」とした事例。

⑧東名運輸事件　東京地判平25.10.1労判1087号56頁

車両の良好な整備について月額で払う愛車手当、無事故の場合に支払う無事故手当、100kmを超える運転について1キロごとに20円支払う100キロ手当について「いずれの手当も、時間を延長して稼働したことによる成果を基準にした支給とはいえないから、歩合給と見ることはできない」とした事例。

⑨川崎陸送事件　東京高判平29.11.16D1-Law.com判例体系（28254740）

従業員が宿泊を伴わない運行を行った場合に、その1運行（1運行とは、車庫を出発してから帰庫するまでを指す）につき5000円の支給を行うものと規定されているが、実際には、1日につき5000円として支払われている「地場手当」、従業員が車中泊等の宿泊（休息）を伴う運行を行った場合に、1運行当たり7000円の支給を行う「長距離手当」、従業員がバラ荷の積卸しを行った際に、1回当たり4トン以上について800円、4トン

第6章 ●「通常の労働時間の賃金」と判別要件　257

未満について400円の支給を行うが、1日の上限額を2000円とする「積卸手当」についていずれも請負制該当性が否定された事例。

⑩サカイ引越センター事件　東京高判令6.5.15判例集未登載（同事件・東京地立川支判令5.8.9労判1305号5頁）

　引越運送業務に従事する「現業職」について、車両・人件費値引後合計額を、作業車両トン数で配分を行い1か月分を合計した金額を「売上額」とし、これが100万円未満の場合は5％、それ以上は50万円ごとに1万5000円ずつ増額される部分（売上給）と引越作業の件数によって支給される部分（件数給）による「業績給A」について、売上給につき「売上額」の基となる「車両・人件費値引後合計額」は営業職が顧客と交渉して営業責任者が決裁して決定し「引越荷物の量等と引越料金が完全に一致するわけではない」こと、作業量が現場での顧客の梱包作業の状況により増加することがあること、「売上額」は配車で決まるところ客観的な基準はなく、配車係の裁量に委ねられていること、また、件数給につき労務給付の成果（作業量等）と必ずしも連動しないことなどから出来高払制賃金該当性が否定され、並びに、配車係の指示により、長距離運転（150km以上）、ピアノの搬出・搬入、応援、資材引取等の一定の作業を行った場合にポイント表に基づいて支給される賃金であり、現業職に義務付けられた業務の一環の中で使用者の指示に基づいて行われる特定の作業についてその内容に応じた手当を付ける「業績給B」の出来高払制該当性が否定され、その他の「愛車手当」「無事故手当」についても否定された事例。

　全体として、歩合給といいながら、実態が日給制、月給制である場合や、出来高の計算基準が不明確であったり相当ではない場合や、個別の指揮命令に従った労務給付をしたに過ぎない場

合は、賃金算定期間に応じ、月給制や日給制の賃金として扱われ
る、といえる。賃率をかける際に出来高にかかわらず必ず支給さ
れる部分もそもそも請負制の賃金ではないと考えられる。

　このように裁判事例を俯瞰すると、労基則19条1項6号の賃
金に該当するということは、同項1〜5項の賃金との関係で使
用者側に有利な計算方法を採用する特則の関係になっているこ
とがみてとれる。そうであれば、請負制の賃金に該当すること
が争点となる場合には、該当すると主張する側に該当性につい
ての主張立証責任が課されることになる。

　もっとも、上記①の長距離オーバー手当と⑧の100キロ手当
は同趣旨のように思われるが反対の結論になっている。この点、
運送を職務とするドライバーにとって走行距離を出来高の指標
とすることは、「出来高」の概念からも疑問であるし、本務に従
事する時間を指標とすることに近似する。このように、労働時
間そのものや労働時間を換算することに近似する数値を出来高
として扱うことは、賃金と労働時間に関連がないゆえに特殊な
割増賃金の算定方式をとる制度趣旨とは相容れず、請負制の賃
金とは認められないと考えるべきである。また、③では労働時
間を1時間ごとに300円を控除する事例が可とされているが、
国際自動車事件の事案と同様の「通常の労働時間の賃金」から割
増賃金への「置き換え」をしていると考えられ、違法と解する。

（請負制賃金を導入することの不利益変更性）

　賃金制度を改定して請負制を導入することは労働条件の不利
益変更に当たるとする裁判例がある。

⑪コーダ・ジャパン事件　東京高判平31.3.14労判1218号49頁

　「本件就業規則」上は月給制であるところ実際の賃金は最低保
障給を27万円とし個人売上げから高速道路代を除いた残額の
30％という完全歩合制（本件歩合制合意）がとられており、賃

金支給実態はおおむね40万円台の後半から50万円台であった事案で「本件歩合制合意のもとでの割増賃金は、本件就業規則による割増賃金よりも不利なものであると考えられる。」とし、長時間の残業があったことも踏まえ、割増賃金の計算方法の点を捉えて労働条件の不利益変更と判断した事例。

⑫大島産業ほか（第2）事件　福岡高判令元.6.27労判1212号5頁（同事件・福岡地判平30.11.16労判同号12頁）

就業規則の日給月給制に対して、使用者側がこれと異なる出来高払制の合意を主張した事案であるが、まさに割増賃金の計算方法の点で、就業規則のほうが労働者に有利とした事例。

5-3　請負制の「通常の労働時間の賃金」（時給制に「換算」すること）[39]

[1] 立法当時の説明

政府は労基法を審議した帝国議会に対して、請負制の割増賃金の計算方法は米国の公正労働基準法と同様だと説明していた。すなわち「労働基準法案解説及び質疑応答[40]」は、

「**第八十問**　出来高払制の賃金については、時間外割増をどうやって計算するか。
答　出来高払制の賃金を受ける者については、八時間労働制におけるその者の通常の賃金収入を計算し、之を時間制に換算してその二割五分を最低割増率にする。之はアメリカの公正労働標準法でも同様である。」

＊39　渡辺輝人「通常の労働時間の賃金の定義形成経緯と出来高払制その他の請負制での意義」日本労働法学会誌137号（2024年）268頁。

＊40　立法資料（3）上158頁。

260

とする。

米国公正労働基準法7条（e）項は「the regular rate」（「正規の賃金率」。定義は連邦労働規則778.109条）という文言で割増賃金の時間賃金率を規制する。具体的には正規の賃金率の計算から除外できる賃金を法で限定列挙し、それ以外の全ての賃金を対応する所定労働時間数で除して正規の賃金率を求める。（所定）時間外労働の対価である割増の賃金率による追加報酬自体も除外賃金として法定されている（7条（e）項（5））。そして、公正労働基準法7条（a）項は、週40時間超の労働について正規の賃金率の1.5倍を下回らない賃金率による割増賃金の支払いを求める。

出来高払制の割増賃金の計算方法を見ると、まず同法7条（g）項（1）で、出来高払制において（a）項違反とならない割増賃金の計算方法を規定している。労使の合意により時間外労働中の出来高払制の賃率を法定時間内のそれの1.5倍を下回らない率とする方法である。その上で、連邦労働規則（連邦規則集（CFR）中の第29章－労働（Title29-Labor））のパート778は、時間外労働の対価についてのものであるが、778.111条が出来高払制における正規の賃金率の計算方法を規定しており、法定の除外賃金を除き、当該週に出来高払制で支払われた総報酬（他の全ての付加給を含む）を週の総労働時間数で割ることでこれを算出する（本則的計算方法）[41]。そして同条は法7条の要件を満たす代替の計算方法として連邦労働規則778.418条を参照する。同条は労使の事前の合意で「時間外労働ではない時間について出来高払制に基づいて賃金を支払われた被用者が時間外労働中の出来高についてその出来高払制の1.5倍以上の率で支払

＊41　米国労働省の賃金・時間局は2020年にオピニオンレター（FLSA2020-17）を発出し、裁判例も踏まえながら本則的計算方法を確認している。ここでは出来高払制の合意をしたトラックの荷降ろし労働者の手待時間（非生産的時間）に、出来高払制賃金とは別に同法に基づく最低賃金を支払うべきかが論点とされたが、同局は、特約や出来高払制のみを支払う取決めからの逸脱がない限り「出来高払制の報酬は、生産的時間及び非生産的時間の両方の総労働時間の対価であることが明確な結論」とし、支払を不要とした。

第6章 ◉「通常の労働時間の賃金」と判別要件　261

われること」という方法を他の要件とともに規定している。

[2] 規則制定期における考え方の変遷

労基則の第一次案17条1項は、賃金額を対応する期間の所定労働日数で除した金額を「通常の労働日の賃金」（日割額）とし、これを所定労働時間数で除してその時点での「通常の労働時間の賃金」（賃金単価）を得ることにしていた。請負制の賃金については2項を設け「出来高払制その他の請負制によって定められた賃金については、直前の支払期間中の所定労働時間に支払はれた賃金を前項の規定に準じて除した金額を法第三十七条の規定による通常の労働時間又は労働日の賃金とする。」としていた[*42]。

第二次案では趣旨は変わらないものの請負制の項の文言が「直前の支払期間中の所定労働時間に支払はれた賃金を所定労働日に労働した日数で除した金額を、法第三十七条一項の規定による通常の労働日の賃金とし、これを所定労働時間で除した金額を〔、〕通常の労働時間の賃金とする。」と明確化され[*43]た。しかし「直前の支払期間中」の賃金単価を用いて割増賃金を計算すると使用される単価と当該支払期間の時間外労働等の時間に対応関係がなくなり、実態にあった制度といえない。また直前の支払期間の所定労働時間の対価をどのように計算するのかという肝心の部分が不明である。

第四次案の17条4号ではさらに「当該賃金計算期間において出来高払制、その他の請負制によつて計算された金額の総額を当該賃金算定期間における総労働時間【数】で除した金額を通常の労働時間の賃金とし、この額に【通常の労働日における】所定労働時間【数】を乗じた金額を通常の労働日の賃金とする。」

＊42　立法資料（4）上185頁。

＊43　立法資料（4）上213頁。

とされた[44]。この段階で、所定労働日に対応する金額を独自に算出する考え方が放棄された。そして、公聴会後修正第二次案[45]で、法定休日割増賃金との関係で「通常の労働日の賃金」に独自の意義を与える方針自体が放棄され、現在の労基則19条1項6号の文言になった。

[3] 検討

ア　所定労働時間の対価を算出する方法としなかった理由

　帝国議会に説明された「八時間労働制におけるその者の通常の賃金収入を計算」する方針は、米国公正労働基準法における代替の計算方法であり、「通常の労働日の賃金」を規制概念として用いる方針でもあったが、結局採用されず、同法の本則的計算方法と同様の方法が採用された。その理由は、ついに計算方法が示されなかったことからしても所定労働時間の対価を分離することの困難性であろう[46]。

　そして本則的計算方法における出来高払制賃金は対応する総労働時間の対価であること、そこからの所定労働時間の対価の分離を断念したことを併せて考えると、規則制定期の作業担当者は、出来高払制賃金を、まずは対応する総労働時間の不可分（判別不能）の対価だと考えていたといえる。ただしそう考えると時間外労働等の対価を分離してその部分のみ割増することもできない。

＊44　立法資料（4）上246頁。

＊45　立法資料（4）上354頁。

＊46　所定労働時間の対価を分離して算出することについては、実施する使用者側から、第四次案と同様の案文につき「本条第四号の当該賃金計算期間とは、請負制によつて仕事が完成し最終的に賃金が計算せられる当該請負仕事の期間を指すか、或ひは就業規則で定められる賃金の締切期日より締切期日迄を指すか。若し後者とすれば土木建築関係の請負制の場合、通常の労働時間の賃金の計算はその仕事の請負賃金の総額をその仕事に従事した総労働時間で除した金額とすることを明にすべきではないか。」との批判もあった（立法資料（4）上570頁）。

イ 請負制の通常の労働時間の賃金──時給制に換算

　作業担当者らは、立法期の第七次案までは、請負制賃金についても他の賃金形態と同様の「通常の労働時間の賃金」を観念していたと考えられるが、所定労働時間の対価の分離困難性に気づいていなかった。第八次案から規則制定期にかけては「通常の労働時間の賃金」に定義と規範性を与える考え方が後退しており、その点を深く検討する動機がなかった可能性がある。規則制定期には出来高払制を総労働時間の不可分の対価と考えるに至ったが、そのままでは割増賃金の計算をできない。そこで完成した労基則19条1項6号は米国公正労働基準法の本則的計算方法と同様の計算方法を定め、残ったのが「之を時間制に換算」する考え方だった。

　この考え方は労基法施行後も引き継がれ「請負給については時間割に換算の上、割増の基礎賃金を算出することとした。」[47]との解釈が示された。「時間割に換算」が賃金単価の算出だと仮定すると、月給制など他の賃金形態も同様なので殊更言及する意味がない。またこの説は「換算」の上でさらに「割増の基礎賃金を算出」する。これは不可分の総労働時間の対価である出来高払制賃金に割増賃金を支払うために、それを時給制賃金とみなして基礎となる賃金とする法律解釈を述べたものと考えざるを得ない。

　この点「その他の請負制」には「ハルシー制、ローワン割増制その他種々の賃金支払い制度がある」[48]が、ハルシー割増制やローワン割増制は時間賃金率を観念する「時間請負制」であり、時給制賃金の性質を持つ。一方、単純出来高払制は「全額請負制」であるが、両制度は「原理的には全く同一のもの」である[49]。累進歩合給制、積算歩合給制など他の出来高払制も「時

---

*47　寺本廣作『労働基準法解説』（時事通信社、1948年）243頁。

*48　労働基準局（上）388頁。

*49　労働省労働基準局賃金福祉部監修『最新賃金辞典　改訂新版』（1976年、産業労働調査所）144頁。

間制に換算」可能な点は単純出来高払制と同様である。そうすると作業担当者らは「出来高払制は請負制の一種」[*50]とした上で「時間制に換算」し、請負制全般を結果または出来高で時間賃金率が変動する時給制賃金とみなすことにしたといえる。

　一方、労基則の施行直後に通常の労働時間の賃金の定義がされていないことからしても、作業担当者らが「その賃金算定期間……において出来高払制その他の請負制によつて計算された賃金の総額」、則ち総労働時間の賃金そのものを請負制の通常の労働時間の賃金と考えていたとは必ずしも言えない。

　以上からすると「通常の労働の時間の賃金」との関係でも請負制全般を換算後の「時間によつて定められた賃金」（時給制）とみなすのが理論的に一貫し、立法時の説明や作業担当者であった寺本廣作が示した解釈に合致する。

ウ　請負制の割増賃金計算方法は労基法の「基準」であること

　その場合、労基法37条の文言にそのことを読み込めるのかという疑義は生じるが、出来高払制を「時間制に換算」することは立法時の帝国議会に説明されていたし、時給制とみなしたほうがもともと所定労働時間の対価である通常の労働時間の賃金の定義や他の法37条1項の文言に合致して妥当である。そしてその場合、労基則19条1項6号は「時間制に換算」するものとしても法律の委任の範囲のものであり、労働基準法の「基準」として扱われるべきである。

5-4　請負制の割増賃金（付加金対象額）の範囲

　行政解釈は「時間外、休日又は深夜の労働に対する時間当たり賃金、すなわち一・〇に該当する部分は、既に基礎となった賃金総額の中に含められている」とし、請負制賃金自体に割増

[*50]　労働基準局（上）388頁。

賃金の100％部分が含まれているとする*51。行政解釈である
125％説のもとで前述5－3で述べた説をとると、換算後の時間
給のうち時間外労働の時間分はそれ自体が判別可能な割増賃金
の100％部分である。判別不能な割増賃金が含まれたり割増率
が25％に縮減する訳ではない。

　具体的にひと月の法内労働時間が100時間で法定時間外労働
時間が50時間、これに対して出来高が71万4286円で契約上の
賃率が42％、出来高払制賃金が30万円支払われた例を検討す
る。この考え方では、換算後の時間給は2000円で、20万円が
通常の労働時間の賃金、10万円が割増賃金の100％部分となり、
通常の労働時間の賃金に当たる部分と割増賃金に当たる部分と
を判別できる。追加すべき25％部分の割増賃金は2万5000円と
なる。ここで上記30万円の一部の3万円に未払があり、25％分
の時間外割増賃金も未払の場合、25％部分のみならず100％部
分の1万円も法37条の割増賃金の未払となる。

6──超長時間労働の対価となる固定残業代と労基法36条6項、公序良俗（民法90条）の関係

6-1 時間外労働等に罰則付きの上限値の導入

　2018年の労働基準法改正により、2019年4月1日（中小企業
は2020年4月1日）以降は、三六協定で定められる時間外労働
（特例は法定休日労働を含む）の時間に上限が定められた。1年
単位の変形労働時間制では原則の上限は1か月42時間（年間
320時間）とされた（なお、労基法附則139条以下で工作物の
建設の事業、一般乗用旅客自動車運送事業や貨物自動車運送事
業等、医業に従事する医師について例外が定められている）。ま
た、下記表の特例の1または2を超えて時間外労働等をさせる

＊51　労働基準局（上）549頁。

ことには罰則が導入された（改正後の労基法36条3項〜6項）。
これにより、法定された時間外労働の上限と固定残業代の関係
が改めて問題になることになった。

原則	1か月 45 時間	年間 360 時間
特例	法定休日労働含み 1　2〜6か月 80 時間以内 2　休日労働含み単月 100 時間未満 3　45 時間超は年 6 月まで	年間 720 時間（法定休日 労働を含むと 960 時間

6-2　上限を超える固定残業代の契約は強行法規に抵触し無効

　この改正で新設された労基法36条6項に罰則が導入された
以上、同項は労働基準法の強行規定の対象となる「基準」であ
る。そして、同項は、協定書に定めることができる時間の上限
規制ではなく、時間外労働（休日労働）をさせることができる
実労働時間の規制である[*52]。

　そうすると、これを超える時間について時間外労働等をさせ
る契約はその限度で無効となることになる。この点、固定残業
代の合意は、それ自体は、賃金の合意である。しかし、就業規
則上の根拠や三六協定の締結などを前提とすれば、固定残業代
の合意は、使用者がその限度で明示または黙示の指示により時
間外労働をさせることができるあらかじめの合意でもある（日
立製作所武蔵工場事件・最一小判平3.11.28民集45巻8号1270
頁参照）。規定を実効性あるものにするためには、あらかじめそ
のようなことを約すること自体が禁圧されるべきで、固定残業
代もその限度で無効になると考えられる。

6-3　無効になる範囲

　固定残業代の合意が労基法36条6項に違反して無効となる

＊52　労働基準局（上）524 頁。

第 6 章 ◉「通常の労働時間の賃金」と判別要件　267

場合の無効の範囲として以下のものが考えられる。

① 上限超過分の契約が無効になり対応する賃金の請求権もなくなる
② 固定残業代（賃金）の支払合意は全部無効とならず、上限値を超える時間外労働の時間の合意のみが無効となる（賃金の支払合意としては無効にならず割増賃金として支払う旨の合意の一部のみが無効となる）。
③ 時間外労働時間の合意のみがすべて無効となる

理論的には②を採らざるを得ないと思われる。

6-4 無効の場合の具体的な計算方法

そして3項②の考え方を採る場合でも、具体的に以下の計算方法が考えられる。

① 固定残業代の額はそのままで上限値ちょうどの時間外労働等の時間に対応する賃金となる
② 上限値までの分とそれを超える分で固定残業代の額を按分し、上限値をこえる分の金額が割増賃金としての性質を失い、算定基礎賃金となる。この場合、算定基礎賃金が増額されるので固定残業代の引当時間は結果として上限値未満となる
③ ②を修正し、按分して上限値を超える分を算定基礎賃金に繰り入れた結果の固定残業代の引当時間が上限値となるようにする。
④ その費目の賃金全体を不可分と捉え、判別不能となるので、結局残業代としての性質が全部無効となり、全額が算定基礎賃金に繰り入れされる。

268

3項②と最も親和的なのは①だろう。

この点、効果を同様に考えるのがザ・ウィンザー・ホテルズインターナショナル事件（札幌高判平24.10.19労判1064号37頁）である。文献では②ないし③の可能性を指摘するものがある[53]。一方、③または④の立場に立つ文献もある[54]。裁判例でもこの立場と思われるもの（穂波事件・岐阜地判平27.10.22労判1127号29頁）がある。

過失的に若干超過したような場合は①としつつ④を原則と考えるのが対価性の要件に合致すると思われる。

6-5 制限値をどう考えるか

固定残業代が、通常、恒常的に一定の時間の時間外労働等の時間を合意するものである。そうである以上、固定残業代は、労基法36条6項との関係でも、法定休日労働を含み平均月80時間以内のものでなければならないはずである。

また、最高裁判所で「直ちに違法とならない」とされた固定残業代には、理論的には時間外、深夜、法定休日の割増賃金をひとつの手当で支払う場合も含まれる。そのような場合、制限値算出をどのようにするかが問題になり得るが、それらすべてについて対価性があるのなら、深夜ではない法定時間外労働の時間のみで手当の引当となる時間を検討すべきだろう。

6-6 三六協定未締結の場合

三六協定未締結であることをひとつの理由として固定残業代の合意を無効とした事例（無洲事件・東京地判平28.5.30労判1149号72頁）がある。しかし、裁判例の多数は従前そのように考えていなかった。

---

[53] 根本到「飲食店店長の管理監督者性と固定残業代の取扱い－穂波事件［岐阜地判平27・10・22労判1127号29頁］」法学セミナー736号（2016年）125頁。

[54] 林健太郎「賃金減額提案に対する『合意』の成否と『合意』内容の限定解釈」季労248号（2015年）148頁。

問題は、法改正で全体の考え方が変わるのかである。協定を結んだ場合ですら上限値を超えると罰則があり、時間外労働等について絶対的な上限値が設定されたということなのだから、三六協定未締結の場合は、そもそも、固定残業代の合意自体ができないと考えるべきではないか。

6-7　公序良俗違反による無効

[1] 裁判例での公序良俗違反説の展開

　2018年の労基法改正以前は、三六協定で締結できる時間外労働、法定休日労働の時間数は、旧労働省の限度告示が定められていたが、法的な強制力がなく、罰則もなかった。

　固定残業代を無効とする裁判例の中には、限度告示に示された1か月の時間外労働の限度である45時間を超過していることを根拠に、公序良俗違反等により無効とするものもあったが[55]、一方で、告示の規範性を疑問視する裁判官、研究者の意見もあり[56]、大勢とはなっていなかった。

[2] 2018年の労基法改正以降の考え方

　最高裁判所は2017年の国際自動車（第一次）事件最高裁判決で割増賃金の法定外の支払方法を公序良俗によって規律する考え方を否定した（本章3-3［3］参照）。しかし、この判例は労基法37条の強行的・直律的効力の範囲に関するものであり、2018年の改正労基法の施行に伴い、7項までに述べたことが労基法36条6項の趣旨に反する公序良俗違反の問題として別途生じることになった。少なくともいわゆる過労死ラインである恒常的に月80時間前後以上の法定時間外労働を許容する合意

＊55　マーケティングインフォメーションコミュニティ事件・東京高判平26.11.26労判1110号46頁、穂波事件・岐阜地判平27.10.22労判1127号29頁、無洲事件・東京地判平28.5.30労判1149号72頁。

＊56　裁判実務135頁、林・前掲注＊54。

は、労働者を死に追いやりかねないものであり、公序良俗に反し、無効とすべきである。

　国際自動車（第一次）事件最高裁判決のあとも、80時間分相当の固定残業代を公序良俗違反で無効とした事例がある（イクヌーザ事件・東京高判平30.10.4労判1190号5頁。同事件は使用者側の上告棄却、上告不受理により確定している（最二小決令元.6.21労判1202号192頁））。

7 固定残業代など への対応

> ## POINT
>
> ▶ 本章は、すべての賃金形態で使用できる判断基準の論証例を提示しつつ、時給制、日給制、月給制、出来高払制その他の請負制という賃金形態ごとに固定残業代などへの対応を述べたものである。直面した事案に応じて適宜の部分を参照していただきたい。
>
> ▶ また、使用者側の法的な主張もある程度、型が決まっている。使用者の法的な主張に対する対処方法にも言及したので、必要に応じて適宜参照していただきたい。

1──最高裁判例を踏まえた固定残業代などの判断基準の論証例

　第6章を踏まえ、現状では固定残業代などの法定外の支払方法について、例えば以下のような判断基準の論証が考えられる。

1　割増賃金の制度趣旨
　労働基準法37条が時間外労働等について割増賃金を支払

うべきことを使用者に義務付けているのは、使用者に割増賃金を支払わせることによって、時間外労働等を抑制し、もって労働時間に関する同法の規定を遵守させること、及び、労働者への補償を行おうとすることという趣旨によるものである（康心会事件・最二小判平29.7.7集民256号31頁（労判1168号49頁）、国際自動車（第二次）事件・最一小判令2.3.30民集74巻3号549頁）。

2　法定外の支払方法の許容

　ところで、労働基準法37条等は、割増賃金の法定の計算方法を定めているが、労働基準法の強行的・直律的効力の範囲のものとしてこれを強制するものではない（上記・康心会事件最高裁判決、上記・国際自動車（第二次）事件最高裁判決参照）。

3　労基法37条の趣旨による判別の必要性（判別要件）

　しかし、使用者が労働契約により割増賃金の法定外の支払方法をしようとする場合、当該方法が上記2つの趣旨による「割増賃金」だといえるためには、労働契約において「通常の労働時間の賃金」に当たる部分と「割増賃金に当たる部分」とを判別できなければならない（以下「判別要件」。上記・康心会事件最高裁判決、上記・国際自動車（第二次）事件最高裁判決参照）。

4　判別要件の強行的直律的効力

　判別要件は労基法37条の強行的・直律的効力によるものである（上記・国際自動車（第二次）事件最高裁判決、熊本総合運輸事件・最二小判令5.4.10集民270号77頁（労判1284号5頁）参照）。

　上記の判別をすることができない法定外の支払方法の合

意はそのような賃金支払合意のうち時間外労働等の対価としての合意部分について無効であり、割増賃金を支払ったことにはならない。この場合、労基則19条2項によりその部分の賃金は算定基礎賃金である月給制の賃金とみなされる。

5 判別要件の一部としての対価性要件

さらに、使用者が、労働契約に基づいて法定外の支払方法により労働基準法37条の定める割増賃金を支払ったと主張している場合において、上記の判別をすることができるというためには、当該方法が時間外労働等に対する対価（＝「割増賃金に当たる部分」）として支払われるものとされていることを要するところ（以下「対価性要件」）、当該方法がそのような趣旨で支払われるものとされているか否かは、当該労働契約に係る契約書等の記載内容のほか諸般の事情を考慮して判断すべきであり、その判断に際しては、当該手当の名称や算定方法だけでなく、上記の同条の趣旨を踏まえ、当該労働契約の定める賃金体系全体における当該手当の位置付け等にも留意して検討しなければならない（上記・国際自動車（第二次）事件最高裁判決）。

6 公序良俗との関係

固定残業代、出来高払制の計算方法による支払など、割増賃金の法定外の支払方法の適法性審査は労基法37条の強行的・直律的効力に基づく判別要件による。原則として同条の趣旨に基づく公序良俗違反の問題にはならない（国際自動車（第一次）事件・最三小判平29.2.28集民255号1頁）。

しかし、異常な長さの時間外労働等の引当となる割増賃金の法定外の支払方法の合意は、そのような賃金支払合意のうち時間外労働等の対価としての合意が、労基法37条とは別に、労基法36条6項及びその趣旨による公序良俗（民法90条）に

274

違反して無効となる。その場合も当該賃金は判別できないものとして、算定基礎賃金である月給制の賃金とみなされる。

判別要件は「労働契約の定め」に適用され、ハローワーク求人票や労働者募集広告をはじめ労働契約が締結される内定時までの事情や、事前の説明状況や交付した文書の内容など実際の入社時までの事情と、実際の労働条件の齟齬を検討し、使用者が就業規則、入社後に押印させる労働契約書、給料明細書など後出しで形を整えることで固定残業代の合意ありとする主張についても判別要件の適用対象となる（第6章3−7［3］参照）。

ここで法定外の支払方法による割増賃金の判別が可能であることは「契約書面及び賃金支給実態により定まる労働契約において、客観的に法37条の趣旨による割増賃金の性質を持つ賃金がそれとして特定され、通常の労働時間の賃金との混在がないこと」ことを意味する（第6章3−7［4］参照）。

また、ここでいう対価性とは「労働契約上の賃金体系全体における位置づけや計算過程からしても、職務、職位、業績、出来高、能率、生活保障等や労働者の個人的事情ではなく、専ら時間外労働等という特定の労働時間に対して割増賃金制度の趣旨による対価性を有すること」を意味する（第6章4−5［1］参照）。

判別の可否、その下位規範としての対価性の有無は、労使関係に現れた様々な事情の総合評価で判断される。形式的な点（例えば差額清算がされていないこと）を挙げるだけで勝負をかけるのは適切な態度ではなく、当該案件で割増賃金だとされる賃金の実態が、いかに、法37条の2つの趣旨による賃金とはかけ離れているかを、あの手この手を用いて全力で分析しなければならない。本章2項以下では時給制、日給制、月給制、出来高払制その他の請負制の順番に上記判断基準の当てはめの視点を検討する。

第7章 ● 固定残業代などへの対応　275

2──賃金形態ごとの賃金算定期間と賃金締切期間

2-1 「賃金算定期間」と「賃金締切期間」

　「賃金算定期間」とは、文字通り、賃金額を算定するための労働の期間である。労基則19条1項は賃金算定期間の長さに応じて、時給制（賃金算定期間が時間単位の賃金：1号）、日給制（同期間が日単位の賃金：2号）、利用例を見受けないが週給制（同期間が週単位の賃金：3号）、月給制（同期間が月単位の賃金：4号）などを定めている。

　割増賃金制度との関係では、時給制以外の賃金形態は賃金算定期間ごとに対応する所定労働時間数の多寡がある場合でも、それに対して定額の賃金を支払うという点に意義がある。賃金算定期間ごとに所定労働時間数が異なる場合には、複数の賃金算定期間を含むそれより長い単位（日給制は週、週給制は四週、月給制は一年）で各賃金算定期間の労働時間数を平均して平均所定労働時間数を算出し、そのような人工的な所定労働時間数で賃金額を除することで「賃金単価」を得る。

　次に、現在の労使慣行では、例えば賃金算定期間が日給制（日決めの賃金）だとしても「賃金締切期間」はひと月単位であり、例えば「毎月20日締め25日払い」などとされることが多い。賃金は「毎月一回以上、一定の期日を定めて支払わなければならない」（労基法24条2項）のであり、「通常の労働時間の賃金」の賃金算定期間はひと月が上限となる。月給制の場合、賃金算定期間と賃金締切期間が一致することになる。実務では月給制が広く普及しているため、2つの期間の意味の違いが分かりにくくなっている。

　賃金算定期間が長くなるほど、賃金と賃金算定期間中の個別の労働時間の対価性を観念しにくくなる。月給制の固定残業代に対価性が認められにくいのはこの性質があるからである。

2-2 請負制賃金の場合の「賃金締切期間」の扱いの特例

　労基則19条1項6号の「出来高払制その他の請負制」の賃金は、上記の「賃金算定期間」ではなく、賃金の性質（「請負制によって計算」という計算方法）によって定義されている。同号は単に請負制における賃金単価を算出するだけのものではなく、不可分の総労働時間の対価であり判別不能な賃金である出来高払制にも割増賃金を支払うため、出来高払制をもともと時給制賃金である請負制の一種と位置付けて時間制賃金（その中でも時給制）に「換算」するための規定である（第6章5－3［3］イ参照）。

　請負制の賃金にも「賃金算定期間」が月のもの（月決め）、週のもの（週決め）、日のもの（日決め）などがある（最低賃金法施行規則2条1項参照）。労基則19条1項6号は、例えば日給制の歩合給など、労働契約上の請負制賃金の賃金算定期間が短い場合でも「賃金締切日」（例えば「毎月20日締め25日払い」の場合）があり「賃金締切期間」が「賃金算定期間」より長い場合は、「賃金締切期間」の総労働時間の賃金とみなすこととしており、労基則19条1項6号はこのことも特記している。例えば「賃金締切日」（締め日）が月1回の特定の日＝「賃金締切期間」が月単位の場合（これが通常であろう）には、請負制の賃金を月単位で合算して、月決めと同様の計算方法で賃金単価を算出することになっている（労基則19条1項6号）。

　請負制の賃金と割増賃金の関係を考えるにあたっては、請負制の賃金の性質からの検討のほかに「賃金算定期間」及び「賃金締切期間」の観点からの検討を要することになる。

3——時給制の判別要件

3-1 時給制の賃金と通常の労働時間の賃金

「通常の労働時間の賃金」としての時給制賃金は、その額がそのまま割増賃金の100％部分になるという性質がある（労基則19条1項1号）。しかし、例えば飲食店の繁忙時間帯の昼だけ時給額が増額するような場合もあり、現行の施行規則が対応できていない、という問題が指摘されている[*1]。

3-2 時給制の賃金による割増賃金支払い

法定の計算方法による割増賃金は時給制の賃金であり、法定の計算方法は法37条の趣旨による賃金そのものなので、法定の計算方法による賃金が独立した手当として時間外労働等に対して支払われている限り、判別の問題は生じない。

時給制の賃金で割増賃金を支払っている場合、例えば割増部分を支給しないなど、計算が過小でも、各労働時間に対する対価性が明確になりやすく、判別の問題は生じにくい。この場合、もちろん金額が過小な部分は法37条違反となり、差額の支払義務が生じる。

実務で見かけるのは、例えば時給を2500円としつつ、これには8時間超の割増賃金500円が含まれており、所定労働時間については、割増賃金込みの賃金を恩恵的に支払っている、という類の主張であるが、所定労働時間に対して時給2500円を常に支払っているなら、それが通常の労働時間の賃金であり、最低でもその内部で通常の労働時間の賃金に当たる部分と割増賃金に当たる部分とを判別できないというほかない。

[*1] 木南直之「歩合から割増賃金を控除する賃金制度と公序良俗違反」民商153巻6号（2018年）1047頁の脚注2参照。

4──日給制の判別要件

4-1 日給制の性質と「通常の労働時間の賃金」

「通常の労働時間の賃金」としての日給制の本質は、日によって所定労働時間数が異なる場合でも、1日の労働の対価として同一の日給額が支払われることである（労基則19条1項2号）。

労基法施行直後から、日給制については「通常の労働時間の賃金」と区別されるべき固定残業代がどのようなものか検討されてきた。

昭和20年代の解釈例規では、専ら時間外労働に対する「増産手当」、23時以降の勤務に支給される「終車手当」、22〜5時の看護業務に支払われる「夜間看護手当」、特定の時間帯の労働に対する手当などがこれに当たるとされてきた[2]。

これらの日給制の手当は、所定労働時間に対する賃金とは別に、時間外労働等が行われることを条件に支給され、時間外労働等の特定の時間帯に対して支払われていることが明確であったため、法の要求する割増賃金と同じ性格を持った賃金、または割増賃金に代わる賃金として、許容されてきたのである。

これに対して、同じ日給制の手当でも、通常従事している職務を離れ、たまたま特殊作業に従事し、その特殊作業の勤務が時間外労働等に及ぶ場合の日給制の特殊作業手当、ある作業中にやむを得ない事情により特殊な危険作業に従事し、危険作業が時間外労働等に及ぶ場合の日給制の危険作業手当は、通常の労働時間の賃金であり、算定基礎賃金となる[3]。

このように、日給制の手当は、特定の職務に対する対価などの「通常の労働時間の賃金」とは別に、労働日の単位で時間外労働等を行うことと条件関係を持たせて支給することが可能で

---

[2] 東大注釈514頁。

[3] 【特殊作業手当】【危険作業手当】昭23.12.22基発1681号。

あり、月給制に比べると時間外労働等との対価関係を明確にしやすいという性質がある。

4-2 対価性のない日給制の典型としての「休日手当」

対価性のない日給制の手当の典型として労基則にわざわざ明記されているのが「休日手当」（労基則19条2項）である。ここで休日手当とは「所定休日に労働すると否とにかかわらずその日について支払われる賃金」とされている[4]。賃金算定期間との関係でいえば日給制ということになるだろう。

『賃金体系の実例』（日本経営者団体連盟編（日本経営者団体連盟弘報部、1958年）78頁）によると、当時の八幡製鉄株式会社の「基準内」の賃金として「休日手当」があり「日給社員にのみ適用。休日1日につき日給1日分」が支給されていた。名称や賃金の趣旨が労基則19条2項の「休日手当」に合致し、支給実例だといえる。同社は、その後の1967年、日給制の社員について日給を30倍にして月給制に移行している[5]。

従前、労基則19条2項が顧みられることはなかったが、対価性要件が割増賃金の法定外の支払方法の有効要件の一部となった以上、改めてこの条文及び休日手当の意義も検討する必要がある。対価性の考え方からすると、このような賃金は休日に実際に労働した際にはその対価となるとも考えられる。しかし、労基則19条2項は、このような手当は、割増賃金には該当しないものとして、月給制の賃金とみなして算定基礎賃金とするとしている。背景にある考え方は「休日手当」について労基法立法時の厚生省給与課長だった金子美雄が「之は月給者と同じで、所定労働日に働いてゐるとして休日にも賃金を出すので、この法律より休日は除き、所定労働日でわるべきである。」[6]と述べた

---

*4　労働基準局（上）546頁。

*5　森建資「賃金体系の二層構造」日労研562号（2007年）67頁。

*6　立法資料（4）上559頁。

ことに現れている。1958年代に労働行政が「通常の労働時間の賃金」の定義を確立したあとの段階でこの考え方を敷衍すると、特定の労働や労働時間帯の対価とはいえず、除外賃金にも該当しない賃金は、所定労働時間全体の対価として、通常の労働時間の賃金である月給制賃金とみなすこととしたのである。

このように時間外労働があってもなくても定額が支払われる手当は対価性を否定されるのが労働行政の考え方であり、手当によって引き当てられる時間外労働等の時間と実態としての時間外労働等の時間の「変動」「かい離」を問題にする最高裁判所の立場も、このような考え方の延長線上に位置付けられるべきだろう。

4-3 裁判例

裁判例でも、夫婦で住み込みで寮管理業務の労働者をしていた共立メンテナンス事件（大阪地判平8.10.2労判706号45頁）の判決は「労働者に支払われるべき時間外労働手当や深夜労働手当、休日労働手当が定額の他の名目で支給されても、それが当該労働に対する対価であることが明確であり、また、その金額もほぼその対価に見合うものである場合には、実質的には、右諸手当の支給があったものとして取り扱うことができるというべきである。」としたうえ、寮の管理人（夫）の月給制の管理職手当の対価性を否定する一方、寮母（妻）の休日労働に対して6000円の日給制で支払っていた留守番手当について対価性を認め、明暗が分かれた。他にも日給制の賃金について、割増賃金としての対価性を是としたものは多数ある[7]。

これらに対し対価性を否定した裁判例もある。トラック運転手についてワンマン乗務を拒否しない限り、出勤すれば乗務し

---

[7]　立正運送事件・大阪地判昭58.8.30労判416号40頁、富士運輸（割増賃金）事件・東京高判平27.12.24労判1137号42頁、廣記商行事件・京都地判平28.3.4労判1149号91頁。

なくても支給される日給制のワンマン手当について割増賃金該当性を否定した事例（朝日急配事件・名古屋地判昭58.3.25労判411号76頁）、燐酸を2回輸送するには、通常1時間30分ないし2時間の早出が必要となることから、支給されることとなったが、たとえ1日2回運送して、同時間だけ早出をしても、積荷が燐酸ではない場合には支給されない「燐酸ローリーダブル手当」について、割増賃金相当部分がその他の部分から明確に峻別できないとして対価性が否定された事例（共同運輸（割増賃金）事件・大阪地判平9.12.24労判1137号42頁）、無苦情・無事故手当及び職務手当について「実際に時間外業務を行ったか否かにかかわらず支給されること、バス乗務を行った場合にのみ支給され、側乗業務、下車勤務を行った場合には支払われないことからすると、バス乗務という責任ある専門的な職務に従事することの対価として支給される手当であって、時間外労働の対価としての実質を有しないものと認めるのが相当」とした事例（北港観光バス（賃金減額）事件・大阪地判平25.4.19労判1076号37頁）、賃金規定で日給制の諸手当を時間外労働等に対する割増賃金に代えて支給すると明記されていても、賃金の性質が、労働者の運転する車種や作業の難易度によって規定されている場合に、明確に区分できないとして割増賃金該当制を否定した事例（田口運送事件・横浜地相模原支判平26.4.24判時2233号141頁）などである。

　独立した日給制の手当であっても、趣旨の混在が発生すれば、判別不能となり、割増賃金としての対価性も喪失する。

4-4　先行研究に現れた対価性の限界事例

　前掲・立正運送事件は、トラック運転手が原則1人で往復300km以上の長距離を劇薬（苛性カリ、苛性ソーダ等）を運ぶ「長距離運送」業務の際に、所定日給に加えて、配送先ごとに予め設定してある係数を所定日給に乗じた「長距離係数制割増賃

金」が支払われていた場合に、この日給制の長距離係数制割増賃金が争いなく割増賃金とされた事例である。この事例では、長距離運送業務から帰った後に近距離運送に従事した場合に「近距離時間外割増賃金」を支払っており、その性質も争点になった。

　この事例には対価性を詳しく検討した評釈論文[8]がある。研究者が対価性の分析を詳細に行った希少な例である。この論文では対価性の考え方について図のように①で原告の主張、②で裁判所の認定の「本件賃金」、③法定の支払方法の順に整理されている。そして著者の荒木もこの長距離係数制割増賃金を異議なく割増賃金と扱っている。

　確かに、本件原告は長距離係数制割増賃金を早出残業の割増賃金として扱うという結論を争っていない（図①イ）。しかし、本件原告は、所定日給が支払われている所定労働時間の位置を誤っていた（図①ア）ため、長距離業務係数制割増賃金の対象となっていた午前4時から8時は所定時間外であると主張したのである。

　一方、裁判所は、この時間帯を所定労働時間であると認定した（図②ア）。

　そうだとすると、対価性の考え方からは、長距離業務係数制割増賃金は所定労働時間に対して支払われており、劇薬を長距離輸送することに対する対価（一種の危険手当）と見る余地があった。しかし、近距離業務の内容が事実認定されてないこと、係数制の具体的内容が判示されていないことから、裁判例の上ではこの賃金の趣旨は不明というほかない。

　実際、判決認定の「本件賃金」（図②）では、所定労働時間の労働に対して時間外割増賃金が支払われていたことになる。そうすると長距離業務係数制割増賃金がはたして割増賃金として

---

[8]　荒木尚志「長距離トラック運転手の労働時間・休憩および割増賃金─立正運送事件─」ジュリ839号（1985年）113頁。

の性質を持っているかを検討すべきだったと思われる。

また、荒木は、長距離業務が終了したのちにさらに近距離業務に従事した場合に支払われていた近距離時間外割増賃金について、「近距離時間外割増賃金がＣに対する賃金であることはＸＹ間に争いがない。」とする。しかし、原告はこれが算定基礎賃金であるところの歩合給であると主張しており、算定基礎賃金となるのか割増賃金になるのかが争点になっていた。当事者で争いがなかったのは、近距離時間外割増賃金が法定の計算方法により算定されていた、という労働契約上の賃金の客観的性質であり、裁判所はこの性質により、時間外割増賃金の支払いになる、としたのである（図②ウ）。

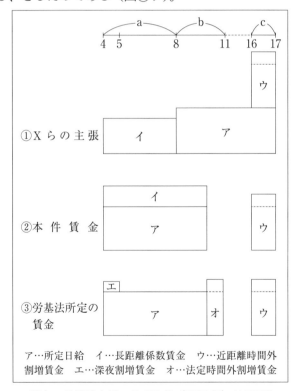

荒木・前掲論文ジュリ839号（1985年）116頁図

5──月給制（狭義の固定残業代）の判別要件

5-1 「通常の月給制」の原則

本来の意味での月給制には欠勤控除の概念はない。わが国でも戦前にはそうした「純粋月給制」が存在した[*9]。つまり、賃金と労働時間に対応関係がないことに、月給制の法的な性質がある。

このような考え方は平均賃金（労基法12条）の最低額の算出について、賃金が月、週などの「一定の期間によって定められた場合」は、3か月の賃金総額を、時給制、日給制、出来高払制その他の請負制のように「労働した日数」で除するのではなく、対応する「その期間の総日数」で除して平均賃金を算出することにも現れている。この計算方法は欠勤控除がある場合には、労働者に著しく不利になる。労基法の立法作業担当者の一人だった宮島久義はこの点について「そもそも月給なるものは、一箇月間の買切り賃金として欠勤しても減算しない代わりに、二月の月も三月の月も金額は同じに支給されるものであつたし、またそれが月給の『良さ』でもあつたのであつて、少なくとも立法当時においては、平均賃金算定期間たる過去三箇月間に、『病気で二箇月休んだという様な場合』があっても、『月給者であれば問題は少い』と考えられていたのである。」としている[*10]。

日本で労働者全体に月給制が広まったのは戦後のことである。現在、日本で主流の月給制は欠勤控除があるので、純粋な意味での月給制ではない日給月給制である、とされることもある。それでも、例えば、土日祝日が休日となる労働条件でひと月の労働日が18日の場合（2024年2月）でも、23日の場合（2018年

[*9] 濱口桂一郎「時間外手当と月給制」季労211号（2005年）207頁。

[*10] 宮島久義『労働基準法上の賃金』（労働法令協会、1954年）277頁。

8月）でも同一の金額が支払われる、という意味で、労働時間と賃金の間に厳密な対応関係がない。有給休暇を取得した場合も付加的な賃金の支払いではなく、所定の月給制賃金の不控除という効果が発生する。

このような賃金は、法37条との関係では原則として時間外労働等への対価性を観念できず、所定労働時間に対する賃金とされる。テックジャパン事件最高裁判決（第6章3－2参照）は、この点を判示したリーディングケースでもある。すなわち同判決は、月給制の基本給41万円が支払われ、月間の総労働時間が180時間を超える場合には1時間当たり2560円を基本給に加え、140時間に満たない場合には1時間当たり2920円を基本給から控除する旨の約定のある事案において、この基本給を特段の事情がない限り「通常の月給制」であるとし、控除の点を考慮しても法定の労働時間に対する賃金であって、その一部が時間外労働に対する賃金である旨の合意がされたものということはできない、として、時間外労働に対する対価性を否定した。ここから、同判決は「通常の月給制の意義を確認するものであり、通常の月給制には時間外労働やそれに対する手当が含められていないことが分かる」[11]のである。このように月給制を原則として所定労働時間の対価とする考え方は「休日手当」を月給制とみなして算定基礎賃金（通常の労働時間の賃金）とする労基則19条2項にも現れている（本章4－2参照）。

判別要件、対価性要件は、このように原則として時間外労働等への対価性を持ち得ない月給制の賃金が「狭義の固定残業代」（定義は第1章5－2参照）として有効となるための要件なのである。

そして、固定残業代等の法定外の支払方法の主張は使用者側の抗弁事由である（第6章3－7［6］参照）。しかし、実際には

＊11　水島郁子「時間外手当込みの基本給と労基法37条1項」『平成24年度重要判例解説』（有斐閣、2013年）218頁。

労働者側で判別不能性を先に述べる場面も多い。労働者側の主張（反論）の要点は「趣旨が混在して判別不能であること」「時間外労働等に対する対価性が積極的に認められないこと、他の観点での対価性があること」の指摘である。

5-2 給与明細書による「明確区分」

給与明細書は契約文書ではなく、使用者側が一方的に作成するものである。また、対価性要件で判断されるのは賃金の実質であり費目の名称ではない。固定残業代に類するような費目の賃金が給与明細書にあっても、それ自体は、労働契約の内容を証明するものではない。

過去、給与明細書で割増賃金該当性を検討した事例（山本デザイン事務所事件・東京地判平19.6.15労判944号42頁）があるが、その後、最高裁判所が法定外の支払方法は労働契約によるとしたことから、契約書面ではない給与明細書を直接的に検討の対象とすることが誤りであることが確認された。

5-3 就業規則で「基準外賃金」とされていること

裁判例の中には、管理職手当や外勤セールスマンの営業手当が就業規則上、基準外賃金とされ、割増賃金の算定基礎賃金とされていないことを根拠として、固定残業代の割増賃金該当性を認定するものがある。

まず、ある手当が労働契約上、基準内賃金（算定基礎賃金）とされていることは、割増賃金該当性を否定する根拠になるだろう。一方、「基準外賃金」などとされ基準内賃金から除外されている場合でも、営業職など外勤労働者に対する対価や、管理職に対する対価は、それらの労働者が、就業規則上、事業場外のみなし所定労働時間制（廃止された労基則22条。426頁参照）、管理監督者制度（労基法41条2号）など、当該事業所において労働時間規制の適用除外の対象となっていたことを推認

第7章 ● 固定残業代などへの対応　287

する事情であり、手当の割増賃金該当性を積極的に推認できる
事情ではない。

裁判例でも、使用者が固定残業代と主張した手当について、規
則上「時間外手当の性格を有するものであることは何ら明らか
にされておらず、むしろ時間外手当とは別個の基準外給与であ
ることが明示されているのであって、上記の被告の主張は根拠
を欠くものといわざるを得ない。」としている医療法人大寿会
（割増賃金）事件（大阪地判平22.7.15労判1023号70頁）があ
る。

そもそも、算定基礎賃金とすべき賃金を不正に除外してしま
う例は、実務ではしばしば見かけるし、そのことが現れている
裁判例（池中運送事件・大阪地判平5.7.28労判642号47頁）も
ある。

就業規則上、基準内賃金から除かれていることを直接的に割
増賃金該当性の根拠とすることは、証拠評価を著しく誤ってお
り、経験則にも反しているといわざるを得ない。

5-4 賃金の性質が問題になる場面ごとの展開

［1］入職時

法定外の支払方法による割増賃金は、労働契約の定めによる
以上、判別がなされるべき時点は労働契約締結時ということに
なる。新規採用の労働者についてこれを考えれば、内定時とな
らざるを得ない[12]。

固定残業代に関する使用者側の社会的メリットは「採用上の
訴求力を高めること（基本給はある程度抑えつつ、手取り総額
を上げる）」にある[13]。労使の交渉力の格差を利用して"後出し

---

*12　東京労働法研究会編『注釈労働基準法（上巻）』（有斐閣、2003年）280頁（労基
法15条について労働条件の「明示すべき時期」について論じた部分）。

*13　峰隆之編『定額残業制と労働時間法制の実務』（労働調査会、2016年）169頁（倉
重公太朗）。

ジャンケン"で賃金の一部が固定残業代とされる事例が多いため、求職する労働者の側から見ると固定残業代は「求人詐欺」の問題として立ち現れる[14]。このような問題の顕在化により、入職過程のいつの段階で労働契約の内容が特定されるのか、改めて議論になっている[15]。

この点、最近の裁判例では、ハローワーク求人票について「求人票は、求人者が労働条件を明示した上で求職者の雇用契約締結の申込みを誘引するもので、求職者は、当然に求職票記載の労働条件が雇用契約の内容となることを前提に雇用契約締結の申込みをするのであるから、求人票記載の労働条件は、当事者間においてこれと異なる別段の合意をするなどの特段の事情のない限り、雇用契約の内容となると解するのが相当」としたうえ、求人票の記載から期間の定めのない労働契約の成立を認め、その後に労働条件通知書で1年の有期雇用に変更することについて、労働条件の不利益変更としたうえ労働者の自由な意思による同意があったとは認められないとしたものがある（福祉事業者A苑事件・京都地判平29.3.30労判1164号44頁）。

固定残業代についていえば、労働者募集時の労働条件の明示にかかわる厚生労働省の方針、指針も、金額の明示、引当時間の明示、超過分が発生する場合は清算する旨の明示を求めている（第4章2－4参照）。このような状況で、事後的に労働者に不利な形で固定残業代を設定し、求人広告や求人票と異なる賃金構成とすることは判別不能になりやすい。そして、実体法上は、そのような賃金は判別不能なものとして「通常の労働時間の賃金」となる。最高裁の判別要件が労働契約を前提としたものになったことで、このような「求人詐欺」の事例も判別要件の射程に入ったのである。

---

[14]　今野晴貴『求人詐欺　内定後の落とし穴』（幻冬舎、2016年）。

[15]　新屋敷恵美子「求人票記載の労働条件と労働契約・求人票記載の労働条件変更の効力」『平成29年度重要判例解説』（有斐閣、2018年）217頁。

裁判例でも判別の時期を労働契約締結時とするものがある（鳥伸事件・大阪高判平29.3.3労判1155号5頁）。これは、労働者募集時に賃金額を25万円と表示し、入職後の試用期間に労働者に署名させた労働契約書に「25万円（残業含む）」と記載し、給与明細書で基本給18万8000円、固定残業代である残業手当6万2000円に区分した事例で、労働契約締結時に明示が無かったとして、固定残業代を無効としたものである。

　また、この事例から一歩進んで、入職前に25万円全体を通常の労働時間の賃金であるかのように表示しているところ、就労開始時に締結させられた労働契約書や、就労開始時に交付された就業規則で25万円の一部が固定残業代に置き換わっており、その記載が明確であった、という事例を考えると、この場合も、内定時に成立したと判断される労働契約がある以上、「置き換え」による判別不能の問題が生じる。

　雇入れ時については、口頭による説明内容と労働条件の書面による明示（労基法15条11項、労基則5条）の関係も問題になる。「賃金の決定、計算及び支払の方法」は、口頭ではなく書面で明示しなければならず、固定残業代もこれに含まれるから、労働条件通知書に記載のない事項を、説明した旨の尋問結果によって認定することは原則的にできない。

［2］賃金改定時

　従来、通常の労働時間の賃金を固定残業代に置き換える賃金改定は、労働条件の不利益変更の問題として論じられてきた。しかし、熊本総合運輸事件最高裁判決（第6章3－6参照）により、まずは「置き換え」によって判別不可能性になっていないかが問題になることと整理された。この種の改定は労働者にとっては著しい不利益変更とならざるを得ないのに、きわめて技巧的な問題となるので、単に同意書に署名押印があるだけでは判別可能とすべきではない。従前、「通常の労働時間の賃金」であっ

た賃金について、特段の事情なく新たに割増賃金に充当する（置き換える）旨の合意がされた場合、その賃金は「通常の労働時間の賃金」としての性質を失わず、結局、割増賃金を支払ったことにはならないと考えるべきである。

また、判別要件をクリアしたと仮定した後の労働条件の不利益変更の観点からも、使用者側が賃金を減額する合理的な理由や労働者に不利益になる点を詳細に説明したうえ、労働者の真摯な同意を得ない限り、この種の変更は無効とすべきである。熊本総合運輸事件最高裁判決の前の事例であるが「真摯な同意」を観念できないとした裁判例がある（ジャパンレンタカー事件・名古屋高判平29.5.18労判1160号5頁）。

[3] 昇給・昇格時

入職後の昇進時等の「管理職手当」の事例では、従前との職務内容の変化、賃金増額の実態的な趣旨などが問題とされ、また、それが労働契約にどのように現れるかが問題となる[16]。小里機材事件[17]も当てはめ部分では「原告×の基本給が上昇する都度（昭和58年その時から昭和60年4月までの間に3回にわたって基本給が上昇したことは当事者間に争いがない。）予定割増賃金分が明確に区分されて合意がされた旨の主張立証も、労基法所定の計算方法による額がその額を上回るときはその差額を当該賃金の支払期に支払うことが合意されていた旨の主張立証もない」としており、昇給時に固定残業代がどのように位置付けられたのかに着目している。他の有名な裁判例でも「昭和58年11月に増額された金3万6000円のなかには、当然、割増賃金の他に、倉庫係から営業係への職種変更にともなう賃金の変更部分も含まれていると考えられるが、両者を金額において確定し区

---

*16　片岡昇・萬井隆令編『労働時間法論（共同研究労働法4）』（法律文化社、1990年）184頁（藤内和公）。

*17　小里機材事件・最一小判昭63.7.14労判523号6頁以下、同事件・東京高判昭62.11.30同号14頁、同事件・東京地判昭62.1.30同号10頁。

分することができない。」として、賃金増額の趣旨を検討している（三好屋商店事件・東京地判昭63.5.27労判519号59頁）。

東建ジオテック事件（東京地判平14.3.28労判827号74頁）は、係長以上の「管理職」に対する「職務手当」の性質が問題になったが、「被告の給与規程上、職務手当の額は、一般職及び主任の場合、資格及び役職が上がるにつれ、また同一資格、同一職務の滞留年数を重ねるにつれ、最高額1万8900円まで漸増するが、「管理職」の最下位に位置づけられる係長に昇任すると、最低額でも6万3500円と一気に増額され（その差は4万4600円）、その後は職位及び資格に応じて増加するが、増加幅は数千円にとどまること、また、「管理職」の場合、時間外休日手当及び深夜業手当において一般職や主任の場合と異なる扱いがされていること（給与規定19条及び20条の各1項と各2項）が認められ、この事実からすれば、被告は、給与規程を定めるにあたり、係長以上の「管理職」については、一定の時間外勤務に対する割増賃金に見合う部分を職務手当に含ませる意図を有していたことが一応は推認することができる。しかし、そうであるとしても、係長以上の者に対し支払われる職務手当のうち、時間外労働に対して支払われる額及びこれに対応する時間外労働時間数は特定明示されておらず」として、割増賃金該当性を否定した。

職務内容が明確に定義されない日本型の雇用の場合、昇給や昇進といっても、それによる賃金の増額の趣旨や職務の変更範囲が定かでない場合も多い。そのような場合に、固定残業代が適法か、違法かの二分論で判断することは法37条に反する。時間外労働等への対価性が明確にならない限り、判別不能なものとして算定基礎賃金となる。

5-5 労働契約書（就業規則）に「残業代として支払う」と明記してある

　固定残業代の適法性が問題になる事案は、固定残業代とされるものが支払われるだけで、その引当時間を超える長時間労働がされても差額清算はされず、または固定残業代の引当時間に比して残業時間が極端に少ないことが多い。また、固定残業代だと称する賃金に割増賃金とは異なる趣旨の賃金が混在していることもしばしばある。使用者側が全く義務を果たしていない状態であるのに、使用者側は、労働契約書や就業規則に、「残業代として支払う」「残業代に代えて支払う」などと記載があることを根拠に、固定残業代の有効性を主張してくるのが常であり、このような主張にどのように対抗するのかが労働者側の弁護士の力の見せ所である。

　何より肝に銘じるべきなのは、引当時間の明示、差額清算がないことなど、それ自体は判断要素となるが、決定的になるともいえないものを、形式的な要件として定立し、一刀両断で当てはめをするような態度を取らないことである。判別要件と対価性の要件に従い、丁寧な事実の拾い上げをすべきである。

　下記に掲げる事情は、裁判例が引用されていないものは、筆者の経験に基づくものであり考慮要素となり得るかは検証が必要である。また、同じような事実関係が事案との関係で逆の事実を推認させる可能性もある。事情は下記に限定されず、事案ごとに、判別不能、対価性不存在となる事情を積極的に指摘すべきである。

[1] 募集広告、求人票の記載やそれとの矛盾の追及

　例えば、以下のような点を指摘する[18]。

---

*18　鳥伸事件・京都地判平 28.9.30 労判 1155 号 12 頁、マンボー事件・東京地判平 29.10.11 労経速 2332 号 30 頁、PMK メディカルラボ事件・東京地判平 30.4.18 労判 1190 号

① 求人広告、求人票に固定残業代の記載がないこと。入社後の賃金と同額の賃金が提示されており、それらについて固定残業代を含むという記載がないこと。その記述が曖昧であること。

② そのような求人広告等と固定残業代の記載があるその後の労働契約書等の記載内容の矛盾。それについての説明がないこと等

③ 固定残業代について記載がある労働条件通知書の作成時期が後れていること（内定より後、就労開始直前や就労開始後に作成していること）

④ 労働契約書の作成時期が後れていること（内定より後、入社直前や就労開始後に作成していること）

［2］ 労働契約に関する文書での記載の不備や文書同士の齟齬の追及

例えば、以下のような点を指摘する[19]。

① 労働契約書、就業規則で、割増賃金として支払う旨の記載がないこと

② 契約上、「割増賃金として支払う」などの文言があるのに賃金の名目が「営業手当」「業務手当」など他の賃金の性質を推認させるものであること

③ 固定残業代の引当時間を特定せず、あるいは「割増賃

---

39 頁、洛陽交運事件・大阪高判平 31.4.11 労判 1212 号 24 頁。

[19] ①②にまたがる事例として、グレースウィット事件・東京地判平 29.8.25 判タ 1461 号 216 頁がある。これは雇用契約書等において「出向手当」が「基本報酬」とされ、残業代について「就業規則に従い、精算する」とされていた一方、就業規則には「出向手当は、固定残業代として支給する」と記載されていた事案である。判決は、雇用契約書において出向手当が固定残業代であること、さらには恒常的な時間外労働が予定されていることをうかがわせる事実はない、とし、「出向手当」という名称は、一般に出向先での作業の難度、移動の負担等に由来する手当、「基本報酬」は時間外労働等の特別な勤務に基づく報酬を含まないものそれぞれ理解できることなどから、出向手当が固定残業代に当たることを否定し、「就業規則でこの限度を超えた定めを置いても、労働契約に優先する効力を有するものではない。」としたものであり重要である。

を含む」というような曖昧な文言になっており、他の趣旨
の賃金の混在を推認させること[20]
④ 手当の名称や位置付け、固定残業代の額や引当時間数な
どについて文書内部や相互に齟齬があること[21]

[3] 労働契約における固定残業代の位置付けの不合理性

例えば、以下のような点を指摘する。

① 固定残業代とされる賃金が、職務、職位、業績、職能の
向上や年功など、積極的に時間外労働等以外の他の要素に
対する対価の性質を持っていること。そのような賃金額決
定理由が就業規則等に記載されていること[22]。
② 契約上の「通常の労働時間の賃金」が最低賃金額を割り
込むのに固定残業代を含めると相応の額になり、固定残業
代に通常の労働時間の賃金が混在していると推認される
こと[23]。
③ 同一企業の他の労働者や労働者募集広告と比較して、職
務、職位、業績、職能、年功との関係で「通常の労働時間
の賃金」の額に不均衡が生じており、固定残業代に「通常
の労働時間の賃金」が混在していると推測されること。

＊20 労働者が署名押印させられたのち交付されず回収された労働条件通知書に「職務手当の
うち一部を残業代として支給する」として職務手当 2 万 5000 円が記載されていたのを割増賃金
の支払いとしての効力を認めなかった事例として狩野ジャパン事件・長崎地大村支判令元 .9.26
労判 1217 号 56 頁。

＊21 賃金規程上の手当の位置付けの不明確さを問題にした例としてオンテック・サカイ創建事
件・名古屋地判平 17.8.5 労判 902 号 72 頁。

＊22 イーライフ事件・東京地判平 25.2.28 労判 1074 号 47 頁、アップガレージ事件・東京地
判平 20.10.7 労経速 2020 号 13 頁、コミネコミュニケーションズ事件・東京地判平 17.9.30 労
経速 1916 号 11 頁、エスエイロジテム（時間外割増賃金）事件・東京地判平 12.11.24 労判
802 号 45 頁、キャスコ事件・大阪地判平 12.4.28 労判 787 号 30 頁、千里山生活協同組合
事件・大阪地判平 11.5.31 労判 772 号 60 頁、京都福田事件・大阪高判平元 .2.21 労判 538
号 63 頁、国・渋谷労働基準監督署長（カスタマーズディライト）事件・東京地判令 5.1.26 労
判 1307 号 5 頁等多数。

＊23 神戸地明石支判平 29.8.25 判タ 1447 号 139 頁、染谷梱包事件・東京地判令 5.3.29
労経速 2536 号 28 頁。

第 7 章 ◉ 固定残業代などへの対応 ｜ 295

④　同一企業の他の労働者との比較で、固定残業代の引当時間がまちまちで、それが実際の残業時間とも関係がなく、制度としての一貫性がないこと。また、そうであるのに契約上の通常の労働時間の賃金と固定残業代を合算した賃金総額では、年功や職位などにより規則性があること

［4］実際の労働時間と固定残業代の関係

例えば、以下のような点を指摘する。

①　差額清算がなく「通常の労働時間の賃金」であることを推認させること[*24]
②　固定残業代の引当時間が実態としての残業時間とは関係なく、時間外労働等の時間がしばしば引当時間を超過していること[*25]
③　逆に、しばしば引当時間に対して大幅に過小であること。通常の労働時間の賃金が比較的低廉な結果、賃金単価が小さい値となるのに、結果として、残業代だけ異常に高い割増率になっており、固定残業代に通常の労働時間の賃金が混入していることが推測されること[*26]

［5］賃金増額を伴う場合

例えば、以下のような点を指摘する。

[*24]　DIPS（旧アクティリンク）事件・東京地判平 26.4.4 労判 1094 号 5 頁は「30 時間を超える時間外労働の有無及びその時間数を把握し管理する意思も、原告が月 30 時間を超える時間外労働をした場合に営業手当に加えて本件賃金規程に定められた時間外勤務割増賃金等を支払う意思もなかったことは容易に推認することができる。」としており、差額清算がされていないことを賃金の性質を推認させる事情として扱っている。

[*25]　イーライフ事件・東京地判・前掲注[*22]、アクティリンク事件・東京地判平 24.8.28 労判 1058 号 5 頁、国・茂原労働基準監督署長（株式会社まつり）事件・東京地判平 31.4.26 判タ 1468 号 153 頁。

[*26]　熊本総合運輸事件最高裁判決・最二小判令 5.4.10 集民 270 号 77 頁（労判 1284 号 5 頁）、トレーダー愛事件・京都地判平 24.10.16 判タ 1395 号 140 頁。

① 職務の範囲の追加・変更、責任の増加（組織上の職位の上昇等）、業績評価による加給、職能の向上や年功による昇進があるのに固定残業代が増額されていること。また両者を判別できないこと[27]。

② 固定残業代の増額前後で、労働時間の実態に変化がないのに、通常の労働時間の賃金と割増賃金の比率が変化していること。あるいは、固定残業代の増額の前後で、増額された固定残業代の引当時間に見合うほどの労働時間の増加がないこと

③ 基本給の昇級時に固定残業代が同額減額されていること[28]

④ 就業規則（賃金規定）で賃金表が決まっていない場合、固定残業代の増額の都度、改めて労働契約で固定残業代の額を定めていないこと[29]

[6]「通常の労働時間の賃金」の減額を伴う場合

例えば、以下のような点を指摘する。固定的に支払われる賃金全体が増額していても固定残業代ばかりが多く、「通常の労働時間の賃金」が減額されることもあるので注意が必要である[30]。

① 従前の通常の労働時間の賃金の一部が固定残業代に置き換えられており趣旨の混在があること（第6章3−6［5］参照）

② 通常の労働時間の賃金を減額する労働条件の不利益変更であるのに、労働者の自由な意思に基づく同意がないこ

＊27　ケンタープライズ事件・名古屋高判平 30.4.18 労判 1186 号 20 頁。

＊28　国・所沢労働基準監督署長（埼九運輸）事件・東京地判令 4.1.18 判時 2563 号 73 頁。

＊29　小里機材事件・最一小判昭 63.7.14 労判 523 号 6 頁以下、同事件・東京高判昭 62.11.30 同号 14 頁、同事件・東京地判昭 62.1.30 同号 10 頁。

＊30　マーケティングインフォメーションコミュニティ事件・東京高判平 26.11.26 労判 1110 号 46 頁。

第 7 章 ● 固定残業代などへの対応 ｜ 297

と（第3章3−2参照）

5-6 固定残業代を認めた裁判例の評価

　固定残業代の論点で、使用者側が提示してくる裁判例はある程度決まっている。ただ、どんな裁判例も射程があるうえ、使用者側勝訴の裁判例は弱点が多い（従って先例性に疑問がある）ものもかなりの数ある。以下、筆者が思うところの反論を記しておく（以下の文章は、判決文を読んだうえでなければ理解できないので、必ず読んだうえで、参照されたい）。

①関西ソニー販売事件　大阪高判平元.9.29労旬824号56頁（同事件・大阪地判昭63.10.26労判530号40頁[*31]）

　この事案は、営業職の労働者に支払われていた「セールス手当」が23時間分の固定残業代である旨が認定された事案である。

　一般的に知られている関西ソニー販売事件とは、本事例の地裁判決のことをいう。菅野和夫『労働法』で固定残業代を許容した典型事例として紹介され有名になった。ただし、別表に大きく依拠した判決であるのに、従前刊行されていた『労働判例』では、判決文の別表が削除されており、そもそも事案の把握自体が十分とは言えなかった。その後の筆者の調査により、地裁判決の別表の内容が明らかになるとともに、実は控訴審判決があり（労働者側敗訴）、上告が棄却されていたことも判明した。

　この事件の事実認定には少なくとも以下の問題がある。特にリーディングケースとされることもあるのに、労働者側が当事者訴訟であること、後に存在が判明した高裁判決によれば現在は廃止されている労基則22条の事業場外みなし所定労働時間制の適用事案であったこと（条文は後掲426頁参照。すなわちこの事案では法37条に基づく割増賃金が支払われていなかっ

---

*31　別表は労旬1824号59頁。

た）は、訴訟上は十分に強調するべきである。少なくとも、高裁判決を踏まえていない従前のすべての評釈の意義は自ずと減殺されざるを得ないだろう。

労働契約の内容　セールス手当が23時間分の時間外労働に対する対価だという根拠が就業規則にもない。就業規則上はセールスマンには超過勤務手当、残務手当を支払わない旨の記載があり、労基則22条の適用が予定されていたことも含め、セールスマンに時間外割増賃金を支給することを想定しない規定と読むのが合理的である。

説明内容　セールス手当が時間外労働に対する対価だという事実認定は、公表されている判決文だけでは明確にはわからないものの、証人尋問の結果によっていると考えられるところ、この事件は、労働者側が当事者訴訟であり、訴訟（特に尋問）における真実主義が尽くされているか大きな疑義がある。

賃金の客観的性質　就業規則にセールス手当が時間外割増賃金である旨の記載はなく、労働者がこれにつき時間外労働に対する対価性を推知することができない。セールス手当は1円単位で計算されているが、就業規則の計算方法に基づき厳密な計算を行った場合でも、23時間分と推知できるきりの良い数字は出てこない。時間外労働23時間分という値は、セールス手当が月平均所定労働時間数170.5時間（その旨の事実認定はないが計算上そうなる）に対する基本給の17%という定率で支給されていることによる反射的な効果（$170.5 \times 0.17 \times 0.8 = 23.19$。$0.8 = 1.00 \times 1.25$）にすぎず、計算上、たまたま約23時間分になる、というだけである。

趣旨の混在　高裁判決までの事実認定によると、会社の内規では当該労働者に廃止前の労基則22条が全面適用されることになっており、会社の認識として原則として時間外割増賃金を支払わない労働者（高裁判決によれば会社の主張もそうである旨認定されている）であったのだから、そのような労働者に対す

るセールス手当の中に生じないはずの時間外労働に対する対価が含まれているという認定は矛盾がある。本件セールス手当は、最低でも労基則22条が適用される労働者の職務に対する対価と時間外労働に対する対価が判別不能な形で混在したものと考えざるを得ない。また、そもそも法37条が適用されない事案なので、法37条の強行的・直律的効力についての裁判例ではない。

②ユニ・フレックス事件　東京地判平10.6.5労判748号117頁

本件は、労働者派遣業を営む会社のスタッフフォロー職に支給されていた月給制の「営業手当」が時間外労働に対する固定残業代と認められた事案である。もっとも、そのように紹介されるのは1998年に出された本件の地裁判決であり、翌年の高裁判決（東京高判平11.8.17労判772号35頁）では認定が覆っていて、『労働判例』にも掲載されている。よって、固定残業代を認めた事案としての先例性はない[32]。

③東和システム事件　東京高判平21.12.25労判998号5頁（同事件・東京地判平21.3.9労判981号21頁）

本件は、ソフトウェア開発会社に勤務していたシステムエンジニアの「課長代理」らに対して支払われた「特励手当」が、地裁判決では固定残業代として否定されたところ、高裁判決では認められた事例である。この判決には以下の問題点があり、不当な事実評価に基づくものだから、先例性に疑義がある。また、職位別の賃金体系が整備された企業での管理職手当に関する事案なので、入職時の賃金の性質が問題になる「求人詐欺」型とは異なる事案である。

労働契約の内容　本件では、就業規則上、特励手当が明記されながら、それが固定残業代であると解するための積極的な記載

---

[32]　裁判実務134頁など、影響力の大きい文献で固定残業代を認めた事例として地裁判決のみが引用されるため、事情を知らない使用者側が繰り返し引用してくる傾向がある。

が何もない。高裁判決は、就業規則上、超過勤務手当の支給と特励手当の支給が択一的関係になっていたこと、特励手当が基準外賃金であったことを認定の積極方向の要素と捉えているが、会社側の主位的な主張が管理監督者に該当することだったこともあわせれば単に割増賃金を支給しない賃金体系であることを認定する事情に過ぎず、時間外労働への対価性を推認する根拠になり得ない。

賃金の客観的性質　労働者において特励手当が時間外労働に対する対価であると推知できるような客観的性質は皆無である。

趣旨の混在　本件で、会社側は主位的に、特励手当が支払われる課長代理は管理監督者だと主張していた。仮に一部に時間外労働に対する対価性があるとしても、高裁判決自体「特励手当が「課長代理」の職そのもののみに関係しているとはいい難いこと」と述べており、特励手当に、職務に対する対価が含まれていることを認定せざるを得ない。そのような役職に対する対価と、時間外労働に対する対価が判別不能な形で混在している以上、算定基礎賃金とせざるを得ない。

労働実態　また、会社側は、請求者のひとりである甲野太郎に対しては、時間外労働があまりない月や全くない月ですら特励手当を満額支払っている一方、請求者全員について特励手当の引当時間を超過しても差額を全く支払わなかったことも職位に対する手当であることを推認させる。

他の判示　高裁判決は、特励手当を時間外労働に対する対価としないことで生じる会社の賃金体系上の矛盾（一般職は超過勤務手当のみ、課長代理は超過勤務手当＋特励手当、課長は特励手当のみ）をいうが、会社の就業規則上は課長代理も課長と同様に特例手当のみなのであり、規則上の矛盾は存在しない。一方、一般的に課長も管理監督者ではない可能性が高いから、精査すれば、課長も超過勤務手当＋特励手当となる可能性があるところ、その点を全く検討しないで、賃金体系上の矛盾をいう

第 7 章 ◉ 固定残業代などへの対応　301

のは失当であろう。また、請求労働者らが相当高給であることについては、康心会事件最高裁判決で、高給の労働者にも割増賃金は支払われなければならないことが決したので、理由とならない。

④ワークフロンティア事件　東京地判平24.9.4労判1063号65頁

　労働者の真意に基づく同意の有無を丁寧に検討せず、書類に署名押印があることをもって、過去の割増賃金の放棄と、将来の労働条件の不利益変更を安易に認めた裁判例であり、不当な判決である。

　また、熊本総合運輸事件最高裁判決のあとでは、このような事例は「置き換え」による判別不能が生じていないかを検討することになる。

⑤泉レストラン事件　東京地判平29.9.26労経速2333号23頁

　この事案は、飲食店の従業員に対して、労働契約書で「賃金：月額30万円（ただし、試用期間経過後は月額33万円）」とされ、「試用期間中の月額給与には、9万円の時間外勤務手当を、試用期間経過後の月額給与には、9万9000円の時間外勤務手当を含む。」とされていたことにより固定残業代が有効とされた事案である。しかし、この判決は以下のように最高裁判決が要求する判別、対価性の検討をしておらず、先例性がない。

趣旨の混在　本事例では、賃金規程上、基本給について「基本給は、技術及び勤務成績により決定の上、支給すると定める。」、業務手当について「業務手当は、従業員各人の職務の責任性、難易度、職務内容等を勘案し、決定の上、支給すると定める。」、資格手当について時期により違いがあるが「別に定めるところによる。」などとされており、各費目とも、通常の労働時間の賃金としての賃金の趣旨が明確になっているのに、そこから3割を控除して割増賃金に充当することを、「その7割又はそれ以上を

通常の労働時間に対応する賃金と定め、その余を時間外労働等に対応する固定残業代（定額手当）と定めること自体に不合理なところはなく」とするだけで、固定残業代としての支払いを是としており、3割部分についての対価性を検討していない判例違反がある。また、現状では判決別紙が公開されてないので詳細は不明であるが、規程上、上記賃金の3割を割増賃金に充当するとしながら、差額清算を全くしていないと推測され、また、使用者が割増賃金の計算を全くしていないと推測される。この点も、時間外労働をしようがしまいが支払われる通常の労働時間の賃金であることを補強する。判断が分かれていること同一企業の事案と推認される、同名・同業の企業の事件で固定残業代を否定した判決（泉レストラン事件・東京地判平26.8.26労判1103号86頁）があり、判断が割れている。

⑥コロワイドMD（旧コロワイド東日本）事件　東京高判平28.1.27 労判1171号76頁

　本事例は、多店舗を展開する企業の飲食店で料理長を務めていた従業員に対して支払われていた「業務手当」が固定残業代として認められた事例である。「業務手当」は、就業規則では「基準外手当」に分類されており、「業務手当は、時間外勤務手当、深夜勤務手当、休日勤務手当、休日深夜勤務手当の代わりとして支払うものとする。但し、不足がある場合は、別途これを支給する」とされていた。

　しかし、本判決は、労働時間が記載された別紙が刊行されておらず、日本ケミカル事件最高裁判決において、対価性を認定する際に考慮すべきとされる労働実態が判然としないので、現状で、先例性を検討し得ない[33]。この点をやや敷衍すると、使

---

*33　筆者は同事件の地裁判決原本を横浜地方裁判所で閲覧した。請求にかかる24か月中、時間外労働が最も少ない月で64時間程度（ただし退職月）、最も多い月で134時間程度あり、100時間以上の月が合計9回、80時間以上の月が合計12回あり、差額清算が必要な月は21回あった。しかし、判決文添付別表の記載事項が多すぎ、正確な転記を断念した。使用者側が

用者側の主張を前提として計算すると、業務手当は約79時間〜100時間分の割増賃金（下限は全部が深夜の法定休日労働の場合、上限は全部が深夜ではない法定時間外労働の場合。ただし当事者の主張概要がわからず60時間超の割増計算はしていない）となるところ、既払金について判決本文に記載がない。そうであるのに56万円余が請求認容されていることから、勤務期間中の差額清算がされていないと推測される。また、時間外労働が引当時間に比して相当低かった月があるかも別紙が公開されていないので不明である。また、判決では、週の所定労働日数すら事実認定されておらず、対価性検討の基礎となるべき労働契約上の取り決めが事実認定されていない。判決は規則上の「代わりに支払う。」という形式的な文言だけで、十分な検討なく対価性を認めており、実質的な対価性の検討、判別の可否を放棄している。

⑦結婚式場運営会社Ａ事件　東京高判平31.3.28労判1204号31頁

　本事例は、結婚式場のプランナーとして採用された労働者について、基本給15万円、職能手当9万4000円が支払われていたところ、入職6か月後の雇用契約書において「・割増賃金　職能手当は、時間外割増、深夜割増、休日出勤割増として予め支給する手当です。法定割増の計算によって支給額を超え差額が発生する場合は、法令の定めるところにより差額を別途支給します。」「（職能手当）（16条）職能給とは、社員個人の職務遂行能力を考慮し加算される時間外割増、休日割増、深夜割増として支給する手当です。」などと記載されていたことが事実認定されており、この職能手当が固定残業代に当たるかが争われた事案である。

　　対価性の検討をしていないこと　日本ケミカル事件前にださ

この裁判例を引用してきたときは、労働者側代理人は、利害関係者として横浜地方裁判所に判決文の謄写を申請し、かつ、オンラインの判例集を運営する出版社などにご提供頂きたい。

れた第一審の判決は「本件特約の職能手当9万4000円は、被告の主張する基礎時給863円の約109時間分にも当た」り、固定残業代の特約は勤務体系とはかけ離れたものであること、定時より後に業務が行われているにもかかわらず、タイムカードによる従業員の出退勤管理を行っておらず、従業員に残業代を支給したことがないばかりか、これを計算したこともないことなどから公序良俗に違反し無効とした。公序良俗の問題ではなく対価性の問題とすればこの判断が妥当であろう。一方、日本ケミカル事件最高裁判決後に出された高裁判決は、単に形式的な明確区分性を述べるだけで要件に基づく対価性の検討をしておらず失当である。

趣旨の混在　雇用契約書において職能手当は「職能給とは、社員個人の職務遂行能力を考慮し加算される」と明記されており、趣旨の混在があり、判別不能である。高裁判決はこの点を無視しており、恣意的といわざるを得ない。

　置き換え、不利益変更法理の主張がないこと　本事例において固定残業代の記載がある契約書が締結されたのは入職6か月後であり、置き換えによる判別不能、労働条件の不利益変更の論点がある。労働者側がこれらの点を主張しておらず、裁判所が判断していない。

⑧KAZ事件　大阪地判令2.11.27労判1248号76頁

　本事例は、もともと時給制だったアルバイト労働者が月給制の正社員になった事案であり、就業規則及び賃金規程が存在しない。基本給18万円、皆勤手当1万円、職能給5000円に加えて固定残業代の「調整給」（5万5000円～8万3000円）であり、調整給が固定残業代であることが否定された事案である。問題は「休日手当」の2万5000円であり、「原告は採用時に被告代表者から、1日10時間のシフト制のもとで1か月26日の就労を前提に月27万円と職能手当として月5000円を支払うとの説明を受

けたにすぎず、職能手当以外の賃金の内訳についての説明は受けていなかったものの……被告は、所定休日を1か月に6日として、これを基準に休日手当を支払っていたこと、月27万円の賃金は、1か月26日の就労であれば所定休日のうち2日は就労することになることを前提に、月2万5000円の休日手当を含むものであったことが認められる。」としたうえで①休日手当という名称は理解が容易、②1か月に6日の所定休日を前提に休日に就労した日数に応じて金額が増減されていることも給与明細上明らか、③原告からかかる費目や金額について異議が述べられることもなかったことから、休日労働に対する対価性を認めた事案である。

明確区分性説に立っていること　この判決は、判別要件を定立しておらず、明確区分性説＋対価性要件という規範を定立している。国際自動車（第二次）事件最高裁判決が定立した判断枠組みから逸脱しており、明確区分性説に固執する裁判例の一つである。

判別不能であること　この事案では、事実認定の上でも就業規則すら存在しない事例であり「原告は採用時に被告代表者から、1日10時間のシフト制のもとで1か月26日の就労を前提に月27万円と職能手当として月5000円を支払うとの説明を受けたにすぎ」ないのであれば、その後に、その一部を休日手当としてしまうのは「置き換え」による判別不能となるはずである。また、給与明細による「明確区分」は判別要件に反する（本章5－2参照）。この判決は判別要件を規範定立していないため、このような結果になる。

休日労働への対価性の基礎事実が認定されていない　被告は「所定休日を1か月に6日として、これを基準に休日手当を支払っていたこと、月27万円の賃金は、1か月26日の就労であれば所定休日のうち2日は就労することになることを前提に、月2万5000円の休日手当を含むものであったこと」と考えていた

旨認定されているが、この事案の休日手当は月給制賃金である
ので個別の労働日にたいする対価性は観念できないのが原則で
ある。仮に1万2500円の日給制賃金の合算と考えるとしても、
現実の所定休日労働の指定の状況や、労働の実態を認定しなけ
れば、特定の所定休日労働日への対価性は観念できない。現実
には、このような事例では気儘に所定休日の労働をさせいわゆ
る「4週2休」制の所定休日が就業規則で特定されておらず、現
実にも休まずに働かされていることも多い。当然だが、月に3
回の所定休日労働をしていたり、逆に1回しか所定休日労働し
ていないことがあると、労働実態との「かい離」の問題が起き
る。結局、この裁判例は、対価性の検討もしていない。

⑨株式会社浜田事件 大阪地堺支判令3.12.27労判1267号60頁

　本事例は、国際自動車（第二次）事件最高裁判決よりも後の事
例であるが、賃金規程がなく雇用契約もないところ、①入社面接
の際に「月給には36時間分のみなし残業手当が含まれることな
どを説明した」こと、②原告が被告に入社した後、年に2回、定
期的面接が行われ、モニターに映し出された図表には、「※外勤
手当について・外回り営業マン及び施工者に対し、36時間分の
残業代相当の外勤手当を支給・残業単価は、基本給与（外勤手
当、調整手当を除く基準内給与）／160時間（月間基準労働時
間）×1.25で算定」と記載されていたこと、③原告が見た被告
の求人募集に「※月給額には36時間分のみなし残業手当が含ま
れています。残業時間がそれより少なくても減額することはあ
りません。」と記載されていたことなどから被告は36時間分の
みなし残業手当について説明し、原告も理解していたこと、④
被告は原告に対し、外勤手当と他の手当を区別して賃金を支給
していたのであるから、固定残業代の有効要件を満たしている
こと、などから対価性が認められた事案である。下記の通り問
題が多く、トールエクスプレスジャパン事件（本章6－3参照）

などとも通じる、判別要件を承認しようとしない裁判例である。

判別要件を定立していないこと　先例として日本ケミカル事件最高裁判決のみを参照しており、国際自動車（第二次）事件最高裁判決を参照せず、判別要件の規範定立もしていない事例であり、この点だけでも判例違反がある。

明確区分性説に立っていること　「通常の労働時間の賃金に当たる部分」との判別を全く検討しておらず、すでに否定された明確区分性説（本章7－1参照）に立っていると考えられる。

　判別要件に基づく当てはめをしていないこと　労働契約書、賃金規程にもない狭義の固定残業代を契約したとする判示自体に無理があり、判別要件の当てはめをしていない。

6──出来高払制その他の請負制の判別要件

6-1　月決めの請負制賃金すべてを割増賃金とする場合

　月決めの出来高払制その他の請負制（以下「請負制」）の賃金による割増賃金の支払いについては、裁判例は一貫して否定してきた[34]。高知県観光事件最高裁判決のほかに、高裁レベルでも判決が出ており、近年は以下のような判決も出されている。

（割増賃金該当性が認められなかったもの）

①シンワ運輸東京事件　東京地判平28.2.19労判1136号58頁

　運賃収入に車種や搬送物等に応じた一定の掛け率を乗じることによって算出される「運行時間外手当」について、「法定労働時間外や深夜時間帯等に行った場合と、そうではない通常の労働時間内に行った場合とで、支給される上記手当の額に違いは

---

[34]　合同タクシー事件・福岡地小倉支判昭42.3.24労民集18巻2号210頁、城南タクシー事件・徳島地判平8.3.29労判702号64頁、徳島南海タクシー事件・高松高判平11.7.19労判775号15頁、コミネコミュニケーションズ事件・東京地判平17.9.30労経速1916号11頁、大虎運輸事件・大阪地判平18.6.15労判924号72頁、三和交通事件・札幌高判平24.2.16労判1123号121頁。

ないといえ、そうすると、運行時間外手当が時間外労働等に係る割増賃金の性格を有する手当であるとは認められない。また、原告に毎月支給された運行時間外手当には、原告が通常の労働時間中に従事した業務に係る手当も当然に含まれているものと解されるが、支給された運行時間外手当のうち、通常の労働時間に従事した業務に係る手当の額と通常の労働時間外に従事した業務に係る手当の額とを判別することもできないから、結局、時間外労働等に係る割増賃金に当たる額も不明といわざるを得ない（通常の労働時間内に従事した業務において発生した手当が割増賃金に当たるということはできない。）。」とされた事例。

　全体として、労働契約上、請負制の計算方法による賃金が他の賃金と区分可能な形で割増賃金であるとされていても、割増賃金を支払ったとは認めないのが傾向であった。

　これに対して、国際自動車（第一次）事件最高裁判決（第6章3－3参照）の後、①と同一企業について以下の裁判例が出された。

（割増賃金該当性が認められたもの）

②シンワ運輸東京事件　東京高判平30.5.9労経速2350号30頁（同事件・東京地判平29.11.29労経速2339号11頁）

　運賃収入に70％を乗じた額に対し、運送物及び車種によって定められた異なる率を乗じて算出した金額の「運行時間外手当」について、「運行時間外手当について、その算定方法上、原告らの労働時間との間に時間比例性がないことは、同手当が時間外労働等に対する対価の趣旨で支払われるものでないことを疑わせる事情とはなる」としながら「被告においては、平成14年1月に被告が設立された当時の賃金規程から現在の本件賃金規程まで一貫して、運行時間外手当の全額を時間外手当相当額として支給し、労働基準法所定の計算方法により算定した時間外手当の額と差額が生じる場合には同差額を支給するものとされており、実際にも、従業員に対し、毎月、運行時間外手当の額と

残業時間数を基に算定した時間外手当の額を記載した給与明細書等が交付されるとともに、上記差額が生じる場合には同差額が支給されていた」こと、これが労働協約に基づく賃金であることを根拠に、割増賃金該当性を認めた事例。

　労働組合が合意した協約賃金であることが割増賃金該当性を基礎付ける事情にならないことは、国際自動車事件の二度の最高裁判決や上記の各裁判例で示されているところである。その方式で一貫して支払われてきたことも「通常の労働時間の賃金」と割増賃金の判別には関係のない事情である。差額清算がされていたことは興味深いが、この裁判例は、①が判示した「通常の労働時間内に従事した業務において発生した手当が割増賃金に当たるということはできない。」という対価性の観点を無視しており、最高裁判例を誤読したものといわざるを得ない。

　このような中、労働協約で出来高払制の賃金全体が割増賃金とされていた事案で、判別可能性、対価性を丁寧に検討して判別不能とした以下の高裁判決が出た。この判断枠組みが国際自動車（第二次）事件最高裁判決（第6章3－5参照）の原型になっていると考えられる。

（出来高払制による割増賃金支払を判別不能としたもの）
③洛陽交運事件　大阪高判平31.4.11労判1212号24頁
　（1）月間運送収入が35万円以上の場合に35万円を超える額の42.5％相当額、（2）月間運送収入が45万円以上の場合に45万円を超える額の46.0％相当額及び定額4万2500円の「基準外手当Ⅰ」、及び、月間運送収入額に定められた割合を乗じた金額であり、その割合は、月間運送収入が50万円未満で6％、50万円以上55万円未満で9％、55万円以上60万円未満で10％、60万円以上65万円未満で11％、65万円以上で12％とされている「基準外手当Ⅱ」等を判別不能とした事例。

　その後、「通常の労働時間の賃金」と出来高払制の関係につい

ては、不可分の総労働時間の対価であり判別不能な賃金である出来高払制にも割増賃金を支払うため、出来高払制をもともと時給制賃金である請負制の一種と位置付けて時間制賃金（その中でも時給制）に「換算」し、時給制とみなすこととした（第6章5－3［3］イ参照）という立法者意思が明らかになった。「時間制に換算」という請負制賃金の法的性質が明らかになった以上、換算後の金額のうちの時間外労働等の対価に対する部分を超える範囲で割増賃金の支払を認めることはできない。

6-2 月決めの請負制賃金の中に割合による割増賃金を設定する例（仕切説）

山川隆一は、高知県観光事件最高裁判決について、この事案での使用者側の42％の賃率の歩合給のうち3％分が割増賃金であるとの主張を例にとって「しかし、もし39パーセントの部分が確定的に基礎給であると定められていたとすれば、両者の区分が可能であることになり、それに基づいて通常の労働時間の賃金を計算したうえ、法律上支払義務がある割増賃金額を計算することができるので、歩合給の一部に割増賃金部分が含まれているものとして扱うことは不可能ではないと思われる。」と評釈した[35]。

いわば、出来高に賃率をかけて賃金に転化していく流れに労働契約により、通常の労働時間の賃金の流れと割増賃金の流れとに分ける仕切を入れれば区分可としたのである（以下「仕切説」）。

しかしこの主張は、不可分の総労働時間の対価であり判別不能な賃金である出来高払制にも割増賃金を支払うため、出来高払制をもともと時給制賃金である請負制の一種と位置付けて時間制賃金（その中でも時給制）に「換算」し、時給制とみなす

---

[35] 山川隆一「判例解説歩合給制度と時間外・深夜労働による割増賃金支払い義務―高知県観光事件（最高裁2小平成6・6・13判決）」労判657号（1994年）6頁。

第7章 ◉ 固定残業代などへの対応 311

こととしたものである（第6章5−3［3］イ参照）ことを全く
踏まえていない。

　出来高払制を「時間制に換算」することは立法時の帝国議会
に説明されていたし、時給制とみなしたほうがもともと所定労
働時間の対価である通常の労働時間の賃金の定義や他の法37
条1項の文言に合致して妥当である。労基則19条1項6号は「時
間制に換算」するものとしても法律の委任の範囲のものであり、
労働基準法の「基準」として扱われる。

　行政解釈は「時間外、休日又は深夜の労働に対する時間当た
り賃金、すなわち一・〇に該当する部分は、既に基礎となった
賃金総額の中に含められている」とし、請負制賃金自体に割増
賃金の100％部分が含まれているとする*36。行政解釈である
125％説のもとで上記の説をとると、換算後の時間給のうち時
間外労働の時間分はそれ自体が判別可能な割増賃金の100％部
分である。判別不能な割増賃金が含まれたり割増率が25％に縮
減する訳ではない。

　具体的にひと月の法内労働時間が100時間で法定時間外労働
時間が50時間、これに対して出来高が71万4286円で契約上の
賃率が42％、出来高払制賃金が30万円支払われた例を検討す
る。この考え方では、換算後の時間給は2000円で、20万円が
通常の労働時間の賃金、10万円が割増賃金の100％部分となり、
通常の労働時間の賃金に当たる部分と割増賃金に当たる部分と
を判別できる。追加すべき25％部分の割増賃金は2万5000円と
なる。ここで上記30万円の一部の3万円に未払があり、25％分
の時間外割増賃金も未払の場合、25％部分のみならず100％部
分の1万円も法37条の割増賃金の未払となる。

　一方、仕切説によると、上記事例で42％の賃率のうち3％分
（2万1429円相当）を労働契約で25％部分の割増賃金とするこ

---

*36　労働基準局（上）549頁。

とになる。しかし、上記判別結果よりも労働者に不利な対価性の区分をすることがなぜできるのか、仕切説の基礎となる立脚点が明らかではない。そうすると、仕切説は「基準」である同号に反する。この場合、前記国際自動車（第二次）事件最高裁判決にいう通常の労働時間の賃金から割増賃金への「置き換え」が発生し、判例法理違反にもなると解する。

このような立法者意思が解明される前から、学説では月決めの出来高払制賃金の一部に割合による仕切を設定する契約により、その一部を割増賃金として支払うことはできないとする説が有力であった[37]。

裁判例でも朝日交通事件[38]は、総営収を100％として、基本給34％、深夜時間手当4％、超勤時間手当11.8％、臨時労働手当4.2％とする完全歩合給制について「労基法等に従った時間外等の各割増賃金の支払を行わないものであって」労基法等に違反することは明らか、とし、仕切説を否定していた。

6-3 出来高払制賃金からの割増賃金相当額を控除する事例

[1] トールエクスプレスジャパン事件の裁判例は先例を誤読・改ざんしており、さらにその判断はその後の最高裁判例で否定されている明確区分性説に立っていること、その後に解明された出来高払制の通常の労働時間の賃金の意義を踏まえていないこと

出来高払制賃金からの割増賃金相当額を控除する累計は、国際自動車（第二次）事件最高裁判決（第6章3－5参照）によって否定されたはずである。しかし、その直前に出されたトールエクスプレスジャパン事件大阪高裁判決（大阪高判令3.2.25労

---

[37] 香川孝三「歩合給制度における時間外・深夜割増賃金の計算方法（判例紹介）最高裁平成6.6.13判決」民商114巻2号（1996年）322頁、浜村彰「タクシー乗務員の歩合給につき、売上高から残業手当相当額を控除して支給することと労働基準法37条違反の成否－国際自動車（第二次上告審）事件」ジュリ1557号（2021年）178頁、西谷359頁。

[38] 札幌地判平24.9.28労判1073号86頁。

第7章 ● 固定残業代などへの対応 ｜ 313

判1239号5頁）が同様の方法を適法としたので、取り上げられることが多い。

トールエクスプレスジャパン事件大阪高裁判決は、国際自動車（第一次）事件最高裁判決の不定形性の指摘（第6章3－3［2］参照）を誤読し改ざんしている（第7章7－3参照）。さらに敷衍すれば、この裁判例は、判別要件の規範定立、当てはめをしておらず、国際自動車（第二次）事件最高裁判決で明確に否定された明確区分性説（第7章7－1参照）に立っている。

また、この判決は、出来高払制で計算された賃金の中に「割増賃金に当たる部分」を自由に設定できることが前提になっているが、これは不可分の総労働時間の対価であり判別不能な賃金である出来高払制にも割増賃金を支払うため、出来高払制をもともと時給制賃金である請負制の一種と位置付けて時間制賃金（その中でも時給制）に「換算」し、時給制とみなすこととした（第6章5－3［3］イ参照）立法者の意思に明確に反する。

このように、本来先例性がないはずの裁判例であるが、過渡期の事例であったため最高裁が上告受理をせず、また、割増賃金の法定外の支払方法を緩やかな要件で認めようとする見解は他に拠り所となる裁判例がないので、近時の裁判例で割増賃金の法定外の支払方法が適法とされた事例として取り上げがちであるので、以下、事例を紹介し、判別不能であることを述べる。

[2] トールエクスプレスジャパン事件の事案

トールエクスプレスジャパン事件の事案は、貨物運送のトラック運転手である「集配業」の控訴人らに対して、以下の方法により賃金を支払っていたところ、割増賃金の支払いがないとして提訴された事案である。

> ●賃金総額＝職務給＋能率手当＋時間外手当Ａ＋時間外手
> 当Ｂ

- 「旧賃金制度」の能率手当＝（賃金対象額－時間外手当Ａ）×α
  ※「α」は、一以下の係数であって、総労働時間÷（総労働時間＋60時間までの時間外労働時間×0.25＋60時間を超える時間外労働時間×0.5＋深夜労働時間×0.25＋法定休日労働時間×0.35）により算出される。
- 「新賃金制度」の能率手当＝（賃金対象額－時間外手当Ａ）
- 賃金対象額＝「労働者が扱った集配業務の軒数・重量・距離・伝票枚数等、集配業の業務量を示す様々な要素を基礎として算出」
- 時間外手当Ａ＝能率手当を除く基準内賃金÷１か月平均所定労働時間数×月給制の法定割増率×時間外労働等の時間数
- 時間外手当Ｂ＝能率手当÷総労働時間×請負制の法定割増率×時間外労働等の時間数

　ここで「賃金対象額」は、さまざまな観点から出来高を考慮して合算する出来高そのものである。本来はその全体が、旧賃金制度ではαをかけたのちに能率手当として、新賃金制度では能率手当として支払われるべきものであり、一方で労働契約上は計算上の概念でもある。

　その他、国際自動車事件の事案（第６章３－３［１］参照）の「割増金」に当たる部分が本判決の事案の時間外手当Ａ（月給制の職務給に対する割増賃金）および時間外手当Ｂ（出来高払制の能率手当に対する割増賃金）に分けられており、後者については賃金対象額からの控除対象になっていないなど、いくつか異なる点もあるが、両事案で「対象額Ａ」を「賃金対象額」に、「能率給」を「歩合給（１）」に置き換えると、似た賃金体系であると言えるだろう。

　そして、本判決の当てはめの特徴は、端的に、法37条の趣旨

にもとづく対価性の判断をしていない点にある。

[3] 判別不能であること

時間外労働等が長くなることで額が減っていく賃金は、国際自動車（第二次）事件最高裁判決が述べるように、法37条の趣旨に沿わず、割増賃金制度の本質から逸脱するものであるし、何らかの形で、通常の労働時間の賃金を割増賃金に「置き換え」してしまう現象も起きる。

本判決の事案の旧賃金制度のもとでの能率手当は、一以下の係数「α」を掛けているが、αは法定時間外労働、法定休日労働、深夜労働の長さと法定割増率に着目して、出来高とは関係なく、これらの時間が長くなるほど100％部分を除いた割増率の割合だけαの率が下がっていき、出来高払制賃金に対して本来発生するはずの25％分の割増賃金の分（すなわち時間外手当B相当額）と同額だけ、出来高払制の賃金の額を減殺する効果を持っている。この計算式は、本来、対応する労働時間の延長がない深夜割増賃金の分すら減殺する計算式に入れているので、本判決が判示するような業務の効率化を目的としているわけですらなく、専ら時間外労働等の長さに着目し、割増賃金の25％部分の発生を阻害する目的のものである。この点で、出来高払制賃金を割増賃金に置き換える計算である。

同じことは、新旧賃金制度を通じて、能率手当の算定にあたり時間外手当A相当額を控除している点についてもいえる。この部分は国際自動車事件の事案と全く同様の方法であり、「置き換え」による判別不能が発生している（第6章3－5［4］参照）。

このように、本判決の事案の能率手当について、旧賃金制度のαをかけて割増賃金相当額を減殺して割増賃金に置き換える部分（時間外手当B）、新旧賃金制度を通じて割増賃金相当額を控除して割増賃金に置き換える部分（時間外手当A）は、計算過程が割増賃金制度の趣旨に反し無効であるし、これらの結果

算出された時間外手当A、時間外手当Bは判別不能な賃金という他ない。

6-4 過去の平均割増賃金額の控除

菅野和夫は、国際自動車（第二次）事件最高裁判決の直前に、本件賃金規則の定めは当該月の割増賃金が算出されないと歩合給の額が定まらない点で割増賃金額と明確に区分されているかに疑問を有しているが、対象額Aからすでに確定している過去の一定時期の平均割増賃金額を控除する方法を是とする見解を示した[*39]。

しかし、この見解は、置き換えの「仕組み」（第6章3－3［1］参照）の問題点を何ら解消するものではなく、最高裁の示した法37条の趣旨の趣旨に反し、算定基礎賃金が0になるにもかかわらず契約上それに対応する割増賃金が発生するという割増賃金の本質に反する事態が発生し得る点も同じであろう。「置き換え」による判別不能が生じること（第6章3－5［4］参照）もまったく一緒である。

6-5 定額の時間額の控除

出来高払制の賃金の算定に当たって、最初から1時間当たり300円などの定額を控除する方法であり、そのような「業務インセンティブ」賃金についての裁判例が存在する（ヤマト運輸（業務インセンティブ・控除措置）事件・大津地判平23.1.27労判1035号150頁）。実例に現れた順序や企業規模を考えると、この事案を元に国際自動車の賃金体系（第6章3－3［1］参照）やトールエクスプレスジャパン事件の賃金体系（本章6－3［2］参照）が作られたと考えるほうが辻褄があう。

この事案の裁判例は、「時間的要素を斟酌した300円控除措置

[*39] 菅野（12版）522頁。

が講じられているけれども、出来高給の性質上、時間的要素を斟酌することが許されないということはできないから、個人業績インセンティブの計算方法は出来高給の性質に合致するというべきである。」などとして出来高払制の賃金として適法とした。

　まず、このような賃金を労働契約で約したとしても、それは出来高払制ではない。出来高払制は、本来は不可分の総労働時間の対価であり判別不能な賃金であるところ、出来高払制にも割増賃金を支払うため、出来高払制をもともと時給制賃金である請負制の一種と位置付けて時間制賃金（その中でも時給制）に「換算」し、時給制とみなすこととしたものである（第6章5－3［3］イ参照）。出来高払制賃金の算定に当たって1時間当たりの減額を行うことは定義に反する。このような賃金は賃金算定期間を基準にして「通常の月給制」の賃金と考えるほかない。

　次にこのような1時間あたり300円の控除は、「換算」後の時給制賃金の時給額を300円ずつ減額させるから、「業務インセンティブ」に対する割増賃金の発生を抑制し、使用者の命令によって長時間の残業に従事するほど割増賃金に当たる部分、場合によってはそれに止まらず賃金総額すら減少していくことも明らかである。割増賃金という賃金算定に当たって使用者の指揮命令下にある時間の増加により発生するはずの賃金増額を「経費」とみて労働者に負担させる考え方は「労働時間と賃金の牽連関係」という割増賃金の本質そのもの（第1章4－4、第6章3－5［5］参照）に反して許されないと解する。

6-6 適法となる余地のある方法の検討

[1] その他の請負制は割増賃金の支払が可能

　ハルシー割増制、ローワン割増制などの「その他の請負制」の賃金は、元から時間賃金率を観念する計算方法であり（第6

章5-3［イ］参照）、特段の意を用いなくても割増賃金の支払が可能である。このように、出来高に賃率を設定する賃金であっても、総労働時間による対価ではなく、時間外労働等のみの対価であることが明確な賃金であれば、総労働時間に対する賃金ではなくなり、判別できる。

［2］設例と検討

そこで例えば高知県観光事件の事例をベースにして、以下の方法が考えられる。

① 月決めの基本歩合給（仮に水揚げ額に対して賃率39％とする）を支払ったうえ、これとは別に法定休日労働に対してその日の水揚げに4.2％（3％÷0.25×0.35）の賃率で賃金を支払う方法。この場合、月決めの基本歩合給とは別に、日決めの歩合給を支払うことになる。

② 所定賃金を日決めの出来高払制賃金（賃率39％）とし、法定休日に労働した場合は賃率を43.2％とする方法

これらのやり方は、時間外労働等について基本の歩合給とは別に出来高を二重に評価して、かつ、割増加算部分については時間外労働等に対応したものとするのだから、形式的な区分はできている。そして、このような割増賃金の支給方法は、使用者をして長時間労働を抑制させる効果があるかもしれないし、割増の歩合給が労働者に対する補償ともなり得る。

しかし、労基則19条1項6号が、日決め（賃金算定期間が日）の請負制の賃金であっても、賃金締切日（賃金の締め日）があって、例えば賃金締切期間が月単位になっている場合には、日決めの請負制の賃金を月単位で合算して賃金額としたうえでそれに対応する総労働時間で除して賃金単価を算出する、という、月決めの請負制賃金と異ならないものとして扱っていること（第

第7章 ● 固定残業代などへの対応　319

7章2－2参照）と矛盾する。

　また、上記のいずれも、請負制の計算方法に「よって計算された賃金」であるのに、なぜ労基則19条1項6号の賃金総額から除外できるのか法文上の根拠が疑問である。さらに、上記のように時間外労働等に固有の賃率を基本歩合給に対して一定の率に設定することを強制する規制もないため、労働契約により賃率を調整することで制度趣旨を潜脱することが容易である。このような方法を許容すると、かえって長時間労働のインセンティブになる賃金制度も設計できる可能性もあり、その場合、長時間労働を惹起しかねない。そもそも、今日、請負制の賃金に対して法定の計算方法で割増賃金の計算をするのは容易であり、これらの制度を許容する必要性が全く存在しない。

　これらの方法による割増賃金の支払いは、強行法規性のある労基則19条1項6号から逸脱しており、認められない。

［3］出来高の控除は違法

　実務では、休日労働の出来高自体を月の全体の出来高から控除したあとで、そのような控除した休日労働の出来高に対して日決めの請負制の賃金を休日手当として支払う事例があるが、国際自動車事件と同様の法37条の趣旨違反・逸脱や、通常の労働時間の賃金の割増賃金への「置き換え」の問題が生じる。

7──使用者側の法的主張への対処

7-1　明確区分性説は最高裁判例で明示的に否定されていること

［1］裁判例で「明確に区分」が登場

　労基法37条との関係で「明確に区分」という言葉が登場するのは、判例検索システムで探せる限り、朝日急配事件（名古屋地判昭58.3.25労判411号76頁が最初であるが、小里機材事件

の地裁判決（東京地判昭62.1.30労判523号10頁、同事件・東京高判昭62.11.30同号14頁）が傍論で「また、仮に、月15時間の時間外労働に対する割増賃金を基本給に含める旨の合意がされたとしても、その基本給のうち割増賃金に当たる部分が明確に区分されて合意がされ、かつ労基法所定の計算方法による額がその額を上回るときはその差額を当該賃金の支払期に支払うことが合意されている場合にのみ、その予定割増賃金分を当該月の割増賃金の一部又は全部とすることができるものと解すべき」と述べたことで有名になった。

[2] 学説による明確区分性説の定式化

菅野和夫[40]は、法定外の計算方法と固定残業代について以下のように定式化した。

① 法37条が使用者に命じているのは一定額以上の割増賃金を支払うことで法定の計算方法をそのまま用いなくて良く、例えば賃金単価過少・割増率過大の計算でも良い
② 定額の手当による支払いも法定計算額を下回らなければ適法
③ 法定の計算方法によらない場合、法定計算額以上が支払われているか判定するために割増賃金部分とそれ以外の賃金部分を明確に区別する必要

このように、菅野は「明確に区別」の目的について「法定計算額以上が支払われているか判定するため」と狭く位置付けた。
そして、菅野は「通常の労働時間の賃金」を賃金単価の意味で定義したので、「通常の労働時間の賃金」に定義と規範を与え

---

[40] 菅野（3版）229頁。同書は、固定残業代についてまとまった論述をしており、第一線の研究者が書く基本書レベルの本としては長らく類書がなかった。この時期以降、使用者側の固定残業代の主張の論拠になったのが同書やそれを援用した就業規則実務本だった。

て算定基礎賃金の範囲を画する考え方自体に消極的であったと考えられる。

　菅野の説は、元々は賃金の性質ないし趣旨の議論を踏まえたものであったはずだが、主著ではそこへの言及がなく、労働行政の見解へも言及しなかったため、1950年代以降の「通常の労働時間の賃金」をめぐる議論との断絶が生じた。また、それにより、形式的な区分さえできれば割増賃金の支払方法として是とするようにも読める見解となった。

　このような菅野の説は、高知県観光事件最高裁判決より前のものであり、両者は法37条の文言を使うか否かについて違いがあったが、最高裁判所のいう「判別」と「明確に区分」の異同は、若干の検討の対象にはなったものの、同じものと捉えられてきた[41]。

　このような菅野説や裁判例を中心としていわゆる明確区分性説が形成された。菅野の『労働法』はテックジャパン事件最高裁判決未反映の2012年の第10版[42]までその点の記述に変化がなかった。

[3] 明確区分性説の流布と裁判例化

　その後、出来高払制の賃金でも任意の割合で通常の労働時間の賃金と割増賃金を区分可能とした山川隆一の論文[43]を皮切りに、様々な研究者が高知県観光事件最高裁判決の評釈をすることを通じて議論が展開する時期に入っていくが、同判決の文言にもかかわらず「通常の労働時間の賃金」の意義に言及しないのが全体的に顕著な傾向であった。また、山川も立法者意思や先行する見解と自説の関係性を検討しなかったため、実務家

＊41　新谷眞人「オール歩合給によるタクシー乗務員の時間外・深夜労働と割増賃金請求権」季労173号（1995年）166頁。

＊42　菅野（10版）361頁。

＊43　山川隆一「判例解説歩合給制度と時間外・深夜労働による割増賃金支払い義務─高知県観光事件（最高裁2小平成6・6・13判決）」労判657号（1994年）6頁。

が議論の流れを追えなくなってしまった。これらの結果、テックジャパン事件最高裁判決におけるいわゆる櫻井補足意見、それを評釈する実務本に至るまで、判別要件に関する議論や、差額清算合意の要否についての議論が迷走した側面は否定できない。

　明確区分性説が最も完成された形で現れたのが国際自動車事件[*44]の差戻審控訴審判決である。同判決は、前掲の売上高等の一定割合に相当する金額（対象額Ａ）から、「割増金」（日給制の基本給や対象額Ａとの関係で計算した残業手当等に相当する金額）を控除する旨の賃金規則の定めについて「明確に区分されて定められているということができる。」として適法とし、自らの判断として「判別」という文言すら用いなかった。

　確かに同定めにおける割増金は形式的には明確に区分されているが、そのように考えて適法とすると、割増賃金を「明確に区分」するというのは、労働契約で割増賃金の支払方法を明確に記述するという以上の意味はないことになる。

　このように、明確区分性説は「通常の労働時間の賃金」の意義を曖昧にすることで最初から契約説（本章1－1参照）を内包しており、同判決は「明確に区分」という文言によって「労働時間の賃金」に定義の規範性を付与する考え方を否定し、同賃金の範囲の設定を契約自由の原則に委ねる「契約説」の立場に立つことを鮮明に表明したのである。

[4] 最高裁判例による明確区分性説の克服と否定

　一方、テックジャパン事件最高裁判決、国際自動車（第一次）事件最高裁判決を受けて、研究者が次々と「判別」の意義に言及するようになり、判別要件の意義が急速に普及していった。そ

＊44　第二次最高裁判決：最一小判令 2.3.30 民集 74 巻 3 号 549 頁（差戻控訴審判決：東京高判平 30.2.15 労判 1173 号 34 頁）。第一次最高裁判決：最三小判平 29.2.28 集民 255 号 1 頁（原審：東京高判平 27.7.16 労判 1132 号 82 頁、第一審：東京地判平 27.1.28 労判 1114 号 35 頁）。

第 7 章 ● 固定残業代などへの対応 │ 323

して、国際自動車（第二次）事件最高裁判決は、明確に区分できるとした差戻審控訴審判決を明確に否定したうえ、判別要件を再言した。判例により明確区分性説が克服されたのである。菅野はこれに先立ち、テックジャパン事件最高裁判決を受けた2016年の菅野（11版）*45で明確区分性説を撤回しており、2018年の国際自動車事件差戻控訴審判決は、客観的には背景となる学説を失った状態で裁判官が判例の先例性を承認せずに独自の判断したものであった。

　このように、明確区分性説は、（1）最高裁判所が1994年に初めて判別要件に言及したよりも前の時期の学説であり、（2）「通常の労働時間の賃金」に定義と規範性を与えない考え方に基づくものであり、（3）最高裁判決により明示の形で否定され、（4）提唱者自身が既に撤回した論である。従って、実務家はこの説を批判的に検討すべきであり、この説に基づいて議論をすべきではない。

7-2 「通常の労働時間の賃金」に定義と規範性を付与しない見解に対する批判

　国際自動車事件第二次最高裁判決（第6章3－5参照）の担当調査官は「本件第1次上告審判決の評釈等においては、『通常の労働時間の賃金』の定義（一般的には、当該時間外、休日又は深夜労働が深夜ではない所定労働時間中に行われた場合に支払われるべき賃金であると解されている。）に着目して、『通常の労働時間の賃金』である歩合給（1）が変動する本件のような仕組みは許されないなどとする見解が示されていた。本判決は、このような観点からの判断は示しておらず、今後の議論に委ねら

＊45　498頁。この時点では、菅野は「通常の労働時間の賃金」を専ら賃金単価の意味で使用する定義を続けており（同書496頁）、記述に混乱がある状態になっていた。2019年の菅野(12版)では当該定義が削除され、山川と共著となった2024年の第13版（菅野＝山川）では「通常の労働時間の賃金」を定義と規範性のある「賃金」の意義と賃金単価の意義の両面で使用する者と定義するようになっている。

れたものといえよう。」とした[46]。

　この見解は同事件第一次最高裁判決（第6章3－3参照）の評釈論文において「出来高払制その他の請負制」（労基則19条1項6号）における「通常の労働時間の賃金」の意義が不明確である旨の批判がされ[47]、調査官解説の時点でもこの点の理論的な整理がついていなかったことを示すものと考えられる。

　そして、この調査官解説の後に発表された熊本総合運輸事件最高裁判決の評釈論文では「通常の労働時間の賃金」の範囲の特定を専ら契約自由の原則に委ねる「契約説」（本章1－1参照）に立つことを明言して判旨に疑義を呈し、また判例の射程を狭く解する論考が盛んに出された[48]。

　今後しばらくの訴訟実務では、このように「最高裁判所は（まだ）通常の労働時間の賃金の定義をしていない」「定義は存在しない」観点からの主張が予想される。

　しかし、最高裁判所は大星ビル管理事件最高裁判決[49]で「通常の労働時間の賃金」の定義を行政解釈とほぼ同じものとして明言しており、一般的な定義はすでにしている。課題として残っているのは「出来高払制その他の請負制」（労基則19条1項6号）における「通常の労働時間の賃金」の意義である。

　そして、出来高払制その他の請負制については、不可分の総労働時間の対価であり判別不能な賃金である出来高払制にも割増賃金を支払うため、出来高払制をもともと時給制賃金である

＊46　財賀理行「歩合給の計算に当たり売上高等の一定割合に相当する金額から残業手当等に相当する金額を控除する旨の定めがある賃金規則に基づいてされた残業手当等の支払により労働基準法37条の定める割増賃金が支払われたとはいえないとされた事例」『最高裁判所判例解説民事篇令和二年度（上）』（法曹会、2023年）199頁。

＊47　橋本陽子「歩合給と割増賃金の判別可能性－国際自動車事件」ジュリ1546号（2020年）4頁。

＊48　竹内（奥野）寿「賃金体系変更により導入された手当の割増賃金該当性―熊本総合運輸事件」ジュリ1584号（2023年）4頁、橋本陽子「トラック運転手の割増賃金に関する就業規則の規定の労基法37条適合性―熊本総合運輸事件」労判2033号（2023年）6頁、池田悠「就業規則変更によって導入された手当の割増賃金該当性―熊本総合運輸事件」ジュリ1588号（2023年）74頁。

＊49　最一小判平14.2.28民集56巻2号361頁（労判822号5頁）。

請負制の一種と位置付けて時間制賃金（その中でも時給制）に
「換算」し、時給制とみなすこととしたものである（第6章5-
3［3］イ参照）という立法者意思が明らかになった。

　「最高裁判所は（まだ）通常の労働時間の賃金の定義をしてい
ない」観点からの主張に対しては「最高裁は大星ビル管理事件
最高裁判決ですでに『通常の労働時間の賃金』を定義をしてお
り、出来高払制その他の請負制についても2024年に時給制に
『換算』する旨の立法者意思が解明された。」と反論すべきであ
る。

7-3 「不定形性の指摘」を歪めた誤読を厳しく批判すべきこと

　国際自動車（第一次）事件最高裁判決は「通常の労働時間の
賃金」の不定形性の指摘をした上で、当該事案の「賃金規則の
定める仕組み」が①「当該定めに基づく割増賃金の支払が同条
の定める割増賃金の支払といえるか否かは問題となり得るもの
の」、②「当該定めが当然に同条の趣旨に反するものと／して公
序良俗に反し、無効であると／解することはできない」とした
（これらについて第6章3-3［2］参照）。

　トールエクスプレスジャパン事件大阪高裁判決[50]は国際自
動車（第二次）事件最高裁判決より前のものであるが、上記不
定形性の指摘の語尾を「から」に変え、①を削除したうえ、②
のうち筆者が挿入した2つの「／」で挟まれた部分を削除して
独立した規範として扱って同事件第一次最高裁判決の判旨とし
て参照してしまっており、上記「賃金規則の定める仕組み」が
原則として適法であることを前提に判断している。判旨の参照
として非常に不正確であり、より踏み込んで言えば自説に都合
の良いと考えるフレーズの切り抜きをして、国際自動車事件の
「賃金規則の定める仕組み」に類似する出来高払制賃金の計算方

＊50　大阪高判令3.2.25労判1239号5頁。

法を原則として適法だとしたものである。

　このように、一部の判決や、経営法曹が、上記不定形性の指摘を根拠に「通常の労働時間の賃金」の範囲の特定には契約自由の原則が適用される、と主張することがある。

　しかし、これは単なる誤読であるので、不定形性の指摘の意義（第6章3－3［2］参照）を述べた上で「誤読である」と反論すべきである。そもそも最高裁判決のフレーズをこのように都合良く切り抜き、判旨をまったく違うものにしてしまう操作は乱暴なものであり、抑制的に評論してもわが国の実定法解釈としては禁じ手であろう。ごく控えめに言っても高裁レベルの裁判所の職責を果たしたものとは言い難い。そして、このような操作をしなければ都合良く読み込めない時点で、上記不定形性の指摘は「通常の労働時間の賃金」の範囲の特定に契約自由の原則が適用される根拠にはならないのである。

　これを判旨の改ざんの観点ではなく理論的な観点で述べると、トールエクスプレスジャパン事件大阪高裁判決は、上記不定形性の指摘を「通常の労働時間の賃金」の範囲を契約自由の原則に委ねる根拠としているが、なぜ上記不定形性の指摘をそのように読み込むことができるのか、国際自動車（第一次）事件最高裁判決の文理のうえでも明らかではない。そのように読み込むためには、前提として、労基法37条が労働契約上の「通常の労働時間の賃金」の範囲の特定について規制をしていないことを論証する必要があり、国際自動車（第一次）事件最高裁判決からそのような意味合いは読み取れないし、むしろこれを労基法37条の強行的・直律的効力としての判別要件の下に置いているとしか読みようがない。「通常の労働時間の賃金」をどのような賃金形態や計算方法、支給方法にするかは他の強行法規に抵触する場合を除き契約自由の原則が妥当するが、その範囲に含まれる賃金の特定には契約自由の原則は適用されず、労基法37条の強行的・直律的効力の範囲に含まれる。

第 7 章 ● 固定残業代などへの対応　327

7-4 テックジャパン事件最判の櫻井補足意見は 過渡期のものであり援用すべきではないこと

　テックジャパン事件最高裁判決[51]には櫻井龍子判事の補足意見が付され、その中で労働契約上、固定残業代の金額、時間の明示に加え、「さらには10時間を超えて残業が行われた場合には当然その所定の支給日に別途上乗せして残業手当を支給する旨もあらかじめ明らかにされていなければならないと解すべきと思われる。本件の場合、そのようなあらかじめの合意も支給実態も認められない。」と述べたことが注目を集めた。

　しかしこの補足意見自体もなぜ差額清算合意ないし実態が必要なのかの理由づけが示されておらず、一方、これを批判する側も、多くの場合、山川の文献[52]を引用するのみであり、必要説、不要説がともによって立つ点が省みられずに様式化し、議論が噛み合わないままの平行線が続いていた。

　櫻井補足意見は、その後に下級審が固定残業代の違法性を積極的に審査するようになった契機になった意味では大きな意義があったが、理論的な意義が大きいとはいえず、労働者側の弁護士が援用すべき論ではない。

---

[51]　最一小判平24.3.8集民240号121頁。

[52]　山川・前掲注[43]。

8 頻出論点への対応

POINT

▶ 残業代請求では、労基法37条以外にも頻出の論点がある。本章はそれらのもののうち、労働者性、変形労働時間制、事業場外みなし労働時間制、裁量労働制、管理監督者制、その他の適用除外、週44時間制の特例、付加金制度を取り上げたものである。

▶ それらの論点についても、多くの場合、労働基準法の強行的・直律的効力を踏まえながら対処していく必要がある。

▶ 付加金の制度はGHQの影響が指摘される、他の法分野では見かけない制度である。消滅時効ではなく除斥期間があることをはじめとして法的性質を把握して対処する必要がある。また、付加金は使用者側がその事案の勝ち負けを度外視して抵抗してくる場合を除き、結果としてはほとんど獲得できないものであるから、相談者・依頼者に過度の期待を与えないようにアドバイスすることが重要である。

1──労基法の強行的・直律的効力を踏まえるべきこと

労基法は強行的・直律的効力（第1章5－2［1］参照）を持

つ法律であり、ある行為の労働時間該当性、固定残業代の判別可能性や対価性、労働時間規制が適用除外となる管理監督者該当性など、多くの場面で、使用者側の形式的な説明や契約上の形式的な取り決めにとらわれず、「労働者」「管理監督者」など労基法の法律文言に該当するかを実態から検討することとなる。これを要件事実論の観点で述べると、法律文言の該当性について、評価根拠事実と評価障害事実の応酬が頻繁に起きる。労働者の置かれた実態を余すところなく明らかにし、使用者の形式的な説明を打ち破ることは、労働者側で労働事件の弁護活動をする醍醐味のひとつである。

　しかし例えば、労基法9条の「労働者」に該当しなければ、労基法の適用がなく、従って使用者は割増賃金を支払う必要もなくなる。また、「管理監督者」（法41条2号）に該当すれば、労働者であるにもかかわらず使用者は時間外労働に対する割増賃金の支払い義務が一気に除外される。

　このような労基法の「一発逆転」の要素は使用者側にとっても大変魅力的であり、多くの訴訟で、使用者側から無理筋とも思われる主張が展開されることにもなる。そのような場合に、労働者側の弁護士の対応が拙ければ敗訴に至ることもある。

　労働時間（第2章）、除外賃金（第5章）、固定残業代など（第6章、第7章）などについては、すでに訴訟における主張立証のポイントもそれぞれ触れたことから、本章では、その余の頻出論点について、主張立証のポイントを検討する。

2──労働者性

　労基法37条に基づく割増賃金請求が認められるためには、前提として労基法9条の「労働者」に該当しなければならない（労働者性）。そしてその主張立証責任は労働者側にある。しかし、該当する「労働者」の範囲は広範である。

例えば、労働者性があるはずの学習塾の事務職員や講師について「全員取締役制」などと称して労働者性を否定し長時間労働に従事させていた事例（類設計室事件・大阪高判平28.7.2D1-LAWID：28251647、同事件・京都地判平27.7.31労判1128号52頁）がある。報道でも大手企業で社員を「個人事業主化」する例があり、業務委託を装うことで残業代の支払い義務を潜脱する例は存在すると考えられる。

　そこで、出社して時間管理を受けるなど、労働者的な働き方をしているのに、業務委託扱いされている例では、労働者性の有無を検討する必要がある。労働者性の判断要素については、1985年12月の旧労働省の「労働基準法研究会報告（労働基準法の「労働者」の判断基準について）」[*1]がよくまとまっている。

　同報告は、「労働者」について以下のように述べる。すなわち、労基法9条は「労働者」を「使用される者で、賃金を支払われる者をいう」と規定している。これによれば、「労働者」であるか否かという「労働者性」の有無は「使用される＝指揮監督下の労働」という労務提供の形態、及び「賃金支払」という報酬の労務に対する対償性、すなわち報酬が提供された労務に対するものであるかどうかということによって判断されることとなる。この2つの基準を総称して、「使用従属性」と呼ぶ。

　使用従属性は、上記報告書が定立した判断要素に基づき主張立証するのが基本である。そこで同報告をさらに要約したものを掲載する。訴訟で実際に争点となった場合は、これ及び、建設業手間請け従事者及び芸能関係者についてはさらに1996（平成8）年報告を検討しながら対応する事になる。

---

*1　タイトルでインターネットを検索すると、厚生労働省のホームページで PDF 版を入手できる。建設業手間請け従事者及び芸能関係者についてはさらに平成 8 年 3 月の「労働基準法研究会労働契約等法制部会労働者性検討専門部会報告」がある。

1 「使用従属性」に関する判断基準

(1)「指揮監督下の労働」に関する判断基準

 イ 仕事の依頼、業務従事の指示等に対する諾否の自由の有無

 ロ 業務遂行上の指揮監督の有無

 （イ）業務の内容及び遂行方法に対する指揮命令の有無

 （ロ）その他

「使用者」の命令、依頼等により通常予定されている業務以外の業務に従事することがある場合等は肯定の補強要素。

 ハ 拘束性の有無（勤務場所及び勤務時間が指定され、管理されていること）

 ニ 労務提供の代替性の有無（下請けに出すことの可否）。可能だと否定する方向。

(2) 報酬の労務対償性に関する判断基準

 労働基準法第11条。報酬が「賃金」であるか否かによって逆に「使用従属性」を判断することはできない。しかし報酬が時間給を基礎として計算される等労働の結果による較差が少ない、欠勤した場合には応分の報酬が控除され、いわゆる残業をした場合には通常の報酬とは別の手当が支給される等報酬の性格が使用者の指揮監督の下に一定時間労務を提供していることに対する対価と判断される場合には、「使用従属性」を補強する。

2 「労働者性」の判断を補強する要素

(1) 事業者性の有無

 イ 機械、器具の負担関係

 本人が高価な機械、器具、原材料等の生産手段を提供する場合（例えばトラックを自己所有する傭車運転手）は事業者性を肯定する方向の事情。安価な場合は問題とならない。

 ロ 報酬の額

報酬の額が当該企業において同様の業務に従事している正規従業員に比して著しく高額である場合は労働者性を弱める方向の事情。

ハ　その他

裁判例においては、業務遂行上の損害に対する責任を負う、独自の商号使用が認められている等の点を「事業者」としての性格を補強する要素としているものがある。

(2) 専属性の程度

特定の企業に対する専属性の有無は、直接に「使用従属性」の有無を左右するものではなく、特に専属性がないことをもって労働者性を弱めることとはならないが、「労働者性」の有無に関する判断を補強する要素のひとつと考えられる。

イ　他社の業務に従事することが制度上制約され、また、時間的余裕がなく事実上困難である場合には、専属性の程度が高く、いわゆる経済的に当該企業に従属していると考えられ、「労働者性」を補強する要素のひとつと考えて差し支えないであろう。なお、専属下請のような場合については、上記1 (1) イと同様留意する必要がある

ロ　報酬に固定給部分がある、業務の配分等により事実上固定給となっている、その額も生計を維持しうる程度のものである等報酬に生活保障的な要素が強いと認められる場合には、上記イと同様、「労働者性」を補強するものと考えて差し支えないであろう。

(3) その他

以上のほか、裁判例においては、以下のような要素を「労働者性」を肯定する判断の補強事由とするものがある。

①採用、委託等の選考過程が正規従業員の採用の場合とほとんど同様

②報酬について給与所得としての源泉徴収を行っていること

③労働保険の適用対象としていること

④服務規律を適用していること

⑤退職金制度、福利厚生を適用していること等「使用者」が
　その者を自らの労働者と認識していると推認される点

3──変形労働時間制

3-1　対応検討の要点

[1] 制度のイメージ

　変形労働時間制は、法定労働時間の枠組みを弾力化して、「対
象期間」（「変形期間」という言葉もよく使われるが本書では対
象期間に統一する）の単位で、平均して週40時間以内とする制
度である。1日8時間労働の原則を排し、対象期間内で平均して
週40時間であれば良いのだから、使用者側に相当有利な制度で
ある。

　例えば、対象期間を4週間として、各週の所定労働時間を第
1週と第3週は36時間15分（1日7時間15分で週5日労働）、第
2週と第4週は43時間30分（1日7時間15分で週6日労働）と
することで対象期間内の所定労働時間数は159時間30分（1週
あたり平均39時間52分）の4週6休制を導入ことができる。同
様に4週を対象期間として、4週間で労働日を10日として、1日
16時間労働制とすることも可能である。

　適法な場合、使用者は変形労働時間制の枠内の労働について
は割増賃金を支払う必要がない。

[2] 制度の種類

　制度としては、対象期間が1か月以内の単位のもの（法32条
の2）、対象期間が1か月を超え1年以内の単位のもの（法32条

第8章 ● 頻出論点への対応　335

の4、32条の4の2)、1週間単位の特例制度（法32条の5）がある（以下まとめて「変形制」とする。本書では1週間単位の特例制度は取り上げない）。

対象期間が長いほうが、労働者にとってはより酷な制度設計が可能なので、1年以内単位の変形制のほうが、1か月以内単位のものより規制がより厳しい。

[3] 対応の要点（抗弁事由であること）

変形制の主張は、労働者が労働時間を主張立証したことに対する抗弁事由として現れる。就業規則等で変形制が導入されているかのような記載がある事案は頻繁にあるが、導入手続、日々の労務管理が煩雑であるため、実際には事業所の実効的なルールとしては施行されていない場合が多い。また、変形制といえども、根本的に法定労働時間制の時間数を増やすものではないことから、恒常的に時間外労働等が生じている事業所では導入メリットがない一方、余計な労務管理のコストが生じる。そうすると、どこかの時点で変形制を維持するための労務管理が割に合わなくなる。実務ではそうなった末に変形制が破綻したと思われる事例も目にする。さらに、使用者側で違法と半ば承知しながら、変形制と称して時間外労働等の範囲を勝手に限定する例も見られる。

労働者側としては、変形制の主張が、使用者側の抗弁事由であり、かつ、主に事業所の労務管理の不備に起因して、制度が適法に導入されていることの主張立証が困難な場合が多いから、使用者側から変形制の主張がされた場合は、慌てずに、制度の破綻箇所を探すことになり、大概の場合、破綻箇所がある。

また、抗弁事由であるということは、変形制を前提とした時間外労働等の時間数の主張立証責任も使用者側にある、ということである。労働者側がその計算を自ら行う必要はまったく無い。

本項は、このように使用者の抗弁を崩すことに主眼を置いており、制度の丁寧な説明を目的とするものではない。

3-2　変形制の有効要件

変形制の有効要件（従って抗弁において使用者が主張立証すべき事項）は以下のとおりである[2]。

[1] 1か月以内単位

ア　労使協定又は就業規則（特例：その他これに準じるもの）[3]で以下の特定

1　対象期間及びその起算日（法32条の2、労基則12条の2第1項）

2　（就業規則の場合は）対象期間の各日、各週の労働時間と各日の始業及び終業時刻（労基法89条）

イ　（労使協定の場合は）有効期間の定め[4]（労基則12条の2の2第1項）

ウ　労使協定又は就業規則その他これに準ずるものを労働者に周知させること（法106条、労基則12条）

[2] 1年以内単位

ア　労使協定（労働協約も可）で以下の特定

1　対象となる労働者の範囲（法32条の4第1項1号）

2　対象期間（1か月を超え1年以内の期間）及びその起算日（同項2号、労基則12条の2第1項）

3　特定期間（＝対象期間中の特に業務が繁忙な期間）を定める場合はその期間及び起算日（法32条の4第1項3

＊2　裁判実務71頁が変形制の要件論について詳しく整理している。

＊3　常時10人以上の労働者を使用する使用者は、就業規則を作成する義務がある（法89条）。「これに準ずるもの」によることができるのはこの要件を満たさない事業所のみである（昭22.9.13基発17号、解釈総覧318頁）。

＊4　3年以内が望ましいとされる（平11.3.31基発169号、解釈総覧318頁）。

号、労基則12条の2第1項)
4　対象期間中の労働日、労働時間について
　A．対象期間における労働日及び当該労働日ごとの労働時間（法32条の4第1項4号）。（就業規則で定める場合は）各日の始業時刻及び終業時刻（労基法89条）
　B．対象期間を1か月以上に期間ごとに区分することとした場合は、当該区分による各期間のうち当該対象期間の初日の属する期間（最初の期間）における労働日および当該労働日ごとの労働時間、及び、2番目以降の各期間における労働日数および総労働時間（法43条の4第1項4号）
5　有効期間*5（法32条の4第1項5号、労基則12条の4第1項）
イ　対象期間の労働時間について
1　対象期間における1日の所定労働時間が10時間を超えないこと（法32条の4第3項、労基則12条の4第4項）*6
2　対象期間における1週間の所定労働時間が52時間を超えないこと（法32条の4第3項、労基則12条の4第4項）
3　対象期間における連続して労働させる日数が6日を超えないこと（法32条の4第3項、労基則12条の4第5項）
4　特定期間における連続して労働させる日数が12日（1週間に1日の休日が確保できる日数）を超えないこと（法32条の4第3項、労基則12条の4第5項）
ウ　対象期間が3か月を超える場合、対象期間の労働時間について

---

*5　不適切な運用がされることを防ぐため、1年程度が望ましい（平6.1.4基発1号、平11.3.31基発168号、解釈総覧339頁）。

*6　タクシー運転手に16時間の例外（労基則附則66条）。また積雪地域の建設業の屋外労働者の例外あり（労基則附則65条）。

1 対象期間の所定労働日数が280日[7]×対象期間の暦日数÷365日（うるう年でも同様）[8]

2 対象期間において、所定労働時間が48時間を超える週が連続3週間以下であること（労基則12条の4第4項1号）

3 対象期間をその初日から3か月ごとに区分した各期間（3か月未満の期間を生じたときは、当該期間）において、所定労働時間が48時間を超える週が合計3週間以下であること（労基則12条の4第4項2号）

エ 対象期間を1か月以上の期間に区分することとした場合

1 当該各期間の初日の少なくとも30日前に

2 当該事業場に、労働者の過半数で組織する労働組合がある場合においてはその労働組合、労働者の過半数で組織する労働組合がない場合においては労働者の過半数を代表する者の同意を得て[9]

3 ア4Bの2番目以降の各期間における労働日数・総労働時間の範囲内において当該各期間における労働日ごとの労働時間を

4 書面で（労基則12条の4第2項）

定めなければならない（労基法32条の4第2項）。

3-3 労働契約書に記載がない

　実務で多いのは、就業規則で変形制を謳いながら、労働契約書には1日8時間制を前提とする各曜日の固定的な所定労働時間が記載されている場合である（そのような場合、4項以降の問題点も並存しているのが通常である）。

　個別の労働契約で、就業規則の労働条件を上まわる労働条件

---

[7] 労基則12条の4第3項に例外あり。

[8] 労働基準局（上）459頁。

[9] 労使委員会がある場合の特則が法38条の4第5項、労働時間等の設定の改善に関する特別措置法7条1項。

第8章 ● 頻出論点への対応 339

の記載がある場合は、それによることになることは定説であるから、このような場合、当該労働者については、変形制の適用が否定される（対象労働者ではない）ことになるだろう。例えば労働契約書に日の所定労働時間が8時間（以下の値）と記載されているのに、「その他の条件は就業規則による」などという一文があったからと言って、日の所定労働時間がそれよりも長い制度が労働契約の内容になることは原則としてあり得ないだろう。

3-4 制度に具体性がない

　就業規則には変形労働時間制を採用する旨の記載があるのに、対象期間（変形期間）の起算日、期間の長さ、各日の所定労働時間などが労働現場や、訴訟になってからでも一向に明らかにならない事例はしばしばある。そうであるのに、使用者側の代理人弁護士がなぜか強気で「変形制を採用しているから原告の主張は失当」などと主張してくることもある。

　このような場合、変形労働時間制が実施されているとは言えない（ダイヤモンド・ピー・アール・センター事件・東京地判平17.10.21労経速1918号25頁、学校法人関西学園事件・岡山地判平23.1.21労判1025号47頁）。使用者側の主張に対して丁寧に反論する必要はなくいが、実務では、使用者側が訴訟の終盤になってから主張立証の必要性に気付いて遅延する場合もあるので、使用者側が「もうこれ以上主張しない」ことを確認してから訴訟を進行したほうが良い場合もある。

3-5 起算日の不特定

　1か月以下単位にせよ1年以下単位にせよ、変形労働時間制を施行しながら労働時間の計算をするには、その起算日の特定が必要不可欠である。これは条文上も要件となっている。従って、就業規則等や労使協定で変形労働時間制の起算日を定めていな

い場合は、制度は無効となる。

　就業規則で起算日を毎月9日と定めていたところ、勤務割表では毎月末日までに翌月のついたちを起算日としていた事案で「翌々月1日から8日までの労働時間は特定されていないから、変形期間全てにおける労働時間が特定されていないことになる」として無効とした裁判例がある（バッファロー事件・東京地判平27.12.11判時2310号139頁）。

3-6 労働日、各労働日の労働時間、始業時刻・終業時刻の不特定

[1] 1か月以下単位の場合

　1か月以下単位の変形労働時間制が適用されるためには、法定労働時間を超えて労働させる週及び日を特定することのほか、対象期間を平均し1週間当たりの労働時間が法定労働時間を超えない定めをすることが必要であるため、結局、対象期間内の各週、各日の所定労働時間を就業規則等において特定する必要がある（大星ビル管理事件・最一小判平14.2.28民集56巻2号361頁（労判822号5頁））。高裁の裁判例では、労働者を常時10人以上使用する事業所について「就業規則において変形期間内の毎労働日の労働時間を、始業時刻、終業時刻とともに定めなければならないと解するのが相当」とするものもある（JR西日本（広島支社）事件・広島高判平14.6.25労判835号43頁）。

　そして、業務の実態から、月ごとに勤務割（例えばシフト表）を作成する必要がある場合でも、就業規則において各勤務の始業終業時刻、各勤務の組み合わせの考え方、勤務割表の作成手続及び周知方法等を定めておき、それに従って各日の勤務割を対象期間の開始前までに具体的に特定する必要がある[10]。この

---

*10　昭63.3.14基発150号、解釈総覧316頁。

ような特定を求める趣旨は、1か月の変形労働時間制を採用する場合には、使用者が日又は週に法定労働時間を超えて労働させることが可能となる反面、過密な労働により、労働者の生活に与える影響が大きいため、就業規則等において、対象期間内におけるどの日又は週が法定労働時間を超えるのかについてできる限り具体的に特定させ、それが困難であっても、労働者がその日又は週における労働時間をある程度予測できるような規定を設けておくべきだからである（岩手第一事件・仙台高判平13.8.29労判810号11頁）。

　変形制を労使協定で定める場合でも、上記の趣旨はすべて当てはまる。就業規則等でこのような特定がされなければ、結局、当該変形制の下での時間外労働等の時間の計算ができないし、制度が労働契約の内容になったとも言えないのだから、同様に解すべきである。

　従って、就業規則等で、このような各勤務の始業終業時刻、各勤務の組み合わせの考え方、勤務割表の作成手続及び周知方法等の特定がされない1か月以下単位の変形制は無効となる（前掲・バッファロー事件・東京地判、神栄不動産ビジネス事件・東京地判令元.7.24判タ1481号198頁）。

　各労働日の労働時間等が特定されない例は、労使協定や就業規則等の上での不特定に限らない。実務では、勤務割表が証拠として提出されない事例（ジャパンレンタカー事件・名古屋高判平29.5.18労判1160号5頁）、勤務割表で始業時刻や終業時刻が特定されていない事例（前掲・神栄不動産ビジネス事件）、就業規則で複雑な勤務パターンが多数設定されているがそれらの組み合わせ方の特定が就業規則や勤務割表でない事例[11]など、

＊11　日本マクドナルド事件・名古屋高判令5.6.22労経速2531号27頁、同事件・名古屋地判令4.10.26労経速2506号3頁。この事例は就業規則で「各勤務シフトにおける各日の始業時刻、終業時刻及び休憩時間は、原則として次のとおりとする。」として、Oシフト、Cシフト、Dシフト、Nシフトの4つの勤務パターンを定めている事について「かかる定めは就業規則で定めていない勤務シフトによる労働を認める余地を残すものである。」とし、原告が勤務していた店舗で独自の勤務シフトを使った勤務割が作成していたことも併せて労働時間を不特定とした。更に言うな

不特定の事例は多様である。また、これに類似して、就業規則
上の勤務パターンと実際に施行されている労働時間制度が一致
しない事例も見られる（日本総業事件・東京地判平28.9.16労判
1168号99頁）。これらの場合も制度は無効とである。

　なかには勤務割表が対象期間の前に適正に周知されない場合
もある。このような制度は無効である。裁判例では、1か月単
位の変形制であるのにシフト表が半月ごとにしか作成されてい
なかったことから無効としたものがある（日本レストランシス
テム事件・東京地判平22.4.7判時2118号142頁）。

[2] 1年以下単位の場合

　1年以下単位の場合、労働日の特定と各日の労働時間は労基
法上の要件である。また［1］で述べた1か月以下単位の場合と
同様の点を就業規則等での特定を求められる。

　1年以下単位の変形制で、対象期間を1か月以上の期間ごとに
区分する場合、各期間の初日の30日前までに、労働者代表の同
意のうえ、当該各期間における各労働日の労働時間を特定する
必要があり、同意を得られない場合は制度が無効となる（ダイ
レックス事件・長崎地判令3.2.26判時2513号63頁、社会福祉
法人セヴァ福祉会事件・京都地判令4.5.11労判1268号2頁）。こ
れは、労働者の過半数を組織する労働組合と使用者の間の健全
な労使関係抜きには、事実上、履行困難な要件と思われる。

ら、この事例の就業規則は上記4つの勤務パターンの組み合わせの考え方を示しておらず、その
点でも不特定であろう。

3-7 労働時間制限違反

[1] 1か月以下単位の場合

対象期間について「平均して週40時間」を超える労働時間を定めた場合は、制度が無効とならざるを得ない。上限値は月の日数ごとに以下のようになる（計算式は＝40時間÷7日×月の日数）。

28日	160
29日	165.71
30日	171.42
31日	177.14

総労働時間の制限超過が使用者の過失によるたまたまのものであれば、無効になるのは当該対象期間だけになるとも思われるが、制限超過が構造的に発生している場合は、制度全体が無効になる。

上記表は、法定労働時間制を前提にした数値である。この点、就業規則等で、週の労働時間が40時間未満で定められており、それを前提に変形制が導入されている場合もある。この場合、上記の計算式の「40時間」の部分を適宜変更して計算し、制限値を超過している場合には、やはり制度が破綻していて無効とすべきである。事業所の変形制が破綻した時に立ち返るべき原則的労働条件は、週40時間制を前提とする有効な変形制ではなく、それ自体は有効な事業所の週所定労働時間の枠組みだからである[12]。

---

[12] 【労働基準法第三十二条の四第二項の「同意」の効力】平6.5.31基発330号は、1年単位の変形制に関する法32条の4第2項の労働者代表の同意が得られなかった場合、「区分された期間の労働日数及び総労働時間しか決定されておらず、労働日及び各労働日の労働時間が特定しないことから、当該区分についてあらかじめ労使協定において定めた労働日数及び総労働時間の範囲内で、原則的な労働時間を定めた労働基準法32条の規定により労働させることとなる。」とする。

[2] 1年以下単位の場合

　前述のように、対象期間の労働時間の制限に関する規制は数多い。それらにひとつでも抵触すると、制度全体が無効にならざるを得ない。

　また、対象期間全体を通じて「平均して週40時間」を超える労働時間を定めている場合は、前記の式に当てはめ、以下の総労働時間の制限がかかる。これに抵触する場合は、制度全体が無効とならざるを得ない。

1年（366日の場合）	2091.42
1年（365日の場合）	2085.71
6か月（183日の場合）	1045.71
4か月（122日の場合）	697.14
3か月（92日の場合）	525.71

　事業所で週40時間よりも短い週所定労働時間を定めており、それを前提として変形制が導入されている場合についても、1か月以下単位の場合と同様に考えられる。

3-8 対象期間に入ってからの労働日の変更

[1] 1か月以下単位の場合

　使用者が業務の都合によって任意に労働時間を変更するような制度は、労働時間の特定を欠き、変形労働時間制の適用を受けない[13]。

　「労基法32条の2が就業規則による労働時間の特定を要求した趣旨が、労働者の生活に与える不利益を最小限にとどめようとするところにあるとすれば、就業規則上、労働者の生活に対して大きな不利益を及ぼすことのないような内容の変更条項を

---

[13]　昭63.1.1基発1号の2項（1）ロ。

第8章 ◉ 頻出論点への対応 | 345

定めることは、同条が特定を要求した趣旨に反しないものというべきであるし、他面、就業規則に具体的変更事由を記載した変更条項を置き、当該変更条項に基づいて労働時間を変更するのは、就業規則の『定め』によって労働時間を特定することを求める労基法32条の2の文理面にも反しない」としたうえ、「業務上の必要がある場合、指定した勤務を変更する」という一般的な規定に基づく労働時間の変更を無効とした裁判例がある（JR東事件・東京地判平12.4.27判時1723号23頁）。

「勤務変更が、勤務時間の延長、休養時間の短縮及びそれに伴う生活設計の変更等により労働者の生活に対し、少なからず影響を与え、不利益を及ぼすおそれがあるから、勤務変更は、業務上のやむを得ない必要がある場合に限定的かつ例外的措置として認められるにとどまるものと解するのが相当であり、使用者は、就業規則等において勤務を変更し得る旨の変更条項を定めるに当たっては、同条が変形労働時間制における労働時間の『特定』を要求している趣旨にかんがみ、一旦特定された労働時間の変更が使用者の恣意によりみだりに変更されることを防止するとともに、労働者にどのような場合に勤務変更が行われるかを了知させるため、上記のような変更が許される例外的、限定的事由を具体的に記載し、その場合に限って勤務変更を行う旨定めることを要するものと解すべき」として、「業務上の必要がある場合は、指定した勤務を変更する。」という規定に基づき、他の労働者の病休や休暇取得に伴う労働時間の変更を無効とした裁判例もある（前掲・JR西日本（広島支社）事件・広島高判）。

[2] 1年以下単位の場合

特定された日または週の労働時間を対象期間の途中で変更することはできず、仮に、労使協定において、労使が合意すれば対象期間中であってもこれらを変更することができる旨定めた

としても変更は許されない[14]。

3-9 労使協定の締結手続きの瑕疵

[1] 労働者代表の選出手続きの瑕疵

変形労働時間制の労使協定書は、事業所の過半数の労働者を組織する労働組合か、労働者の過半数を代表する者と使用者の間で締結する必要がある。事業所で過半数労働組合がない場合には、労使協定締結のための労働者代表を選出する必要があるが、労働者代表の選出手続きについては、労基則6条の2で以下の要件をいずれも満たす必要がある。

一　法第41条第2号に規定する監督又は管理の地位にある者でないこと。
二　法に規定する協定等をする者を選出することを明らかにして実施される投票、挙手等の方法による手続により選出された者であること。

この点、親睦会の代表者が三六協定の労働者代表になっていた事例で、三六協定自体を無効とした事件最高裁判決がある（トーコロ事件・最二小判平13.6.22労判808号11頁）。裁判例では、裁量労働制導入の労使協定締結のための労働者代表の選挙で信任投票での絶対的信任率が25％だった（相対的には100％に近かったと考えられる）ところ、過半数を代表する者とは認められない、とした事例（松山大学事件・松山地判令5.12.20労経速2544号3頁）がある。実務でも、使用者に近い総務部門の職員や現場リーダー格の労働者が自動的に労働者代表になっている事例、使用者がそれらの者を指名したうえで他

---

[14]　昭63.3.14基発150号、解釈総覧332頁。

に立候補したいなら名乗り出るべき事を伝えたに過ぎない事例、投票用紙に最初から使用者が指名した人物の氏名が記載されている事例、何のための代表者を選出するのか示さずに選出している事例などが散見される。労使協定を無効とする余地は割と大きい。

変形労働時間制が労使協定に基づいている場合、労使協定が無効になれば、変形労働時間制自体が無効となる（サンフリード事件・長崎地判平29.9.14労判1173号51頁）。

[2] 締結時期の瑕疵

特に1年以下単位の変形労働時間制で、労使協定の締結時期が、対象期間に入った後の時期になっている場合は、制度は全体として無効にならざるを得ないだろう。

3-10 制度を周知していない

労使協定による場合にせよ、就業規則による場合にせよ、当該事業所における変形制の制度を労働者に周知していない場合は、制度は無効となる。

「周知されていないことの証拠」については第4章2−5を参照されたい。

3-11 労基署への届出がない

変形制について定めた就業規則や、労使協定書を労働基準監督署に提出することは、変形制の要件ではないとされる[15]。しかし、協定書を労基署に提出した際の受理印には日付が付されており、また、労基署に提出された労使協定書は情報公開請求の対象となることから、労基署への提出を義務付けることが、現場での使用者による制度の捏造防止の機能を果たしている点は

---

[15] 類型別（Ⅰ）214頁、裁判実務75頁、労働基準局（上）413頁。

見過ごせない。結論において容易に届出不要という解釈を取ると、就業規則の周知要件（労契法7条）の曖昧さもあり、使用者による変形制の捏造が容易になり、結局、労基法の労働時間規制が意味のないものになってしまう。

この点、労使協定で制度を定めた場合、制度を労働協約、就業規則等において定めることが必要とされ、就業規則で「1か月単位の変形労働時間制を採用し、具体的には労使協定で定めるところによる」旨を定めることは、労使協定を就業規則の一部として取り扱うのであれば可能であるが、その場合、労使協定を締結する都度、就業規則の変更手続きをする必要があるとされる[*16]。この場合も、結局、同様の問題が生じる。

労基署にすら提出できない書類を、特に、過半数労組のない事業所で、労働者にだけは漏れなく周知していたというのは不自然である。また、労基署への届出がなければ、その就業規則ないし労使協定書がいつ作成されたのかも、制度が途中で改竄されていないかも、確かなことはわからなくなる。これらの点を踏まえると、労基署への届出のない変形制は、証拠評価としては、怪文書レベルのものと言わざるを得ず、原則的に文書の作成時期の事実に信用性がなく、周知要件も満たされていないと考えるべきだろう。労働者側は、この点についても厳しく追及し、労基署への文書の提出がない事例では、当該文書の成立を争うべきである。

4──事業場外みなし労働時間制

4-1 判断基準

労働者が労働時間の全部又は一部について①事業場外で業務に従事した場合において、②労働時間を算定し難いときは、所

[*16] 労働基準局（上）426頁。

第8章 ● 頻出論点への対応 | 349

定労働時間労働したものとみなす（法38条の2第1項）とされる[17]。

阪急トラベルサポート（第2）事件最高裁判決（最二小判平26.1.24労判1088号5頁）は「業務の性質、内容やその遂行の態様、状況等、本件会社と添乗員との間の業務に関する指示及び報告の方法、内容やその実施の態様、状況等」を考慮して「労働時間を算定し難いとき」に該当するか否かを決することとした。

4-2 阪急トラベルサポート（第2）事件最判の判旨

この判決は、旅行社が主催する海外旅行ツアーに同行する添乗員について、事業場外のみなし労働時間制の適用を否定したものである。労働者派遣の事案であるが、その点を捨象した当てはめ部分は下記の各点である。

① 業務の内容があらかじめ具体的に確定されており、添乗員が自ら決定できる事項の範囲及びその決定に係る選択の幅は限られているものということ

② ツアーの開始前、添乗員に対し、ツアー参加者との間の契約内容等を記載したパンフレットや最終日程表及びこれに沿った手配状況を示したアイテナリーにより具体的な目的地及びその場所において行うべき観光等の内容や手順等を示すとともに、添乗員用のマニュアルにより具体的な業務の内容を示し、これらに従った業務を行うことを命じていること

③ ツアーの実施中、添乗員に対し、常時携帯電話の電源を

---

[17]　事業場外みなし労働時間制に関する近年の参考文献で、裁判官が書いたものとして村田一広「事業場外労働・裁量労働と時間外手当」裁判実務92頁以下がある。労働者側が書いたものとして阪急トラベルサポート事件を担当した蟹江鬼太郎「事業場外みなし労働時間制であるとの主張」旬報法律事務所編『未払残業代請求法律実務マニュアル』（学陽書房、2014年）129頁以下がある。使用者側が詳細に論じたものとしてやはり阪急トラベルサポート事件を担当した伊藤隆史『「事業場外みなし労働時間制」の実務』（日本法令、2014年）がある。

入れ、ツアー参加者との間で契約上の問題やクレームが生じ得る旅行日程の変更が必要となる場合には、報告して指示を受けることを求めていたこと

④　ツアーの終了後、添乗員に対し、旅程の管理等の状況を具体的に把握することができる添乗日報で、業務の遂行の状況等の詳細かつ正確な報告を求めていること。その報告の内容はツアー参加者のアンケートの参照、関係者への問合せで正確性を確認できること

　旅行業法により労働者たる添乗員の動向も事前に枠組みが定められ、かつ事中、事後の報告が求められていた事案だったと言える。

4-3　協同組合グローブ事件最判の要旨と評価

[1] 事案と判旨

　その後、フィリピン人の外国人技能実習の実習実施者に対する訪問指導のほか、技能実習生の送迎、生活指導や急なトラブルの際の通訳等、多岐にわたる「本件業務」を行なっていた「キャリア職員」が「本件業務に関し、訪問の予約を行うなどして自ら具体的なスケジュールを管理しており、所定の休憩時間とは異なる時間に休憩をとることや自らの判断により直行直帰することも許されていたものといえ、随時具体的に指示を受けたり報告をしたりすることもなかった」ところ、就業規則に定められた「キャリア業務日報」によって業務報告をしていた協同組合グローブ事件最高裁判決（最三小判令6.4.16労判1309号5頁）出された。

　原審の福岡高裁は「業務日報に関し、（1）その記載内容につき実習実施者等への確認が可能であること、（2）上告人自身が業務日報の正確性を前提に時間外労働の時間を算定して残業手

当を支払う場合もあったことを指摘した上で、その正確性が担保されていたなどと評価し」、事業場外みなし労働時間制の適用を否定した（令4.11.10労判1309号23頁）。

これに対して、最高裁判所は「上記（1）については、単に業務の相手方に対して問い合わせるなどの方法を採り得ることを一般的に指摘するものにすぎず、実習実施者等に確認するという方法の現実的な可能性や実効性等は、具体的には明らかでない。上記（2）についても、上告人は、本件規定を適用せず残業手当を支払ったのは、業務日報の記載のみによらずに被上告人の労働時間を把握し得た場合に限られる旨主張しており、この主張の当否を検討しなければ上告人が業務日報の正確性を前提としていたともいえない上、上告人が一定の場合に残業手当を支払っていた事実のみをもって、業務日報の正確性が客観的に担保されていたなどと評価することができるものでもない。」とした上「業務日報の正確性の担保に関する具体的な事情を十分に検討することなく、業務日報による報告のみを重視して、本件業務につき本件規定にいう「労働時間を算定し難いとき」に当たるとはいえないとしたもの」として、審理を差し戻した。

[2] 検討

この事案の地裁判決を参照すると「キャリア業務日報」については下記の認定がされている。

①　キャリア業務日報には、訪問先への直行の有無、始業時間、終業時間、休憩時間のほか、行き先、面談者及び内容とともにそれぞれの業務時間を記載することとされていたこと

②　キャリア職員は、毎月月末までに所属長にキャリア業務日報を提出することとされており、支所長が提出されたキャリア業務日報に明らかな誤りがないかどうか審査を

して確認印を押していたこと。その手続が就業規則に明示されていたこと。

③　原告は、被告グローブに入社後退社までの間、タイムカードに打刻をしたことはなく、キャリア日報のみを提出していたこと

　一方、使用者は「訪問スケジュールは、事後に日報として提出されるが、所属長が訪問先に毎回訪問したかどうかを照会することは、キャリア職員数と各自の訪問先数、受入先企業との関係性、非営利団体である被告グローブの事務能力の限界などを考えると、現実的に不可能」「キャリア職員は、事後にキャリア業務日報を提出するものの、その提出時期は月末であり、その日ごとの業務を監督するものではなく、キャリア業務日報は被告グローブがキャリア職員を指揮監督下に置く目的で提出を求めているものではない。」などと主張していたようであるが、原審までに「キャリア業務日報」の信用性自体が争点として設定されていなかったようである。また、本件では、別途、法定の作成義務がある「訪問指導記録書」が作成されていることも見てとれるが、それと「キャリア業務日報」の整合性なども検討されていない。今後、どのような結論が出されていくのか注視する必要がある。

　原審は「キャリア業務日報」の提出手続が就業規則に明定されていること自体について事業場外みなし労働時間制の適用を否定する理由として重視すべきだったのではないだろうか。また、使用者側は「キャリア業務日報」は「キャリア職員を指揮監督下に置く目的で提出を求めているものではない」と主張しているが、では、どのように労働時間を把握するつもりだったのかが改めて問われる。把握する意思や策自体を欠いているのなら使用者の労働時間適正把握義務（第2章4−2参照）に違反することになり、むしろその点が争点となる。一方、「キャリア

業務日報」によって労働時間を把握していた実態を確認できるのであれば、それが就業規則上の制度であることからしても、原則として労働時間の把握は可能だったと考えるべきだろう。そして、労働者が虚偽を書き込んだり、いい加減な記載をして客観的な事実関係と齟齬を来す場所が相当数あるような特殊な事情がない限りは、信用性を肯定すべきである。もし、そのような労働時間把握をした結果、労働時間を「算定し難い」のであれば「キャリア業務日誌」に労働時間を計測できない結果が現れるはずであるが、そのような認定はされていない。

4-4 実務対応

　場外みなし労働時間制は廃止前の労基則22条の事業場外みなし所定労働時間制が元となったものであり、「労働時間を算定し難い」とは、一般家庭や中小の事業所に電話機すら普及していなかった時代、労働者個人が時計を持ち歩いていたとも限らない時代の概念である。一方、通信技術の発達により、事業所の外にいる労働者の労働時間管理をすることは益々容易になっており、阪急トラベルサポート（第2）事件の事例の時点と現在を比べても格段に技術が進歩している。この制度の適用が認められる事例は、今後、ますます減らざるを得ないし、条文自体が歴史的な役割を終えていると考える。近時、裁判実務で主要事実である労働時間を推計する事例が増えていることからも同様のことを言える。

　阪急トラベルサポート（第2）事件の後、この制度の肯定例としてナック事件[18]があるが、外勤労働者の労働時間管理を「しない」ことを「できない（『し難い』）」ことと混同しており不当と考える。一方、製薬会社のMR職の労働者について、貸与しているスマートフォンから、位置情報をONにした状態で、

＊18　東京高判平 30.6.21 労経速 2345 号 3 頁。

出勤時刻及び退勤時刻を打刻するよう指示した上、月に1回「承認」ボタンを押して記録を確定させ、不適切な打刻事例が見られる場合には注意喚起などをするようになったことから「直行直帰を基本的な勤務形態とするMRについても、始業時刻及び終業時刻を把握することが可能となった」とするセルトリオン・ヘルスケア・ジャパン事件の事例[19]もある。

事業場外の労働者で、使用者がわがこの制度の適用を主張してきた場合の労働者側の訴訟上の対応としては、労働時間の把握（報告）が可能であること、現実にしていたこと、逆に可能であるのにしていなかったことなどを様々な資料で明らかにすべきである。

5 ── 裁量労働制

5-1 制度概要

裁量労働制は特定の職種の労働者についての労働時間のみなし制度である。実際の労働時間の多寡にかかわらず、手続きで定められただけの労働時間を労働したものとみなされるのである。

裁量労働制は使用者側の抗弁事由である。要件はそれなりに厳格であり、今のところ、裁判例で適法とされた事例は見当たらない。違法な場合は制度でみなされた労働時間が無効となり、法32条等による原則型の労働時間計算がされる。

裁量労働制は、専門業務型（法38条の3）と企画業務型（法38条の4）の2種類がある。実務でこの制度を検討する機会はまだ少ないが、脱法事例が相当数あると思われる専門業務型を中心に訴訟事例が出ている[20]。

---

[19] 東京高判令4.11.16労判1288号81頁。もっともこの判決は「出勤の打刻時刻から退勤の打刻時刻までの間には、労働時間に該当しない時間が多分に含まれている」として、割増賃金請求を棄却している。

[20] 裁判事例が少ないため、裁量労働制の要件の詳細については未解明な点も多い。深く

第8章 ● 頻出論点への対応 | 355

5-2　専門業務型の要件

[1] 労働契約の内容とすること

　労働契約（個別の労働契約書または就業規則）において裁量労働制が適用されているか、また、どの職種（専門業務）として裁量労働制が適用されているのかは大変重要な点であるから、必ず確認する必要がある。

　裁量労働制が労働契約の内容となっていない場合は、事業所の裁量労働制の制度はその労働者に適用されない。

　また、契約と実態で適用職種が異なる場合も違法であり無効である。

[2] 労働者本人の同意

　2024年4月1日以降は、労使協定で定めた手続に基づき適用対象者本人の同意を得ることが必須の要件となった。このことを含め、詳細な解釈例規[21] が出されている。

　使用者は労働者が裁量労働制の導入に同意しないことについて不利益な取扱いをしてはならない。労働者は同意を撤回することも可能である。現に同意がない場合は裁量労働制はその労働者に適用されない。

　さらに、この同意については「労使協定の内容等当該事業場における専門業務型裁量労働制の制度の概要、専門業務型裁量労働制の適用を受けることに同意した場合に適用される評価制度及びこれに対応する賃金制度の内容並びに同意しなかった場合の配置及び処遇について、使用者が労働者に対し、明示した

検討する場合は労働者側代理人弁護士としてエーディーディー事件・大阪高判平 24.7.27 労判 1062 号 63 頁、乙山彩色工房事件・後掲注＊23、を担当した塩見卓也「裁量労働制をめぐる論点と裁判例」労旬 1916 号（2018 年）44 頁を参照されたい。

＊21　令 5.8.2 基発 0802 第 7 号「労働基準法施行規則及び労働時間等の設定の改善に関する特別措置法施行規則の一部を改正する省令等の施行等について（裁量労働制等）」。

上で説明して当該労働者の同意を得ること」が必要であり、当該同意が労働者の自由な意思に基づいてされたものとは認められない場合には、同意は無効となる[22]（解釈例規）。

[3] 手続要件

ア 労使協定

専門業務型裁量労働制を導入するためには労使協定で以下の事項を定める必要がある（法38条の3第1項）。労使協定は裁量労働制を適法化するための手続であり、労働契約の内容にするためには、労使協定とは別に、個別の労働契約書や就業規則にその旨を記載する必要がある。

一　対象業務（後述［4］参照）

二　対象業務に従事する労働者の労働時間として算定される時間

三　対象業務の遂行の手段及び時間配分の決定等に関し、当該対象業務に従事する労働者に対し使用者が具体的な指示をしないこと。

四　対象業務に従事する労働者の労働時間の状況に応じた当該労働者の健康及び福祉を確保するための措置を当該協定で定めるところにより使用者が講ずること。

五　対象業務に従事する労働者からの苦情の処理に関する措置を当該協定で定めるところにより使用者が講ずること。

六　労基則24条の2の2第3項で定める下記の事項（2024年4月1日以降）

［一］　使用者は、法第三十八条の三第一項の規定により労働者を同項第一号に掲げる業務に就かせたときは同項

---

*22　令5.8.2基発0802第7号・前掲注*21。

第二号に掲げる時間労働したものとみなすことについて当該労働者の同意を得なければならないこと及び当該同意をしなかつた当該労働者に対して解雇その他不利益な取扱いをしてはならないこと。

［二］　前号の同意の撤回に関する手続

［三］　法第三十八条の三第一項に規定する協定（労働協約による場合を除き、労使委員会の決議及び労働時間等設定改善委員会の決議を含む。）の有効期間の定め

［四］　使用者は、次に掲げる事項に関する労働者ごとの記録を前号の有効期間中及び当該有効期間の満了後五年間保存すること。

イ　法第三十八条の三第一項第四号に規定する労働者の労働時間の状況並びに当該労働者の健康及び福祉を確保するための措置の実施状況

ロ　法第三十八条の三第一項第五号に規定する労働者からの苦情の処理に関する措置の実施状況

ハ　第一号の同意及びその撤回

　労使協定にこれらの事項を定めていない場合は裁量労働制は違法となる[23]。

　また、労働者代表の選出をしていない、信任投票が適正に行われていないなど、労使協定の締結手続に瑕疵がある場合（本章3－9参照）は裁量労働制の導入は違法となる。そして、この労使協定書は労働基準監督署に提出しなければならない（法38条の3第2項、労基則24条の2の2第4項）。労使協定には期間を定める必要があるので（労基則24条の2の2第3項3号）、失効した場合は、それ以後は裁量労働制が違法無効となる。

＊23　専門業務型が手続を欠いて無効になった事例として、シーエーアイ事件・東京地判平12.2.8労判787号58頁、ドワンゴ事件・京都地判平18.5.29労判920号57頁、フューチャーインフィニティ事件・大阪地判平27.2.20労働判例ジャーナル39号27頁、乙山彩色工房事件・京都地判平29.4.27労判1168号80頁がある。

変形労働時間制にも通じる点であるが、労使を交えた複雑な手続を履践する必要があるこころ、適切に行なっていない事例は多いと思われるので、使用者に対して実態を丁寧に追及して説明させ、綻びを指摘する必要がある。

イ　実施の要件

使用者は裁量労働制の実施中、下記の措置を取らなければならない。

①　対象業務の内容等を踏まえて適切な水準のみなし労働時間を設定し、手当の支給や基本給の引上げなどにより相応の処遇を確保すること（法38条の3第1項2号）

②　対象業務の遂行の手段や時間配分の決定等に関し、使用者が適用労働者に具体的な指示をしないこと（法38条の3第1項3号）

③　適用労働者の健康・福祉確保措置を実施すること（法38条の3第1項4号）

④　適用労働者からの苦情処理措置を実施すること（法38条の3第1項5号）

⑤　同意をしなかった労働者や同意を撤回した労働者に不利益な取り扱いをしないこと（法38条の3第1項6号、労基則24条の2の2第3項1号）

⑥　労働時間の状況、健康・福祉確保措置の実施状況、苦情処理措置の実施状況、同意及び同意の撤回の労働者ごとの記録を労使協定の有効期間中およびその期間満了後3年間保存すること（労基則24条の2の2第3項4号）

2024年4月1日以降は健康・福祉確保措置[24]は下記の1及び

---

*24　令5.8.2基発0802第7号・前掲注*21。

2から一つずつ以上実施するのが望ましいとされている。使用者が健康・福祉確保措置、苦情処理措置を現実にとっていない場合に裁量労働制が無効になるかは論点であるが、制度適用の前提を欠いているものとして無効と解すべきである。

【1：長時間労働の抑制や休日確保を図るための事業場の適用労働者全員を対象とする措置】

①終業から始業までの一定時間以上の休息時間の確保（勤務間インターバル）

②深夜業（22時〜5時）の回数を1箇月で一定回数以内とする

③労働時間が一定時間を超えた場合の制度適用解除

④連続した年次有給休暇の取得

【2：勤務状況や健康状態の改善を図るための個々の適用労働者の状況に応じて講ずる措置】

⑤医師による面接指導

⑥代償休日・特別な休暇付与

⑦健康診断の実施

⑧心とからだの相談窓口の設置

⑨必要に応じた配置転換

⑩産業医等による助言・指導や保健指導

［4］実体要件

専門業務型については、対象となる業務が労基則24条の2の2及びその委任を受けた大臣告示[*25]による「業務の性質上その遂行の方法を大幅に当該業務に従事する労働者にゆだねる必要があるため、当該業務の遂行の手段及び時間配分の決定等に関し使用者が具体的な指示をすることが困難な業務」に限定され

＊25　平成9年2月14日労働省告示第7号「労働基準法施行規則第二十四条の二の二第二項第六号の規定に基づき厚生労働大臣の指定する業務」。

ている。

　具体的には、対象業務は後記表の20業種に限られている*26。対象業務外の業務を恒常的に行わせた場合や、勤務実態に裁量性が認められない場合は、裁量労働制の実態を欠き、違法となる。

ア　対象業務外の業務を恒常的に行わせた場合

　対象業務にどの程度従事していれば裁量労働制の適用が適法となるのか、基準は示されていない。しかし「学校教育法に規定する大学における教授研究の業務（主として研究に従事するものに限る。）」について「主として」とは「具体的には、講義等の授業や、入試事務等の教育関連業務の時間が、多くとも、1週の所定労働時間又は法定労働時間のうち短いものについて、そのおおむね5割に満たない程度であることをいうものであること。」という行政解釈が示されているので、反対解釈により、研究の時間が5割以上必要となる。他の対象業務には「主として」という文言がないので、より高い従事割合が必要になると考えられる。「専門業務型」の名の通り、専ら対象業務を行っていることが適用要件だと考えるべきだろう。

　この点、いわゆるシステムエンジニア業務の裁量労働制なのに、実際にはプログラマー業務や営業業務にも従事していたことから無効になった事例（エーディーディー事件・大阪高判平24.7.27労判1062号63頁）がある。

　また、資格が前提となる職種は資格の具備が要件である。税理士資格を保有していない者に税理士の業務として裁量労働制を適用していたことから無効になった事例（レガシィほか1社事件・東京高判平26.2.27労判1086号5頁）がある。

---

*26　平9.2.14基発93号、平14.2.13基発0213002号、平15.10.22基発1022004号（解釈総覧425頁以下）、令5.8.2基発0802第7号・前掲注*21。

イ　就労実態に裁量性が認められない場合

「業務の性質上その遂行の方法を大幅に当該業務に従事する労働者の裁量にゆだねる必要がある」ことが対象業務の要件にかかっているのだから、就労実態に裁量性が認められない場合には、制度は無効となる。

具体的には「適用労働者から時間配分の決定等に関する裁量が失われたと認められる場合には、専門業務型裁量労働制の法第4章の労働時間に関する規定の適用に当たっての労働時間のみなしの効果は生じない」[27]。ここでいう「時間配分の決定」には始業及び終業時刻の決定も含まれ「使用者から始業又は終業の時刻のいずれか一方でも指示される業務は専門業務型裁量労働制の対象業務に該当しない」[28]。

また「当該事業場における所定労働時間をみなし労働時間として設定するような場合において、所定労働時間相当働いたとしても明らかに処理できない分量の業務を与えながら相応の処遇を確保しないといったことは、専門業務型裁量労働制の趣旨を没却するものであり、不適当であることに留意することが必要であること。」とされており[29]、このような場合も裁量がないものとして違法無効と解すべきであろう。

結局、対象外の業務を行わせたり、使用者から業務内容について指示を受けていて裁量が与えられなかったり、始業・終業時刻が指定されたり、みなし労働時間と実態の乖離が激しい場合は、結局、労働者に業務遂行の方法についても裁量性がないことになり無効となる。前述の前掲・エーディーディー事件は、業務遂行の裁量がないことも制度を無効とする理由のひとつとしている。また、「広告等の新たなデザインの考案の業務」を適用され、ウェブ・バナー広告の作成に従事していた労働者につ

---

[27]　令5.8.2 基発0802 第7号・前掲注[21]。
[28]　令5.8.2 基発0802 第7号・前掲注[21]。
[29]　令5.8.2 基発0802 第7号・前掲注[21]。

いて、「件業務の遂行に当たっての原告の裁量は限定的であって、原告は、営業等の担当社員の指示に従って、短時間で次々とウェブ・バナー広告を作成すること」を求められていたこと、ウェブ・バナー広告の作成料金は1店舗あたり5万円程度にとどまり、ウェブ・バナー広告に使用できる人件費にも自ずから限界があることなどから、「その遂行の方法を大幅に当該業務に従事する労働者の裁量にゆだねる必要がある」ような性質の業務であるとはいえないし、「当該業務の遂行の手段及び時間配分の決定等に関し使用者が具体的な指示をすることが困難」であるともいえない、として裁量労働制の適用を否定した事例（インサイド・アウト事件・東京地判平30.10.16判タ1475号133頁）がある。

5-3 裁量労働制の割増賃金の割増率

　学説では、裁量労働制が適法である場合のみなし時間外労働時間における割増賃金の割増率は125%説の下でも25%だとする例がある[30]。

　しかし、裁量労働制は法32条の例外となる労働時間のみなし制度である。法37条の割増賃金制度を労働時間制度の例外となるみなし制度の導入合意に付随する当事者の意思解釈で回避するのは法の潜脱である。すでに確立している「通常の月給制」（第7章5－1参照）という立法者意思に由来する法解釈にも反する。

　実態としても、例えば、ある種の労働者について入社3年目から裁量労働制を導入する、という場合に、契約上の月給額（所定労働時間に対する対価）が、裁量労働制導入時から突如として総労働時間の対価となる旨の当事者の合理的意思を観念することは困難であろう。

---

[30]　菅野和夫「裁量労働のみなし制」ジュリ917号（1988年）113頁以下、東京労働法研究会編『注釈労働基準法（下巻）』（有斐閣、2003年）633頁（橋本陽子）、土田313頁。

このような議論をする実益も明らかではなく、法律上の根拠もない。原則通り125％の割増賃金を計算する必要がある。

5-4 企画業務型の要件

企画業務型の裁量労働制（法38条の4）が裁判例になった事案は見当たらない。

企画業務型についても、対象となる業務が、①事業の運営に関する事項についての、②企画・立案・調査・分析を組み合わせて行う業務であって、③業務の性質上これを適切に遂行するには、その遂行の方法を大幅に労働者の裁量にゆだねる必要があるため、④業務の遂行の手段および時間配分の決定に関して使用者が具体的指示をしないこととするものに限定されている（実態要件）。

そして、対象となる労働者は「対象業務を適切に遂行するための知識、経験等を有する労働者」でなければならない。手続要件としても①対象業務、②対象労働者、③みなし労働時間数、④労働者の健康・福祉確保措置、⑤苦情処理手続、⑥裁量労働制の適用に際して対象労働者の同意を得るべきこと、及び同意しなかったことを理由に解雇その他の不利益取扱をしてはならないこと、⑦決議の有効期間、⑧健康・福祉確保措置、苦情処理、労働者の同意に関する記録の保存について明示した労使委員会（委員の選出方法についても規制がある）の5分の4以上の多数による決議が必要で、それを労基署に届け出る必要がある（手続要件）。

企画業務型の裁量労働制についても解釈例規[31]に詳細な手続や要件が列挙されている。

---

*31　令5.8.2基発0802第7号・前掲注*21。

364

6──管理監督者制[32]

6-1 制度概要

労基法上の労働者であっても、「監督若しくは管理の地位にある者」（法41条2号。以下「管理監督者」）には、法定労働時間、法定休日、休憩の規定が適用されない。ただし、管理監督者であっても、深夜早朝の割増賃金は支払われなければならない[33]。結局、管理監督者であっても、使用者による労働時間把握が免除されるわけではない。

管理監督者は一般的な意味での管理職とは全く意味が異なる。管理監督者とは、事業経営の管理者的立場にある者又はこれと一体をなす者である。一般的には、部長、工場長等労働条件の決定その他労務管理について経営者と一体的な立場にある者の意であり、名称にとらわれず、実態に即して判断すべき、とされる[34]。いわゆる「プレーイングマネージャー」（部下と同じように業務を分担しかつその人事労務にも携わる者）で部下と同様の業務の比率が相当ある者は管理監督者には該当しない可能性が高い。しかし、最高裁判所が管理監督者について一般的な定義を示したことはない。

管理監督者の主張は使用者側の抗弁事由であり、主張立証のハードルはかなり高い。というより、中間管理職に過ぎない労

＊32　近年の管理監督者該当性を検討する文献について、裁判官が書いたものとして細川二朗「労働基準法41条2号の管理監督者の範囲について」判タ1253号（2008年）59頁、伊良原恵吾「管理監督者の適用除外」『最新裁判実務体系7　労働関係訴訟I』（青林書院、2018年）451頁があり、いずれも詳細である。労働者側で書かれたものとして（旧）実務解説（3）30頁以下がある。筆者は日本マクドナルド事件の労働者側代理人弁護士でもあり、管理監督者性認定のための要素を見やすく表にしている。使用者側で書かれているものとして石嵜信憲編著『割増賃金の基本と実務』（中央経済社、2017年）173頁以下が細かく分析されている。

＊33　ことぶき事件・最二小判平21.12.18集民232号825頁（同事件・東京高判平20.11.11労判1000号10頁、同事件・横浜地判平20.3.27同号17頁）、労働基準局（上）677頁。

＊34　労働基準局（上）678頁、昭22.9.13基発17号、昭63.3.14基発150号、解釈総覧486頁。

働者について、使用者側が管理監督者であると言い募るのが従来の残業代請求訴訟の典型パターンであった。しかし、固定残業代の氾濫により、訴訟における管理監督者の主張の比重は減っていると思われる。しかし、なかには一方で管理監督者の主張をし、もう一方で、管理職手当が固定残業代だ、という真っ向から矛盾する主張を使用者側がしてくることもあるので注意が必要である。そのような場合は、主張が相互に矛盾していることを指摘すべきである。

　社会的なセンスとしては「チェーン店の店長は管理監督者ではない」「中間管理職は管理監督者ではない」「中小企業のナンバー２、ナンバー３くらいの者は要注意」「（ドラマ版の）半沢直樹（都市銀行支店課長）はドラマの進行とともにグレーゾーンに入って行き、大和田専務に土下座させた後の人事異動（子会社に部長待遇で出向）では管理監督者に該当する可能性が高い」くらいに踏まえておくとよい。

6-2 「実態に基づく判断」の要素

　管理監督者の該当性は、社内での資格（経験・能力等にもとづく格付）や職位（職務内容と権限等に応じた地位）の名称にとらわれることなく、職務内容、責任と権限、勤務態様に着目して判断する。また、賃金等の待遇面も無視できず、定期給与である基本給、役付手当等において、その地位に相応しい待遇がなされているか否か、ボーナス等の一時金の支給率、その算定基礎賃金等についても役付者以外の一般労働者に比し優遇措置が講じられているか等について留意する。しかし、一般労働者に比べて優遇されているからといって、実態のない役付者が管理監督者となるわけではない。

　さらに解釈例規として、多店舗展開する小売業や飲食業等を

展開する企業に関するもの[*35]、都市銀行・地方銀行に関するもの[*36]が出されている。後者は銀行という大きな組織における職位を中心に整理されており必ずしも普遍化できず、具体的考慮要素が示されているのは前者であるので、以下では、前者の通達を示す。解釈例規では、これらの要素は、満たさない場合に管理監督者とならない可能性が高い、という性質のものであり、満たすからといって管理監督者に該当するとは限らない、とされているので、注意が必要である。

---

1 「職務内容、責任と権限」についての判断要素

　店舗に所属する労働者に係る採用、解雇、人事考課及び労働時間の管理は、店舗における労務管理に関する重要な職務であることから、これらの職務内容、責任と権限」については、次のように判断されるものであること。

（1）採用

　店舗に所属するアルバイト・パート等の採用（人選のみを行う場合も含む。）に関する責任と権限が実質的にない場合には、管理監督者性を否定する重要な要素となる。

（2）解雇

　店舗に所属するアルバイト・パート等の解雇に関する事項が職務内容に含まれておらず、実質的にもこれに関与しない場合には、管理監督者性を否定する重要な要素となる。

（3）人事考課

　人事考課（昇給、昇格、賞与等を決定するため労働者の業務遂行能力、業務成績等を評価することをいう。以下同じ。）の制度がある企業において、その対象となっている部下の人

＊35　「多店舗展開する小売業、飲食業等の店舗における管理監督者の範囲の適正化について」（平 20.9.9 基発 0909001 号、解釈総覧 489 頁）、「多店舗展開する小売業、飲食業等の店舗における管理監督者の範囲の適正化を図るための周知等に当たって留意すべき事項について」（平 20.10.3 基監発 1003001 号、解釈総覧 491 頁）。

＊36　昭 52.2.28 基発 104 号、解釈総覧 488 頁。

事考課に関する事項が職務内容に含まれておらず、実質的にもこれに関与しない場合には、管理監督者性を否定する重要な要素となる。

(4) 労働時間の管理

店舗における勤務割表の作成又は所定時間外労働の命令を行う責任と権限が実質的にない場合には、管理監督者性を否定する重要な要素となる。

2 「勤務態様」についての判断要素

管理監督者は「現実の勤務態様も、労働時間の規制になじまないような立場にある者」であることから、「勤務態様」については、遅刻、早退等に関する取扱い、労働時間に関する裁量及び部下の勤務態様との相違により、次のように判断されるものであること。

(1) 遅刻、早退等に関する取扱い

遅刻、早退等により減給の制裁、人事考課での負の評価など不利益な取扱いがされる場合には、管理監督者性を否定する重要な要素となる。ただし、管理監督者であっても過重労働による健康障害防止や深夜業に対する割増賃金の支払の観点から労働時間の把握や管理が行われることから、これらの観点から労働時間の把握や管理を受けている場合については管理監督者性を否定する要素とはならない。

(2) 労働時間に関する裁量

営業時間中は店舗に常駐しなければならない、あるいはアルバイト・パート等の人員が不足する場合にそれらの者の業務に自ら従事しなければならないなどにより長時間労働を余儀なくされている場合のように、実際には労働時間に関する裁量がほとんどないと認められる場合には、管理監督者性を否定する補強要素となる。

(3) 部下の勤務態様との相違

管理監督者としての職務も行うが、会社から配布されたマ

ニュアルに従った業務に従事しているなど労働時間の規制
を受ける部下と同様の勤務態様が労働時間の大半を占めて
いる場合には、管理監督者性を否定する補強要素となる。

3 「賃金等の待遇」についての判断要素

管理監督者の判断に当たっては「一般労働者に比し優遇措
置が講じられている」などの賃金等の待遇面に留意すべきも
のであるが、「賃金等の待遇」については、基本給、役職手
当等の優遇措置、支払われた賃金の総額及び時間単価によ
り、次のように判断されるものであること。

(1) 基本給、役職手当等の優遇措置

基本給、役職手当等の優遇措置が、実際の労働時間数を勘
案した場合に、割増賃金の規定が適用除外となることを考慮す
ると十分でなく、当該労働者の保護に欠けるおそれがあると認
められるときは、管理監督者性を否定する補強要素となる。

(2) 支払われた賃金の総額

1年間に支払われた賃金の総額が、勤続年数、業績、専門
職種等の特別の事情がないにもかかわらず、他店舗を含めた
当該企業の一般労働者の賃金総額と同程度以下である場合
には、管理監督者性を否定する補強要素となる。

(3) 時間単価

実態として長時間労働を余儀なくされた結果、時間単価に
換算した賃金額において、店舗に所属するアルバイト・パー
ト等の賃金額に満たない場合には、管理監督者性を否定する
重要な要素となる。特に、当該時間単価に換算した賃金額が
最低賃金額に満たない場合は、管理監督者性を否定する極め
て重要な要素となる。

6-3 裁判例とその概観

判例検索システムで労基法41条関係の裁判例を検索すると、

第8章 ● 頻出論点への対応 | 369

管理監督者に該当しないとされた裁判例は大量に見つかるので適宜参照されたい*37。特に重要なのは上記解釈例規が出されるきっかけとなった日本マクドナルド事件（東京地判平20.1.28判時1998号149頁）である。その後の大手企業の事件では自動車メーカーの「ダットサン・コーポレートプラン部マネージャー」「日本LCVマーケティング部マーケティングマネージャー」だった労働者について「自己の労働時間について裁量があり、管理監督者にふさわしい待遇がなされているものの、実質的に経営者と一体的な立場にあるといえるだけの重要な職務と責任、権限を付与されているとは認められない」として管理監督者性を否定した日産自動車（管理監督者性）事件（横浜地判平31.3.26労判1208号46頁）がある。

　管理監督者性については、使用者側の無理筋主張が裁判例になっているだけのものも多く、限界事例を見極めるためには、むしろ、比較的少数ではあるが、管理監督者該当性が認められた裁判例を踏まえることが重要である。

　この点、従業員349人の証券会社で、15〜16番目の職責にあたる副部長で、部下30名以上を統括する大阪支店長で、社内では比較的高給でもあった日本ファースト証券事件（大阪地判平20.2.8労経速1998号3頁）は、日本マクドナルド事件の直後に出された判決で、控訴されずに確定している。両者の事実認定を比較すると興味深い。

　他に管理監督者性が認められた代表的な例として、タクシー会社の営業次長に関する姪浜タクシー事件（福岡地判平19.4.26労判948号41頁）、スポーツジム運営会社のエリアディレクターに関するセントラルスポーツ事件（京都地判平24.4.17労判1058号69頁。スポーツクラブの支店長職またはマネージャー職について否定した事例としてコナミスポーツクラブ事件・東

---

*37　中央労働委員会ホームページの「個別的労働紛争の調整事例と解説」のページの(6)[27]の「労基法41条2号の管理監督者の該当性」（PDF）には裁判例が良くまとまっている。

京高判平30.11.22判時2429号90頁）、賃貸業務に対する保証業務の従業員140〜240名ほどの企業でナンバー3の営業部長で営業部門の責任者で、出退勤管理なく、賃金も代表者に準じる水準だった者のVESTA事件（東京地判平24.8.30労判1059号91頁）、大学法人の図書館館長であった学校法人宮崎学園事件（福岡高宮崎支判令3.12.8労判1284号78頁）などがある。過労死の事件であるが、産業用ロボット製造会社のナンバー3の製造部長であった者についてのハヤシ事件（福岡高判平21.1.30判時2054号88頁）もある。

　管理監督者性が認められた事例で最高裁判例になった例（ただし管理監督者性は上告審の争点ではない）として、理容室を展開する企業のナンバー2である「総店長」（高齢のオーナーを除くとトップ）で店舗での業務もしながら5店舗の店長の統括をしていた前掲・ことぶき事件最高裁判決がある。もともと不正競争防止法に関する訴訟の反訴請求事案であり担当店舗での非管理業務（理髪業務）や推測される長時間労働の実態に事実レベルで十分に光が当たってないように思われる。さらに、零細企業の例として、美容サロン経営の零細個人事業の管理部長に関するピュアルネッサンス事件（東京地判平24.5.16労判1057号96頁）、土地家屋調査士事務所の社員兼従業員のナンバー2の地家屋調査士法人ハル登記測量事務所事件（東京地判令4.3.23労経速2490号19頁）がある。ピュアルネッサンス事件は、管理業務を行っていない状況が事実認定されているのに管理監督者にされており、後者も労働時間についての裁量を述べるだけで管理業務の遂行状況を詳しく述べておらず使用者の主張からしても現場業務を行なっていたと思われることから、零細事業における管理監督者の認定の危うさが現れている。

　管理監督者性が認められた裁判例は、経営参画への度合いが事実認定上も不明瞭（意見具申権だけなのか実質的決定権限を持っていたのか）であったり、労務管理業務の権限が不明瞭だっ

第8章 ● 頻出論点への対応　371

たりその割合が少なくかなりの時間を一般労働者と同じ業務に費やしている立場だったり、労働時間管理を受けているのにその点が軽視されたり、経営者に準じる賃金と言いながら相当の落差があって長時間労働の点も踏まえるとむしろ一般労働者に近かったりと、全般的に不安定である。労働者側としては、これらの点を厳しく追及していく必要がある。

7——他の適用除外

7-1　農業・畜産・水産業

　この種の事業では、対象が自然物であり、従って、業務が天候、気象その他季節等の自然的条件に強く左右される原始産業であるため、労働時間や休憩・休日を人事的に厳格に画一的に規制することが困難であり、適当でないという業務の特殊性に着目して、労働時間規制の適用除外となっている（法41条1号）[38]。

　従って、形式的にこれらの産業に属する業務でも、機械化・合理化され、制度趣旨に合致しない場合は適用除外とはならないと解すべきである。例えば、農業法人の事務職や、直接的に農業に従事していても工場栽培の場合は、この条文の適用は無いと考えられる。

　この点、農業組合法人の従業員について、養鶏業に従事していたとして、適用除外が認められたが、就業規則に基づく労働契約上の所定時間外労働に対する残業代として請求が認容された事例（農事組合法人乙山農場ほか事件・千葉地八日市場支判平27.2.27労判1118号43頁）がある。

---

*38　石松亮二「(2) 労基法四一条」日本労働学会編『現代労働法講座11　賃金・労働時間』（総合労働研究所、1983年）192頁以下、労働基準局（上）677頁。

7-2 監視又は断続的労働

[1] 要件

　「監視又は断続的労働」（法41条3号）については、管理監督者と同様、労働時間規制が大幅に除外されるが、①「労働密度が疎であり、労働時間、休憩、休日の規定を適用しなくても必ずしも労働者保護に欠けることがない」、②労基署の許可、という2つが要件となる。許可を得ていても、実態として①を満たさない場合は、許可を得ていても労働時間規制は適用除外されない。逆に①を満たしても許可がなければやはり適用除外されない（共立メンテナンス事件・大阪地判平8.10.2労判706号45頁）。

[2] 監視に従事する者

　「監視に従事する者」の①について、原則として一定部署にあって監視するのを本来の業務とし、常態として身体の疲労又は精神的緊張の少ない者のことであり、下記のような者は許可されない[39]。

　① 交通関係の監視、車両誘導を行う駐車場等の監視等精神
　　的緊張の高い業務
　② プラント等における計器類を常態として監視する業務
　③ 危険又は有害な場所における業務

[3] 断続的労働に従事する者[40]

　「断続的労働に従事する者」の①について、作業自体が本来間

---

[39] 労働基準局（上）686頁。
[40] 「監視に従事する者」の事例として、警備員に関する近畿保安警備事件・大阪高判平2.7.31労判575号53頁、同事件・大阪地判平元.2.20判タ713号165頁。

第8章 ● 頻出論点への対応 | 373

欠的に行われるもので、従って、作業時間が長く継続することなく中断し、しばらくして再び同じような態様の作業が行われ、また、中断するというように繰り返されるものとされ、工場労働のごとく継続的に作業するものであるにもかかわらず、労働の途中に休憩時間を何回も入れる等人為的に断続的な労働形態を採用しても断続的労働とみることはできない。具体的には下記のようなものが該当するとされる[41]。

① 修繕係等通常は業務閑散であるが、事故発生に備えて待機するもの
② 寄宿舎の賄人等については、その者の勤務時間を基礎にして作業時間と手待時間折半程度まで。ただし、実労働時間の合計が8時間を超えるときはこの限りではない。
③ 鉄道踏切番等については、1日の交通量10往復程度までまた、ある1日は断続的労働であっても他の日に通常の勤務につくというようなかたちを繰り返す勤務については、休日に関する規定を排除しても労働保護上差し支えなしということにはならないので「常態として断続的労働に従事する者には該当しない」[42]。

[4] 断続的労働としての宿日直労働[43]

宿直又は日直業務で断続的な業務とは、所定労働時間外又は休日における勤務の一形態であって当該労働者の本来の業務は処理せず、構内巡視、文書・電話の収受又は非常事態に備えて待機するもので常態としてほとんど労働する必要のない勤務で

---

*41　労働基準局（上）687頁。

*42　昭63.3.14基発150号、解釈総覧494頁。

*43　「断続的労働に従事する者」について、庁舎管理業務員で否定された青梅市（庁舎管理業務員）事件・東京地八王子支判平16.6.28労判879号50頁、医師の宿日直業務で否定された奈良県（医師時間外手当）事件・大阪高判平22.11.16労判1026号144頁。寮の住み込み管理人について認められた事例として関西千歳サービス事件・大阪地判平13.9.28労経速1786号22頁。

ある[44]。従って、本来業務の延長と考えられるような業務を処理するものは、宿直又は日直の勤務と称しても認められない。

この点については、JRの信号保安関係職員、医師・看護師の場合、社会福祉施設などについて解釈例規[45]が出されているが、いずれも判断は厳格である。

頻度について、原則として、宿直勤務については週1回、日直業務については月1回を限度とすることとされている[46]。

8── 週44時間制の特例

8-1 要件

下記の事業[47]のうち常時10人未満の労働者を使用する事業所では、週の法定労働時間が44時間とされる（法40条、労基則25条の2）。

- 物品の販売、配給、保管若しくは賃貸又は理容の事業
- 映写、演劇その他興行の事業
- 病者又は虚弱者の治療、看護その他保健衛生の事業
- 旅館、料理店、飲食店、接客業又は娯楽場の事業

もともと、零細事業主のための特例規定であるが、ハローワーク求人を概観しても、多数の労働者を雇用しつつ、通信技術を用いて店舗を細かく分散させることで週44時間制の特例を前提とする労働時間の記載がされている例も散見され、このよう

---

[44] 労働基準局（上）686頁。検数協会名古屋事件・名古屋地判昭40.10.18判時453号75頁。

[45] 信号保安関係職員について昭27.1.31基収380号、昭63.3.14基発150号、解釈総覧511頁。医師・看護師について昭24.3.22基発352号、平11.3.31基発168号、解釈総覧504頁。社会福祉施設について昭49.7.26基発387号・基監発27号、解釈総覧505頁。

[46] 昭22.9.13基発17号、昭63.3.14基発150号、解釈総覧501頁。

[47] 各事業の意義について小池郁雄「(1) 労基法四〇条」日本労働学会編『現代労働法講座11 賃金・労働時間』（総合労働研究所、1983年）170頁以下。

第8章 ● 頻出論点への対応 375

な現代的な脱法措置について課題が残されてる。制度論として
は、早急に廃止すべきであろう。

8-2 事業所性の判断基準*48

本店の他に小規模の店舗等を分散させている事例では、各店
舗が独立して労基法適用の対象となる事業所（労基法9条）と
言えるかが問題となる。

この点、労働行政は以下のような総則的な運用指針を示して
いる*49。

① 　個々の事業に対して労働基準法を適用するに際しては、
当該事業の名称又は経営主体等にかかわることなく、相関
連して一体をなす労働の態様によって事業としての適用
を定めること。

② 　事業とは、工場、鉱山、事務所、店舗等のごとく一定の
場所において相関連する組織のもとに業として継続的に
行われる作業の一体をいうのであって、必ずしもいわゆる
経営上一体をなす支店、工場等を総合した全事業を指称す
るものではないこと。

③ 　a.したがって1の事業であるか否かは主として場所的観
念によって決定すべきもので、同一場所にあるものは原則
として分割することなく1個の事業とし、場所的に分散し

＊48　この点について判断した裁判例は非常に少なく、住み込みの寮の管理人・寮母の事例に
ついて事業所性を否定した前掲・共立メンテナンス事件・大阪地判。また、大阪府高槻市に本
店を持ちながら大丸京都店に出店していた鶏肉店について、事業所性を肯定した事例として鳥伸
事件・大阪高判平29.3.3労判1155号5頁。この裁判例は、店長が実態的な労働時間管理を
しておらず、賃金台帳作成・設置も本店で、就業規則の作成・提出も当該店舗の店長は行わず（必
ずしも内容も知らず）、賃金計算及び労働時間計算を本店が行っていたにもかかわらず、安易に
事業所性を認めており、不当である。また、労働者の業務による事業の分割は認められないところ、
正規労働者の全員が労働時間の多くを精肉業務（加工業である）に従事しているのに、事業所
の性質を小売業として良いのかも大いに疑問がある。そもそも、百貨店への出店については、実
態的にはいわゆる偽装請負的な側面が大いにあり、百貨店全体をひとつの事業所として見るべき
ではないかとも思われる。

＊49　昭22.9.13基発17号、昭23.3.31基発511号、昭33.2.13基発90号、昭63.3.14
基発150号、平11.3.31基発168号、解釈総覧59頁。

ているものは原則として別個の事業とすること。

b．しかし、同一場所にあっても、著しく労働の態様を異にする部門が存在する場合に、その部門が主たる部門との関連において従事労働者、労務管理等が明確に区別され、かつ、主たる部門と切り離して適用を定めることによって労働基準法がより適切に運用できる場合には、その部門を1の独立の事業とすること。例えば工場内の診療所、食堂等のごときはこれに該当すること。なお、個々の労働者の業務による分割は認めないこと。

c．また、場所的に分散しているものであっても、出張所、支所等で、規模が著しく小さく、組織的関連ないし事務能力等を勘案して1の事業という程度の独立性がないものについては、直近上位の機構と一括して1の事業と取り扱うこと。例えば、新聞社の通信部のごときはこれに該当すること。

　そのうえで「生命保険会社の支部又は営業所については、原則としてこれらを1の事業とすること。ただし、規模が著しく小さく組織的関連、事務能力の点を勘案して独立性のない支部又は営業所については、支社と一括して1の事業として取扱うこと」とする解釈例規がある[50]。

　また、「建設現場については、現場事務所があつて、当該現場において労務管理が一体として行われている場合を除き、直近上位の機構に一括して適用すること」とする解釈例規がある[51]。

　さらに、「新聞社の地方通信機関（総局、支局、通信局、通信部、通信所等その名称の如何を問わず新聞記者が常駐する機関を指す。）に勤務する者は、本社の直接指揮統括の下において、地方における新聞記事を取材送稿するにすぎず、且つそれ等の

＊50　昭 63.3.14 基発 150 号、平 11.3.31 基発 168 号、解釈総覧 60 頁。
＊51　昭 62.9.16 基発 601 号の 2、平 11.3.31 基発 168 号、解釈総覧 60 頁。

機関の長は人事給与に関する権限もなく事務も取り扱わず、したがつてそれ等の機関は事業としての組織的関連ないし事務能力の点より1の事業という程度の独立性を持たないものである場合には、これを本社（地域ごとに本社を有するものは、その各々の本社その他これに準ずるものを含む。）と一括して1の事業として取り扱うこと。ただし、単に新聞記者が常駐するのみでなく、人事給与を取り扱う機関を備え1の事業としての独立性を有するものについてはこの限りでない。」とする解釈例規もある[52]。

9——付加金

9-1 制度概要

労基法114条は、法37条の割増賃金の未払いがあった場合に、使用者に対して、同一額の付加金の支払いを命じることができる、と定めている。米国の公正労働基準法で超過勤務手当の未払いについて「確定損害賠償金」として付加金を命ずることができるとしている制度にならったものとされる。

同条の5年以内の期間[53]は、時効期間ではなく除斥期間と解するのが労働行政の見解[54]であり、定説と思われる。従って催告により時効を中断できない。

しかし、このような解釈をすると、労使間で示談交渉を鋭意行った場合、それゆえに労働者側が不利益を被ることになる。一方、この点を労使自治に一切委ねずただちに訴訟提起すべき方向に誘導する制度なのだと解することもできないだろう。

---

*52 昭23.5.20基発799号、解釈総覧60頁。
*53 労基法附則143条2項で「当分の間」3年とされた。2020年3月30日までに発生した割増賃金に対応する分は改正前の旧法が適用され2年である。付加金は割増賃金を「支払わなかった」という違反が発生したときに発生するので同年3月31日が支払日の割増賃金に対応する付加金は4月1日に発生し除斥期間は3年となるようである。
*54 労働基準局（下）1050頁。

従って、このような解釈は、あまりに不合理なので改められるべきであるし、それが不可能なら法改正が必要である[55]。

9-2 制度趣旨

　上記のように、米国の付加金が損害賠償額の予定としての損害填補の性格を有するのに対して、わが国では付加金制度の制裁的性格を強調し、その損害賠償的性格を捨象してしまう傾向がある。学説は第1に罰金又は没収の性格を持つことを強調すべきとする公法的制裁説、第2に労働者に対して訴訟提起の誘い水とし使用者に対して一種の民事制裁を通じて不履行を引き合わないものとして遵法を奨める民事制裁説、第3に損害賠償説、第4に公法的制裁と労働者に対する損害賠償的性質の併有説の4つに分類される。さらに労基法違反行為の抑止機能と労働者による未払金請求のインセンティブ機能を強調する見解もある[56]。インセンティブ機能強調論に対しては、「実際に訴訟にかかる費用等を考えれば現実的ではない」という批判がある[57]が、根拠がない。残業代請求の法律相談で相談者が高い確率で関心を持っているのが「付加金を取れるか否か」であり、むしろ付加金が実効的に支払われれば、インセンティブ機能は必ずあるだろう。

　この点、最高裁判所が付加金の制度趣旨について述べたのは最近のことである。最高裁は付加金の制度趣旨を以下のように述べた（最三小決平27.5.19民集69巻4号635頁（判時2270号128頁））。最高裁判所は第4の公法的制裁（及びそれによる事前抑止）と損害賠償の併有説を採用した[58]。

＊55　同趣旨のことを述べたものとして森戸英幸「未払割増賃金に係る付加金額－ケンタープライズ事件」ジュリ1545号（2020年）4頁。

＊56　青木宗也・片岡曻編『註解法律学全集45　労働基準法II』（青林書院、1995年）395頁以下（石橋洋）。

＊57　東京労働法研究会編『注釈労働基準法（下巻）』（有斐閣、2003年）1082頁（藤川久昭）。

＊58　須賀康太郎「労働基準法114条の付加金の請求の価額は、同条所定の未払金の請求

その趣旨は、労働者の保護の観点から、上記の休業手当等の支払義務を履行しない使用者に対し一種の制裁として経済的な不利益を課すこととし、その支払義務の履行を促すことにより上記各規定の実効性を高めようとするものと解されるところ、このことに加え、上記のとおり使用者から労働者に対し付加金を直接支払うよう命ずべきものとされていることからすれば、同法114条の付加金については、使用者による上記の休業手当等の支払義務の不履行によって労働者に生ずる損害の填補という趣旨も併せ有するものということができる。

なお、この決定により、付加金請求は民事訴訟法9条2項の付帯請求となると判断されたので、割増賃金請求に付帯して付加金請求する場合には、付加金請求額は訴額に算入されないことが確定した。

9-3 付加金の対象範囲

法37条の時間外割増賃金の範囲は25％部分だけではなく100％部分も含むとする125％説（行政解釈[59]、裁判実務[60]、通説）のもとでは125％分の割増賃金全体となる。そして、付加金の対象額は法37条に「違反した」範囲であるから、125％分の割増賃金の未払額全体が付加金対象額となる。

これに対して、出来高払制その他の請負制（労基則19条1項6号。以下「請負制」とする）は、不可分の総労働時間の対価であり判別不能な賃金である出来高払制を、もともと時給制賃金である請負制の一種と位置付けて時間制賃金（そのうちでも時給制）に「換算」し、時給制とみなすこととしたものである

に係る訴訟の目的の価額に算入されるか」『最高裁判所判例解説民事篇平成27年度〔上〕〔1月〜6月分〕』（法曹会、2018年）245頁。

＊59　労働基準局（上）548頁は「割増賃金という文字は10割の賃金支払を含むものである。」とする。

＊60　日本ケミカル事件最高裁判決は125％の全体を割増賃金と扱っていることについて山下昇「割増賃金の意味−25％か125％か」法政研究86巻3号（2019年）177頁。下級審裁判例は全般的に125％で運用されている。

380

（第6章5－3［3］イ参照）。

そして、行政解釈は「時間外、休日又は深夜の労働に対する時間当たり賃金、すなわち一・〇に該当する部分は、既に基礎となった賃金総額の中に含められている」とし、請負制賃金自体に割増賃金の100％部分が含まれているとする[61]。

この行政解釈は請負制賃金における割増賃金の割増率が100％部分のない25％に縮減することを意味しない。時給制に換算されたのちの請負制賃金のうち、時間外労働等に対応する部分はそれ自体が判別可能な法37条の割増賃金の100％部分である。従って、労働契約上支払われるべき本来の請負制賃金が過小計算されて実際の請負制賃金において一部に未払が生じた場合、以下の部分の額は法37条の割増賃金のうち100％部分の未払となり、付加金の対象にもなる。それに対する25％部分が未払の場合はもちろんその部分も未払となる。

> 割増賃金の未払額＝（本来の請負制賃金額－実際の請負制賃金額）×（（時間外労働時間数＋法定休日労働時間数）÷総労働時間数）

9-4　口頭弁論終結前の弁済

［1］付加金発生時に関する最高裁の見解

付加金がいつ発生するのかについては、不払い発生時とする違反時説、提訴時とする請求時説、判決時とする裁判時説がある。

最高裁は、累次の判決[62]で下記のように判示し、裁判所が支

＊61　労働基準局（上）549頁。

＊62　細谷服装事件・最二小判昭 35.3.11 民集 14 巻 3 号 403 頁、最一小判昭 43.12.19 集民 93 号 713 頁、新井工務店事件・最二小判昭 51.7.9 集民 118 号 249 頁、江東ダイハツ自動車事件・最一小判昭 50.7.17 集民 115 号 525 頁、ホッタ晴信堂薬局（甲野堂薬局）事件・最一小判平 26.3.6 判時 2219 号 136 頁。

第8章 ● 頻出論点への対応　381

払いを命ずるまで（訴訟手続上は事実審の口頭弁論終結時まで）に弁済があったときは付加金を命じることができない、としている。これは裁判時説に立つものである。

> 労働基準法114条の付加金の支払義務は、使用者が未払割増賃金等を支払わない場合に当然発生するものではなく、労働者の請求により裁判所が付加金の支払を命ずることによって初めて発生するものと解すべきであるから、使用者に同法37条の違反があっても、裁判所がその支払を命ずるまで（訴訟手続上は事実審の口頭弁論終結時まで）に使用者が未払割増賃金の支払を完了しその義務違反の状況が消滅したときには、もはや、裁判所は付加金の支払を命ずることができなくなると解すべきである

　しかし、これでは、付加金が使用者に対して「支払義務の履行を促すことにより割増賃金規定の実効性を高める」仕組みにならない。むしろ、「第一審判決後に支払えば良い」制度になってしまっている。理論的には、結審後、判決確定前に弁済した場合に付加金の支払を命じられるのか、という疑問も生じる[63]。

　また、高知県観光事件最高裁判決のように、労働者側の上告ないし上告受理申し立てに対して、最高裁判所が破棄自判して付加金まで命じる場合、高裁判決後に最高裁判所の口頭弁論までに使用者側が弁済したとすると弁済の抗弁を職権調査せずに無視できるのかも疑問がある。かといって、その場合に弁済の抗弁を職権で調査したうえで、付加金を命じることができないとすれば、労働者側は上告自体をためらう理由となるだろう。さらに最高裁が破棄差戻した場合の差戻審まで考え始めると、最高裁判決のいうところによる法的な不安定性はますます明らかとなる。

---

*63　齋藤哲「労働基準法114条の付加金の請求と訴訟の目的の価額」ジュリ1492号（2016）年121頁。

[2] 最高裁の判決時説に対する度重なる批判

　学説は最高裁の見解を支持するものもあるが、概ね批判的とされる[64]。付加金を命じることについて裁判所に自由裁量を認める趣旨ではない、という指摘もある[65]。繰り返し最高裁判決が出されていることも、この点について、労働者側の不満や下級審の裁判官の反発が極めて大きい（例えば直近の前記ホッタ晴信堂薬局（甲野堂薬局）事件最高裁判決でも、高裁は使用者側の地裁判決後の弁済について判決で付加金を命じている）ことの現れであろう。

　また、船員法116条は付加金支払義務の発生時期等について裁判上の請求時とする旨を明文で定めており規定形式が多少異なるとはいえ、実質的に見て労基法114条がこれと異なる解釈をなす必然性があるか疑問である[66]。

[3] いつの「未払額」なのか

　また、仮に付加金発生時を裁判所が命令したときと解するとしても、「使用者が支払わなければならない金額についての未払金」を判決時（口頭弁論終結時）のものとする必然性は必ずしもない。実際、訴訟係属中に未払金の支払いがされても付加金の支払義務は消滅しないとする訴訟提起時説が多数説とされる[67]。

　仮に付加金が判決時に発生するとしても「未払額」については提訴時のものと解するべきだろう。これは労基法114条で付加金発生要件に労働者の「請求により」としていることに合致

---

[64]　青木・片岡・前掲注[56]（石橋）。

[65]　吉田美喜夫「付加金の法理を問う」労旬 1826 号（2014 年）4 頁。

[66]　山下昇「付加金請求に関する手数料の還付請求と付加金制度の目的」法政研究 84 巻 2 号（2017 年）241 頁は、船員法の付加金規定の制度経緯も詳しく明らかにしながら両制度を比較している。青木・片岡・前掲注[56]（石橋）。

[67]　三輪和雄「附加金」『裁判実務体系第 5 巻　労働訴訟法』（青林書院、1985 年）90 頁以下。

する。また、2015年になって、最高裁判所が付加金の制度趣旨について公法的制裁と損害賠償の併有説を採用した以上、労働者の損害填補の観点からも、訴訟提起時説が整合的であると考えられる。

また、割増賃金請求訴訟については、裁判官が和解の重要性を説いているところであるが、第一審の遅くない段階で和解を成立させるためには、裁判官に実効的な"交渉カード"を与えるのが効果的である。これを実現するためにも、「未払額」を提訴時の客観的な額で確定させ、第一審の段階から付加金が実効的な和解勧試の素材とされるべきであろう。

9-5 判決確定前の弁済

一方、使用者側が控訴せずに判決確定前に支払った場合は、当然ではあるが、付加金の支払いが必要である[68]。

9-6 付加金の認定割合

裁判所が命じる付加金の額は、事例によりまちまちであり、裁判例同士で相互に均衡が取れているのかすら、よくわからない。原則として、「未払額」の全額を命じるべきである。

9-7 一部弁済の場合の充当関係

労働契約上、法内残業と法定時間外労働を区別せずに同率の割増賃金を支払うことになっている場合で、かつ、使用者が賃金支払日に一部弁済をしている場合、法内残業代と時間外割増

---

[68]　損保ジャパン日本興亜（付加金支払請求異議）事件・東京地判平 28.10.14 労判 1157号 59 頁。この裁判例について評釈した労判同号の無記名論文は、直近の前掲・ホッタ晴信堂薬局（甲野堂薬局）事件最高裁判決）の直後であるにもかかわらず「裁判所が付加金の要否や範囲を決定するに当たっては、不払いの理由、使用者の対応、違法性の程度等の諸般の事情が考慮されている。付加金は労働基準法違反を防止する民事制裁としての目的と、労働者への支払確保の目的があるとされており（松山石油事件・大阪地判平 13.10.19 労判 820 号 15 頁、杉本商事事件・広島高判平 19.9.4 労判 952 号 33 頁等）、こうした付加金制度の趣旨と運用を考えたとき、最高裁平成 26 年判決も含め、一定時点を絶対的な基準として付加金請求の可否を決すべきか、議論の余地があると思われる。」としており、やはり、最高裁の見解に批判的なのが注目される。

賃金のどちらに優先的に充てられるのか、という問題がある。端的に、割増賃金及び付加金の制度趣旨を十全たらしめるために、割増賃金を後順位にすべきと考える。このように解しないと、付加金の計算が煩雑になるケースが増えるという問題もある。

10──割増賃金不払いの不法行為性

　割増賃金の不払いは犯罪となるため、その不払いは民法上の不法行為になり得る。議論の実益は消滅時効の時効期間の範囲が異なり得ることである。

　裁判例では、割増賃金不払につき労働契約上の責任のみならず不法行為責任を認めた事例（杉本商事事件・広島地判平19.3.30労判952号43頁、同事件・広島高判平19.9.4労判952号33頁）があるが、「労働者に対する時間外・深夜労働の手当を支払わないことについて、使用者に不法行為が成立しるのは、使用者がその手当（賃金）の支払義務を認識しながら、労働者による賃金請求が行われるための制度を全く整えなかったり、賃金債権発生後にその権利行使をことさら妨害したなどの特段の事情が認められる場合に限られると解される。」（ディバイスリレーションズ事件・京都地判平21.9.17労判994号89頁）などとし、不法行為の成立に通常の債権侵害なみの高い要件を課し、結論としても認めない運用が多いと思われる。しかし、使用者が労働時間の切り捨て計算や、労働時間記録の改ざんを行っている場合、これに当たると解するべきである。

　また、会社の元代表取締役個人が会社法429条1項に基づき、労働審判で認められた残業代相当額の損害賠償請求をされたところ「管理監督者とはどのような立場のものか、控訴人の業務が本件会社の管理監督者にふさわしいかについて社会保険労務士に相談することなく、残業代の支払義務を免れるために管理監督者という制度を利用したにすぎないといわざるを得ない。」

として、重過失による任務懈怠の責任を認めたそらふね元代表
取締役事件（名古屋高金沢支判令5.2.22労判1294号39頁）が
ある。

資料

請　求　書

〇〇株式会社　御中

20 　年　月　日

甲野太郎　印

　　これまで、貴社の労働者としてその業務に従事してきましたが、これ以上、長時間かつ未払いの残業に従事することは耐えられないので、残っている有給休暇を全て取得した上、有給休暇の最終日をもって貴社を退職いたします。

　　過去に遡り、全ての未払い残業代等の未払い賃金をお支払いいただきますよう請求いたします。

　　つきましては、未払い残業代の計算のために、タイムカード、就業規則、賃金規定の写しを速やかにお送りいただきますよう、あわせて、請求いたします。賃金の未払いは犯罪行為にもなる重大な違法行為です。本書面に対して、誠実にご対応いただきますよう、お願い申し上げます。

請 求 の 趣 旨

1　被告は、原告に対して、金　　　万　　　　円及び内金　　　万
　　　　円に対する20　　年　　月　　　日（内金　　万　　　　円
　については20　　年　　月　　　日）から支払済みまで年14.6％の割
　合による金員を支払え。
2　被告は、原告に対して、金　　　万　　　　　円及びこれに対する
　判決確定の日の翌日から支払済みまで年3分の割合による金員を支
　払え。[*1]
3　訴訟費用は被告の負担とする。
との判決並びに1項につき仮執行宣言を求める。

請 求 の 原 因

第1　当事者
　被告○○株式会社は、飲食店の経営等を業とし、「××××」等の
店舗を展開する会社である。
　原告は、被告の労働者であり、「××××」京都店で店長を務め、主
に厨房スタッフとして勤務してきた者であるが、　　年　　月　　日限りで
被告を退職している。

第2　原告の労働と未払賃金の発生
1．原告の割増賃金の賃金単価等
（1）割増賃金の基礎となる賃金（労基法37条5項、労基則21条）
　　原告の賃金のうち、割増賃金の算定基礎賃金となるものはいずれも
　月給制の賃金であり、基本給、職務手当、店長手当である。
　　（このうち店長手当については雇用契約書に「時間外手当含む」と
　の記載があるが、毎月定額が時間外労働等の多寡にかかわらず支払
　われているから割増賃金としての対価性がないし、仮に一部それがあ
　るとしても店長の職責に対する対価（「通常の労働時間の賃金」部分）
　と時間外労働に対する対価（「割増賃金」部分）とが混在しているの

＊1　付加金は判決が確定する日の経過によって実体法上の権利となるので遅延損害金の起算
日は確定日の翌日となる。

で、いずれの点でも判別不能であるから、算定基礎賃金となる。）[2]

　請求期間の各月の賃金額は別紙1「単価・既払金計算書／原告単価シート」の「月給」欄記載の通りである。[3]

　なお、通勤費については京都市バスの定期券代金が実費で支払されているため、除外賃金とした。[4]

（2）平均所定労働時間数（労基則19条1項各号）

　労働契約上、請求期間の原告の労働時間、労働日は以下の通りである。

　　一日所定労働時間数　　　　　　　7時間45分

　　年間所定労働日数（休日数）

　　（うるう年）　　　20　　年244日（122日）

　　　　　　　　　　　20　　年241日（124日）

　　　　　　　　　　　20　　年240日（125日）

　　　　　　　　　　　20　　年242日（123日）

　　月平均所定労働時間数（労基則19条1項4号）は以下の式により、20年は156.94時間、20年は158.88時間、20年は158.23時間となる。

　　　　＝年所定労働日数×7.75（7時間45分）÷12か月

（3）賃金単価

　各月の算定基礎賃金を各月の月平均労働時間数で除した原告の1時間当たりの残業代の単価（以下「賃金単価」とする）は、別紙1「単価・既払金計算書／原告単価シート」記載の通りである。

（4）割増率

　被告における割増賃金の割増率は労基法所定の通りである。月60時間超の150％の割増率が適用されるのは2023年4月1日以降の分である。

　　　時間外割増賃金125％

　　　時間外割増賃金（月60時間超）＋25％

　　　深夜早朝割増賃金　25％

　　　法定休日割増賃金135％

＊2　固定残業代の有効要件は抗弁事由なので必須ではない。

＊3　「給与第一」と「きょうとソフト」ではシートの名称が異なるので使い分けが必要である。以下、「／」の記載は同様の趣旨である。訴状に添付する「単価・既払金計算書／原告単価シート」については第3章4－3参照。

＊4　除外賃金の意義について第5章1－2参照。

就業規則で法内残業について法定時間外労働等と区別することなく時間外労働、休日労働としているため、日々の法内残業及び所定休日労働の割増率は法定時間外労働、法定休日労働とそれぞれ同様となる。（労働契約で、法内残業の割増率について特段の定めはなく、当事者の合理的意思解釈として、割増賃金の100％部分相当額が支払われることとなる。）

2. 原告の労働時間

（1）所定労働時間数、休憩時間（労基法34条）

原告の所定労働時間数は1日7時間45分である。

1日の休憩時間は一律で45分とした。別紙2「時間計算書／原告時間シート」[*5] の「休憩時間」の欄に記入してある。被告においては、昼の休憩は1時間とされて、15時からも30分の休憩を取得することになっている。しかし、実際は、昼の休憩は繁忙時間帯と重なるため昼食をとる時間を含めて多くても30分程度しか休むことができなかった。また、15時の休憩についても夜の営業のための仕込みがあるため、多くても15分程度しか休むことができなかった。

（2）原告の労働時間

請求期間の各月の各日における原告の労働時間は別紙2「時間計算書／原告時間シート」記載の通りである。

（3）法定休日、所定休日の特定

「給与第一」の場合：

法定休日労働が発生し得るのは、法定休日の前日の24時を超えて労働させた場合と法定休日当日の24時までに労働させた場合であるが、法定休日労働をさせた日には別紙2「時間計算書」の「日属性」欄に「法」と記入した。なお、法定休日は、原則として、日曜日から始まる歴週の最終の休日としている。

また、法定休日以外で、労働契約所定の休日に労働させている日には、別紙2「時間計算書」の「日属性」欄に「所」と記入した。

「きょうとソフト」の場合：

法35条に定める法定休日における労働が発生し得るのは、法定休日の前日の24時を超えて労働させた場合と法定休日当日の24時までに労働させた場合であるが、法定休日については、別紙2「原告時間シート」の「法定休日」欄に「1」が入力されている。なお、法

---

*5　訴状に添付する「時間計算書／原告時間シート」については第3章6参照。

定休日は、原則として、日曜日から始まる歴週の最終の休日としている。

また、法定休日以外の労働契約所定の休日は、別紙2「原告時間シート」の「所定労働時間」の欄に「0：00」が記入してある。

3．未払賃金の額、支払われるべき付加金の額

（1）時間外労働等の時間数、未払賃金の額

請求に係る各月の、原告に対する未払割増賃金の額は別紙3「割増賃金計算書／原告金額シート」記載の通りである。[6]

（2）各月の残業代の締め日、支払日

被告の賃金のうち残業代については、毎月15日締め、翌月20日払いであった。残業代は、基本給等の固定給より1か月あとに支払されていた。

（3）残業代の既払金の有無

被告は毎月の賃金支払時に、原告に対して一定の時間外労働に対する割増賃金の支払いをしており「控除／既払額」欄でその額を控除した。

（4）時間外労働等の割増賃金の額

請求に係る各月の原告に対する未払残業代の額は別紙3「割増賃金計算書／金額シート」の「合計／未払割増賃金額」欄記載の通りである。

（5）遅延損害金

未払賃金には、賃金支払日より後は労基法114条、同法附則143条1項で年利3％の遅延損害金が付される。

また、原告は20　年　月　日まで勤務した後に有給休暇を消化して同月　月　日限りで被告を退職したが、退職日の翌日（ただしその後に支払日が到来する賃金債権についてはその支払日の翌日）からは、賃金の支払いの確保等に関する法律6条1項所定の年利14.6％の遅延損害金が付される。

（6）支払われるべき付加金（労基法114条）[7]

付加金が支払われるべき期間は労基法附則143条2項で提訴から3年以内に支払日があるものであるから、20　年　月分以降の未払賃金の合計額が支払われるべき付加金の金額である。

---

[6]　訴状に添付する「割増賃金計算書／原告金額シート」については第3章8参照。

[7]　付加金の意義について第8章9参照。

第3 まとめ*8
　よって、原告は被告に対して、
1　労働契約に基づく賃金請求として、金　　　万　　　　円及び内
　金　　　万　　　　円に対する20　年　月　日（内金　　　万
　　　　　円については20　年　月　日）から支払済みまで年14.6％の
　割合による金員
2　付加金として、金　　　万　　　　円及びこれに対する判決確定
　の日から支払済みまで年3分の割合による金員
　を支払うよう請求する。
　　以上

＊8　割増賃金請求における訴訟物の考え方について類型別（Ⅰ）114頁が参考になるが、
125％説では、割増賃金請求で訴訟物の特定方法を詳細に論じる意味は大きくはないと思われ、
この程度の記載で問題ない。

重 要 判 例

高知県観光事件
最二小判平 6.6.13 集民 172 号 673 頁（労判 653 号 12 頁）　　　　　　　　　　　395

三菱重工長崎造船所（会社上告）事件
最一小判平 12.3.9 民集 54 巻 3 号 801 頁（労判 778 号 11 頁）　　　　　　　　396

大星ビル管理事件
最一小判平 14.2.28 民集 56 巻 2 号 361 頁（労判 822 号 5 頁）　　　　　　　　396

テックジャパン事件
最一小判平 24.3.8 集民 240 号 121 頁（労判 1060 号 5 頁）　　　　　　　　　399

国際自動車（第一次）事件
最三小判平 29.2.28 集民 255 号 1 頁　　　　　　　　　　　　　　　　　　　401

康心会事件
最二小判平 29.7.7 集民 256 号 31 頁（労判 1168 号 49 頁）　　　　　　　　　403

日本ケミカル事件
最一小判平 30.7.19 集民 259 号 77 頁　　　　　　　　　　　　　　　　　　404

国際自動車（第二次）事件
最一小判令 2.3.30 民集 74 巻 3 号 549 頁　　　　　　　　　　　　　　　　　406

熊本総合運輸事件
最二小判令 5.3.10 集民 270 号 77 頁（労判 1284 号 5 頁）　　　　　　　　　　409

高知県観光事件

最二小判平 6.6.13 集民 172 号 673 頁（労判 653 号 12 頁）

（事案）

第6章3－1［1］（214頁）参照。

（判旨）

三　しかしながら、原審における当事者双方の主張からすれば、上告人らの午前2時以後の就労についても、それが上告人らと被上告人との間の労働契約に基づく労務の提供として行われたものであること自体は、当事者間で争いのない事実となっていることが明らかである。しだかって、この時間帯における上告人らの就労を、法的根拠を欠くもの、すなわち右の労働契約に基づくものではないとした原審の認定判断は、弁論主義に反するものであり……。

四　そこで、上告人らの本訴請求について判断するに、本件請求期間に上告人らに支給された前記の歩合給の額が、上告人らが時間外及び深夜の労働を行った場合においても増額されるものではなく、通常の労働時間の賃金に当たる部分と時間外及び深夜の割増賃金に当たる部分とを判別することもできないものであったことからして、この歩合給の支給によって、上告人らに対して法37条の規定する時間外及び深夜の割増賃金が支払われたとすることは困難なものというべきであり、被上告人は、上告人らに対し、本件請求期間における上告人らの時間外及び深夜の労働について、法37条及び労働基準法施行規則19条1項6号の規定に従って計算した額の割増賃金を支払う義務があることになる。

そして、本件請求期間における上告人らの時間外及び深夜の労働時間等の勤務実績は、本件推計基礎期間のそれを下回るものでなかったと考えられるから、上告人らに支払われるべき本件請求期間の割増賃金の月額は、本件推計基礎期間におけるその平均月額に基づいて推計した金額を下回るものでなく、その合計額は、第一審判決の別紙2ないし5記載のとおりとなるものと考えられる。したがって、これと同額の割増賃金及びこれに対する弁済期の後の昭和63年1月22日から完済に至るまで年5分の割合による遅延損害金の支払を求める上告人らの各請求は、いずれも理由がある。

資料　重要判例　395

三菱重工長崎造船所（会社上告）事件

最一小判平 12.3.9 民集 54 巻 3 号 801 頁（労判 778 号 11 頁）

（事案）

　三菱重工業の長崎造船所で造船や船舶の修理に従事していた労働者について、作業服への更衣、安全衛生保護具等の着脱、更衣所から作業現場への往復、材料や消耗品等の受出し、作業場での散水のそれぞれに要した時間などの労働時間性が争点となった事案である。

（判旨）

　一　労働基準法（昭和 62 年法律第 99 号による改正前のもの）32 条の労働時間（以下「労働基準法上の労働時間」という。）とは、労働者が使用者の指揮命令下に置かれている時間をいい、右の労働時間に該当するか否かは、労働者の行為が使用者の指揮命令下に置かれたものと評価することができるか否かにより客観的に定まるものであって、労働契約、就業規則、労働協約等の定めのいかんにより決定されるべきものではないと解するのが相当である。そして、労働者が、就業を命じられた業務の準備行為等を事業所内において行うことを使用者から義務付けられ、又はこれを余儀なくされたときは、当該行為を所定労働時間外において行うものとされている場合であっても、当該行為は、特段の事情のない限り、使用者の指揮命令下に置かれたものと評価することができ、当該行為に要した時間は、それが社会通念上必要と認められるものである限り、労働基準法上の労働時間に該当すると解される。

大星ビル管理事件

最一小判平 14.2.28 民集 56 巻 2 号 361 頁（労判 822 号 5 頁）

（事案）

　労働時間関係については、新宿駅西口のビル街で、ビルのボイラーやターボ冷凍機管理、他のビル設備管理、ビル警備、テナントの苦情処理等を行っていた会社の労働者について、労働契約上、労働時間とはされず 2700 円の「泊り勤務手当」のみが支払われていた不活動仮眠時間が労働時間に該当するかが争点になった事案である。

　割増賃金関係については第 4 章 4 − 1 ［4］（128 頁）参照。

（判旨）

4　原審の上記判断のうち、（1）及び（2）は是認することができるが、（3）は是認することができない。その理由は次のとおりである。

（1）　労基法32条の労働時間（以下「労基法上の労働時間」という。）とは、労働者が使用者の指揮命令下に置かれている時間をいい、実作業に従事していない仮眠時間（以下「不活動仮眠時間」という。）が労基法上の労働時間に該当するか否かは、労働者が不活動仮眠時間において使用者の指揮命令下に置かれていたものと評価することができるか否かにより客観的に定まるものというべきである（最高裁平成7年（オ）第2029号同12年3月9日第一小法廷判決・民集54巻3号801頁（注三菱重工長崎造船所（会社上告）事件）参照）。そして、不活動仮眠時間において、労働者が実作業に従事していないというだけでは、使用者の指揮命令下から離脱しているということはできず、当該時間に労働者が労働から離れることを保障されていて初めて、労働者が使用者の指揮命令下に置かれていないものと評価することができる。したがって、不活動仮眠時間であっても労働からの解放が保障されていない場合には労基法上の労働時間に当たるというべきである。そして、当該時間において労働契約上の役務の提供が義務付けられていると評価される場合には、労働からの解放が保障されているとはいえず、労働者は使用者の指揮命令下に置かれているというのが相当である。

そこで、本件仮眠時間についてみるに、前記事実関係によれば、上告人らは、本件仮眠時間中、労働契約に基づく義務として、仮眠室における待機と警報や電話等に対して直ちに相当の対応をすることを義務付けられているのであり、実作業への従事がその必要が生じた場合に限られるとしても、その必要が生じることが皆無に等しいなど実質的に上記のような義務付けがされていないと認めることができるような事情も存しないから、本件仮眠時間は全体として労働からの解放が保障されているとはいえず、労働契約上の役務の提供が義務付けられていると評価することができる。したがって、上告人らは、本件仮眠時間中は不活動仮眠時間も含めて被上告人の指揮命令下に置かれているものであり、本件仮眠時間は労基法上の労働時間に当たるというべきである。

したがって、この点に関する原審の判断は正当として是認することができる。被上告人の第一上告理由書記載の上告理由は、原審の専権に属する証拠の取捨判断、事実の認定を非難するか、又は独自の見解に立って原判決を論難するものにすぎず、採用することができない。

（2）　上記のとおり、本件仮眠時間は労基法上の労働時間に当たるというべきであ

るが、労基法上の労働時間であるからといって、当然に労働契約所定の賃金請求権が発生するものではなく、当該労働契約において仮眠時間に対していかなる賃金を支払うものと合意されているかによって定まるものである。もっとも、労働契約は労働者の労務提供と使用者の賃金支払に基礎を置く有償双務契約であり、労働と賃金の対価関係は労働契約の本質的部分を構成しているというべきであるから、労働契約の合理的解釈としては、労基法上の労働時間に該当すれば、通常は労働契約上の賃金支払の対象となる時間としているものと解するのが相当である。したがって、時間外労働等につき所定の賃金を支払う旨の一般的規定を有する就業規則等が定められている場合に、所定労働時間には含められていないが労基法上の労働時間に当たる一定の時間について、明確な賃金支払規定がないことの一事をもって、当該労働契約において当該時間に対する賃金支払をしないものとされていると解することは相当とはいえない。

　そこで、被上告人と上告人らの労働契約における賃金に関する定めについてみるに、前記のとおり、賃金規定や労働協約は、仮眠時間中の実作業時間に対しては時間外勤務手当や深夜就業手当を支給するとの規定を置く一方、不活動仮眠時間に対する賃金の支給規定を置いていないばかりではなく、本件仮眠時間のような連続した仮眠時間を伴う泊り勤務に対しては、別途、泊り勤務手当を支給する旨規定している。そして、上告人らの賃金が月給制であること、不活動仮眠時間における労働密度が必ずしも高いものではないことなどをも勘案すれば、被上告人と上告人らとの労働契約においては、本件仮眠時間に対する対価として泊り勤務手当を支給し、仮眠時間中に実作業に従事した場合にはこれに加えて時間外勤務手当等を支給するが、不活動仮眠時間に対しては泊り勤務手当以外には賃金を支給しないものとされていたと解釈するのが相当である。

　したがって、上告人らが本件仮眠時間につき労働契約の定めに基づいて所定の時間外勤務手当及び深夜就業手当を請求することができないとした原審の判断は是認することができ、上告人らの上告理由は、原審の専権に属する証拠の取捨判断、事実の認定を非難するか、又は独自の見解に立って原判決を論難するものにすぎず、採用することができない。

　（3）　上記のとおり、上告人らは、本件仮眠時間中の不活動仮眠時間について、労働契約の定めに基づいて既払の泊り勤務手当以上の賃金請求をすることはできない。しかし、労基法13条は、労基法で定める基準に達しない労働条件を定める労働契約はその部分について無効とし、無効となった部分は労基法で定める基準によることとし、労基法37条は、法定時間外労働及び深夜労働に対して使用者は同条

所定の割増賃金を支払うべきことを定めている。したがって、労働契約において本件仮眠時間中の不活動仮眠時間について時間外勤務手当、深夜就業手当を支払うことを定めていないとしても、本件仮眠時間が労基法上の労働時間と評価される以上、被上告人は本件仮眠時間について労基法13条、37条に基づいて時間外割増賃金、深夜割増賃金を支払うべき義務がある。

　ア　（中略）

　イ　労基法37条所定の割増賃金の基礎となる賃金は、通常の労働時間又は労働日の賃金、すなわち、いわゆる通常の賃金である。この通常の賃金は、当該法定時間外労働ないし深夜労働が、深夜ではない所定労働時間中に行われた場合に支払われるべき賃金であり、上告人らについてはその基準賃金を基礎として算定すべきである。この場合、上告人らの基準賃金に、同条2項、労働基準法施行規則21条（平成6年労働省令第1号による改正前のもの。）により通常の賃金には算入しないこととされている家族手当、通勤手当等の除外賃金が含まれていればこれを除外すべきこととなる。前記事実関係によれば、上告人らの基準賃金には、世帯の状況に応じて支給される生計手当、会社が必要と認めた場合に支給される特別手当等が含まれているところ、これらの手当に上記除外賃金が含まれている場合にはこれを除外して通常の賃金を算定すべきである。しかるに、原審は、この点について認定判断することなく、上告人らの基準賃金を所定労働時間で除した金額をもって直ちに通常の賃金としており、この判断は是認することができない。被上告人の第二上告理由書記載の上告理由は、この趣旨を含むものとして、その限度で理由がある。

テックジャパン事件

最一小判平 24.3.8 集民 240 号 121 頁（労判 1060 号 5 頁）

（事案）

　第6章3－2 [1]（215頁）参照。

（判旨）

　4　しかしながら、原審の上記判断は是認することができない。その理由は、次のとおりである。

　(1)　本件雇用契約は、前記2 (1) のとおり、基本給を月額41万円とした上で、月間総労働時間が180時間を超えた場合にはその超えた時間につき1時間当たり一

定額を別途支払い、月間総労働時間が140時間に満たない場合にはその満たない時間につき1時間当たり一定額を減額する旨の約定を内容とするものであるところ、この約定によれば、月間180時間以内の労働時間中の時間外労働がされても、基本給自体の金額が増額されることはない。

　また、上記約定においては、月額41万円の全体が基本給とされており、その一部が他の部分と区別されて労働基準法（平成20年法律第89号による改正前のもの。以下同じ。）37条1項の規定する時間外の割増賃金とされていたなどの事情はうかがわれない上、上記の割増賃金の対象となる1か月の時間外労働の時間は、1週間に40時間を超え又は1日に8時間を超えて労働した時間の合計であり、月間総労働時間が180時間以下となる場合を含め、月によって勤務すべき日数が異なること等により相当大きく変動し得るものである。そうすると、月額41万円の基本給について、通常の労働時間の賃金に当たる部分と同項の規定する時間外の割増賃金に当たる部分とを判別することはできないものというべきである。

　これらによれば、上告人が時間外労働をした場合に、月額41万円の基本給の支払を受けたとしても、その支払によって、月間180時間以内の労働時間中の時間外労働について労働基準法37条1項の規定する割増賃金が支払われたとすることはできないというべきであり、被上告人は、上告人に対し、月間180時間を超える労働時間中の時間外労働のみならず、月間180時間以内の労働時間中の時間外労働についても、月額41万円の基本給とは別に、同項の規定する割増賃金を支払う義務を負うものと解するのが相当である（最高裁平成3年（オ）第63号同6年6月13日第二小法廷判決・裁判集民事172号673頁（注　高知県観光事件）参照。

　（2）　また、労働者による賃金債権の放棄がされたというためには、その旨の意思表示があり、それが当該労働者の自由な意思に基づくものであることが明確でなければならないものと解すべきであるところ（最高裁昭和44年（オ）第1073号同48年1月19日第二小法廷判決・民集27巻1号27頁（注　シンガー・ソーイング・メシーン事件）参照）、そもそも本件雇用契約の締結の当時又はその後に上告人が時間外手当の請求権を放棄する旨の意思表示をしたことを示す事情の存在がうかがわれないことに加え、上記のとおり、上告人の毎月の時間外労働時間は相当大きく変動し得るのであり、上告人がその時間数をあらかじめ予測することが容易ではないことからすれば、原審の確定した事実関係の下では、上告人の自由な意思に基づく時間外手当の請求権を放棄する旨の意思表示があったとはいえず、上告人において月間180時間以内の労働時間中の時間外労働に対する時間外手当の請求権を放棄したということはできない。

400

（3）　以上によれば、本件雇用契約の下において、上告人が時間外労働をした月につき、被上告人は、上告人に対し、月間180時間以内の労働時間中の時間外労働についても、本件雇用契約に基づく基本給とは別に、労働基準法37条1項の規定する割増賃金を支払う義務を負うものというべきである。

（4）　なお、本件雇用契約において、基本給は月額41万円と合意されていること、時間外労働をしないで1日8時間の勤務をした場合の月間総労働時間は、当該月における勤務すべき日数によって相応に変動し得るものの、前記2（1）の就業規則の定めにより相応の日数が休日となることを踏まえると、おおむね140時間から180時間までの間となることからすれば、本件雇用契約における賃金の定めは、通常の月給制の定めと異なる趣旨に解すべき特段の事情のない限り、上告人に適用される就業規則における1日の労働時間の定め及び休日の定めに従って1か月勤務することの対価として月額41万円の基本給が支払われるという通常の月給制による賃金を定めたものと解するのが相当であり、月間総労働時間が180時間を超える場合に1時間当たり一定額を別途支払い、月間総労働時間が140時間未満の場合に1時間当たり一定額を減額する旨の約定も、法定の労働時間に対する賃金を定める趣旨のものと解されるのであって、月額41万円の基本給の一部が時間外労働に対する賃金である旨の合意がされたものということはできない。

国際自動車（第一次）事件

最三小判平29.2.28集民255号1頁

（事案）

　第6章3－3［1］（217頁）参照。

（判旨）

　四　しかしながら、原審の上記判断は是認することができない。その理由は、次のとおりである。

　（1）ア　労働基準法37条は、時間外、休日及び深夜の割増賃金の支払義務を定めているところ、割増賃金の算定方法は、同条並びに政令及び厚生労働省令（以下、これらの規定を「労働基準法37条等」という。）に具体的に定められている。もっとも、同条は、労働基準法37条等に定められた方法により算定された額を下回らない額の割増賃金を支払うことを義務付けるにとどまり、使用者に対し、労働契約にお

ける割増賃金の定めを労働基準法37条等に定められた算定方法と同一のものとし、これに基づいて割増賃金を支払うことを義務付けるものとは解されない。

　そして、使用者が、労働者に対し、時間外労働等の対価として労働基準法37条の定める割増賃金を支払ったとすることができるか否かを判断するには、労働契約における賃金の定めにつき、それが通常の労働時間の賃金に当たる部分と同条の定める割増賃金に当たる部分とに判別することができるか否かを検討した上で、そのような判別をすることができる場合に、割増賃金として支払われた金額が、通常の労働時間の賃金に相当する部分の金額を基礎として、労働基準法37条等に定められた方法により算定した割増賃金の額を下回らないか否かを検討すべきであり（最高裁平成3年（オ）第63号同6年6月13日第二小法廷判決・裁判集民事172号673頁（注　高知県観光事件）、最高裁平成21年（受）第1186号同24年3月8日第一小法廷判決・裁判集民事240号121頁（注　テックジャパン事件）参照）、上記割増賃金として支払われた金額が労働基準法37条等に定められた方法により算定した割増賃金の額を下回るときは、使用者がその差額を労働者に支払う義務を負うというべきである。

　他方において、労働基準法37条は、労働契約における通常の労働時間の賃金をどのように定めるかについて特に規定をしていないことに鑑みると、労働契約において売上高等の一定割合に相当する金額から同条に定める割増賃金に相当する額を控除したものを通常の労働時間の賃金とする旨が定められていた場合に、当該定めに基づく割増賃金の支払が同条の定める割増賃金の支払といえるか否かは問題となり得るものの、当該定めが当然に同条の趣旨に反するものとして公序良俗に反し、無効であると解することはできないというべきである。

　イ　しかるところ、原審は、本件規定のうち歩合給の計算に当たり対象額Aから割増金に相当する額を控除している部分が労働基準法37条の趣旨に反し、公序良俗に反し無効であると判断するのみで、本件賃金規則における賃金の定めにつき、通常の労働時間の賃金に当たる部分と同条の定める割増賃金に当たる部分とを判別することができるか否か、また、そのような判別をすることができる場合に、本件賃金規則に基づいて割増賃金として支払われた金額が労働基準法37条等に定められた方法により算定した割増賃金の額を下回らないか否かについて審理判断することなく、被上告人らの未払賃金の請求を一部認容すべきとしたものである。そうすると、原審の判断には、割増賃金に関する法令の解釈適用を誤った結果、上記の点について審理を尽くさなかった違法があるといわざるを得ない。

康心会事件

最二小判平 29.7.7 集民 256 号 31 頁（労判 1168 号 49 頁）

（事案）

第 6 章 3 − 4［1］（220 頁）参照。

（判旨）

四　しかしながら、原審の上記判断は是認することができない。その理由は、次のとおりである。

（1）　労働基準法 37 条が時間外労働等について割増賃金を支払うべきことを使用者に義務付けているのは、使用者に割増賃金を支払わせることによって、時間外労働等を抑制し、もって労働時間に関する同法の規定を遵守させるとともに、労働者への補償を行おうとする趣旨によるものであると解される（最高裁昭和 44 年（行ツ）第 26 号同 47 年 4 月 6 日第一小法廷判決・民集 26 巻 3 号 397 頁（注　静岡県高教組事件）参照）。また、割増賃金の算定方法は、同条並びに政令及び厚生労働省令の関係規定（以下、これらの規定を「労働基準法 37 条等」という。）に具体的に定められているところ、同条は、労働基準法 37 条等に定められた方法により算定された額を下回らない額の割増賃金を支払うことを義務付けるにとどまるものと解され、労働者に支払われる基本給や諸手当（以下「基本給等」という。）にあらかじめ含めることにより割増賃金を支払うという方法自体が直ちに同条に反するものではない。

他方において、使用者が労働者に対して労働基準法 37 条の定める割増賃金を支払ったとすることができるか否かを判断するためには、割増賃金として支払われた金額が、通常の労働時間の賃金に相当する部分の金額を基礎として、労働基準法 37 条等に定められた方法により算定した割増賃金の額を下回らないか否かを検討することになるところ、同条の上記趣旨によれば、割増賃金をあらかじめ基本給等に含める方法で支払う場合においては、上記の検討の前提として、労働契約における基本給等の定めにつき、通常の労働時間の賃金に当たる部分と割増賃金に当たる部分とを判別することができることが必要であり（最高裁平成 3 年（オ）第 63 号同 6 年 6 月 13 日第二小法廷判決・裁判集民事 172 号 673 頁（注　高知県観光事件）、最高裁平成 21 年（受）第 1186 号同 24 年 3 月 8 日第一小法廷判決・裁判集民事 240 号 121 頁（注　テックジャパン事件）、最高裁平成 27 年（受）第 1998 号同 29 年 2 月 28 日第三小法廷判決・裁判所時報 1671 号 5 頁（注　国際自動車（第一次）事件）参照）、上記割増賃金に当たる部分の金額が労働基準法 37 条等に定められ

資料　重要判例　403

た方法により算定した割増賃金の額を下回るときは、使用者がその差額を労働者に
支払う義務を負うというべきである。

（2）　前記事実関係等によれば、上告人と被上告人との間においては、本件時間
外規程に基づき支払われるもの以外の時間外労働等に対する割増賃金を年俸
1700万円に含める旨の本件合意がされていたものの、このうち時間外労働等に対す
る割増賃金に当たる部分は明らかにされていなかったというのである。そうすると、本
件合意によっては、上告人に支払われた賃金のうち時間外労働等に対する割増賃
金として支払われた金額を確定することすらできないのであり、上告人に支払われた
年俸について、通常の労働時間の賃金に当たる部分と割増賃金に当たる部分とを
判別することはできない。

したがって、被上告人の上告人に対する年俸の支払により、上告人の時間外労働
及び深夜労働に対する割増賃金が支払われたということはできない。

日本ケミカル事件

最一小判平 30.7.19 集民 259 号 77 頁

（事案）

第6章4－1（238頁）参照。

（判旨）

4　しかしながら、原審の上記判断は是認することができない。その理由は、次の
とおりである。

（1）　労働基準法37条が時間外労働等について割増賃金を支払うべきことを使
用者に義務付けているのは、使用者に割増賃金を支払わせることによって、時間外
労働等を抑制し、もって労働時間に関する同法の規定を遵守させるとともに、労働者
への補償を行おうとする趣旨によるものであると解される（最高裁昭和44年（行ツ）
第26号同47年4月6日第一小法廷判決・民集26巻3号397頁（注　静岡県高
教組事件）、最高裁平成28年（受）第222号同29年7月7日第二小法廷判決・
裁判集民事256号31頁（注　康心会事件）参照）。また、割増賃金の算定方法は、
同条並びに政令及び厚生労働省令の関係規定（以下、これらの規定を「労働基
準法37条等」という。）に具体的に定められているところ、同条は、労働基準法37
条等に定められた方法により算定された額を下回らない額の割増賃金を支払うことを

義務付けるにとどまるものと解され、労働者に支払われる基本給や諸手当にあらかじめ含めることにより割増賃金を支払うという方法自体が直ちに同条に反するものではなく（前掲最高裁第二小法廷判決（注　康心会事件）参照）、使用者は、労働者に対し、雇用契約に基づき、時間外労働等に対する対価として定額の手当を支払うことにより、同条の割増賃金の全部又は一部を支払うことができる。

　そして、雇用契約においてある手当が時間外労働等に対する対価として支払われるものとされているか否かは、雇用契約に係る契約書等の記載内容のほか、具体的事案に応じ、使用者の労働者に対する当該手当や割増賃金に関する説明の内容、労働者の実際の労働時間等の勤務状況などの事情を考慮して判断すべきである。しかし、労働基準法37条や他の労働関係法令が、当該手当の支払によって割増賃金の全部又は一部を支払ったものといえるために、前記3（1）のとおり原審が判示するような事情が認められることを必須のものとしているとは解されない。

　（2）　前記事実関係等によれば、本件雇用契約に係る契約書及び採用条件確認書並びに上告人の賃金規程において、月々支払われる所定賃金のうち業務手当が時間外労働に対する対価として支払われる旨が記載されていたというのである。また、上告人と被上告人以外の各従業員との間で作成された確認書にも、業務手当が時間外労働に対する対価として支払われる旨が記載されていたというのであるから、上告人の賃金体系においては、業務手当が時間外労働等に対する対価として支払われるものと位置付けられていたということができる。さらに、被上告人に支払われた業務手当は、1か月当たりの平均所定労働時間（157.3時間）を基に算定すると、約28時間分の時間外労働に対する割増賃金に相当するものであり、被上告人の実際の時間外労働等の状況（前記2（2））と大きくかい離するものではない。これらによれば、被上告人に支払われた業務手当は、本件雇用契約において、時間外労働等に対する対価として支払われるものとされていたと認められるから、上記業務手当の支払をもって、被上告人の時間外労働等に対する賃金の支払とみることができる。原審が摘示する上告人による労働時間の管理状況等の事情は、以上の判断を妨げるものではない。

　したがって、上記業務手当の支払により被上告人に対して労働基準法37条の割増賃金が支払われたということができないとした原審の判断には、割増賃金に関する法令の解釈適用を誤った違法がある。

国際自動車（第二次）事件

最一小判令 2.3.30 民集 74 巻 3 号 549 頁

（事案）

第6章3－3［1］（217頁）参照。

（判旨）

3　原審は、上記事実関係等の下において、要旨次のとおり判断し、上告人らの請求をいずれも棄却すべきものとした。

タクシー乗務員に支給される賃金として本件賃金規則が定めるもののうち、基本給、服務手当、歩合給（1）及び歩合給（2）が通常の労働時間の賃金に当たる部分となり、割増金を構成する深夜手当、残業手当（法内時間外労働の部分を除く。）及び公出手当（法定外休日労働の部分を除く。）が労働基準法37条の定める割増賃金に当たる部分に該当することになるから、本件賃金規則においては、通常の労働時間の賃金に当たる部分と同条の定める割増賃金に当たる部分とが明確に区分されて定められているということができる。（後略）

4　しかしながら、原審の上記判断は是認することができない。その理由は、次のとおりである。

（1）ア　労働基準法37条が時間外労働等について割増賃金を支払うべきことを使用者に義務付けているのは、使用者に割増賃金を支払わせることによって、時間外労働等を抑制し、もって労働時間に関する同法の規定を遵守させるとともに、労働者への補償を行おうとする趣旨によるものであると解される（最高裁昭和44年（行ツ）第26号同47年4月6日第一小法廷判決・民集26巻3号397頁（注　静岡県高教組事件））、最高裁平成28年（受）第222号同29年7月7日第二小法廷判決・裁判集民事256号31頁（注　康心会事件）、最高裁同年（受）第842号同30年7月19日第一小法廷判決・裁判集民事259号77頁（注　日本ケミカル事件）参照）。また、割増賃金の算定方法は、労働基準法37条等に具体的に定められているが、労働基準法37条は、労働基準法37条等に定められた方法により算定された額を下回らない額の割増賃金を支払うことを義務付けるにとどまるものと解され、使用者が、労働契約に基づき、労働基準法37条等に定められた方法以外の方法により算定される手当を時間外労働等に対する対価として支払うこと自体が直ちに同条に反するものではない（第1次上告審判決、前掲最高裁平成29年7月7日第二小法廷判決（注　康心会事件）、前掲最高裁同30年7月19日第一小法廷判決（注　日本ケミカル事

件）参照）。

　イ　他方において、使用者が労働者に対して労働基準法37条の定める割増賃金を支払ったとすることができるか否かを判断するためには、割増賃金として支払われた金額が、通常の労働時間の賃金に相当する部分の金額を基礎として、労働基準法37条等に定められた方法により算定した割増賃金の額を下回らないか否かを検討することになるところ、その前提として、労働契約における賃金の定めにつき、通常の労働時間の賃金に当たる部分と同条の定める割増賃金に当たる部分とを判別することができることが必要である（最高裁平成3年（オ）第63号同6年6月13日第二小法廷判決・裁判集民事172号673頁（注　高知県観光事件）、最高裁同21年（受）第1186号同24年3月8日第一小法廷判決・裁判集民事240号121頁（注　テックジャパン事件）、第1次上告審判決、前掲最高裁同29年7月7日第二小法廷判決（注　康心会事件）参照）。そして、使用者が、労働契約に基づく特定の手当を支払うことにより労働基準法37条の定める割増賃金を支払ったと主張している場合において、上記の判別をすることができるというためには、当該手当が時間外労働等に対する対価として支払われるものとされていることを要するところ、当該手当がそのような趣旨で支払われるものとされているか否かは、当該労働契約に係る契約書等の記載内容のほか諸般の事情を考慮して判断すべきであり（前掲最高裁平成30年7月19日第一小法廷判決（注　日本ケミカル事件）参照）、その判断に際しては、当該手当の名称や算定方法だけでなく、上記アで説示した同条の趣旨を踏まえ、当該労働契約の定める賃金体系全体における当該手当の位置付け等にも留意して検討しなければならないというべきである。

　（2）ア　被上告人は、上告人らが行った時間外労働等に対する対価として、本件賃金規則に基づく割増金（深夜手当、残業手当及び公出手当）を支払い、これにより労働基準法37条の定める割増賃金を支払ったものであると主張する。そこで、前記（1）で説示したところを前提として、上記主張の当否について検討する。

　前記2（3）ウからキまでのとおり、割増金は、深夜労働、残業及び休日労働の各時間数に応じて支払われることとされる一方で、その金額は、通常の労働時間の賃金である歩合給（1）の算定に当たり対象額Aから控除される数額としても用いられる。対象額Aは、揚高に応じて算出されるものであるところ、この揚高を得るに当たり、タクシー乗務員が時間外労働等を全くしなかった場合には、対象額Aから交通費相当額を控除した額の全部が歩合給（1）となるが、時間外労働等をした場合には、その時間数に応じて割増金が発生し、その一方で、この割増金の額と同じ金額が対象額Aから控除されて、歩合給（1）が減額されることとなる。そして、時間外労働等の

時間数が多くなれば、割増金の額が増え、対象額Aから控除される金額が大きくなる結果として歩合給（1）は0円となることもあり、この場合には、対象額Aから交通費相当額を控除した額の全部が割増金となるというのである。

　本件賃金規則の定める各賃金項目のうち歩合給（1）及び歩合給（2）に係る部分は、出来高払制の賃金、すなわち、揚高に一定の比率を乗ずることなどにより、揚高から一定の経費や使用者の留保分に相当する額を差し引いたものを労働者に分配する賃金であると解されるところ、割増金が時間外労働等に対する対価として支払われるものであるとすれば、割増金の額がそのまま歩合給（1）の減額につながるという上記の仕組みは、当該揚高を得るに当たり生ずる割増賃金をその経費とみた上で、その全額をタクシー乗務員に負担させているに等しいものであって、前記（1）アで説示した労働基準法37条の趣旨に沿うものとはいい難い。また、割増金の額が大きくなり歩合給（1）が0円となる場合には、出来高払制の賃金部分について、割増金のみが支払われることとなるところ、この場合における割増金を時間外労働等に対する対価とみるとすれば、出来高払制の賃金部分につき通常の労働時間の賃金に当たる部分はなく、全てが割増賃金であることとなるが、これは、法定の労働時間を超えた労働に対する割増分として支払われるという労働基準法37条の定める割増賃金の本質から逸脱したものといわざるを得ない。

　イ　結局、本件賃金規則の定める上記の仕組みは、その実質において、出来高払制の下で元来は歩合給（1）として支払うことが予定されている賃金を、時間外労働等がある場合には、その一部につき名目のみを割増金に置き換えて支払うこととするものというべきである（このことは、歩合給対応部分の割増金のほか、同じく対象額Aから控除される基本給対応部分の割増金についても同様である。）。そうすると、本件賃金規則における割増金は、その一部に時間外労働等に対する対価として支払われるものが含まれているとしても、通常の労働時間の賃金である歩合給（1）として支払われるべき部分を相当程度含んでいるものと解さざるを得ない。そして、割増金として支払われる賃金のうちどの部分が時間外労働等に対する対価に当たるかは明らかでないから、本件賃金規則における賃金の定めにつき、通常の労働時間の賃金に当たる部分と労働基準法37条の定める割増賃金に当たる部分とを判別することはできないこととなる。

　したがって、被上告人の上告人らに対する割増金の支払により、労働基準法37条の定める割増賃金が支払われたということはできない。

　ウ　そうすると、本件においては、上記のとおり対象額Aから控除された割増金は、割増賃金に当たらず、通常の労働時間の賃金に当たるものとして、労働基準法37条

等に定められた方法により上告人らに支払われるべき割増賃金の額を算定すべきである。

熊本総合運輸事件

最二小判令5.3.10集民270号77頁（労判1284号5頁）

（事案）

第6章3－6［1］（225頁）参照。

（判旨）

4　しかしながら、原審の上記判断は是認することができない。その理由は、次のとおりである。

（1）　労働基準法37条は、労働基準法37条等に定められた方法により算定された額を下回らない額の割増賃金を支払うことを義務付けるにとどまり、使用者は、労働者に対し、雇用契約に基づき、上記方法以外の方法により算定された手当を時間外労働等に対する対価として支払うことにより、同条の割増賃金を支払うことができる。そして、使用者が労働者に対して同条の割増賃金を支払ったものといえるためには、通常の労働時間の賃金に当たる部分と同条の割増賃金に当たる部分とを判別することができることが必要である。

雇用契約において、ある手当が時間外労働等に対する対価として支払われるものとされているか否かは、雇用契約に係る契約書等の記載内容のほか、具体的事案に応じ、使用者の労働者に対する当該手当等に関する説明の内容、労働者の実際の労働時間等の勤務状況などの諸般の事情を考慮して判断すべきである。その判断に際しては、労働基準法37条が時間外労働等を抑制するとともに労働者への補償を実現しようとする趣旨による規定であることを踏まえた上で、当該手当の名称や算定方法だけでなく、当該雇用契約の定める賃金体系全体における当該手当の位置付け等にも留意して検討しなければならないというべきである（以上につき、最高裁平成29年（受）第842号同30年7月19日第一小法廷判決・裁判集民事259号77頁（注　日本ケミカル事件）、最高裁同年（受）第908号令和2年3月30日第一小法廷判決・民集74巻3号549頁（注　国際自動車（第二次）事件）等参照）。

（2）ア　前記事実関係等によれば、新給与体系の下においては、時間外労働等の有無やその多寡と直接関係なく決定される本件割増賃金の総額のうち、基本給等

資料　重要判例 ｜ 409

を通常の労働時間の賃金として労働基準法37条等に定められた方法により算定された額が本件時間外手当の額となり、その余の額が調整手当の額となるから、本件時間外手当と調整手当とは、前者の額が定まることにより当然に後者の額が定まるという関係にあり、両者が区別されていることについては、本件割増賃金の内訳として計算上区別された数額に、それぞれ名称が付されているという以上の意味を見いだすことができない。

　そうすると、本件時間外手当の支払により労働基準法37条の割増賃金が支払われたものといえるか否かを検討するに当たっては、本件時間外手当と調整手当から成る本件割増賃金が、全体として時間外労働等に対する対価として支払われるものとされているか否かを問題とすべきこととなる。

　イ（ア）　前記事実関係等によれば、被上告人は、労働基準監督署から適正な労働時間の管理を行うよう指導を受けたことを契機として新給与体系を導入するに当たり、賃金総額の算定については従前の取扱いを継続する一方で、旧給与体系の下において自身が通常の労働時間の賃金と位置付けていた基本歩合給の相当部分を新たに調整手当として支給するものとしたということができる。そうすると、旧給与体系の下においては、基本給及び基本歩合給のみが通常の労働時間の賃金であったとしても、上告人に係る通常の労働時間の賃金の額は、新給与体系の下における基本給等及び調整手当の合計に相当する額と大きく変わらない水準、具体的には1時間当たり平均1300〜1400円程度であったことがうかがわれる（第一審判決別紙8参照）。一方、上記のような調整手当の導入の結果、新給与体系の下においては、基本給等のみが通常の労働時間の賃金であり本件割増賃金は時間外労働等に対する対価として支払われるものと仮定すると、上告人に係る通常の労働時間の賃金の額は、前記2（3）の19か月間を通じ、1時間当たり平均約840円となり、旧給与体系の下における水準から大きく減少することとなる。

　また、上告人については、上記19か月間を通じ、1か月当たりの時間外労働等は平均80時間弱であるところ、これを前提として算定される本件時間外手当をも上回る水準の調整手当が支払われていることからすれば、本件割増賃金が時間外労働等に対する対価として支払われるものと仮定すると、実際の勤務状況に照らして想定し難い程度の長時間の時間外労働等を見込んだ過大な割増賃金が支払われる賃金体系が導入されたこととなる。

　しかるところ、新給与体系の導入に当たり、被上告人から上告人を含む労働者に対しては、基本給の増額や調整手当の導入等に関する一応の説明がされたにとどまり、基本歩合給の相当部分を調整手当として支給するものとされたことに伴い上記の

ような変化が生ずることについて、十分な説明がされたともうかがわれない。

（イ）　以上によれば、新給与体系は、その実質において、時間外労働等の有無やその多寡と直接関係なく決定される賃金総額を超えて労働基準法37条の割増賃金が生じないようにすべく、旧給与体系の下においては通常の労働時間の賃金に当たる基本歩合給として支払われていた賃金の一部につき、名目のみを本件割増賃金に置き換えて支払うことを内容とする賃金体系であるというべきである。そうすると、本件割増賃金は、その一部に時間外労働等に対する対価として支払われているものを含むとしても、通常の労働時間の賃金として支払われるべき部分をも相当程度含んでいるものと解さざるを得ない。

ウ　そして、前記事実関係等を総合しても、本件割増賃金のうちどの部分が時間外労働等に対する対価に当たるかが明確になっているといった事情もうかがわれない以上、本件割増賃金につき、通常の労働時間の賃金に当たる部分と労働基準法37条の割増賃金に当たる部分とを判別することはできないこととなるから、被上告人の上告人に対する本件割増賃金の支払により、同条の割増賃金が支払われたものということはできない。

エ　したがって、被上告人の上告人に対する本件時間外手当の支払により労働基準法37条の割増賃金が支払われたものとした原審の判断には、割増賃金に関する法令の解釈適用を誤った違法がある。

判例等索引

最高裁判所

細谷服装事件・最二小判昭 35.3.11 民集 14 巻 3 号 403 頁　　381

最一小判昭 43.12.19 集民 93 号 713 頁　　**381**

静岡県高教組事件・最一小判昭 47.4.6 民集 26 巻 3 号 397 頁　　403、404、406

シンガー・ソーイング・メシーン事件・最二小判昭 48.1.19 民集 27 巻 1 号 27 頁（判時 695 号 107 頁）　　400

江東ダイハツ自動車事件・最一小判昭 50.7.17 集民 115 号 525 頁　　381

新井工務店事件・最二小判昭 51.7.9 集民 118 号 249 頁　　381

大日本印刷事件・最二小判昭 54.7.20 民集 33 巻 5 号 582 頁（判時 938 号 3 頁）　　181

住友化学工業事件・最三小判昭 54.11.13 判タ 402 号 64 頁　　81

小里機材事件・最一小判昭 63.7.14 労判 523 号 6 頁　　172、194、291、297

日立製作所武蔵工場事件・最一小判平 3.11.28 民集 45 巻 8 号 1270 頁　　42、267

高知県観光事件・最二小判平 6.6.13 集民 172 号 673 頁（労判 653 号 12 頁）　　67、88、214、219、308、311、319、322、382、395、400、402、403、407

三菱重工長崎造船所（会社上告）事件・最一小判平 12.3.9 民集 54 巻 3 号 801 頁（労判 778 号 11 頁）　　66、68、73、78、82、396

電通事件・最二小判平 12.3.24 民集 54 巻 3 号 1155 頁（労判 779 号 13 頁）　　67

トーコロ事件・最二小判平 13.6.22 労判 808 号 11 頁　　347

大星ビル管理事件・最一小判平 14.2.28 民集 56 巻 2 号 361 頁（労判 822 号 5 頁）　　53、71、82、128、210、325、326、341、396

大林ファシリティーズ（オークビルサービス）事件・最二小判平 19.10.19 民集 61 巻 7 号 2555 頁（労判 946 号 31 頁）　　68、71、82

ことぶき事件・最二小判平 21.12.18 集民 232 号 825 頁　　221、365

テックジャパン事件・最一小判平 24.3.8 集民 240 号 121 頁（労判 1060 号 5 頁）　　215、216、219、243、248、286、323、324、328、399、402、403、407

阪急トラベルサポート（第 2）事件・最二小判平 26.1.24 労判 1088 号 5 頁　　92、350、354

ホッタ晴信堂薬局（甲野堂薬局）事件・最一小判平 26.3.6 判時 2219 号 136 頁　　381、383、384

最三小決平 27.5.19 民集 69 巻 4 号 635 頁（判時 2270 号 128 頁）　　379

山梨県民信用組合事件・最二小判平 28.2.19 労判 1136 号 6 頁　　123

国際自動車（第一次）事件・最三小判平 29.2.28 集民 255 号 1 頁　　58、202、217、219、222、233、235、244、270、271、274、310、314-317、320、323、325、326、327、401、403

康心会事件・最二小判平 29.7.7 集民 256 号 31 頁（労判 1168 号 49 頁）　34、44、61、
220-222、232、233、235、243、272、403、404、406、407

長澤運輸事件・最二小判平 30.6.1 民集 72 巻 2 号 202 頁労判 1179 号 34 頁　194

日本ケミカル事件・最一小判平 30.7.19 集民 259 号 77 頁　228、238、243-245、247、
248、249、303、304、308、380、404、406、407、409

イクヌーザ事件・最二小決令元 .6.21 判判 1202 号 192 頁　271

国際自動車（第二次）事件・最一小判令 2.3.30 民集 74 巻 3 号 549 頁　60、202、207、
208、217、219、222-224、230、231、245、272、274、306-308、310、313-317、320、
323、324、326、406、409

熊本総合運輸事件・最二小判令 5.4.10 集民 270 号 77 頁（労判 1284 号 5 頁）　124、125、
225、231、235、247、249、273、290、296、302、325、409

協同組合グローブ事件・最三小判令 6.4.16 労判 1309 号 5 頁　351

高等裁判所

住友化学工業事件・名古屋高判昭 53.3.30 労判 299 号 17 頁　81

小里機材事件・東京高判昭 62.11.30 労判 523 号 14 頁　172、194、291、297、321

京都福田事件・大阪高判平元 .2.21 判判 538 号 63 頁　295

関西ソニー販売事件・大阪高判平元 .9.29 労旬 824 号 56 頁　298

近畿保安警備事件・大阪高判平 2.7.31 労判 575 号 53 頁　373

大星ビル管理事件・東京高判平 8.12.5 判判 706 号 26 頁　71

三晃印刷事件・東京高判平 10.9.16 労判 749 号 22 頁　173

徳島南海タクシー事件・高松高判平 11.7.19 労判 775 号 15 頁　308

ユニ・フレックス事件・東京高判平 11.8.17 労判 772 号 35 頁　300

日新火災海上保険事件・東京高判平 12.4.19 労判 787 号 35 頁　197

日本コンベンションサービス事件・大阪高判平 12.6.30 労判 792 号 103 頁　90

更生会社三井埠頭事件・東京高判平 12.12.27 労判 809 号 82 頁　123

京都銀行事件・大阪高判平 13.6.28 労判 811 号 5 頁　74

岩手第一事件・仙台高判平 13.8.29 労判 810 号 11 頁　342

関西医科大学研修医（未払賃金）事件・大阪高判平 14.5.9 労判 831 号 28 頁　97

JR 西日本（広島支社）事件・広島高判平 14.6.25 労判 835 号 43 頁　341、346

神代学園ミューズ音楽院事件・東京高判平 17.3.30 労判 905 号 72 頁　69

ゴムノナイキ事件・大阪高判平 17.12.1 労判 933 号 69 頁　90

藤沢薬品工業（賃金台帳等文書提出命令）事件・大阪高決平 17.4.12 労判 894 号 14 頁
178

ビル代行事件・東京高判平 17.7.20 判タ 1206 号 207 頁　71

石山（賃金台帳提出命令）事件・東京高決平 17.12.28 労判 915 号 107 頁　178

杉本商事事件・広島高判平 19.9.4 労判 952 号 33 頁　　384、385

タマ・ミルキーウェイ事件・東京高判平 20.3.27 労判 974 号 90 頁　　255

ことぶき事件・東京高判平 20.11.11 労判 1000 号 10 頁　　365

ハヤシ事件・福岡高判平 21.1.30 判時 2054 号 88 頁　　371

東和システム事件・東京高判平 21.12.25 労判 998 号 5 頁　　300

奈良県（医師時間外手当）事件・大阪高判平 22.11.16 労判 1026 号 144 頁　　85、197、
374

阪急ラベルサポート（第 1）事件・東京高判平 23.9.14 労判 1036 号 14 頁　　92

三和交通事件・札幌高判平 24.2.16 労判 1123 号 121 頁　　308

エーディーディー事件・大阪高判平 24.7.27 労判 1062 号 63 頁　　356、361、362

ザ・ウィンザー・ホテルズインターナショナル事件・札幌高判平 24.10.19 労判 1064 号 37 頁
124、125、269

オリエンタルモーター（割増賃金）事件・東京高判平 25.11.21 労判 1086 号 52 頁　　91

レガシィほか 1 社事件・東京高判平 26.2.27 労判 1086 号 5 頁　　362

マーケティングインフォメーションコミュニティ事件・東京高判平 26.11.26 労判 1110 号 46 頁
270、297

国際自動車（第一次）事件・東京高判平 27.7.16 労判 1132 号 82 頁　　202、217、219、
323

富士運輸（割増賃金）事件・東京高判平 27.12.24 労判 1137 号 42 頁　　281

コロワイド MD（旧コロワイド東日本）事件・東京高判平 28.1.27 労判 1171 号 76 頁　　303

類設計室事件・大阪高判平 28.7.2D1-LAWID：28251647　　195、200、332

長澤運輸事件・東京高判平 28.11.2 労判 1144 号 16 頁　　194

日本ケミカル事件・東京高判平 29.2.1 労旬 1922 号 73 頁　　238

鳥伸事件・大阪高判平 29.3.3 労判 1155 号 5 頁　　290、376

ジャパンレンタカー事件・名古屋高判平 29.5.18 労判 1160 号 5 頁　　124、291、342

川崎陸送事件・東京高判平 29.11.16D1-Law.com 判例体系（28254740）　　257

国際自動車（第二次）事件・東京高判平 30.2.15 労判 1173 号 34 頁　　202、224、323、
324

康心会事件・東京高判平 30.2.22 労判 1181 号 11 頁　　44、61、220、223、224

ケンタープライズ事件・名古屋高判平 30.4.18 労判 1186 号 20 頁　　297

シンワ運輸東京事件・東京高判平 30.5.9 労経速 2350 号 30 頁　　309

ナック事件・東京高判平 30.6.21 労経速 2345 号 3 頁　　354

クロスインデックス事件・東京高判平 30.8.23 判例集未登載　　70、83

カミコウバス事件・東京高判平 30.8.29 労判 1213 号 60 頁　　81

イクヌーザ事件・東京高判平 30.10.4 労判 1190 号 5 頁　　271

コナミスポーツクラブ事件・東京高判平 30.11.22 判時 2429 号 90 頁　　370

コーダ・ジャパン事件・東京高判平 31.3.14 労判 1218 号 49 頁　　259

結婚式場運営会社A事件・東京高判平 31.3.28 労判 1204 号 31 頁　　304

洛陽交運事件・大阪高判平 31.4.11 労判 1212 号 24 頁　　197、294、310

大島産業ほか（第 2）事件・福岡高判令元 .6.27 労判 1212 号 5 頁　　195、260

サン・サービス事件・名古屋高判令 2.2.27 労判 1224 号 42 頁　　195、197

北九州市・市交通局（市営バス運転手）事件・福岡高判令 2.9.17 労経速 2435 号 3 頁
　　73

トールエクスプレスジャパン事件・大阪高判令 3.2.25 労判 1239 号 5 頁　　307、313、314、
　　317、326、327

学校法人宮崎学園事件・福岡高宮崎支判令 3.12.8 労判 1284 号 78 頁　　371

システムメンテナンス事件・札幌高判令 4.2.25 労判 1267 号 36 頁　　85

協同組合グローブ事件・東京高判令 4.11.10 労判 1309 号 23 頁　　352

セルトリオン・ヘルスケア・ジャパン事件・東京高判令 4.11.16 労判 1288 号 81 頁　　355

そらふね元代表取締役事件・名古屋高金沢支判令 5.2.22 労判 1294 号 39 頁　　386

日本マクドナルド事件・名古屋高判令 5.6.22 労経速 2531 号 27 頁　　342

サカイ引越センター事件・東京高判令 6.5.15 判例集未登載　　253、258

社会福祉法人さざんか会事件・東京高判令 6.7.6 判例集未登載　　130

地方裁判所

橘屋割増賃金請求事件・大阪地判昭 40.5.22 労民集 16 巻 3 号 371 頁　　137

検数協会名古屋事件・名古屋地判昭 40.10.18 判時 453 号 75 頁　　375

合同タクシー事件・福岡地小倉支判昭 42.3.24 労民集 18 巻 2 号 210 頁　　137、308

牡丹湯事件・神戸地姫路支判昭 45.1.29 労民集 21 巻 1 号 93 頁　　137

日本工業検査事件・横浜地川崎支決昭 49.1.26 労判 194 号 37 頁　　75

住友化学工業事件・名古屋地判昭 50.12.5 労判 242 号 25 頁　　81

すし処「杉」事件・大阪地判昭 56.3.24 労経速 1091 号 3 頁　　73

八尾自動車興産事件・大阪地判昭 58.2.14 労判 405 号 64 頁　　74

朝日急配事件・名古屋地判昭 58.3.25 労判 411 号 76 頁　　255、282、320

立正運送事件・大阪地判昭 58.8.30 労判 416 号 40 頁　　251、281、282

小里機材事件・東京地判昭 62.1.30 労判 523 号 10 頁　　172、194、291、297、320

三好屋商店事件・東京地判昭 63.5.27 労判 519 号 59 頁　　292

関西ソニー販売事件・大阪地判昭 63.10.26 労判 530 号 40 頁　　298

近畿保安警備事件・大阪地判平元 .2.20 判タ 713 号 165 頁　　373

高知県観光事件・高知地判平元 .8.10 労判 564 号 90 頁　　89

ブラザー陸運事件・名古屋地判平 3.3.29 労判 588 号 30 頁　　197、256

名鉄運輸事件・名古屋地判平 3.9.6 労判 610 号 79 頁　　221、256

大星ビル管理事件・東京地判平 5.6.17 労判 629 号 10 頁　　71

池中運送事件・大阪地判平 5.7.28 労判 642 号 47 頁　　288

電通事件・東京地判平 8.3.28 労判 692 号 13 頁　　93

城南タクシー事件・徳島地判平 8.3.29 労判 702 号 64 頁　　308

共立メンテナンス事件・大阪地判平 8.10.2 労判 706 号 45 頁　　248、281、373、376

三晃印刷事件・東京地判平 9.3.13 労判 714 号 21 頁　　173

共同運輸（割増賃金）事件・大阪地判平 9.12.24 労判 1137 号 42 頁　　282

ユニ・フレックス事件・東京地判平 10.6.5 労判 748 号 117 頁　　300

千里山生活協同組合事件・大阪地判平 11.5.31 労判 772 号 60 頁　　200、295

日本セキュリティシステム事件・長野地佐久支判平 11.7.14 労判 770 号 98 頁　　172

最上建設事件・東京地判平 12.2.23 労判 784 号 58 頁　　152

シーエーアイ事件・東京地判平 12.2.8 労判 787 号 58 頁　　358

JR 東事件・東京地判平 12.4.27 判時 1723 号 23 頁　　346

キャスコ事件・大阪地判平 12.4.28 労判 787 号 30 頁　　295

エスエイロジテム（時間外割増賃金）事件・東京地判平 12.11.24 労判 802 号 45 頁　　135、295

関西千歳サービス事件・大阪地判平 13.9.28 労経速 1786 号 22 頁　　374

松山石油事件・大阪地判平 13.10.19 労判 820 号 15 頁　　384

東建ジオテック事件・東京地判平 14.3.28 労判 827 号 74 頁　　292

システムワークス事件・大阪地判平 14.10.25 労判 844 号 79 頁　　196、201

ジャパンネットワークサービス事件・東京地判平 14.11.11 労判 843 号 27 頁　　96

技研製作所ほか 1 社事件・東京地判平 15.5.19 労判 852 号 86 頁　　87

青梅市（庁舎管理業務員）事件・東京地八王子支判平 16.6.28 労判 879 号 50 頁　　374

かんでんエンジニアリング事件・大阪地判平 16.10.22 労経速 1896 号 3 頁　　96

東京地判平 17.4.11 判例秘書、ウエストロージャパン掲載　　88

オンテック・サカイ創建事件・名古屋地判平 17.8.5 労判 902 号 72 頁　　295

コミネコミュニケーションズ事件・東京地判平 17.9.30 労経速 1916 号 11 頁　　295、308

ピーエムコンサルタント（契約社員年俸制）事件・大阪地判平 17.10.6 労判 907 号 5 頁　　69、93

ダイヤモンド・ピー・アール・センター事件・東京地判平 17.10.21 労経速 1918 号 25 頁　　340

クアトロ（ガソリンスタンド）事件・東京地判平 17.11.11 労判 908 号 37 頁　　80

丸一運輸（割増賃金）事件・東京地判平 18.1.27 労判 914 号 49 頁　　256

新日本管財事件・東京地判平 18.2.3 判時 1926 号 141 頁　　71

岡部製作所事件・東京地判平 18.5.26 労判 918 号 5 頁　　195

ドワンゴ事件・京都地判平 18.5.29 労判 920 号 57 頁　　358

大虎運輸事件・大阪地判平 18.6.15 労判 924 号 72 頁　　95、308

千代田ビル管財事件・東京地判平 18.7.26 労判 923 号 25 頁　　221

昭和観光事件・大阪地判平 18.10.6 労判 930 号 43 頁　　83

PE&HR 事件・東京地判平 18.11.10 労判 931 号 65 頁　　94

セントラル・パーク事件・岡山地判平 19.3.27 労判 941 号 23 頁　　93

杉本商事事件・広島地判平 19.3.30 労判 952 号 43 頁　　385

姪浜タクシー事件・福岡地判平 19.4.26 労判 948 号 41 頁　　370

山本デザイン事務所事件・東京地判平 19.6.15 労判 944 号 42 頁　　87、124、287

三英冷熱工業事件・東京地判平 19.8.24 労判 944 号 87 頁　　96

トップ（カレーハウスココ壱番屋店長）事件・大阪地判平 19.10.25 労判 953 号 27 頁　　93

オフィステン事件・大阪地判平 19.11.29 労判 956 号 16 頁　　90、93

国・豊田労基署長（トヨタ自動車）事件・名古屋地判平 19.11.30 労判 951 号 11 頁　　75

日本マクドナルド事件・東京地判平 20.1.28 判時 1998 号 149 頁　　370

総設事件・東京地判平 20.2.22 労判 966 号 51 頁　　76

日本ファースト証券事件・大阪地判平 20.2.8 労経速 1998 号 3 頁　　370

ことぶき事件・横浜地判平 20.3.27 労判 1000 号 17 頁　　365

ゲートウェイ 21 事件・東京地判平 20.9.30 労判 977 号 74 頁　　94

アップガレージ事件・東京地判平 20.10.7 労経速 2020 号 13 頁　　295

東和システム事件・東京地判平 21.3.9 労判 981 号 21 頁　　300

淀川海運事件・東京地判平 21.3.16 労判 988 号 66 頁　　197

SF コーポレーション事件・東京地判平 21.3.27 労経速 2042 号 26 頁　　252

トムの庭事件・東京地判平 21.4.16 労判 985 号 42 頁　　97

京電工事件・仙台地判平 21.4.23 労判 988 号 53 頁　　87

シン・コーポレーション事件・大阪地判平 21.6.12 労判 988 号 28 頁　　92

学樹社事件・横浜地判平 21.7.23 判時 2056 号 156 頁　　196

ディバイスリレーションズ事件・京都地判平 21.9.17 労判 994 号 89 頁　　92、385

大阪エムケイ事件・大阪地判平 21.9.24 労判 994 号 20 頁　　257

ボス事件・東京地判平 21.10.21 労判 1000 号 65 頁　　91

康正産業事件・鹿児島地判平 22.2.16 労判 1004 号 77 頁　　93

日本レストランシステム事件・東京地判平 22.4.7 判時 2118 号 142 頁　　343

NTT 西日本ほか（全社員販売等）事件・大阪地判平 22.4.23 労判 1009 号 31 頁　　96

大庄ほか事件・京都地判平 22.5.25 労判 1011 号 35 頁　　98

医療法人大生会事件・大阪地判平 22.7.15 労判 1014 号 35 頁　　98

医療法人大寿会（割増賃金）事件・大阪地判平 22.7.15 労判 1023 号 70 頁　　288

デンタルリサーチ社事件・東京地判平 22.9.7 労判 1020 号 66 頁　　69、195、196

類設計室事件・大阪地判平 22.10.29 労判 1021 号 21 頁　　87

学校法人関西学園事件・岡山地判平 23.1.21 労判 1025 号 47 頁　　340

ヤマト運輸（業務インセンティブ・控除措置）事件・大津地判平 23.1.27 労判 1035 号 150 頁　　255、317

ココロプロジェクト事件・東京地判平 23.3.23 労判 1029 号 18 頁　　94

十象舎事件・東京地判平 23.9.9 労判 1038 号 53 頁　　94

スタジオツインク事件・東京地判平 23.10.25 労判 1041 号 62 頁　　88、195、196

国・大阪中央労基署長（ノキア・ジャパン）事件・大阪地判平 23.10.26 労判 1043 号 67 頁　　75

中央タクシー（未払賃金）事件・大分地判平 23.11.30 労判 1043 号 54 頁　　73

HSBC サービシーズ・ジャパン・リミテッド（賃金等請求）事件・東京地判平 23.12.27 労判 1044 号 5 頁　　97

NEXX 事件・東京地判平 24.2.27 労判 1048 号 72 頁　　123

セントラルスポーツ事件・京都地判平 24.4.17 労判 1058 号 69 頁　　370

ピュアルネッサンス事件・東京地判平 24.5.16 労判 1057 号 96 頁　　371

コアズ事件・東京地判平 24.7.17 労判 1057 号 38 頁　　123

ロア・アドバタイジング事件・東京地判平 24.7.27 労判 1059 号 26 頁　　196、197

アクティリンク事件・東京地判平 24.8.28 労判 1058 号 5 頁　　74、95、97、196、296

VESTA 事件・東京地判平 24.8.30 労判 1059 号 91 頁　　371

ワークフロンティア事件・東京地判平 24.9.4 労判 1063 号 65 頁　　124、125、302

朝日交通事件・札幌地判平 24.9.28 労判 1073 号 86 頁　　313

トレーダー愛事件・京都地判平 24.10.16 判タ 1395 号 140 頁　　230、248、296

プロッズ事件・東京地判平 24.12.27 労判 1069 号 21 頁　　87、91

イーライフ事件・東京地判平 25.2.28 労判 1074 号 47 頁　　90、295、296

O 社事件・神戸地判平 25.3.13 労判 1076 号 72 頁　　91

北港観光バス（賃金減額）事件・大阪地判平 25.4.19 労判 1076 号 37 頁　　282

ヒロセ電機（残業代等請求）事件・東京地判平 25.5.22 労判 1095 号 63 頁　　91

木下工務店事件・東京地判平 25.6.26D1-LAWID:29028541　　250

キュリオステーション事件・東京地判平 25.7.17 労判 1081 号 5 頁　　196

金本運送（割増賃金）事件・大阪地判平 25.10.17 労判 1088 号 79 頁　　73

東名運輸事件・東京地判平 25.10.1 労判 1087 号 56 頁　　257

医療法人社団明芳会（R 病院）事件・東京地判平 26.3.26 労判 1095 号 5 頁　　84

418

DIPS（旧アクティリンク）事件・東京地判平 26.4.4 労判 1094 号 5 頁　　296

田口運送事件・横浜地相模原支判平 26.4.24 判時 2233 号 141 頁　　73、282

泉レストラン事件・東京地判平 26.8.26 労判 1103 号 86 頁　　303

スロー・ライフ事件・金沢地判平 26.9.30 労判 1107 号 79 頁　　87

国際自動車（第一次）事件・東京地判平 27.1.28 労判 1114 号 35 頁　　202、217、323

フューチャーインフィニティ事件・大阪地判平 27.2.20 労働判例ジャーナル 39 号 27 頁　　358

農事組合法人乙山農場ほか事件・千葉地八日市場支判平 27.2.27 判時 1118 号 43 頁　　372

北九州市・交通局（市営バス運転手）事件・福岡地判平 27.5.20 労判 1124 号 23 頁　　73

類設計室事件・京都地判平 27.7.31 労判 1128 号 52 頁　　332

穂波事件・岐阜地判平 27.10.22 労判 1127 号 29 頁　　269、270

バッファロー事件・東京地判平 27.12.11 判時 2310 号 139 頁　　341、342

ナカヤマ事件・福井地判平 28.1.15 判時 2306 号 127 頁　　83

シンワ運輸東京事件・東京地判平 28.2.19 労判 1136 号 58 頁　　308

廣記商行事件・京都地判平 28.3.4 労判 1149 号 91 頁　　281

日本ケミカル事件・東京地立川支判平 28.3.29 労旬 1922 号 77 頁　　238

長澤運輸事件・東京地判平 28.5.13 労判 1135 号 11 頁　　194

無洲事件・東京地判平 28.5.30 労判 1149 号 72 頁　　138、269、270

日本総業事件・東京地判平 28.9.16 労判 1168 号 99 頁　　343

福星堂事件・神戸地姫路支判平 28.9.29 労経速 2303 号 3 頁　　77

鳥伸事件・京都地判平 28.9.30 労判 1155 号 12 頁　　293

損保ジャパン日本興亜（付加金支払請求異議）事件・東京地判平 28.10.14 労判 1157 号 59 頁　　384

リームエクスチェンジ事件・東京地判平 28.12.28 労判 1161 号 66 頁　　83

竹屋ほか事件・津地判平 29.1.30 労判 1160 号 72 頁　　95

福祉事業者A苑事件・京都地判平 29.3.30 労判 1164 号 44 頁　　289

乙山彩色工房事件・京都地判平 29.4.27 労判 1168 号 80 頁　　356、358

イオンディライトセキュリティ事件・千葉地判平 29.5.17 労判 1161 号 5 頁　　81

神戸地明石支判平 29.8.25 判タ 1447 号 139 頁　　295

グレースウィット事件・東京地判平 29.8.25 判タ 1461 号 216 頁　　294

サンフリード事件・長崎地判平 29.9.14 労判 1173 号 51 頁　　124、348

泉レストラン事件・東京地判平 29.9.26 労経速 2333 号 23 頁　　302

マンボー事件・東京地判平 29.10.11 労経速 2332 号 30 頁　　293

シンワ運輸東京事件・東京地判平 29.11.29 労経速 2339 号 11 頁　　309

インサイド・アウト事件・東京地判平 30.10.16 判タ 1475 号 133 頁　　363

大島産業ほか（第 2）事件・福岡地判平 30.11.16 労判 1212 号 12 頁　　195、260

クロスインデックス事件・東京地判平 30.3.28 労経速 2357 号 14 頁　　70

PMK メディカルラボ事件・東京地判平 30.4.18 労判 1190 号 39 頁　　237、293

ビーダッシュ事件・東京地判平 30.5.30 労経速 2360 号 21 頁　　124

一心屋事件・東京地判平 30.7.27 労判 1213 号 72 頁　　195

日産自動車（管理監督者性）事件・横浜地判平 31.3.26 労判 1208 号 46 頁　　370

国・茂原労働基準監督署長（株式会社まつり）事件・東京地判平 31.4.26 判タ 1468 号
　153 頁　　296

しんわコンビ事件・横浜地判令元 .6.27 労判 1216 号 38 頁　　137

神栄不動産ビジネス事件・東京地判令元 .7.24 判タ 1481 号 198 頁　　342

狩野ジャパン事件・長崎地大村支判令元 .9.26 労判 1217 号 56 頁　　295

アートコーポレーションほか事件・横浜地判令 2.6.25 労判 1230 号 36 頁　　74

KAZ 事件・大阪地判令 2.11.27 労判 1248 号 76 頁　　305

ダイレックス事件・長崎地判令 3.2.26 判時 2513 号 63 頁　　343

株式会社浜田事件・大阪地堺支判令 3.12.27 労判 1267 号 60 頁　　307

国・所沢労働基準監督署長（埼九運輸）事件・東京地判令 4.1.18 判時 2563 号 73 頁
　250、297

地家屋調査士法人ハル登記測量事務所事件・東京地判令 4.3.23 労経速 2490 号 19 頁
　371

社会福祉法人セヴァ福祉会事件・京都地判令 4.5.11 労判 1268 号 2 頁　　343

日本マクドナルド事件・名古屋地判令 4.10.26 労経速 2506 号 3 頁　　342

国・渋谷労働基準監督署長（カスタマーズディライト）事件・東京地判令 5.1.26 労判 1307 号
　5 頁　　295

染谷梱包事件・東京地判令 5.3.29 労経速 2536 号 28 頁　　295

社会福祉法人さざんか会事件・千葉地判令 5.6.9 労判 1299 号 29 頁　　130

サカイ引越センター事件・東京地立川支判令 5.8.9 労判 1305 号 5 頁　　253、258

松山大学事件・松山地判令 5.12.20 労経速 2544 号 3 頁　　347

労働基準法

（定義）

第11条　この法律で賃金とは、賃金、給料、手当、賞与その他名称の如何を問わず、労働の対償として使用者が労働者に支払うすべてのものをいう。

（この法律違反の契約）

第13条　この法律で定める基準に達しない労働条件を定める労働契約は、その部分については無効とする。この場合において、無効となつた部分は、この法律で定める基準による。

（賃金の支払）

第24条　賃金は、通貨で、直接労働者に、その全額を支払わなければならない。ただし、法令若しくは労働協約に別段の定めがある場合又は厚生労働省令で定める賃金について確実な支払の方法で厚生労働省令で定めるものによる場合においては、通貨以外のもので支払い、また、法令に別段の定めがある場合又は当該事業場の労働者の過半数で組織する労働組合があるときはその労働組合、労働者の過半数で組織する労働組合がないときは労働者の過半数を代表する者との書面による協定がある場合においては、賃金の一部を控除して支払うことができる。

②　賃金は、毎月1回以上、一定の期日を定めて支払わなければならない。ただし、臨時に支払われる賃金、賞与その他これに準ずるもので厚生労働省令で定める賃金（第89条において「臨時の賃金等」という。）については、この限りでない。

（出来高払制の保障給）

第27条　出来高払制その他の請負制で使用する労働者については、使用者は、労働時間に応じ一定額の賃金の保障をしなければならない。

（災害等による臨時の必要がある場合の時間外労働等）

第33条　災害その他避けることのできない事由によつて、臨時の必要がある場合においては、使用者は、行政官庁の許可を受けて、その必要の限度において第32条から前条まで若しくは第40条の労働時間を延長し、又は第35条の休日に労働させることができる。ただし、事態急迫のために行政官庁の許可を受ける暇がない場合においては、事後に遅滞なく届け出なければならない。

②　前項ただし書の規定による届出があつた場合において、行政官庁がその労働時間の延長又は休日の労働を不適当と認めるときは、その後にその時間に相当する休憩又は休日を与えるべきことを、命ずることができる。

③　公務のために臨時の必要がある場合においては、第1項の規定にかかわらず、

官公署の事業（別表第1に掲げる事業を除く。）に従事する国家公務員及び地方公務員については、第32条から前条まで若しくは第40条の労働時間を延長し、又は第35条の休日に労働させることができる。

（休憩）

第34条　使用者は、労働時間が6時間を超える場合においては少くとも45分、8時間を超える場合においては少くとも1時間の休憩時間を労働時間の途中に与えなければならない。

②　前項の休憩時間は、一斉に与えなければならない。ただし、当該事業場に、労働者の過半数で組織する労働組合がある場合においてはその労働組合、労働者の過半数で組織する労働組合がない場合においては労働者の過半数を代表する者との書面による協定があるときは、この限りでない。

③　使用者は、第1項の休憩時間を自由に利用させなければならない。

（休日）

第35条　使用者は、労働者に対して、毎週少くとも1回の休日を与えなければならない。

②　前項の規定は、4週間を通じ4日以上の休日を与える使用者については適用しない。

（時間外及び休日の労働）

第36条　使用者は、当該事業場に、労働者の過半数で組織する労働組合がある場合においてはその労働組合、労働者の過半数で組織する労働組合がない場合においては労働者の過半数を代表する者との書面による協定をし、厚生労働省令で定めるところによりこれを行政官庁に届け出た場合においては、第32条から第32条の5まで若しくは第40条の労働時間（以下この条において「労働時間」という。）又は前条の休日（以下この条において「休日」という。）に関する規定にかかわらず、その協定で定めるところによつて労働時間を延長し、又は休日に労働させることができる。

②　前項の協定においては、次に掲げる事項を定めるものとする。

　一　この条の規定により労働時間を延長し、又は休日に労働させることができることとされる労働者の範囲

　二　対象期間（この条の規定により労働時間を延長し、又は休日に労働させることができる期間をいい、1年間に限るものとする。第4号及び第6項第3号において同じ。）

　三　労働時間を延長し、又は休日に労働させることができる場合

　四　対象期間における1日、1箇月及び1年のそれぞれの期間について労働時間

を延長して労働させることができる時間又は労働させることができる休日の日数

　五　労働時間の延長及び休日の労働を適正なものとするために必要な事項として厚生労働省令で定める事項

③　前項第4号の労働時間を延長して労働させることができる時間は、当該事業場の業務量、時間外労働の動向その他の事情を考慮して通常予見される時間外労働の範囲内において、限度時間を超えない時間に限る。

④　前項の限度時間は、1箇月について45時間及び1年について630時間（第32条の4第1項第2号の対象期間として3箇月を超える期間を定めて同条の規定により労働させる場合にあつては、1箇月について42時間及び1年について320時間）とする。

⑤　第1項の協定においては、第2項各号に掲げるもののほか、当該事業場における通常予見することのできない業務量の大幅な増加等に伴い臨時的に第3項の限度時間を超えて労働させる必要がある場合において、1箇月について労働時間を延長して労働させ、及び休日において労働させることができる時間（第2項第4号に関して協定した時間を含め100時間未満の範囲内に限る。）並びに1年について労働時間を延長して労働させることができる時間（同号に関して協定した時間を含め720時間を超えない範囲内に限る。）を定めることができる。この場合において、第1項の協定に、併せて第2項第2号の対象期間において労働時間を延長して労働させる時間が1箇月について45時間（第32条の4第1項第2号の対象期間として3箇月を超える期間を定めて同条の規定により労働させる場合にあつては、1箇月について42時間）を超えることができる月数（1年について6箇月以内に限る。）を定めなければならない。

⑥　使用者は、第1項の協定で定めるところによつて労働時間を延長して労働させ、又は休日において労働させる場合であつても、次の各号に掲げる時間について、当該各号に定める要件を満たすものとしなければならない。

　一　坑内労働その他厚生労働省令で定める健康上特に有害な業務について、1日について労働時間を延長して労働させた時間　2時間を超えないこと。

　二　1箇月について労働時間を延長して労働させ、及び休日において労働させた時間　100時間未満であること。

　三　対象期間の初日から1箇月ごとに区分した各期間に当該各期間の直前の1箇月、2箇月、3箇月、4箇月及び5箇月の期間を加えたそれぞれの期間における労働時間を延長して労働させ、及び休日において労働させた時間の1箇月当たりの平均時間　80時間を超えないこと。

⑦　厚生労働大臣は、労働時間の延長及び休日の労働を適正なものとするため、

資料　関連条文　423

第1項の協定で定める労働時間の延長及び休日の労働について留意すべき事項、当該労働時間の延長に係る割増賃金の率その他の必要な事項について、労働者の健康、福祉、時間外労働の動向その他の事情を考慮して指針を定めることができる。

⑧　第1項の協定をする使用者及び労働組合又は労働者の過半数を代表する者は、当該協定で労働時間の延長及び休日の労働を定めるに当たり、当該協定の内容が前項の指針に適合したものとなるようにしなければならない。

⑨　行政官庁は、第7項の指針に関し、第1項の協定をする使用者及び労働組合又は労働者の過半数を代表する者に対し、必要な助言及び指導を行うことができる。

⑩　前項の助言及び指導を行うに当たつては、労働者の健康が確保されるよう特に配慮しなければならない。

⑪　第3項から第5項まで及び第6項（第2号及び第3号に係る部分に限る。）の規定は、新たな技術、商品又は役務の研究開発に係る業務については適用しない。

（時間外、休日及び深夜の割増賃金）

第37条　使用者が、第33条又は前条第1項の規定により労働時間を延長し、又は休日に労働させた場合においては、その時間又はその日の労働については、通常の労働時間又は労働日の賃金の計算額の2割5分以上5割以下の範囲内でそれぞれ政令で定める率以上の率で計算した割増賃金を支払わなければならない。

　　ただし、当該延長して労働させた時間が1箇月について60時間を超えた場合においては、その超えた時間の労働については、通常の労働時間の賃金の計算額の5割以上の率で計算した割増賃金を支払わなければならない。

②　前項の政令は、労働者の福祉、時間外又は休日の労働の動向その他の事情を考慮して定めるものとする。

③　使用者が、当該事業場に、労働者の過半数で組織する労働組合があるときはその労働組合、労働者の過半数で組織する労働組合がないときは労働者の過半数を代表する者との書面による協定により、第一項ただし書の規定により割増賃金を支払うべき労働者に対して、当該割増賃金の支払に代えて、通常の労働時間の賃金が支払われる休暇（第39条の規定による有給休暇を除く。）を厚生労働省令で定めるところにより与えることを定めた場合において、当該労働者が当該休暇を取得したときは、当該労働者の同項ただし書に規定する時間を超えた時間の労働のうち当該取得した休暇に対応するものとして厚生労働省令で定める時間の労働については、同項ただし書の規定による割増賃金を支払うことを要しない。

④　使用者が、午後10時から午前5時まで（厚生労働大臣が必要であると認める場合においては、その定める地域又は期間については午後11時から午前6時まで）

の間において労働させた場合においては、その時間の労働については、通常の労働時間の賃金の計算額の2割5分以上の率で計算した割増賃金を支払わなければならない。

⑤　第1項及び前項の割増賃金の基礎となる賃金には、家族手当、通勤手当その他厚生労働省令で定める賃金は算入しない。

労働基準法第37条第1項の時間外及び休日の割増賃金に係る率の最低限度を定める政令

労働基準法第37条第1項の政令で定める率は、同法第33条又は第36条第1項の規定により延長した労働時間の労働については2割5分とし、これらの規定により労働させた休日の労働については3割5分とする。

労働基準法施行規則

第19条　法第37条第1項の規定による通常の労働時間又は通常の労働日の賃金の計算額は、次の各号の金額に法第33条若しくは法第36条第1項の規定によつて延長した労働時間数若しくは休日の労働時間数又は午後10時から午前5時（厚生労働大臣が必要であると認める場合には、その定める地域又は期間については午後11時から午前6時）までの労働時間数を乗じた金額とする。

　　一　時間によつて定められた賃金については、その金額

　　二　日によつて定められた賃金については、その金額を1日の所定労働時間数（日によつて所定労働時間数が異る場合には、1週間における1日平均所定労働時間数）で除した金額

　　三　週によつて定められた賃金については、その金額を週における所定労働時間数（週によつて所定労働時間数が異る場合には、4週間における1週平均所定労働時間数）で除した金額

　　四　月によつて定められた賃金については、その金額を月における所定労働時間数（月によつて所定労働時間数が異る場合には、1年間における1月平均所定労働時間数）で除した金額

　　五　月、週以外の一定の期間によつて定められた賃金については、前各号に準じて算定した金額

　　六　出来高払制その他の請負制によつて定められた賃金については、その賃金算定期間（賃金締切日がある場合には、賃金締切期間、以下同じ）において出来高払制その他の請負制によつて計算された賃金の総額を当該賃金算定期間におけ

資料　関連条文｜425

る、総労働時間数で除した金額

　　七　労働者の受ける賃金が前各号の2以上の賃金よりなる場合には、その部分について各号によつてそれぞれ算定した金額の合計額

②　休日手当その他前項各号に含まれない賃金は、前項の計算においては、これを月によつて定められた賃金とみなす。

第20条　法第33条又は法第36条第1項の規定によつて延長した労働時間が午後10時から午前5時（厚生労働大臣が必要であると認める場合は、その定める地域又は期間については午後11時から午前6時）までの間に及ぶ場合においては、使用者はその時間の労働については、第19条第1項各号の金額にその労働時間数を乗じた金額の5割以上（その時間の労働のうち、1箇月について60時間を超える労働時間の延長に係るものについては、7割5分以上）の率で計算した割増賃金を支払わなければならない。

②　法第33条又は法第36条第1項の規定による休日の労働時間が午後10時から午前5時（厚生労働大臣が必要であると認める場合は、その定める地域又は期間については午後11時から午前6時）までの間に及ぶ場合においては、使用者はその時間の労働については、前条第1項各号の金額にその労働時間数を乗じた金額の6割以上の率で計算した割増賃金を支払わなければならない。

第21条　法第37条第5項の規定によつて、家族手当及び通勤手当のほか、次に掲げる賃金は、同条第1項及び第4項の割増賃金の基礎となる賃金には算入しない。

　　一　別居手当
　　二　子女教育手当
　　三　住宅手当
　　四　臨時に支払われた賃金
　　五　1箇月を超える期間ごとに支払われる賃金

第22条　削除

（削除前の条文）労働者が出張その他事業場外で労働する場合で、労働時間を算定し難い場合には、通常の労働時間労働したものとみなす。但し、使用者が予め別段の指示をした場合は、この限りでない。

専門業務型裁量労働制の対象業務と具体的定義

対象業務	具体的定義
新商品若しくは新技術の研究開発又は人文科学若しくは自然科学に関する研究の業務 （労基則24条の2の2第2項1号）	「新商品若しくは新技術の研究開発」とは、材料、製品、生産・製造工程等の開発又は技術的改善等をいうものであること。
情報処理システム（電子計算機を使用して行う情報処理を目的として複数の要素が組み合わされた体系であつてプログラムの設計の基本となるものをいう。(7)において同じ。)の分析又は設計の業務 （労基則24条の2の2第2項2号）	「情報処理システム」とは、情報の整理、加工、蓄積、検索等の処理を目的として、コンピュータのハードウェア、ソフトウェア、通信ネットワーク、データを処理するプログラム等が構成要素として組み合わされた体系をいうものであること。 「情報処理システムの分析又は設計の業務」とは、(i) ニーズの把握、ユーザーの業務分析等に基づいた最適な業務処理方法の決定及びその方法に適合する機種の選定、(ii) 入出力設計、処理手順の設計等アプリケーション・システムの設計、機械構成の細部の決定、ソフトウェアの決定等、(iii) システム稼働後のシステムの評価、問題点の発見、その解決のための改善等の業務をいうものであること。プログラムの設計又は作成を行うプログラマーは含まれないものであること。
新聞若しくは出版の事業における記事の取材若しくは編集の業務又は放送（昭和25年法律第132号）第2条第4号に規定する放送番組若しくは有線ラジオ放送	「新聞又は出版の事業」には、新聞、定期刊行物にニュースを提供するニュース供給業も含まれるものであること。なお、新聞又は出版の事業以外の事業で記事の取材又は編集の業務に従事する者、例えば社内報の編集者等は含まれないものであること。 「取材又は編集の業務」とは、記事の内容に関する企画及び立案、記事の取材、原稿の作成、割付け・レイアウト・内容のチェック等の業務をいうものであること。記事の取材に当たって、記者に同行する

資料　専門業務型裁量労働制の対象業務と具体的定義　| 427

対象業務	具体的定義
業務の運用の規正に関する法律（昭和26年法律第135号）第2条に規定する有線ラジオ放送若しくは有線テレビジョン放送法（昭和47年法律第114号）第2条第1項に規定する有線テレビジョン放送の放送番組（以下「放送番組」と総称する。）の制作のための取材若しくは編集の業務（労基則24条の2の2第2項3号）	カメラマンの業務や、単なる校正の業務は含まれないものであること。 　「放送番組の制作のための取材の業務」とは、報道番組、ドキュメンタリー等の制作のために行われる取材、インタビュー等の業務をいうものであること。取材に同行するカメラマンや技術スタッフは含まれないものであること。 　「編集の業務」とは、上記の取材を要する番組における取材対象の選定等の企画及び取材によって得られたものを番組に構成するための内容的な編集をいうものであり、音量調整、フィルムの作成等技術的編集は含まれないものであること。
衣服、室内装飾、工業製品、広告等の新たなデザインの考案の業務（労基則24条の2の2第2項4号）	「広告」には、商品のパッケージ、ディスプレイ等広く宣伝を目的としたものも含まれるものであること。 　考案されたデザインに基づき、単に図面の作成、製品の制作等の業務を行う者は含まれないものであること。
放送番組、映画等の制作の事業におけるプロデューサー又はディレクターの業務（労基則24条の2の2第2項5号）	「放送番組、映画等の制作」には、ビデオ、レコード、音楽テープ等の制作及び演劇、コンサート、ショー等の興行等が含まれるものであること。 　「プロデューサーの業務」とは、制作全般について責任を持ち、企画の決定、対外折衝、スタッフの選定、予算の管理等を総括して行うことをいうものであること。 　「ディレクターの業務」とは、スタッフを統率し、

対象業務	具体的定義
	指揮し、現場の制作作業の統括を行うことをいうものであること。
広告、宣伝等における商品等の内容、特長等に係る文章の案の考案の業務（いわゆるコピーライターの業務） （労基則24条の2の2第2項6号、大臣告示1号）	いわゆるコピーライターの業務をいうものであること。 　「広告、宣伝等」には、商品等の内容、特長等に係る文章伝達の媒体一般が含まれるものであり、また、営利目的か否かを問わず、啓蒙、啓発のための文章も含まれるものであること。 　「商品等」とは、単に商行為たる売買の目的物たる物品にとどまるものではなく、動産であるか不動産であるか、また、有体物であるか無体物であるかを問わないものであること。 　「内容、特長等」には、キャッチフレーズ（おおむね10文字前後で読み手を引きつける魅力的な言葉）、ボディコピー（より詳しい商品内容等の説明）、スローガン（企業の考え方や姿勢を分かりやすく表現したもの）等が含まれるものであること。 　「文章」については、その長短を問わないものであること。
事業運営において情報処理システムを活用するための問題点の把握又はそれを活用するための方法に関する考案若しくは助言の業務（いわゆるシステムコンサルタントの業務） （労基則24条の2の2第2項6号、大臣告示2号）	いわゆるシステムコンサルタントの業務をいうものであること。 　「情報処理システムを活用するための問題点の把握」とは、現行の情報処理システム又は業務遂行体制についてヒアリング等を行い、新しい情報処理システムの導入又は現行情報処理システムの改善に関し、情報処理システムを効率的、有効に活用するための方法について問題点の把握を行うことをいうものであること。 　「それを活用するための方法に関する考案若しくは助言」とは、情報処理システムの開発に必要な時間、費用等を考慮した上で、新しい情報処理システムの導入や現行の情報処理システムの改善に関しシ

資料　専門業務型裁量労働制の対象業務と具体的定義　| 429

対象業務	具体的定義
	ステムを効率的、有効に活用するための方法を考案し、助言（専ら時間配分を顧客の都合に合わせざるを得ない相談業務は含まない。）することをいうものであること。 アプリケーションの設計又は開発の業務、データベース設計又は構築の業務は含まれないものであり、当該業務は則第24条の2の2第2号の業務に含まれるものであること。
建築物内における照明器具、家具等の配置に関する考案、表現又は助言の業務（いわゆるインテリアコーディネーターの業務） （労基則24条の2の2第2項6号、大臣告示3号）	いわゆるインテリアコーディネーターの業務をいうものであること。 「照明器具、家具等」には、照明器具、家具の他、建具、建装品（ブラインド、びょうぶ、額縁等）、じゅうたん、カーテン等繊維製品等が含まれるものであること。 「配置に関する考案、表現又は助言の業務」とは、顧客の要望を踏まえたインテリアをイメージし、照明器具、家具等の選定又はその具体的な配置を考案した上で、顧客に対してインテリアに関する助言を行う業務、提案書を作成する業務、模型を作製する業務又は家具等の配置の際の立ち会いの業務をいうものであること。 内装等の施工など建設業務、専ら図面や提案書等の清書を行う業務、専ら模型の作製等を行う業務、家具販売店等における一定の時間帯を設定して行う相談業務は含まれないものであること。
ゲーム用ソフトウェアの創作の業務 （労基則24条の2の2第2項6号、大臣告示4号）	「ゲーム用ソフトウェア」には、家庭用テレビゲーム用ソフトウェア、液晶表示装置を使用した携帯ゲーム用ソフトウェア、ゲームセンター等に設置される業務用テレビゲーム用ソフトウェア、パーソナルコンピュータゲーム用ソフトウェア等が含まれるものであること。 「創作」には、シナリオ作成（全体構想）、映像制

対象業務	具体的定義
	作、音響制作等が含まれるものであること。 　専ら他人の具体的指示に基づく裁量権のないプログラミング等を行う者又は創作されたソフトウェアに基づき単にCD-ROM等の製品の製造を行う者は含まれないものであること。
有価証券市場における相場等の動向又は有価証券の価値等の分析、評価又はこれに基づく投資に関する助言の業務（いわゆる証券アナリストの業務） （労基則24条の2の2第2項6号、大臣告示5号）	いわゆる証券アナリストの業務をいうものであること。 　「有価証券市場における相場等の動向」とは、株式相場、債券相場の動向のほかこれに影響を与える経済等の動向をいうものであること。 　「有価証券の価値等」とは、有価証券に投資することによって将来得られる利益である値上がり益、利子、配当等の経済的価値及び有価証券の価値の基盤となる企業の事業活動をいうものであること。 　「分析、評価又はこれに基づく投資に関する助言の業務」とは、有価証券等に関する高度の専門知識と分析技術を応用して分析し、当該分析の結果を踏まえて評価を行い、これら自らの分析又は評価結果に基づいて運用担当者等に対し有価証券の投資に関する助言を行う業務をいうものであること。 　ポートフォリオを構築又は管理する業務、一定の時間を設定して行う相談業務、専ら分析のためのデータの入力・整理を行う業務は含まれないものであること。
金融工学等の知識を用いて行う金融商品の開発の業務 （労基則24条の2の2第2項6号、大臣告示6号）	「金融工学等の知識を用いて行う金融商品の開発」とは、金融取引のリスクを減らしてより効率的に利益を得るため、金融工学のほか、統計学、数学、経済学等の知識をもって確率モデル等の作成、更新を行い、これによるシミュレーションの実施、その結果の検証等の技法を駆使した新たな金融商品の開発をいうものであること。 　ここでいう「金融商品」とは、金融派生商品（金

資料　専門業務型裁量労働制の対象業務と具体的定義 | 431

対象業務	具体的定義
	や原油などの原資産、株式や債権などの原証券の変化に依存してその値が変化する証券）及び同様の手法を用いた預貯金等をいうものであること。 金融サービスの企画立案又は構築の業務、金融商品の売買の業務、市場動向分析の業務、資産運用の業務、保険商品又は共済の開発に際してアクチュアリーが通常行う業務、商品名の変更のみをもって行う金融商品の開発の業務、専らデータの入力・整理を行う業務は含まれないものであること。
学校教育法（昭和22年法律第26号）に規定する大学における教授研究の業務（主として研究に従事するものに限る。） （労基則24条の2の2第2項6号、大臣告示7号）	当該業務は、学校教育法に規定する大学の教授、助教授又は講師の業務をいうものであること。 「教授研究」とは、学校教育法に規定する大学の教授、助教授又は講師が、学生を教授し、その研究を指導し、研究に従事することをいうものであること。患者との関係のために、一定の時間帯を設定して行う診療の業務は含まれないものであること。 「主として研究に従事する」とは、業務の中心はあくまで研究の業務であることをいうものであり、具体的には、講義等の授業や、入試事務等の教育関連業務の時間が、多くとも、1週の所定労働時間又は法定労働時間のうち短いものについて、そのおおむね5割に満たない程度であることをいうものであること。 なお、患者との関係のために、一定の時間帯を設定して行う診療の業務は教授研究の業務に含まれないことから、当該業務を行う大学の教授、助教授又は講師は専門業務型裁量労働制の対象とならないものであること。
銀行又は証券会社における顧客の合併及び買収に関する調査又は分析及びこれに基づく合	「銀行又は証券会社」とは、銀行法（昭和56年法律第59号）第2条第1項に規定する銀行、金融商品取引法（昭和23年法律第25号）第2条第9項に規定する金融商品取引業者のうち、同法第28条第1項に規定する第一種金融商品取引業を営む証券会社をい

対象業務	具体的定義
併及び買収に関する考案及び助言の業務（いわゆるM＆Aアドバイザーの業務） （労基則24条の2の2第2項6号、大臣告示8号）	うものであり、信用金庫等は含まれないものであること。 　「顧客」とは、対象業務に従事する労働者を雇用する銀行又は証券会社にとっての顧客（個人又は法人）をいうものであること。 　「合併及び買収」とは、いわゆるM&A（Mergers（合併）andAcquisitions（買収）。以下「M＆A」という。）のことをいい、各種手法（会社法の定める組織再編行為（合併、会社分割等）、株式譲渡、事業譲渡等）による事業の引継ぎ（譲渡し・譲受け）をいうものであり、事業承継を含むものであること。 　「調査又は分析」とは、M&Aを実現するために必要な調査又は分析をすることをいうものであり、例えば、M&Aによる事業収益への影響等に関する調査、分析や対象企業のデューデリジェンス（対象企業である譲り渡し側における各種のリスク等を精査するために実施される調査をいう。）が含まれるものであること。 　「これに基づく考案及び助言」とは、上記調査又は分析に基づき、M&Aを実現するために必要な考案及び助言（専ら時間配分を顧客の都合に合わせざるを得ない業務は含まれない。）を行うことをいうものであること。例えば、M&A戦略や取引スキーム等に関する考案及び助言が考えられるものであること。 　M&Aアドバイザリー業務においては、M&Aに関する「調査又は分析」と「考案及び助言」の両方の業務を行うものが対象となるものであり、いずれか一方のみを行うものである場合には対象業務に該当するとは認められないものであること。
公認会計士の業務 （労基則24条の2の2第2項6号、大	「公認会計士の業務」とは、法令に基づいて公認会計士の業務とされている業務をいうものであり、例えば、公認会計士法（昭和23年法律第103号）第2

資料　専門業務型裁量労働制の対象業務と具体的定義　| 433

対象業務	具体的定義
臣告示9号）	条第1項に規定する「他人の求めに応じて報酬を得て、財務書類の監査又は証明をする」業務、同条第2項に規定する「公認会計士の名称を用いて、他人の求めに応じ報酬を得て、財務書類の調整をし、財務に関する調査若しくは立案をし、又は財務に関する相談に応じる」業務がこれに該当するものであること。
弁護士の業務 （労基則24条の2の2第2項6号、大臣告示10号）	「弁護士の業務」とは、法令に基づいて弁護士の業務とされている業務をいうものであり、例えば、弁護士法（昭和24年法律第205号）第3条第1項に規定する「当事者その他関係人の依頼又は官公署の委嘱によって、訴訟事件、非訟事件及び審査請求、異議申立て、再審査請求等行政庁に対する不服申立事件に関する行為その他の法律事務」が、これに該当するものであること。
建築士（一級建築士、二級建築士及び木造建築士）の業務（労基則24条の2の2第2項6号、大臣告示11号）	「建築士の業務」とは、法令に基づいて建築士の業務とされている業務をいうものであり、例えば、建築士法（昭和25年法律第202号）第3条から第3条の3までに規定する設計又は工事監理がこれに該当するものであること。 　例えば他の「建築士」の指示に基づいて専ら製図を行うなど補助的業務を行う者は含まれないものであること。
不動産鑑定士の業務 （労基則24条の2の2第2項6号、大臣告示11号）	「不動産鑑定士の業務」とは、法令に基づいて不動産鑑定士の業務とされている業務をいうものであり、例えば、不動産の鑑定評価に関する法律（昭和38年法律第152号）第2条第1項に規定する「土地若しくは建物又はこれらに関する所有権以外の権利の経済価値を判定し、その結果を価格に表示する」業務が、これに該当するものであること。

対象業務	具体的定義
弁理士の業務 （労基則24条の2 の2第2項6号、大 臣告示13号）	「弁理士の業務」とは、法令に基づいて弁理士の業務とされている業務をいうものであり、例えば、弁理士法（平成12年4月26日法律第49号）第4条第1項に規定する「特許、実用新案、意匠若しくは商標又は国際出願若しくは国際登録出願に関する特許庁における手続及び特許、実用新案、意匠又は商標に関する異議申立て又は裁定に関する経済産業大臣に対する手続についての代理並びにこれらの手続に係る事項に関する鑑定その他の事務」が、これに該当するものであること。
税理士の業務 （労基則24条の2 の2第2項6号、大 臣告示14号）	「税理士の業務」とは、法令に基づいて税理士の業務とされている業務をいうものであり、例えば、税理士法（昭和26年法律第237号）第2条第1項に規定する税務代理又は税務書類の作成がこれに該当するものであること。
中小企業診断士の業務 （労基則24条の2 の2第2項6号、大 臣告示15号）	「中小企業診断士の業務」とは、法令に規定されている中小企業の経営の診断又は助言の業務をいうものであり、例えば、中小企業支援事業の実施に関する基準を定める省令（昭和38年通商産業省令第123号）第4条第3項に規定する一般診断業務（中小企業者に対して個別に行う診断若しくは助言又はその手段に対して行う診断若しくは助言）等がこれに該当するものであること。 　中小企業診断士の資格を有する者であっても、専ら中小企業診断士の業務以外の業務を行う者は含まれないものであること。

資料　専門業務型裁量労働制の対象業務と具体的定義 ｜ 435

デジタル労旬

パソコンで、タブレットで、スマートフォンで、いつでもどこでも労旬が読めるようになりました！

「出先で読みたい」

「過去の判例について知りたい」

「キーワード・執筆者で検索したい」

「バックナンバーの保存が大変！」

「発売日にすぐ読みたい」

そんな方には電子版の購読がおすすめです！

雑誌発売日10日・25日に同時発売。
会員制Webサイト「デジタル労旬」からPDF形式で配信。

電子版なら、すべてのバックナンバー※1が
＋2000円/月で読み放題！
紙版と電子版の併読で最大22,800円※2お得に！

▼デジタル労旬とは？

デジタル労旬とは、1949年より旬報社で発行している雑誌『労働法律旬報』の電子版が購読できるWebサイトです。電子版だけでなく、労働法関係の書籍紹介、セミナー動画を配信予定。判例情報や官報などのお知らせも発信し、労働組合、弁護士、労働法研究者、企業のコンプライアンス担当のための「労働法」プラットフォームを目指します。

※1―順次アップ予定です。全号掲載は2025年1月を予定しています。
※2―ダブルプラン（紙＋電子）もしくはトリプルプラン（紙＋電子＋電子版読み放題）の購読料を年額払いにした場合。

詳しくは、Webサイトをチェック！
https://digital-roujun.com/

詳しい情報はこちらからも

◎著者プロフィール

渡辺輝人（わたなべ・てるひと）

上智大学法学部卒業。2005年弁護士登録（修習58期）。日本労働弁護団全国常任幹事。過労死弁護団全国連絡会議所属。日本労働法学会会員。残業代計算Excel「給与第一」開発者。著書に『新版残業代請求の理論と実務』（旬報社、2021年）、『残業代請求の理論と実務』（旬報社、2018年）、『ワタミの初任給はなぜ日銀より高いのか？』（旬報社、2015年）。京都第一法律事務所所属。

◎編者プロフィール

城塚健之　東京大学法学部卒業。1987年弁護士登録（修習39期）。
佐々木亮　東京都立大学法学部卒業。2003年弁護士登録（修習56期）。
塩見卓也　京都大学法学部卒業。2006年弁護士登録（修習59期）。
嶋﨑　量　中央大学法学部卒業。2007年弁護士登録（修習60期）。

最新テーマ別［実践］労働法実務 5
残業代の法律実務

2024年11月29日　初版第1刷発行

著　者　　渡辺輝人
編　者　　城塚健之・佐々木亮・塩見卓也・嶋﨑 量
ブックデザイン　神田　彩
編集担当　古賀一志
発行者　　木内洋育
発行所　　株式会社 旬報社
　　　　　〒162-0041 東京都新宿区早稲田鶴巻町 544 中川ビル 4 階
　　　　　Tel03-5579-8973　Fax03-5579-8975
　　　　　ホームページ　https://www.junposha.com/
印刷製本　中央精版印刷株式会社

Ⓒ Teruhito Watanabe 2024, Printed in Japan
ISBN978-4-8451-1910-3　C3032

最新テーマ別 ◆実践◆ 労働法実務 全13巻

城塚健之・佐々木亮・塩見卓也・嶋﨑 量 ◆編

徹底的に実用的!

相談・申入・訴状までこの1冊でわかる

いま、相談件数がもっとも多いテーマを
第一線の弁護士がわかりやすく解説!

裁判実務で使用する書式のひな型も収録。

---

1 労働条件変更の法律実務
城塚健之　　24年7月刊行

2 雇止め・無期転換の法律実務
佐々木 亮　　24年8月刊行

3 休職の法律実務
塩見卓也　　24年9月刊行

4 労働者が円満退職するための法律実務
嶋﨑 量　　24年10月刊行

5 残業代の法律実務
渡辺輝人　　24年11月刊行

6 パワハラの法律実務
梅田和尊　　25年6月刊行

7 セクハラの法律実務
新村響子　　25年7月刊行

8 定年・再雇用の法律実務
谷 真介　　25年8月刊行

9 整理解雇の法律実務
今泉義竜　　25年9月刊行

10 懲戒の法律実務
竹村和也　　25年10月刊行

11 外国人労働者の法律実務
指宿昭一・中村優介ほか
25年11月刊行

12 育児介護休業の法律実務
小野山静・長谷川悠美・上田貴子
25年12月刊行

13 労災におけるメンタル疾患の法律実務
笠置裕亮・山岡遥平
26年1月刊行

A5判　並製　各巻予価(本体4000円+税)

旬報社
〒162-0041 東京都新宿区早稲田鶴巻町544
TEL：03-5579-8973　FAX：03-5579-8975